KB203089

위험한 남자들

위험한 남자들

고미성 지음

남편의 외도 방지하기에
필요한 결혼 준비 가이드

좋은땅

감사의 말

귀중한 시간을 내시어 편집과 피드백을 주신 이명숙 권사님께 무한한 감사드립니다. 영적 산파의 역할의 해 주시며 이 책을 출간할 수 있도록 마지막 큰 용기를 주셔서 너무도 놀라운 힘을 얻었습니다.

이 책을 쓰기 시작할 무렵 한국어가 부족해 고민할 때 하나 자매를 보내 주시어 부족한 부분을 채워 주셨습니다. 많은 시간을 투자해 편집과 아낌없는 충고를 주시어 하나 자매에게 큰 도움을 받게 되어 진심으로 감사합니다.

그동안 이 책이 나오기까지 힘든 과정과 어려운 시기를 잘 견디어 주고 격려의 말과 기도를 해 준 남편에게 진심으로 감사합니다. 엄마의 비전과 사명을 위하여 이해와 격려로 도움을 준 두 딸에게도 감사의 마음을 전합니다.

하나님께 대한 충성스러운 여종의 마음과 딸을 돕고자 하는 부모의 심정으로 이 책이 출판될 수 있도록 희생적으로 물질적인 투자를 해 주신 친정어머니께 진심으로 감사를 드립니다.

마지막으로 이 책에 대한 비전을 주신 하나님 아버지께 무한한 영광드립니다. 어두운 부부관계에 빛을 밝히시는 예수님의 사역을 찬양합니다. 또한 이 글을 마치기까지 수많은 갈등과 육신의 연약함으로 힘들어할 때마다 능력과 격려 그리고 지혜를 허락하신 보혜사 성령님께 인간의 언어로 표현할 수 없는 너무도 큰 감사와 사랑을 보냅니다.

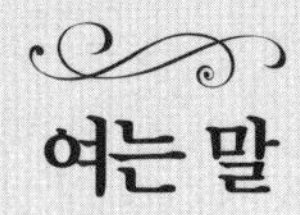

여는 말

여자들은 결혼식(wedding)에 대한 환상이 있습니다. 남녀관계의 로맨틱한 부분을 강조한 드라마를 수없이 본 신부는 사랑만 있으면 다 괜찮을 것이라는 환상에 빠져 부부관계를 위한 결혼을 준비하기보다는 결혼식에 더 많은 에너지, 시간, 돈을 투자할 수 있습니다. 겉으로는 멀쩡해 보이는 남자를 바라보며 수많은 기대감과 착각을 하며 자신의 인생을 한 남자에게 겁니다. 사랑이라는 감정에 휩싸여 판단력이 흐려지고 콩깍지에 쓰인 상태에서 그의 실체를 보지 못하고 생각해야 하는 것을 생각하지 않고 결혼을 하게 되는 경우도 있습니다.

그러나 안타깝게도 타락한 한 남자와 평생 같이 사는 결혼 준비의 초점을 결혼식에 더 많이 두고 열정을 쏟는다면 지혜로운 방법은 아닐 것입니다. 결혼식이 끝나면 타락한 세상과 환경에서, 불온전한 사람과의 실질적인 결혼 생활이 시작되기 때문입니다. 특히 남자들의 외도로 수많은 부부관계가 무너지고 있다는 현실을 지각해야 합니다. 만약 결혼 전 이러한 상황을 만들 수도 있는 위험한 남자와 결혼을 하면서 자신의 부부관계를 외도로부터 보호하려는 구체적인 준비를 하지 않는다면 아주 미친 짓이라 생각합니다.

한 외국계 기업의 조사 결과 한국 부부의 외도 비율이 세계 2위라고 발표했습니다. 한국 부부의 위기의 상황을 알리는 경각의 소리입니다.

> "외국계 콘돔 업체인 듀렉스는 여론조사업체 해리스인터랙티브와 함께 세계 주요 36개국 2만 9000여 명에게 설문 조사한 결과, 한국인의 34%가 '외도를

한다'고 응답해 미국에 이어 세계 2위를 기록했다고 밝혔다."[1]

이 조사 결과를 보면 한국 부부들에게 너무나 큰 결핍이 있다는 안타까운 문제가 보입니다. 부부관계의 면역체계를 강화하지 않는다면, 경건의 성벽을 높게 세우지 않는다면 외도의 병균이 침투하여 병에 걸리는 것은 시간문제입니다. 이 두 가지는 옵션이 아니고 절대적으로 요구되는 위기 상황입니다. 이러한 상황에 맞서서 각자의 가정을 지키고 부부관계를 보호하고자 하는 마음과 지혜가 절실히 필요합니다.

이 책은 특히 불륜이라는 파괴적인 사건으로부터 가정을 지키기를 간절히 원하는 아내들에게 도움을 주고자 쓰였습니다. 왜 남자에게 바람기가 많은가에 대한 근본 원인을 성경의 말씀을 통하여 얻고자 한 책입니다. 하나님의 관점에서 보고, 이해하고, 해결책 또한 남자를 만드신 창조주의 말씀, 곧 성경에 많은 비중을 두고 도움을 얻고자 합니다.

이 책은 남편의 외도와 배반의 고통으로 허덕이는 아내들에게 왜 남편이 바람을 피웠는지에 대한 이해를 돕고자 합니다. 어렵지만 남편을 용서하고 가정과 자녀들을 지키기 원하는 용기 있는 아내들에게 도움이 되기를 기도합니다.

이 책은 또한 성적 유혹으로부터 남편을 예방하고 보호하는, 특별한 내조에 대한 이야기입니다. 아내의 특별한 내조와 도움이 없이는 남자 혼자만의 힘으로는 경건한 삶을 유지하기가 점점 힘든 사회가 되어 갑니다. 돕는 배필로서 남편을 내조하는 아내의 역할은 항상 중요했지만 지금은 어느 시기보다 효과적이고 지혜로운 도움의 사역이 가장 절실합니다.

이 책은 또한 아내들의 영적 경각심을 일으키고 보이지 않는 적군이 우리의 가정을 공격하고 있다는 점을 깨닫기 원하는 마음으로 쓰게 되었습니다. 사탄은 결혼을 깨기

1 "외도하는 상대방 2위 성매매 종사자, 1위가…" 온라인 중앙일보 2012. 1. 4.

위해 남자들의 약점을 미끼로 먼저 남자들을 공격하는 계략을 씁니다. 남자들이 음행에 빠지고 외도를 한다면 아내 또한 함께 무너뜨릴 수 있기 때문입니다. 그리고 가정이 무너질 때 자녀들 또한 많은 상처와 혼란을 겪으며 줄줄이 무너집니다. 사탄은 부부관계를 깨고 가정을 파괴하는 일을 합니다. 사탄은 도미노 효과(Domino Effect)를 계산하는 아주 교활한 자입니다. 구약성경에 나오는 시련의 아이콘인 욥에게 한 사탄의 만행을 볼 때 그에게 기회만 생긴다면 한 사람의 모든 것을 한순간에 허물 수 있는 파괴력을 소유한 악질 중에 악질이요, 잔인한 자입니다. 이러한 사탄의 역사를 막는 아내의 사역이 절실히 필요합니다.

부부관계에서 아내보다 분명히 남편들이 외도에 더욱 취약하다는 점은 부인할 수 없는 사실입니다. 우리는 이러한 남자들의 연약함 때문에 생긴 가정 파괴 상황을 수없이 보았고 알고 있습니다. 수천 년을 거쳐 남자들의 외도는 아내들에게 상상 이상으로 큰 고통을 줍니다. 그렇기에 당신의 남편도 외도할 가능성이 있다 생각해야 합니다. 외도의 가능성은 모든 남자에게 있기에 당신의 남편은 예외일 것이라는 착각을 하면 큰코다칠 수 있습니다. 당신의 남편은 영혼육의 결핍과 굶주림을 소유한 불온전한 남자이기 때문에 방심하면 안 됩니다. 또한 우리가 사는 현 세상은 당신의 남편이 신실한 남편으로 살기에 너무 악하고 문란한 사회가 되어 버렸습니다. 이렇게 불편한 사실을 대할 때 우리는 어떻게 해야 하는지 막막할 때가 있습니다. 그러나 아내는 신실한 결혼을 지키는 것이 어렵고 힘든 상황에 처했다는 현실을 깨닫고 대처해야 합니다. 부부관계와 가정을 외도라는 적군으로부터 보호할 만반의 준비를 해야 합니다. 당신은 당신의 남편이 신실할까 아닐까라는 소망적인 어설픈 생각을 따지며 도박을 하면 안 됩니다. 혹 그의 어떠한 점을 보고 괜찮을 것이란 안심을 하는 어리석은 마음이 있다면 그 또한 버려야 합니다. 사탄은 당신의 남편을 외도라는 올무에 빠지기 하기 위해서 수단 방법을 동원하여 유혹하며 넘어질 기회를 엿보고 있습니다.

당신의 남편은 성적으로 취약한 육신을 소유한 남자이기에 그가 유혹에 빠지지 않으려면 지혜로운 아내의 도움과 협력이 절대적으로 필요합니다. 이렇게 연약한 부분이 부부관계에 치명타를 줄 수 있다는 것을 인정하고 적극적으로 그를 도울 마음의 자세를 갖고 결혼을 해야 합니다. 당신은 구체적이고 능동적으로 외도라는 공격으로부터 당신의 남편, 결혼, 가정을 보호할 수 있는 보호막을 만드는 것에 우선순위를 두고 필요한 지혜를 추구해야 합니다. 지난 과거 수많은 아내들은 남편의 외도라는 침략을 받고 무참히 그냥 당하고 고통을 견디어야 했습니다. 그러나 더 이상은 이러한 아픔이 없도록 방안을 세워야 합니다. 이제는 외도로 오는 피해는 막아야 합니다. 옆집, 앞집, 친구 집, 언니 집에 도둑이 들어왔다면 자신의 집의 보호장치를 더욱 강력하게 하는 것이 지혜로운 준비이듯이 여기나 저기나 외도로 고통을 받는 아내들이 많다면 정신 바짝 차리고 우리의 가정과 자녀를 지켜야 합니다. 분명히 외도로부터 결혼을 지킬 방법, 지혜와 길은 있습니다. 그러나 아내의 절실한 투자와 노력이 필요합니다. 아내의 의도적인 헌신, 하나님의 도우심을 청하는 기도의 삶과 성령님의 인도하심에 순종하고자 하는 의지가 있다면 남편의 외도로부터 부부관계, 가정, 자녀까지 지킬 수 있는 힘을 얻게 됩니다. 하나님께서 목적을 두시고 세우신 우리의 결혼을 외도로부터 보호하고 건강한 부부관계를 방해하는 적군들과 싸워 이겨야 합니다.

이 책은 내가 나의 남편과 결혼을 지키기 위하여 결혼 후 지난 34년간 개인적으로 얻은 정보들과 하나님께로 받은 깨달음을 적은 내용들입니다.

나는 남자들이 외도에 취약하다는 것을 어려서부터 보게 되었고 남자에 대한 환상이 깨져 결혼에 대한 거부 반응을 갖게 되었습니다. 위험한 한 남자에게 내 자신을 헌신하기에는 나는 너무 이기적인 여자였습니다. 두려움과 비겁함으로 꽉 찬 마음은 내 스스로를 보호하고자 하는 나만의 인간적인 방식으로 싱글로 살 결심을 20대 초반에 하게 됩니다. 그러나 하나님께서는 나에게 결혼에 대한 비전을 주셨고 그로 인하여 나는 하나님께 울부짖으며 나의 이 두려움에 대한 해결책과 남편을 외도로부터 보호할 지혜를 달라 간구했습니다. 남자와 결혼하는 것은 아주 위험한 일이며 감당하기 어렵다 생각했기 때문입니다. 신실한 남자보다 불신실한 남자가 더 많다 믿었기 때문입니다. 아내 혼자의 힘으로 남자의 바람기를 잡을 수 있을까라는 의심이 나를 괴롭혔습니다. 이러한 갈등을 하는 나에게 전지 전능하신 하나님의 도우심을 받으면 모든 것이 가능하다는 믿음을 주셨습니다. "누구든지 그를 믿는 자는 부끄러움을 당하지 아니하리라 하니"(롬 10:11)라는 이 한 구절이 빛으로 다가와 두려움 때문에 생긴 장벽을 깨시고 소망의 마음을 주셨습니다. 또한 하나님께서는 나에게 왜 남자들이 외도에 취약해지고 또 어떻게 방지할 수 있는지에 대한 솔루션을 주셨습니다. 묻는 자에게 알게 하시고, 두드리는 자에게 깨닫게 하시며, 찾는 자에게 경험하게 하신 것들을 적어 나와 같은 갈등으로 결혼을 망설이는 신부에는 용기를 주는 결혼 지침서로, 자신의 결혼을 지키기 위하여 지혜를 구하는 아내에게는 필요한 정보로 사용되고, 남편의 외도 때문에 상처받은 아내에게는 남편을 이해하는 데 도움이 되는 위로와 권면의 글로 사용된다면 좋겠다 생각하며 이 글을 씁니다. 가정을 지키기 원하는 모든 아내들에게 도움이 되는 필요한 내용이 되기를 바랍니다.

저는 열네 살에 부모님과 함께 미국으로 이민을 온 후 캘리포니아주에 거주하는 재미교포입니다. 한국어가 많이 부족하여 책을 출판해도 될까 하는 인간적인 생각 때문에 써 놓고도 많은 시간 망설이며 고민하다 하나님께서 주신 사명이라는 확신 때문에 이 책을 세상으로 보냅니다. 우리들이 경건하고 행복한 가정을 통하여 세상의 빛이 되는 결혼과 가정을 누리기를 원하시는 하나님의 소원이 이루어지는 데 이 책이 도움이 되기를 간절히 소망합니다.

목차

1부

남자의 바람기에 대한 해석

"남자는 원래 다 그런 거야." "남자의 바람기는 고질병이야." "여자가 참아야지 어쩌겠어." "바람 피우는 걸 무슨 수로 막아?" TV 토크쇼에서 이런 대화를 자주 듣게 됩니다. 아이러니하게도 대화를 주도하고 있는 사람은 남편의 바람기 때문에 맘고생을 많이 했다고 알려진 분이었습니다. 그분은 모든 것을 초월한 듯 남자가 바람을 피우는 건 막을 수 없는 일이라며 패널들을 설득하고 있었습니다. 자신이 당한 일은 불가항력적인 사건이라는 주장입니다. 이러한 사고방식이 미디어 매체들을 통하여 거침없이 뿌려질 때마다, 두려움의 씨가 여인들의 마음에 심어지고 의심과 불신의 나무가 자라게 됩니다. 막을 수 없는 일에 대한 무력함 때문에 마음속 깊은 한구석에서는 외도의 고통이 혹 나를 찾을까 불안한 마음이 자리를 잡게 됩니다. 무의식 속에 잠재된 이 두려움은 어떠한 자극을 받을 때 남편이 바람 피우는 악몽까지 꾸게 하고 아내들의 마음을 흔들어 놓습니다. 진정 남자의 바람기는 불가항력한 일인가요? 고질병이라는 진단이 정확한가요? 남자는 도대체 왜 바람을 피울까요?

사회적으로 성공한 수많은 남자들이 아름다운 여인과 결혼하고 가정을 이룬 후에 한 여자에게 만족하지 못하고 불륜에 빠지는 현상은 우리 주변에서도 쉽게 찾아볼 수 있습니다. 드라마에나 나올 듯한 가슴 아픈 이야기가 요새는 너무 흔한 일이 되어 버렸습니다. 남편의 외도는 언젠가 예고 없이 속수무책으로 당할 수밖에 없는 전염병 같은 사건인가요? 진정 미리 방지할 수 있는 방법은 없는 걸까요? 근본적으로 왜 많은 남자들에게 이토록 심각한 바람기가 나타나는지에 대한 원인을 속 시원히 설명해 줄 수 있는 이는 누구일까요? 분명히 남자를 직접 만드신 창조주께서는 아십니다. 여자보다도 남자에게 더욱 이 바람기가 문제가 되는 본질적인 원인을 말입니다. 남자의 어떠한 상황과 결핍이 불륜이라는 증상으로 나타나는 이유를 말입니다. 해결책 또한 갖고 계십니다. 과연 무엇일까요?

"구하라 그리하면 너희에게 주실 것이요, 찾으라 그리하면 찾아낼 것이요, 문을 두드리라 그러면 너희에게 열릴 것이니, 구하는 이마다 받을 것이요 찾는 이가 찾아낼 것이요 두드리는 이에게 열릴 것이니라."(마 7:7-8)라고 말씀에 약속하셨습니다. 시간이 흐르고 세대가 바뀌고 사회적인 풍조가 변하고 사람들의 생각과 사고방식은 변하지만, 영원불변하시는 하나님의 말씀 안에는 남자의 바람기에 대한 육체적, 정신적, 영적 원인이 무엇인지 보여 주십니다.

사람이 병에 걸리면 신체적 정신적으로 여러 가지 증상이 나타나는데 그 원인에 따라 나타나는 증상 또한 다양합니다. 남편의 외도도 근본적인 문제가 있기에 나타나는 증상으로 볼 수 있습니다. 병을 고치기 위해서는 증상만 없애는 약을 쓰기보다 근본적인 원인 치료가 필요합니다. 병의 원인과 악화되는 과정을 이해한다면 병을 예방하고 건강을 미리 살필 수 있는 지혜 또한 얻게 됩니다.

살아오면서 우리는 남자의 바람기를 분석하는 수많은 해석과 원인에 대한 이야기를 들어왔습니다. 지식과 정보가 만연한 시대에 사는 우리에게 세상은 '남자가 바람을 피우는 원인은 바로 이것 때문이다, 혹은 저것이다' 각자의 의견을 주장합니다. 대표적으로 진화론적 심리학, 생물학적 본능과 정서적 결핍 등이 있습니다.

진화론적 심리학

진화론적 심리학은 남자들이 생물학적으로 유전자를 퍼뜨리려는 본능 때문에 바람을 피운다고 해석합니다. 자신의 씨를 퍼뜨리고자 하는 욕구 때문에 바람을 피운다는 이 진화론적 주장은 지난 과거 인간 역사를 보면 불임으로 마음 고생하는 아내들에게 남편의 외도를 어쩔 수 없이 받아들이게 했던 주범입니다. 성경에도 보면 아브라함과 야곱 또한 여러 명의 아내를 얻게 됩니다. 그러나 이 경우는 그들이 종족을 보존하고자 하는 본능적인 욕구 때문이 아니고 도리어 그들 아내들의 요구 때문에 일어난 결과입니다. 자녀를 얻지 못해 겪는 자신들의 불안감을 해결하고자 하는 방법으로 다른 여인들과 남편의 성관계를 허락하는 안타까운 상황이 되었음을 알 수 있습니다. 아브라함의 아내인 사라와 야곱의 아내 라헬이 먼저 스스로 결정을 하여 일부다처의 상황을 허락합니다. 그 당시 가장 중요하게 여겼던 아내의 책임을 다하지 못했다는 죄책감을 벗기 위하여 고통스럽지만 할 수 없이 선택한, 여인들의 인간적인 대처법이었습니다. 이러한 대처 방식과 풍습이 인간 사회에 정착되고 반복되면서 남용되기 시작합니다. 어느덧 시간이 흘러 남자들의 바람기를 정당화해 주는 핑계로 사용됩니다. 혹 어떠한 남자들이 불임인 아내 때문에 자손의 번식을 추구함과 그에 대한 책임으로 불안감을 가질 때 혼외정사를 통하여 자식을 얻고자 하는 유혹에 빠질 수는 있습니다. 또한 부와 권력을 소유한 남자들 주위에는 그들의 성공을 기반으로 자신의 경제적인 위치를 높이고자 하는 다른 젊은 여성들의 유혹이 더욱 크게 작용하여 쉽게 유혹에 빠질 수도 있습니다. 성공한 남자들에게 외도할 수 있는 기회와 여건이 더 많아질 수 있음을 인정합니다.

그러나 진화론적으로 남자들은 바람을 피우도록 프로그램되었다는 주장은 성서적으로 볼 때 문제가 있습니다. 이 해석에는 정확한 계획과 목적을 위하여 한 남자와 한 여자만을 부부로 엮어 주신 창조주 하나님의 뜻과 의도가 포함되어 있지 않습니다. 창조 때부터 한 남자와 한 여자만을 한 짝으로 엮어 주시고 평생 부부관계로 살도록 하셨다고 성경은 말씀하십니다. 이것이 창조주의 의도이고 부부관계에 최상의 효과를 내는 디자인이기 때문입니다. 디모데전서 3장 2절에 "그러므로 감독은 책망할 것이 없으며 한 아내의 남편이 되며…"라고 하시며 창조주의 의도에 따라 한 아내와 한 남편이 합당하다고 한정 지으십니다. 부유하고 성공한 남자에게도 아내를 많이 두는 것을 금하십니다. 신명기 17장에 보면 왕에게 해당되는 하나님의 계명이 나옵니다. 그중의 하나가 아내를 많이 두지 말라는 명령입니다. "그에게 아내를 많이 두어 그의 마음이 미혹되게 하지 말 것이며…(17절)"라고 하시며 많은 아내를 두는 것이 이득보다는 해가 될 수 있다는 경고를 하십니다. 일부 다처제는 분명히 하나님의 뜻이 아닌 것을 알 수 있습니다.

진화론적 주장에는 창조주 하나님께서 인간에게 부부간의 지켜야 할 도덕적인 양심과 원칙을 주셨다는 것 또한 무시되어 있습니다. 인간의 타락으로 온 결핍과 함께 하나님의 계명과 원칙을 무시하며 사는 소수의 남자들의 모습을 보고 자신의 유전자를 퍼트리고자 하는 본능을 갖고 태어났기에 남자들은 어쩔 수 없이 바람 피운다는 해석은 성경에 나타내신 창조주의 뜻과 절대로 맞지 않습니다.

생물학적 본능

혹은 어떤 이들은 남자의 바람기는 생물학적 동물적인 본능 때문이라는 논리를 주장합니다. 이 논리를 설명하기 위하여 동물들에게 나타나는 '쿨리지 효과'를 남자들에게 적용하여 바람기에 대한 원인 분석을 합니다. 세상적인 지혜만 가지고는 정확한 문제를 파악하기 어렵기 때문에 남자의 바람기를 동물들의 행동에 빗대어 같은 이유일 것이다 가정합니다. 이 논리는 인간도 그저 동물과에 속한다는 전제 아래 주장됩니다. 이 '쿨리지 효과'는 수많은 남자들에게 자신들의 바람기를 정당화하고 스스로 속도록 하는 핑계를 줍니다. 자신의 근본적인 문제를 직면하기보다는 적당히 회피할 수 있는 이유가 되어 진실을 왜곡하게 됩니다. 수많은 남자들 생각 속에 자신 스스로를 동물로 저하시키게 만든 '쿨리지 효과'란 과연 무엇일까요?

쿨리지 효과란 이름은 수년 전 미국 대통령이었던 쿨리지(Coolidge) 대통령과 그의 아내가 농장을 견학했을 때 있었던 일로 인하여 이름을 얻게 됩니다.

> "파트너가 늘 같을 경우 성적 기능이 축소되어 끊임없이 새로운 파트너를 찾아 돌진하는 것은 동물도 마찬가지라는 유명한 일화가 있다. 미국의 제30대 대통령인 캘빈 쿨리지 부부가 국영 농장을 방문했을 때의 이야기이다. 당시 이들 부부는 따로따로 안내되었다. 영부인이 닭장 앞에 서게 되었을 때 수탉이 너무나 활기차게 암탉을 향해 돌진하고 있었다. 이 장면에서 강한 인상을 받은 영부인은 닭들이 하루에 몇 번이나 교미하느냐고 물어보았다. 사람들

> 은 '하루에 열댓 번은 하지요'라고 대답했다. 그러자 영부인은 '대통령한테 그 말 좀 해 주시겠어요?'라고 부탁했다.
> 얼마 지나지 않아 이번에는 대통령이 닭장 앞을 지나게 되었다. 사람들이 수탉의 영웅적인 행동에 대해 보고하자 그는 물었다. '매번 같은 암탉하고 말이요?'라고 물었다. '오, 아니지요, 대통령 각하. 매번 다른 암탉하고 한답니다.' 그러자 대통령은 고개를 끄덕이며 '영부인에게 그 말 좀 해 주시겠소?'라고 말했다. 이렇게 수컷들이 새로운 암컷을 접하면 다시 성적 자극을 받아 흥분하게 되는 현상을 일컬어 '쿨리지 효과'라 한다. 이는 남성의 성행동을 이해하는 하나의 단서가 된다."

쿨리지 효과란 실험 쥐들을 통하여 수컷 동물들이 자신과 이미 성교를 한 상대에 대하여 무관심을 보이다가 새로운 파트너가 나타날 때 교미에 대한 새로운 관심을 나타내는 현상을 가리키는 말입니다. 한 마리의 수컷과 여러 마리의 암컷 쥐를 새장에 두자 수컷이 여러 마리의 암컷과 교미를 했다고 합니다. 그러다 지치자 수컷은 교미를 중단하고 관심을 보이지 않았다가 새로운 암컷이 등장하자 교미를 할 관심을 다시 보였다는 것입니다. 실험적으로 다른 암컷들을 계속적으로 집어넣자 수컷은 거의 고갈될 때까지 새로운 상대와 교미를 했습니다. 이번에는 암컷 쥐들을 상대로 실험을 한 결과 쿨리지 효과가 암컷 동물들에게도 나타났다고 합니다. 암컷도 역시 새로운 수컷들에게 새로운 관심을 보인 것입니다.

그렇다면 남자들의 바람기는 과연 쥐, 닭들과 같은 종류의 행동일까요? 이 동물들의 행동이 새로움에 대한 관심으로 인함인지, 새로운 쾌락에 대한 추구인지 아니면 그저 종족 보존을 위해 씨를 뿌리는 본능 때문인지에 대한 정확한 이유는 그들을 만드신 창조주와 쥐와 닭들만이 알 것입니다. 그러나 남자들의 바람기 원인을 그저 동물적인 본능으로 보기에는 너무 단순한 해석이라 여겨집니다. 성경에서는 분명히 사람은 동물들과 다르게 창조되었다 말씀하십니다. 남자의 바람기가 만약 동물적 수컷의 본능 때문이라는 논리를 용납한다면 문제에 대한 근본적인 원인과 해결책을 찾을 수 없게 됩니다. "동물적인 본능을 어떻게 하란 말입니까?"라는 핑계를 되며 새로운 여자, 맛, 감각, 쾌락을 추구한다면 창조주의 형상을 스스로 벗어 버리는 결과를 초래합니다. 이러한 생각을 용납한다면 자신이 얼마나 귀하고 존귀한 존재인지를 모르거나 깨닫지 못합니다. 인간은 창조주의 형상을 따라 영혼과 몸이 오묘하게 창조된 영적인 존재들이기 때문입니다. 창조주의 형상대로 창조하셨다는 말씀은 우리가 영적인 존재들로 태어났기에 동물들과는 천지차이 다르다는 의미입니다. 시편 8편에 보면 이런 말씀이 있습니다.

> "사람이 무엇이기에 주께서 그를 생각하시며, 인자가 무엇이기에 주께서 그를 돌보시나이까? **그를 하나님보다 조금 못하게 하시고** 영화와 존귀로 관을 씌우셨나이다. 주의 손으로 만드신 것을 다스리게 하시고 만물을 그의 발 아래 두셨으니." (4-6절)

이 구절에 보면 사람을 만드실 때 당신의 형상을 닮도록 하신 것뿐 아니라 "하나님보다 조금 못하게" 만드셨다 말씀하십니다. 하나님보다 조금 못하게 만들어졌다는 것은 진정 놀랍고 엄청난 의미가 포함되어 있습니다. 사람이 전지전능하신 하나님보다 조금 못하다는 말씀은 인간의 존엄성을 단 한마디로 나타내시며 사람은 정말로 귀한 존재임을 확인시켜 주십니다. 이 말씀은 또한 인간을 향하신 하나님의 뜻과 관심이 듬뿍 묻어남을 알 수 있습니다.

인간은 동물과 가까운 것이 아니고 도리어 신과 가까운 형상으로 창조되었다는 진리를 우리가 알기 원하십니다. 이 선포는 절대적으로 인간은 동물들과는 차원이 다르다는 것을 증명하는 말씀입니다. 그렇기에 남자들의 바람기는 겉으로는 동물적인 성향과 비슷하게 보일 수 있지만 본질적으로 그들에게는 다른 이유가 있다고 성경은 말합니다. 도리어 사탄의 계획은 영화와 존귀로 관을 씌우셨다는 남자들로 하여금 하나님의 형상을 닮은 영에 속한 사람의 모습이 지워지도록 역사하고 육적인 삶에 치우쳐 살며 육신의 노예가 되어 동물처럼 행하고 살도록 권장합니다. 바람기가 많은 남자들은 본능적으로 행하는 것이 아니고 영의 사람이 퇴보되고 육에 속한 사람으로 아주 많이 다운 그레이드 된 것으로 보아야 합니다. 겉으로 그렇게 보일 수 있지만 남자의 바람기는 동물들의 본능적인 행동과는 다르게 좀 더 복잡하고 깊은 원인과 동기가 포함되어 있다 말씀하십니다. 이렇게 자동차나 컴퓨터에 문제가 있을 때 디자이너의 매뉴얼을 공부해야 어디가 어떻게 고장 났고 고칠 수 있는 해결책을 찾을 수 있듯이 남자의 바람기에 대한 진정한 원인을 알고자 한다면 남자를 만드신 창조주의 관점과 지혜를 구하여야 정확한 답을 얻게 됩니다.

정서적 결핍

정신적 심리학에서는 정서적인 결핍 때문에 바람을 피운다고 주장합니다. 혹 어떤 주장은 정신적 질환 때문에 바람을 피운다고까지 해석합니다. 아내와 대화가 통하지 않고 성적인 결합에 불만이 있는 남자들이 유혹에 빠질 가능성이 높아지고 그로 인해 외도를 하게 된다고 말합니다. 부부관계를 통해 정서적인 공허함이 채워지지 않으면 문제가 생기고 외도의 원인이 된다는 것입니다. 인간적인 측면에서 분명히 타당성이 높은 해석입니다. 외도를 한 수많은 남자들이 고백한 통계를 통하여 자신을 남자로 인정해 주고 존경심을 나타내는 여자에게 먼저 마음이 이끌려 관계가 시작되었다는 점을 고려할 때 동물적인 본능으로 새로운 여자에게 관심을 보인다는 논리보다는 부부간의 정서적인 결핍이 원인이라는 해석이 더 적합해 보입니다. 그러나 이 해석은 어떠한 것들이 외도에 빠지도록 영향을 끼쳤을까에 대한 한 가지 부분적인 이유로 볼 수 있지만 근본적인 원인으로 보기에는 어딘가 부족한 듯합니다. 흔히 남자들은 바람을 피운 후 아내에게 들은 비난의 말, 자존감을 떨어뜨리는 말, 정체성에 금이 가게 만든 말 때문에 상처를 받았고 외도를 하였다는 변명을 하기도 합니다. 안타깝게도 이러한 이유로 인하여 외도를 정당화하는 것은 잘못된 생각입니다. 한 남자의 자존감, 정체성의 결핍을 꼭 아내의 책임이라 할 수 없기 때문입니다. 타인의 생각과 편견을 통하여 자신의 정체성이 세워지고 움직인다면 이는 남편 자신 내면의 문제이기에 전적으로 부부관계 때문이라 비난할 수 없습니다. 뿐만 아니라 부부관계와 상관없이 바람 피우는 남자들도 많기에 정서적 결핍도 불륜에 빠지는 본질적인 원인은 아니라 생각합니다.

사회적 문제

바람 피우기 쉬운 사회적인 환경으로 인하여 불륜에 빠지는 경우도 많다 주장합니다. 현재 우리가 사는 사회는 어느 때보다도 불륜을 범하기 쉬운 환경으로 급변하고 있기 때문입니다. 지난 과거 남녀가 유별하던 시대를 지나 남녀가 한 공간에서 오랜 시간 같이 일하며 교류하는 사회로 변하였습니다. 경제적인 이유나 개인적인 성취욕 때문에 맞벌이하는 부부들은 자신의 배우자보다 직장 동료들과 더 많은 시간을 보내는 것이 현실입니다. 원한다면, 조심하지 않는다면, 결핍이 있다면, 타협을 한다면 부부관계를 튼튼히 하지 않는다면 외도를 할 수 있는 사회적인 여건과 기회들이 많아졌습니다. 한 조사에 따르면 섬 한 조사결과를 보여 줍니다.

> "오피스 와이프, 오피스 허즈번드는 직장에서 배우자보다 더 친밀한 관계를 말하는 신조어이다. 전국 직장 기혼남녀 320명을 조사한 결과 외도의 대상으로 배우자도 알 수 있는 친구, 직장 동료 등 주변인이 47%, 성매매 업소 종사자가 29.2%이라고 한다. '오피스 와이프가 있다'는 응답이 56.7%, '오피스 허즈번드가 있다'는 응답은 31.6%였다. 외도 이유에 대해 남성들은 성적 불만족을 꼽았고, 여성들은 남편에게 친밀감을 못 찾아서라고 답했다. 전문가는 이런 현실에 대해 부부가 채워 주지 못하는 걸 밖에서 구한다면 모두가 외도를 해야 할 것이라며 우려를 나타냈다."[2]

---

2 "외도하는 상대방 2위 성매매 종사자, 1위가…" 온라인 중앙일보 2012. 1. 4.

오피스 와이프, 오피스 허즈번드라는 말이 나온 것을 보면 직장이 이제는 불륜을 생산하는 번식지가 된 듯 보입니다. 한국 사회에 잘 발달된 밤 문화, 동호회와 동창 모임 또한 불륜에 쉽게 빠질 수 있는 위험한 사회적 환경이 됩니다. 남녀관계에 대한 개방적인 사고방식을 갖는 시대가 부부관계에 큰 위협을 줄 수 있습니다. 우리가 사는 사회가 악으로 점점 오염되어 악의 병균이 여기 저기에 퍼져 있습니다. 자신의 마음을 지키지 않는다면, 부부관계의 면역체계를 강화하지 않는다면, 외도의 병균이 침투하여 병에 걸리는 것은 시간 문제일 수 있다 염려됩니다. 분명히 사회적인 환경과 문제가 외도에 영향을 주기는 하지만 이 또한 근본적인 원인은 아닙니다.

성서적인 해석

그렇다면 인간을 창조하시고 부부관계를 디자인하신 하나님께서는 어떻게 말씀하실까요? 그분이 말씀하시는 정확한 원인을 알고, 인정하고, 받아들여야 정확한 해결책을 얻게 됩니다. 본능적이다, 사회적인 환경 때문이다, 부부관계 때문이라는 간접적인 원인에 얽매인다면 본질적인 문제 해결과 치유함을 얻지 못할 것입니다. 근본적인 뿌리를 뽑아야 다시 살아나지 않기 때문입니다. 먼저 어떠한 병이 있음을 알고 인정해야 치유가 시작되는 이치와 같습니다. 이 본질적인 문제를 해결하지 않는다면 한번 바람 피운 남자는 또 바람 피운다는 말이 진리인 것처럼 보일 수 있습니다. 과연 하나님이 보시는 관점에서 바람 피우는 사람들의 근본적인 원인이 무엇이라 하실까요? 세상이 말하는 여러 가지 표면적인 이유와는 달리 성경 말씀에 보면, 인간의 타락은 보이지 않는 수많은 상실을 가져왔고 이로 인한 후유증 때문에 불륜이라는 증상도 나타난다 설명하십니다. 이 눈에 보이지 않는 상실이 바로 불륜을 범하는 본질적인 원인이 됩니다. 만약 상실한 것들이 무엇인지를 깨닫고 회복한다면 불륜을 막을 수도 있다는 의미입니다. 그렇다면 타락으로 우리는 무엇을 상실했는지 생각해 보아야 합니다.

1. 의에 속한 성향의 상실

첫째, 불륜은 의에 속한 성향의 상실로 인하여 나타나는 열매입니다.

아담은 하나님의 형상을 닮은 창조물로 창조주의 형상을 반영하며 하나님의 영광을 나타내는 삶을 살도록 의도하셨습니다. 아담과 이브는 창조될 때부터 벌거벗은 모습이었습니다. 벌거벗었다는 것은 의로운 속성을 소유하지 못했다는 의미입니다. 에덴 동산에서 하나님의 임재하심 가운데 거하던 아담은 주의 빛과 영광에 휩싸여 살았습니다. 하나님의 의는 그의 의복이 되었고 벌거벗은 그의 몸은 가리워져 보이지 않았습니다. 의로우신 하나님의 임재 안에서 그는 죄가 없이 의로운 삶을 살았던 것입니다. 그는 하나님의 의를 입고 의의 종이 되어 선하시고 의로우신 하나님의 성품을 반영하는(image bearer) 빛에 속한 사람으로 살았습니다. 그러나 하나님의 말씀에 불순종함으로 의에 속한 성향을 상실하고 도리어 죄의 성향을 얻게 됩니다. 죄의 성향에 노예로 살게 된 결과 아주 심각한 후유증들이 나타나게 됩니다. 성경에서 말하는 죄란 화살이 과녁에서 빗나간 듯, 완전하신 목표에서 벗어나 하나님의 뜻, 목적, 계명에서 어긋남을 말합니다.

한 아내에게만 헌신하여 신실한 남편이 되기를 원하셨는데, 불륜은 이 뜻에 빗나간 행실이 됩니다. 하나님의 계명을 사랑하고 순종하기를 원하셨는데 도리어 불륜이라는 불법을 행하는 자가 된 것입니다. 타락으로 생긴 죄의 성향에 영향을 받은 육체가 주장하는 대로 살게 된다면 가장 먼저 두드러지게 나타나는 열매는 간음과 음행이라 성경은 말씀하십니다. 그렇기에 불륜을 바람 피운다는 표현보다는 간음하는 자라 칭하시고 간음이나 음행은 죄라 선포하십니다. 간음이나 음행을 미화해 그저 바람이라는 말로 가볍게 여긴다면 이러한 죄악과 올무에서 헤어나지 못하게 됩니다. 어긋난 행동이라 여기기 않는다면 벗어날 이유가 없어집니다. 죄를 죄로 여기지 않는다면 회개가 불가능하고 용서와 치유, 회복을 받는 과정을 시작할 수 없게 됩니다. 간음과 음행은 육신의 정욕에 노예로 산다면 누구나 빠질 수 있는 죄가 됩니다. 본능적이라는 핑계를 된다면 남자를 창조하신 하나님을 기만하는 행위가 됩니다. 신께서 처음부터 남자의 본능을 그렇게 만드시고 그들의 행동을 죄라 정죄하신다면 모순이 되기 때문입니다. 그렇게 만들지 않으셨기에 금하시는 것입니다. 십계명 안에 쓰여 있는 간음하지 말라는 계명 외에도 신약성경 27권 중에 19권을 통하여 음행에 대한 경고를 하십니다.

"나는 너희에게 이르노니 **음욕을 품고 여자를 보는 자마다 마음에 이미 간음하였느니라**." (마태복음 5:28)

"속에서 곧 사람의 마음에서 나오는 것은 악한 생각 곧 **음란**과 도둑질과 살인과 **간음**과 탐욕과 악독과 속임과 **음탕**과 질투와 비방과 교만과 우매함이니." (마가복음 7:21-22)

"우상과 제물과 피와 목매어 죽인 것과 **음행**을 멀리 할지니라. 이에 스스로 삼가면 잘되리라. 평안함을 원하노라 하였더라." (사도행전 15:29)

"밤이 깊고 낮이 가까웠으니 그러므로 우리가 어둠의 일을 벗고 빛의 갑옷을 입자. 낮에와 같이 단정히 행하고 방탕하거나 술 취하지 말며 **음란**하거나 **호색**하지 말며 다투거나 시기하지 말고." (로마서 13:12-13)

"이제 내가 너희에게 쓴 것은 만일 어떤 형제라 일컫는 자가 **음행**하거나 탐욕을 부리거나 우상 숭배를 하거나 모욕하거나 술 취하거나 속여 빼앗거든 사귀지도 말고 그런 자와는 함께 먹지도 말라 함이라." (고린도전서 5:11)

"몸은 **음란**을 위하여 있지 않고 오직 주를 위하여 있으며 주는 몸을 위하여 계시느니라." (고린도전서 6:13)

"**음행**을 피하라. 사람이 범하는 죄마다 몸 밖에 있거니와 **음행**하는 자는 자기 몸에 죄를 범하느니라." (고린도전서 6:18)

"또 내가 다시 갈 때에 내 하나님이 나를 너희 앞에서 낮추실까 두려워하고 또 내가 전에 죄를 지은 여러 사람의 그 행한 바 더러움과 **음란함**과 **호색함**

을 회개하지 아니함 때문에 슬퍼할까 두려워하노라." (고린도후서 12:21)

"내가 이르노니 너희는 성령을 따라 행하라. 그리하면 육체의 욕심을 이루지 아니하리라. 육체의 일은 분명하니 곧 **음행**과 더러운 것과 **호색**과." (갈라디아서 5:16, 19)

"**음행**과 온갖 더러운 것과 탐욕은 너희 중에서 그 이름조차 부르지 말라 이는 성도에게 마땅한 바니라." (에베소서 5:3)

"그러므로 땅에 있는 지체를 죽이라. 곧 **음란**과 부정과 사욕과 악한 정욕과 탐심이니 탐심은 우상 숭배니라." (골로새서 3:5)

"하나님의 뜻은 이것이니 너희의 거룩함이라. 곧 **음란**을 버리고 각각 거룩함과 존귀함으로 자기의 아내 대할 줄을 알고 하나님을 모르는 이방인과 같이 색욕을 따르지 말고." (데살로니가전서 4:3-5)

"**음행**하는 자와 혹 한 그릇 음식을 위하여 장자의 명분을 판 에서와 같이 망령된 자가 없도록 살피라." (히브리서 12:16)

"너희가 **음란**과 정욕과 술취함과 방탕과 향락과 무법한 우상 숭배를 하여 이방인의 뜻을 따라 행한 것은 지나간 때로 족하도다." (베드로전서 4:3)

"소돔과 고모라와 그 이웃 도시들도 그들과 같은 행동으로 **음란**하며 다른 육체를 따라 가다가 영원한 불의 형벌을 받음으로 거울이 되었느니라." (유다서 1:7)

"그러나 네게 두어 가지 책망할 것이 있나니 거기 네게 발람의 교훈을 지키는 자들이 있도다. 발람이 발락을 가르쳐 이스라엘 자손 앞에 걸림돌을 놓아 우상의 제물을 먹게 하였고 또 음행하게 하였느니라." (요한계시록 2:14)

"그러나 네게 책망할 일이 있노라. 자칭 선지자라 하는 여자 이세벨을 네가 용납함이니 그가 내 종들을 가르쳐 꾀어 **행음**하게 하고 우상의 제물을 먹게 하는도다." (요한계시록 2:20)

"그러나 두려워하는 자들과 믿지 아니하는 자들과 흉악한 자들과 살인자들과 **음행**하는 자들과 점술가들과 우상 숭배자들과 거짓말하는 모든 자들은 불과 유황으로 타는 못에 던져지리니 이것이 둘째 사망이라." (요한계시록 21:8)

왜 하나님께서 이렇게 여러 군데 반복적으로 수많은 경고의 말씀을 하셨을까요? 이 죄악에 빠지기 취약한 성향뿐 아니라 파괴적인 결과를 거둔다는 것을 아시기에 거듭하여 재강조를 하셔야 했던 하나님의 심정을 우리가 짐작해 볼 수 있습니다. 경고를 받는 대상은 본능적으로 행동하는 동물들이 아니고 자유의지력을 소유하여 스스로 선택을 할 수 있는 사람에게 해당되는 요구입니다. 또한 이 수많은 구절들을 통하여 간음이나 음행을 피하라 경고하심은 인간의 약점을 이용하여 사탄이 이 부분을 집중적으로 공략함을 아시기 때문입니다. 요한일서 5장 2-3절에 보면 "우리가 하나님을 사랑하고 그의 계명들을 지킬 때에 이로써 우리가 하나님의 자녀 사랑하는 줄을 아느니라. 하나님을 사랑하는 것은 이것이니 우리가 그의 계명들을 지키는 것이라. 그의 계명들은 무거운 것이 아니다."라고 하며 불가능한 것을 요구하심이 아님을 강조하십니다.

2. 영적인 삶의 상실

두 번째로, 불륜은 영적인 삶의 상실로 나타나는 결과입니다.

인간은 타락으로 영적인 삶을 상실하여 혼(생각, 지능, 의지, 감정 등)과 육에 초점을 맞춘 삶에 치우쳐 살게 되었습니다. 우리는 영적인 존재로 창조되었기에 영적인 삶에 초점을 맞추고 살아야 만족스럽고 풍성한 삶을 살게 되도록 만들어졌습니다. 그렇기에 영에 속한 삶이 인간의 본질적인 삶이 됩니다. 인간의 혼과 육은 본질적인 영의 삶을 나타내고 표현하는 도구이며 통로가 됩니다. 영의 속한 삶이 충만하고 풍성할 때 사람의 혼 또한 충만해지는 열매를 맛보게 됩니다. 그러나 혼과 육에 속한 삶에만 초점을 맞추고 산다면 수많은 문제가 생깁니다. 본질적인 것이 결핍되었기 때문입니다.

이렇게 영적인 사람이 회복된다면 육에 속한 행실을 벗어 버릴 수 있습니다. 남자가 불륜에 빠지는 이유 중 하나는 영에 속한 삶이 부재하거나 미약할 때 육에 통제를 받게 되고 육신의 잘못된 정욕을 이길 힘이 없기 때문입니다. 자신의 영적인 결핍을 혼자 해결하려는 무지함이 큰 함정이 됩니다. 이렇게 잘못된 정욕에 그저 힘 없이 무너지는 남자들을 볼 때 동물적인 성향과 흡사해 보이기에 생물학적 이유로 외도를 한다는 주장이 나오게 됩니다. 겉으로는 비슷해 보이기 때문입니다. 그러나 본질적인 원인은 동물들과 현저히 다릅니다.

인간은 먼저 하나님과의 영적인 관계를 통하여 생수, 즉, 생명의 물을 마셔야 하고 아내와의 관계를 통한 정서적과 성적인 결합으로 오는 사랑의 물 또한 마시도록 만드셨습니다.

그러나 여러 가지 이유 때문에 하나님과의 관계가 차단되고 그로 인하여 영혼이 메마른 상태에서 자신에게 허락된 아내의 우물에서도 물을 얻지 못한다면 다른 여인의 우물에서 물을 얻어 영혼의 갈증을 해결하고자 하는 유혹이 그들로 하여금 불륜에 빠지게 합니다. 성경에서는 성령과의 교제를 통하여 얻는 것을 '생수'라 표현하시고 남자들이 아내를 통하여 얻을 수 있는 성적 욕구 또한 사랑의 물을 마시고자 하는 갈증과 같다 비유하십니다.

> “너는 네 우물에서 물을 마시며 네 샘에서 흐르는 물을 마시라. 어찌하여 네 샘물을 집 밖으로 넘치게 하며 네 도랑물을 거리로 흘러가게 하겠느냐? 그 물이 네 게만 있게 하고 타인과 더불어 그것을 나누지 말라. 네 샘으로 복되게 하라. 네가 젊어서 취한 아내를 즐거워하라.” (잠언 5:15-18)

이 구절에서 아내를 샘물 또는 우물로 비유하시며 남편이 아내에게 느끼는 성적 갈증은 당연한 욕구이다 하십니다. 인간에게 물이 중요한 역할을 하듯이 결혼한 남녀에게는 성적 관계 또한 중요한 부분임을 말씀하십니다. 하나님과의 관계에서 얻게 되는 생수와 아내와 함께 얻는 사랑의 물을 마신다면 진정한 만족과 풍성함을 만끽하게 됩니다. 그러나 혹 영적인 삶에 결핍이 있더라도 부부간의 충분한 사랑의 관계를 통한 만족을 얻는다면 한 가지 물을 마시니 아주 메마른 상태는 모면할 수 있게 됩니다. 성관계를 통하여 얻는 물은 성령과의 교제를 통하여 생수가 사람의 마음으로 흐를 때 느끼는 경험과 흡사하기 때문입니다. 하나님과의 교제를 통하여 경험하는 희열, 기쁨, 행복, 만족과 쾌감을 부부간의 친밀한 사랑의 관계를 통하여서 한순간이라도 맛볼 수 있도록 인간의 몸과 마음을 디자인하셨기에 성관계는 큰 의미가 부여됩니다. 이러한 이유 때문에 사람들은 성적 경험에 관심을 많이 갖는 것이 아닌가라고 생각해 봅니다.

갈라디아서 5장과 골로새서 3장을 보면 이렇게 말씀하십니다.

> “육체의 일은 분명하니 곧 **음행**과 더러운 것과 호색과 우상 숭배와 주술과 원수 맺는 것과 분쟁과 시기와 분냄과 당 짓는 것과 분열함과 이단과 투기와 술 취함과 방탕함과 또 그와 같은 것들이라.” (갈라디아서 5:19-21)

> “그러므로 땅에 있는 지체를 죽이라, 곧 **음란**과 부정과 사욕과 악한 정욕과

탐심이니 탐심은 우상 숭배니라." (골로새서 3:5)

이 구절들을 보면 육체나 땅에 있는 지체의 소욕을 따라 사는 사람들에게 두드러지게 나타나는 증상들을 보여 주시는데, 음행과 음란이 가장 먼저 나열되어 있습니다. 만약 영적인 삶의 결핍과 육체의 노예로 살기 때문에 불륜에 빠졌다면 이 문제를 없앨 합당한 해결책 또한 우리에게 주십니다.

"내가 이르노니 너희는 성령을 따라 행하라. 그리하면 육체의 욕심을 이루지 아니하리라. 육체의 소욕은 성령을 거스리고 성령은 육체를 거스리나니, 이 둘이 서로 대적함으로 너희가 원하는 것을 하지 못하게 하려 함이니라."

영적인 삶의 결핍으로 생긴 바람기에 대한 해결책은 먼저 성령을 따라 살아야 한다 하십니다. 성령을 따라 살지 않기에 죄악에 빠졌지만 성령을 따라 영의 속한 삶을 누린다면 이러한 죄악을 방지할 수 있다는 의미입니다. 이러한 본질적인 결핍이 채워지지 않는다면 갈증을 느낄 때마다 유혹에 또 빠질 수 있는 가능성이 생기는 것입니다. 사람들은 "남자는 다 똑같아서 다 바람을 피운다."라는 통상적인 말을 자주 합니다. 모든 남자가 다 바람을 피운다는 말은 모든 남자에게 외도할 수 있는 가능성이 있다는 말일 뿐이지, 모든 남자들이 다 외도를 하는 것은 아닙니다.

외도를 하는 남자와 외도를 하지 않는 남자의 차이점은 무엇일까요? 성령을 따라 사는 남자와 육체의 소욕을 따라 사는 남자의 다른 점이라고 말씀합니다. 아무리 부부관계를 통해 성욕과 정신적인 공허함이 채워지지 않더라도 영을 따라 사는 남편은 육체의 정욕을 통제하고 외도의 유혹을 피할 수 있다는 의미입니다. 성령을 따라 산다 함은 성령의 능력을 의지하여 그의 인도하심에 순종하는 삶을 말합니다. 자신의 생각, 의지, 자만심보다도 철저히 주를 의존하여 육신의 정욕과 죄와 대항하여 싸우는 영의 사람을 말합니다. 영을 따라 사는 사람은 하나님과의 교제와 성령의 사역을 통하여 얻는 생수를 풍성히 마시기에 육신의 욕구를 능히 이길 힘을 얻게 됩니다. 부부관계에 문제가 있고 결핍이 있어도 영을 따라 사는 사람은 영의 풍성함을 통하여 육의 모자란 부분까지도 채울 수 있는 장성함에 이른 사람을 말합니다.

표면적으로 나타나는 불륜의 동기는 다양하더라도 본질적인 원인을 찾아보면 영적인 삶의 결핍에서 온다는 뜻입니다. 그렇기에 영혼이 가난하고 메마른 남자는 불륜에 취약해지고 위험한 상태로 보아야 합니다.

3. 절대적인 진리의 상실

셋째로, 불륜은 절대적인 진리의 상실로 인하여 범하게 되는 잘못된 방법입니다. 인간은 하나님의 말씀을 거역하고 타락으로 빠질 때 하나님께서 주신 절대적인 진리와 원칙을 상실하게 됩니다. 그리고 절대적인 진리 대신, 마음에 도리어 사탄의 거짓과 인본주의 생각으로 채운 결과 잘못된 선택을 하는 상황에 빠집니다. 하나님의 진리의 말씀 안에는 분명히 타락으로 생긴 우리가 겪는 모든 문제의 해결책과 방법을 제시해 주십니다. 그러나 절대적인 하나님의 진리와 원칙, 기준을 용납하지 않는다면 죄와의 타협은 아주 쉬워집니다. 우리를 보호하시고자 세우신 계명을 모르거나, 거부한다면, 그리고 믿지 못한다면 각자의 생각, 감정, 환경, 유혹의 압력에 이끌려 결정하고 행동을 하게 됩니다. 불륜을 합당하다 여기면서 스스로 괜찮다고 정당화할 수 있습니다. 이런 식으로 짜여진 생각을 소유한 사람은 부부간의 갈등과 결핍이 있을 때 잘못된 방법으로 문제를 해결하려는 생각에 불륜에 빠질 수 있습니다. 외도를 한 남자는 경건한 대처법에 대한 절대적인 진리와 지식, 지혜가 부족하거나 거부한다고 볼 수 있습니다.

타락으로 인하여 부부관계는 어려워졌고 서로의 필요를 항상, 끊임없이, 또는 그때그

때 상황에 따라 채워 주기에는 어려운 현실입니다. 그로 인해 부부들은 기대에 어긋난 결혼과 실망을 경험하며 서로를 나무라며 자신들의 요구를 채워 달라고 불평합니다. 이러한 어려운 문제에 직면했을 때 해결책을 찾는 방법은 그 사람의 영혼과 육적인 상태와 비례합니다. 남자들에게 바람기라는 증상이 강하게 나타난다는 점을 해석한다면, 특히 남자들은 여자들보다 관계적인 문제를 직면했을 때 지혜롭고, 경건하고, 건설적인 대처법이 부족하다는 의미로도 해석할 수 있습니다. 또한 부부관계의 위기가 왔을 때 어떠한 선택을 하는가는 영, 혼, 육 어떤 사람에게 통제를 받는가에 달려 있다 볼 수 있습니다.

육에 속한 사람은 영이나 혼보다 육신에게 강한 통제를 받는 사람으로서 인간의 육체적인 본능과, 오감, 그리고 감정에 이끌리는 대로 해결하는 경향을 보입니다. 만약 부부관계를 통하여 불만족을 느낀다면, 자신의 결핍을 채워 주고 재미와 기분을 좋게 해 주는 것, 일, 장소, 사람에게 본능적으로 끌리게 됩니다. 그 방법이 하나님의 원칙에 어긋나고, 아내와 결혼과 가정에 어떠한 악영향을 끼칠 수도 있다는 가능성을 알고 있음에도 불구하고 어쩔 수 없이 노예처럼 육체적인 성향에 지배를 받게 됩니다. 영은 약하고 육신이 강하기 때문입니다. 육신은 본능적으로 생존 본능에 충실하기에 때문에 이러한 사람에게 처한 위협이나 어려운 문제를 해결하는 방법은 당연히 이기주의적인 성향이 강하게 나타납니다. 자신의 잘못된 선택이 장래에 어떠한 결과를 낳고 후유증을 몰고 올 수 있다는 긴 안목보다는 당장 급히 생존을 위해 시급한 물을 마시는 것에 초점을 두기 때문입니다. 우리의 육신은 배고픔을 참는 인내가 부족하고 절제도 하지 못합니다. 만약 이러한 생존 본능에 통제를 받고 사는 남자에게 영적, 정신적, 성적 욕구가 채워지지 않으면 문제가 생길 수 있습니다. 사탄은 우리 육신의 연약함과 결핍된 상황에 처했을 때 유혹의 미끼를 던지기 때문입니다. 절제의 훈련이 안 된 육신의 통제를 받는다면 쉽게 외도의 올무에 빠질 수 있습니다.

혼적인(soulish) 사람은 육이나 영적인 면보다 혼적인 면에 의해 강하게 통제를 받기에 자신의 생각, 논리, 지식, 사실적 분석, 그리고 인간적인 지혜, 지능과 합리적인 생각을 바탕으로 판단하고 해결책을 찾습니다. 자아가 강하고 자존심이 높고, 성취감이 많기에, 육체의 정욕보다는 자신의 체면과 위치를 중요시 여깁니다. 성경적인 표현으로 '나' 또는 '자신이' 삶을 통제하는 사람을 말합니다. 이러한 남자들에게는 인정과 존경이 무엇보다도 가장 중요한 부분입니다. 그렇기에 성적인 욕구가 부족하더라도 참을 수 있지만, 자존심을 건드리고 무시하는 말, 태도, 행동을 절대로 참지 못하기에 이러한 상황이 부부관계에 계속된다면 문제가 생깁니다. 자존심을 회복시켜 줄 다른 사람에게 유혹을 쉽게 받을 수 있습니다. 사탄은 우리가 교만한 마음을 가질 때 우리의 자아를 더욱 자극하고 부풀리어 자신의 속임수에 넘어가도록 이용하기 때문입니다. 무너진 자존심 때문에 아내와 거리감을 두고 친밀감을 멀리한다면 쉽게 외도의 올무에 빠질 수 있습니다.

영적인 사람은 하나님의 말씀의 진리와, 원칙, 의에 속한 해결책을 찾고자 하는 영의 사람을 가리킵니다. 육체와 혼적인 면보다는 영의 속 사람이 더욱 강하게 발달되어 육과 혼을 통제하도록 훈련을 받은 장성한 사람을 가리킵니다. 영에 이끌려 행하는 사람은 자신의 능력을 믿기보다는 성령의 능력을 의지하려는 겸손함을 나타내고 육체의 정욕을 거부하는 자제력을 보입니다. 로마서 8장 12-13절에 말씀하십니다.

> "그러므로 형제들아, 우리가 빚진 자로되 육신에게 져서 육신대로 살 것이 아니니라. 너희가 육신대로 살면 반드시 죽을 것이로되 영(성령)으로써 몸의 행실을 죽이면 살리니."

영적인 사람이란 새로운 피조물로서 거듭난 후 속 사람이 변화받고 진정으로 하나님의 형상이 회복된 모습을 소유한 사람입니다. 의를 사랑하고, 의로운 성품이 나타나며, 의를 행하기를 즐거워하는 그리스도의 형상을 닮아 가는 사람을 말합니다. 영적인 사람이란 율법을 지키고, 종교적인 활동에 참여하고, 봉사를 많이 함과 반드시 비례하지는 않습니다. 도리어 하나님과의 뜨거운 사랑의 교제와 성령님께 매 순간 자신의 뜻과 의지를 양도하고 그의 인도하심에 순종함으로 인하여 영의 속 사람이 강해진 상태를 의미합니다. 혹 성적, 정서적인 결핍이 있더라도 하나님과의 관계를 통하여 만족하는 법을 터득하고 외도라는 유혹을 이기고 부부관계를 통하여 자신의 필요를 얻을 때까지 인내함을 보입니다.

이와 같이 자신이 가장 강하게 지배를 받는 영역 안에서 소유한 지식, 지혜, 충고, 과거의 경험, 처한 환경, 감정 상태, 기회, 입맛, 끌림, 충동, 감정 등등을 바탕으로 자신이 갈등하는 결핍에 대한 해결책을 찾게 됩니다. 바람을 피운 남자들 대부분이 바람을 이미 피운 친구들이 많았다는 점을 고려할 때 그 영역에 속하여 사는 다른 이들의 충고와 방식을 전수받기도 합니다. 어떤 이들은 경건한 대처법을 전혀 모르거나, 알지만 어색하고 서투르기에 힘들어합니다. 어떤 이는 육에 속한 성욕에 이미 노예가 되어 헤어나지 못하는 사람도 있습니다. 어떤 이는 지식적으로는 알면서도 영의 능력을 키우는 훈련이 부족하여 죄와 타협을 하는 등등 여러 가지 이유가 있습니다. 불륜을 저지른 사람은 자신 안에서 관계적인 문제들에 대한 해결책을 추구하기보다는 상대를 바꾸면 된다는 착각을 한 것으로 볼 수 있습니다. 아내/남편에 대한 지식을 얻기 위해 투자하고, 대화의 기술을 배우고, 자신들이 느끼는 감정을 감지하고 표현하는 것을 발달시키며, 불평불만을 그때그때 툭 터놓고 해소하는 방법을 키우기보다는 속병을 키우다가 사탄에게 그만 빌미를 주게 됩니다. 예수님께서는 제자들에게 앞으로 유혹의 시간이 닥쳐올 것을 미리 아시고 그들에게 유혹을 이길 힘에 대한 말씀을 하십니다.

> "제자들에게 오사 그 자는 것을 보시고 베드로에게 말씀하시되 너희가 나와 함께 한 시간도 이렇게 깨어 있을 수 없더냐? 시험에 들지 않게 깨어 기도하라. 마음에는 원이로되 육신이 약하도다." (마태복음 26:40-41)

영, 혼, 육의 결핍으로 오는 불륜에 대한 유혹은 누구에게나 올 수 있기에 모든 부부가 항상 경계해야 할 죄입니다. 한순간 육신이 약하여 혹 유혹에 넘어질 수 있기에 평상시 기도의 훈련을 통하여 하나님의 도우심을 청한다면 그물을 치고 기다리는 사탄의 역사를 물리칠 수 있다는 중요한 비결을 말씀하십니다. 깨어 기도한다는 말은 자만하지 말고, 방심하지 말고 시시때때로 우리를 노리는 적군을 염두에 두고 산다는 뜻입니다. 유혹자가 있음을 경계하라는 권면입니다. 항상 영적 전쟁이 진행 중이라는 사실을 인식한다면 보호하심을 청하는 기도를 하게 됩니다. 육신의 의지와 집념만 가지고는 유혹하는 악령들의 역사를 물리치기에는 우리의 육신이 너무 약하니 하나님의 도우심을 구하는 기도는 우리를 죄악에 빠지지 않도록 지켜 주는 힘이 됩니다. 그러나 유혹자가 기회를 엿보고 있음을 인정하지 않고 자신의 육신의 연약함 또한 인정하지 않는다면 유혹에 가장 취약한 상태가 될 것입니다. 유혹에 가장 약한 사람은 미리 준비성 없이, 자신의 의지만 믿고 자만하는 사람입니다.

이사야 50장 10-11절에 이러한 말씀이 있습니다.

> "너희 중에 여호와를 경외하며 그의 종의 목소리를 청종하는 자가 누구냐? 흑암 중에 행하여 빛이 없는 자라도 여호와의 이름을 의뢰하여 자기 하나님께 의지할지어다. 보라 불을 피우고 횃불을 둘러 띤 자여, 너희가 다 너희의 불꽃 가운데로 걸어가며 너희가 피운 횃불 가운데로 걸어갈지어다. 너희가 내 손에서 얻을 것이 이것이라. 너희가 고통이 있는 곳에 누우리라."

이 구절들을 통하여 우리에게 말씀하십니다. 우리 삶에, 부부관계에, 가정에, 만약 인간으로서 해결하기 힘들고, 불가능해 보이고, 앞이 캄캄하고, 해결책이 보이지 않는 시기가 왔을 때 하나님을 의지하고 주께 도우심을 청하는 것이 지혜로운 것이라 권면하십니다. 그렇지 않고 스스로가 피운 횃불, 즉 인간적인 방법을 택하여 죄와 타협한다면 고통이 따를 수 있다는 경고 또한 주십니다. 불륜이야말로 스스로가 피운 횃불로서 수많은 고통을 몰고 오는 불꽃이 될 것입니다.

4. 선한 마음의 상실

네 번째로, 불륜은 선한 마음의 상실로 생긴 악한 마음 때문이라 하십니다. 인간의 타락한 마음과 타협하는 생각이 존재하기에 불륜이라는 열매를 맺게 된다는 이치를 말씀하십니다.

> "또 이르시되 사람에게서 나오는 그것이 사람을 더럽게 하느니라. 속에서 곧 사람의 마음에서 나오는 것은 악한 생각, 곧 **음란**과 도둑질과 살인과 **간음**과 탐욕과 악독과 속임과 **음탕**과 질투와 비방과 교만과 우매함이니, 이 모든 악한 것이 다 속에서 나와서 사람을 더럽게 하느니라." (마가복음 7:20-23)

> "만물보다 거짓되고 심히 부패한 것은 마음이라. 누가 능히 이를 알리요마는." (예레미야 17:9)

불륜은 부부간의 갈등과 결핍 때문에 범하는 죄가 아니고 마음에 있는 악한 마음 때문이라고 성경은 말씀하십니다. 부부간의 갈등과 결핍은 불륜의 기회를 만들 수는 있지만, 마지막 결정은 마음에서 합니다. 근본적으로 불륜을 한 사람은 마음이 심히 부패하였지만, 스스로 속이며 깨닫지 못한다 하십니다. 악한 생각이란 선한 생각이 부재할 때 생깁니다. 악한 마음이란 선한 마음이 없거나 하나님이 세우신 의의 기준을 거부할 때 생깁니다. 부부간에 서로를 사랑하라는 하나님의 선하신 뜻과 계명을 거부한다면, 미워하고 증오하는 악한 생각과 마음이 그 공간을 채우게 됩니다. 불륜에 대한 하나님의 기준과 부부관계의 신실함이 얼마나 중요한가를 용납하지 않는다면, 이러한 죄악에 빠지는 것은 시간 문제일 것입니다.

또한 불륜은 선한 마음을 지키지 않은 결과라 하십니다. 말라기 2장 14-15절에서 말씀하십니다.

"너희는 이르기를 어찌 됨이니이까 하는도다. 이는 너와 네가 어려서 맞이한 아내 사이에 여호와께서 증인이 되시기 때문이라. 그는 네 짝이요 너와 서약한 아내로되 네가 그에게 거짓을 행하였도다. 그에게는 영이 충만하였으나 오직 하나를 만들지 아니하셨느냐? 어찌하여 하나만 만드셨느냐? 이는 경건한 자손을 얻고자 하심이라. 그러므로 **네 심령을 삼가 지켜** 어려서 맞이한 아내에게 거짓을 행하지 말지니라."

이 구절을 통하여 불륜의 핵심을 지적하십니다. 마음을 지키지 않고 이미 타협의 씨가 뿌려졌다면, 어려운 시기에 불륜의 유혹이 왔다면, 쉽게 넘어질 수 있습니다. 그러나 불륜의 기회가 왔을 때 마음을 지킨다면, 이러한 죄악에 빠지지 않을 수 있다는 말씀이기도 합니다. 모든 죄악은 생각으로부터 시작하여 온 마음으로 번지기에 "모든 지킬 만한 것 중에 더욱 네 마음을 지키라. 생명의 근원이 이에서 남이라."(잠언 4:23)라 권면하십니다. 하나님의 말씀에 따라 처음부터 선을 긋고 경계선을 세운다면 마음을 지킬 수 있다는 말씀이기도 합니다. 마약의 위험성을 깨닫고 절대로 먹어서는 안 된다고 마음에 이미 결정을 내린 후 경계하는 사람과 그런 결정을 하지도 않고 경계도 하지 않는 사람 중에 유혹에 넘어질 가능성이 큰 사람은 누구일까요? 당연히 후자입니다. 이와 같이 남편이나 아내도 하나님의 말씀과 기준을 믿고 신뢰하기에 마음에서부터 결정을 내려야 합니다. 외도에 빠지는 것은 유혹이 강해서도 아니고, 어쩔 수 없는 환경 때문도 아니고, 마음의 문제라고 하십니다. 외도를 방지하기 위해서는 집을 나서기 전에, 유혹의 시간이 오기 전에, 하나님의 기준에 따라 미리 마음에 정확한 선을 그어 놓아야 한다는 교훈입니다. 그렇지 않으면 영적, 정신적, 관계적으로 가장 취약한 시기 유혹이 왔을 때 위험에 빠질 수 있습니다. 이러한 죄악에서 벗어 나려면 마음이 변화받아야 하는 필요성을 의미합니다. 이렇게 마음의 문제라는 정확한 진단을 하여야 어느 곳에 수술이 필요한지 알 수 있고 합당한 해결책을 얻게 됩니다.

5. 지혜의 상실

다섯 번째로, 불륜은 하늘로부터 오는 지혜의 상실 때문이라 말씀하십니다. 타락으로 인하여 인간은 하나님께로부터 오는 지혜를 상실하게 되었고 어리석은 결정과 판단을 내리게 됩니다. 잠언 6-7장의 말씀을 통하여 불륜에 빠지는 원인에 대하여 경고하시며 잠언 6장 32-33절을 통하여 지혜로운 판단력이 부족한 자가 불륜에 빠진다 하십니다. 불륜은 부부간의 관계적인 위기와 결핍으로 인함이 아니고 잘못된 판단으로 스스로 악에 빠진다는 진리를 말씀하십니다.

> "여인과 간음하는 자는 **무지한 자라**. 이것을 행하는 자는 자기의 영혼을 망하게 하며 상함과 능욕을 받고 부끄러움을 씻을 수 없게 되나니." (6:32-33)
> "사람이 불을 품에 품고서야 어찌 그의 옷이 타지 아니하겠느냐? 사람이 숯불을 밟고서야 어찌 그의 발이 데지 아니하겠느냐?" (6:27-28)
> "음녀로 말마암아 사람이 한 조각 떡만 남게 됨이며 음란한 여인은 귀한 생명을 사냥함이니라." (6:26)

잠언 7장에 또한 지혜가 부족한 자, 어리석은 자가 불륜에 빠지기에 지혜를 사랑하고 하나님의 계명을 지키라는 권면을 주십니다.

> "내 아들아, 내 말을 지키며 내 계명을 간직하라. 내 계명을 지켜 살며 내 법을 네 눈동자처럼 지키라. 이것을 네 손가락에 매며 이것을 네 마음판에 새기라. 지혜에게 너는 내 누이라 하며 명철에게 너는 내 친족이라 하라. 그리하면 이것이 너를 지켜서 음녀에게서, 말로 호리는 이방 여인에게 빠지지 않게 하리라." (7:1-5)

다음 구절들을 보면 어떻게 어리석고 판단력이 흐려진 사람이 불륜에 빠지는 모습을 묘사합니다.

> "**어리석은 자 중에**, 젊은이 가운데에 **한 지혜 없는 자**를 보았노라. 그가 거리를 지나 음녀의 골목 모퉁이로 가까이하여 그의 집쪽으로 가는데." (7-8절)

> "젊은이가 곧 그를 따랐으니 소가 도수장으로 가는 것 같고 미련한 자가 벌을 받으려고 쇠사슬에 매이러 가는 것과 같도다. 필경은 화살이 그 간을 뚫게 되리라. 새가 빨리 그물로 들어가되 그의 생명을 잃어버릴 줄을 알지 못함과 같으니라." (22-23절)

> "네 마음이 음녀의 길로 치우치지 말며 그 길에 미혹되지 말지어다. 대저 그가 많은 사람을 상하여 엎드러지게 하였나니 그에게 죽은 자가 허다하니라. 그의 집은 스올의 길이라, 사망의 방으로 내려가느니라." (25-27절)

잠언 7장 22-23절을 통하여 외도하는 사람의 어리석은 모습을 세 가지로 표현해 주십니다.

첫째로 외도하는 사람의 모습은 소가 도수장으로 가는 모습과 같다 하십니다. 그곳으로 가면 죽는다는 것을 모른 채 어떠한 힘에 이끌리어 가는 안타까운 처지입니다. 무엇에 홀린 사람처럼 앞으로 어떠한 상함, 능욕, 수치심을 얻게 된다는 상상도 못 한 채 육신의 정욕에 이끌려 불륜이라는 죄에 빠지는 모습입니다.

둘째로, 미련한 자가 벌을 받으려고 쇠사슬에 매이러 가는 모습이라 하십니다. 무지함 때문에 자신의 선택으로 인하여 어떠한 결과를 얻게 된다는 것을 인지하지 못하고 생각없이, 판단력이 흐려진 상태를 의미합니다. 잠언 6장 29절에 보면, "남의 아내와 통간하는 자도 이와 같을 것이라. 그를 만지는 자마다 벌을 면하지 못하리라."라는 경고의 말씀이 있지만 어리석기에 무시합니다. 외도는 잠시 잠깐 이기적인 쾌락을 얻게 하지만, 평생 온 가족이 자신의 죄로 인하여 고통을 받을 수 있다는 진리를 간과하는 태도를 말합니다. 불륜 때문에 수많은 상실과 아픔이 따를 것이라는 점을 보지 못하는 미련함을 말합니다. 미련함이란 분별력이 부족하고 훈련되지 못한 생각이 나타내는 증상입니다.

셋째로, 불륜에 빠지는 남자를 새가 그물에 걸리는 모습으로 표현합니다. 새가 그물에 걸리면 더 이상 자유로움을 상실하고 얽매인 삶을 살게 된다는 의미입니다. 불륜에 한번 걸리면 정신적, 양심적, 관계적, 영적인 삶에 무거운 짐을 메고 다님 같이 인생이 고달파지게 때문입니다. 또한 이 구절을 통하여 우리의 파멸을 원하는 적군이 있다는 것을 암시하십니다. 불륜이라는 유혹의 그물을 만들어 놓고 기회를 엿보며 새가 날아와 잡히기를 기다리는 사탄과 악령들의 역사를 의미합니다. 자신과 부부관계를 허물고 파괴시키기를 원하는 존재가 있다는 것을 보지 못한다며 그물을 경계할 생각을 하지 못하고 위험도 느끼지 못하며 그저 날아들게 됩니다. 그물에 빠져 허덕일 때 남자로서, 남편으로서, 아버지로서, 아들로서의 책임을 다하지 못하게 될 수 있고 다른 가족들에게 불이익을 줄 수 있습니다.

이 세 가지 표현의 공통점을 생각해 본다면, 불륜에 한번 꼬이면 해방받기 어려운 상황이 된다는 의미입니다. 한 번 길을 잘못 디딘다면, 흐려진 판단력으로 잘못 선택한다면, 그의 영혼이 힘없이 끌려가는… 쇠사슬에 매인… 그물에 걸린… 스스로 헤어 나올 수 없는 처지에 빠진다는 의미입니다. 자신의 의지 만으로는 더 이상은 힘을 못쓰는 상황이 된다는 것입니다.

어떠한 죄보다 특히 성적인 죄악은 사람의 몸에 큰 타격을 줍니다. 불륜으로 인한 성관계를 통하여서도 쾌락과 반딩(bonding)의 호르몬이 생산되기에 뇌에 저장되고 기억에 영향을 끼칩니다. 반복된 불륜의 행위는 사람의 몸이 죄의 노예가 되는 결과를 나타내는데 죄악된 습관에 통제를 받기 때문입니다. 이렇게 인간의 몸과 성적 호르몬이 어떻게 연관이 되었는지에 대한 이해가 부족한 상태에서 사탄의 제안을 용납하고 그의 유혹에 빠졌다면, 그의 약점이 되고 취약한 부분은 계속적인 공격의 대상이 될 수 있습니다. 또한 이러한 죄의 결과는 심각한 후유증을 나타냅니다. 조심성 없이 잘못된 길로 빠진다면, 결혼과 부부관계와 가정과 자녀들이 죽게 된다고 경고합니다.

> "네 마음이 음녀의 길로 치우치지 말며 그 길에 미혹되지 말지어다. 대저 그가 많은 사람을 상하여 엎드러지게 하였나니 그에게 죽은 자가 허다하니라. 그의 집은 스올의 길이라, 사망의 방으로 내려가느니라." (잠언 7:25-27)

외도에 대한 하나님의 계명과 말씀을 모르거나 혹은 무시한다면, 진실로 어리석은 자의 결과를 맛보게 됩니다. 과거 남자들의 불륜으로 수많은 고통과 안타까운 상실의 역사가 쓰여졌음에도 불구하고 역사를 되풀이하며 불륜에 빠지는 사람이야말로 실로 무지하고 어리석은 사람이라 경고하십니다. 이렇게 부부관계에서 갈등을 해결하도록 돕는 지혜는 아주 필수적인 요소입니다. 야고보서 1장 5절에 이런 약속의 말씀을 하십니다.

> "너희 중에 누구든지 지혜가 부족하거든 모든 사람에게 후히 주시고 꾸짖지 아니하시는 하나님께 구하라, 그리하면 주시리라."

힘든 부부관계로 어렵다면 하나님의 지혜를 구하여야 합니다.

6. 진정한 의존자의 상실

여섯 번째로, 불륜은 진정한 의존자의 대상을 상실함으로 오는 잘못된 만남이 됩니다. 인간은 하나님을 절대적으로 의존하며 살도록 만들어졌으나 불순종함으로 이러한 관계를 상실하게 됩니다. 진정한 의존의 대상을 상실한 결과, 기대고 의지할 만한 다른 것을 찾게 됩니다. 남자들의 바람기는 그들이 믿고 의지하는 우상에 대한 환상 때문이라고 생각할 수 있습니다. 영을 따라 살지 못하는 남자들이 흔히 빠지는 불륜이란 성경적인 관점으로 볼 때 우상 숭배와도 같습니다. 수많은 남자들이 하나님이 아닌 연약한 인간인 여자를 의존의 대상으로 여긴다는 의미이기도 합니다. 그러나 예레미야 17장 5절에 이런 경고의 말씀을 하십니다.

> "여호와께서 이와 같이 말씀하시니라. 무릇 사람을 믿으며 육신으로 그의 힘을 삼고 마음이 여호와에게서 떠난 그 사람은 저주를 받을 것이라."

수많은 남자들이 불륜에 힘없이 빠진다는 자체가 우리에게 무엇인가 중요한 암시를 하는 것으로 해석해야 합니다. 남자들이 갖고 있는 깊은 영혼의 갈증은 아내 혼자만으로 해결되지 않는다는 것을 증명이라도 하듯이 말입니다. 그렇기에 남자들이 불행을 느낄 때, 불만족할 때, 우울할 때, 삶에 어려운 문제를 직면할 때, 결혼 생활에 권태기를 느낄 때 등등, 자신을 인정해 주는 여자와의 대화, 또는 성관계를 통하여 위안을 받고, 행복을 새롭게 경험하고, 자신들도 정확히 모르는 어떠한 갈증을 해소하려는 경향을 보입니다. 불륜의 행위가 죄악인 것을 알면서도, 죄책감이라는 무거운 마음의 짐이 생겨도, 앞으로 벌을 받을 수 있고 아내에게 상처를 줄 수 있지만, 다른 새로운 여자에게 숭배의 표시를 하며 기대하고 자신의 필요를 채워 줄 신의 존재로 보고 환상에 빠져 따라갑니다. 불행함, 불만족, 우울함, 삶에 어려운 문제를 직면하고, 결혼 생활에 권태기를 느끼고, 아내가 자신의 필요를 채우지 못하여 겪는 갈등의 시기가 바로 하나님을 찾고, 만나고, 도움을 청할 때인데, 도리어 사람을 바라보는 과오를 범합니다. 그리고 어느 한순간, 한 시기에는 효과를 봅니다. 그러나 곧 환상이 깨집니다. 새로운 만남 또한 시간이 지나면 무미건조해지고 새로운 만남을 추구하는 외도의 악순환이 반복됩니다.

이러한 상태를 어떤 외도 심리전문가의 말에 의하면 관계 중독이라 표현합니다. 술, 마약과 같이 다른 인간에게 의지하여 자신의 갈증을 해결하기 위한 과정에서 얻게 되는 인간 중독을 말합니다. 외도를 한 후 정신적, 양심적인 부분 또한 무거운 짐을 얻게 됩니다. 죄책감, 수치심, 불안감, 정죄의식, 심판에 대한 두려움, 등등 수많은 나쁜 감정들에 시달리게 되니 이 또한 큰 스트레스가 됩니다. 그러나 이미 강을 건넌 후 중단을 할 수 없습니다. 혹 가정을 잃고, 사회적인 지탄과 가족들의 비판을 받게 될까 하는 두려움 때문에 상간녀와 헤어지고 아내에게로 돌아오지만, 이 이유 또한 확실한 방법으로 남자의 외도를 영원히 잠재우지 못합니다. 두려움이란 동기는 오래가지 못하고 큰 힘을 발휘하지 못하기 때문입니다. 진정한 의존의 대상이 되시는 하나님을 만나고 그를 통하여 영혼의 갈증이 채워져야 악순환을 멈출 수 있습니다. 데니스 클락 박사님은 "유해한 감정과 혼의 결합은 하나님과의 만남을 위조한 만남입니다."라고 하시며 부적절한 관계는 하나님을 만나지 못하여 대신 엮인 관계라 표현하십니다.[3]

7. 영적 전쟁에 대한 각성 상실

일곱 번째, 불륜은 영적 전쟁에 대한 각성이 상실된 결과 나타나는 패배라 할 수 있습니다. 남자들이 불륜에 빠지는 이유 중에 하나는 부부관계를 무너뜨리고자 하는 보이지 않는 적군이 있고 시시때때로 기회를 엿보며 혹시 열린 틈새를 통하여 공격을 가한다는 사실을 모르거나, 또는 영적 전쟁에 대한 경각심을 상실했기 때문입니다. 남자들이 불륜에 빠지도록 미혹하고 도모하는 사탄과 그의 악령들의 역사가 강하게 일어나고 있다는 점을 모른다면 당할 수밖에 없습니다. 대부분의 신학자들은 악령들은 타락한 천사들로서 하나님을 거역하고, 하나님의 형상대로 만들어진 인간을 괴롭히고 억압하며 우리를 향하신 선한 하나님의 사역을 방해하는 악한 영적인 존재들이다 주장합니다.

마가복음 5장 1-20절에 보면 한 귀신 들린 남자가 예수님을 만나 악령들로부터 해방

---

3 Dr. Dennis Clark.

받는 이야기가 나옵니다. 이 악령들은 사람의 몸을 자신들의 집으로 삼아 한 남자를 통제하고 자신들의 영향력을 통하여 집 주인에게 악행을 저지르고 있었습니다. 예수님께서 악령들에게 나오라 명하시자 할 수 없이 이 남자에게서 나오지만 자신들의 거처를 상실한 후 동물의 몸을 통하여서라도 거할 곳을 회복하고자 하는 악령들의 갈등이 있음을 보여 줍니다. 마태복음 8장 29절에 보면 예수님께 이 악령들은 자신들의 심판의 때가 아직 아니니 자신들을 괴롭게 하지 말라고 간구까지 합니다. 악령들의 이러한 갈증이 어찌나 간절하였든지 예수님께 돼지에게라도 들어가게 해 달라고 간절히 구걸합니다. 그리고 이 악령들은 끝없이 자신들이 거할 곳을 찾는다고 성경을 통하여 우리에게 경고하십니다.

> "**더러운 귀신**이 사람에게서 나갔을 때 **물 없는 곳**으로 다니며 **쉬기를** 구하되 쉴 곳을 얻지 못하고 이에 이르되 내가 나온 내 집으로 돌아가리라 하고 와 보니 그 집이 비고 청소되고 수리되었거늘 이에 가서 저보다 더 악한 귀신 일곱을 데리고 들어가서 거하니 그 사람의 나중 형편이 전보다 더욱 심하게 되느니라. 이 악한 세대가 또한 이렇게 되리라." (마태복음 12:43-45)

자신들이 들어가기에 합당한 환경만 조성된다면, 허락만 된다면, 집주인이 문만 연다면 주인과 집을 공유하고자 하는 것입니다. 악령들이 원하는 물 없는 곳이란 사람의 심령 안에 하나님의 말씀이 없고 성령의 역사를 통하여 얻는 생수 또한 결핍된 메마른 심령을 상징합니다. 하나님과의 관계가 단절되었거나, 거부하거나 또는 멀리하는 사람이나 사회일수록, 성적 문란함이 강하게 나타나는 것을 볼 때 성적인 죄악이 인간의 큰 약점으로 악령들의 공격의 대상이 되는 것은 아닐까 생각해 보아야 합니다.

구약에 보면 바알 제단 곁에 아세라 우상이 함께 있는 것을 자주 봅니다. (출 34:13; 삿 3:7; 삿 6:25-30; 왕상 15:13; 왕하 21:3, 7; 왕하 23:4) 아세라는 다산의 신으로 숭배를 받으며 신전 창녀와 경배하는 자들이 문란한 집단 성관계를 행하는 제사의식을 하였다고 합니다. 신명기 32장 16-17절과 레위기 17장 7절에 보면 이스라엘 백성들이 섬기던 수많은 우상들은 바로 귀신들이라고 정확히 말씀하십니다. 문란한 성관계를 도모하고 자극하는 사회적 트랜드의 배경에는 악령들의 역사가 있다는 의미입니다. 포르노를 만들어 내고 배포하는 배경에도 또한 음란한 악령들의 역사가 있다는 뜻입니다. 인간에게 주어진 성적 본능을 악이용하는 자들입니다. 우리는 음란함을 말할 때 음란 마귀가 나타났다 웃으며 이야기하지만 성서적으로 해석할 때 맞는 말이라 생각해야 합니다. 특히 남자들이 성적 죄악에 자주 빠진다는 점을 볼 때 악령들이 이 부분에 강력한 공격을 가하고 있다는 점을 알아야 하며 또한 타협과 틈새가 자주 열린다는 의미로 볼 수 있습니다. 그러나 하나님의 임재하심과 천국의 환경이 만들어진 마음, 가정과 부부관계에는 악령들이 편하게 쉬지 못하니 더러운 귀신들의 역사가 잠잠하게 된다는 의미이기도 합니다.[4]

남자들의 취약한 부분을 이용하기 위해서 성적으로 문란한 환경이 조성되도록 역사하는 사탄의 악한 속셈은 과연 무엇일까요? 남자들이 불륜에 넘어가도록 유혹하고 죄악의 구덩이에 빠지도록 하여 하나님께서 그들에게 주신 사명을 이루지 못하도록 방해하는 수작입니다. 출애굽기에 보면 바로 왕이 금방 태어난 모든 사내아이들을 죽이라는 명을 내립니다. 하나님의 백성을 향하신 크신 계획을 방해할 목적으로 가장 먼저 공격을 받은 것은 남자 아이들이었습니다. 모세와 같은 귀한 남종들이 장성하기 전에 싹을 잘라 버리려는 속셈이었습니다. 사탄은 또한 결혼을 깨기 위해 남자들의 약점을 미끼로 이용하여 결혼과 가정을 부수고자 합니다.

그렇다면 왜 사탄은 결혼을 표적 삼아 공격하고 부부관계를 힘들게 할까요? 그가 방해하여 얻지 못하게 하는 것은 무엇일까요? 사탄이 우리로 하여금 보지 못하고, 깨닫지 못하도록 역사함은 바로 결혼과 부부관계를 통하여 계시하신 창조주의 형상입니다. 창조주께서는 사랑의 하나님이시고 뜨거운 열정과 정열이 넘치시는 사랑의 본체이심을

---

4 킹제임스 버전에 보면 레위기 17장 7절에 있는 "숫염소에게"가 "귀신"으로 번역되어 있음.

우리가 발견할까 그는 두려워합니다. 부부간의 뜨겁고 환희 넘치는 사랑의 관계를 통하여 하나님의 형상을 나타내신 의도를 보고, 맛보고, 경험하지 못하도록 방해합니다. 만약 부부관계를 통하여 계시하신 하나님의 형상을 똑바로 바라본다면 우리는 천국에 대한 소망이 더욱 커지고 어린 양의 혼인에 참석한다는 꿈에 부풀어 삶이 변하게 될 것입니다. 그렇기에 사탄은 바쁘게 역사하여 도리어 실패한 결혼을 통하여 부부관계에 대한 실망과 불신의 생각이 생기도록 우리를 자극하고 충동질합니다. 불륜은 부부간의 사랑의 관계를 무너트리기에 가장 효과적인 방법이기 때문에 적군이 자주 사용하는 무기가 됩니다.

예수님께서는 사탄과 그의 악령들의 의도는 거짓과 속임수를 통하여 인간에게 부여하신 축복의 삶과 생명을 앗아 가고, 죽이고, 멸망시키는 것이다고 정확히 말씀하셨습니다. 창세기에 보면 첫 부부가 타락에 빠지게 된 이유는 바로 유혹자인 사탄의 거짓말을 믿었기 때문입니다. 이 유혹자는 하나님이 악하고 죄악이다 하신 것을 매력적이고 좋게 보이도록 우리의 생각을 공격합니다. 그의 공략은 속임수를 통하여 우리가 영혼의 결핍과 관계적인 갈증을 느낄 때 빠르게 효과가 나고, 쉬운 방법을 통하여 문제 해결하라 제안합니다. 불륜과 같이 잘못되고 어긋난 방식을 제안하는 사탄의 역사는 아직도 사용되고 있습니다. 부부관계에 갈등이 지속되고, 결핍을 느낄 때 사탄은 우리에게 좀 더 괜찮은 배우자와 결혼했다면 더 행복했을 것이라 속삭이며 주위를 돌아보도록 유혹합니다. 특히 부부 중에 영적, 도덕적, 정서적으로 취약한 배우자를 공격하여 도미노 효과가 나도록 역사합니다. 하나님께서 큰 목적을 이루시기 위하여 세우신 결혼이 멸망하기를 원하는 적이기 때문입니다. 이 적군은 수많은 강력한 방법과 계략으로 부부관계를 공격하여 서로 친밀감이 멀어지도록 역사합니다. 이 적군은 우리의 육신이 가장 연약한 순간, 우리의 의지력이 바닥인 순간, 우리에게 가장 취약한 부분을 공격합니다. 이러한 그의 음모를 모른다면 영적 전쟁에 대한 준비를 하지 않게 되고 안일한 생각을 하며 살다가 사탄의 급습을 당할 수 있습니다.

8. 유혹하는 여자들

여덟 번째로 남자들이 불륜에 빠지는 이유는 그들을 유혹하는 여자들이 있기 때문이라 성경은 말씀하십니다. 잠언에 보면 이러한 경고를 하십니다.

> "창녀는 깊은 도랑이요, 낯선 여자는 좁은 구덩이이니라. 또 그녀가 먹이를 노리듯 숨어서 기다리고 사람들 가운데 범법자가 늘어나게 하느니라." (잠언 23:27-28)

> "어리석은 자 중에 젊은이 가운데에 한 지혜 없는 자를 보았노라. 그가 거리를 지나 음녀의 골목 모퉁이로 가까이하여 그의 집쪽으로 가는데 저물 때, 황혼 때, 깊은 밤 흑암 중에라. 그 때에 기생의 옷을 입은 간교한 여인이 그를 맞으니 이 여인은 떠들며 완악하며 그의 발이 집에 머물지 아니하여 어떤 때에는 거리, 어떤 때에는 광장 또 모퉁이 마다 서서 사람을 기다리는 자라. 그 여인이 그를 붙잡고 그에게 입맞추며 부끄러움을 모르는 얼굴로 그에게 말하되 내가 화목제를 드려 서원한 것을 오늘 갚았노라. 이러므로 내가 너를 맞으려고 나와 네 얼굴을 찾다가 너를 만났도다. 내 침상에는 요와 애굽의 무늬 있는 이불을 폈고 몰약과 침향과 계피를 뿌렸노라. 오라 우리가 아침까지 흡족하게 서로 사랑하며 사랑함으로 희락하자. 남편은 집을 떠나 먼 길을 갔는데 은 주머니를 가졌은즉 보름 날에나 집에 돌아오리라 하여 여러 가지 고운 말로 유혹하며 입술의 호리는 말로 꾀므로." (잠언 7:7-21)

> "지혜가 또 너를 음녀에게서, 말로 호리는 이방 계집에게서 구원하리니 그는 젊은 시절의 짝을 버리며 그의 하나님의 언약을 잊어버린 자라. 그의 집은 사망으로, 그의 길은 스올로 기울어졌나니, 누구든지 그에게로 가는 자는 돌아오지 못하며 또 생명 길을 얻지 못하느니라." (잠언 2:16-19)

이 구절들을 보면 적극적으로 남자를 유혹하는 것을 직업으로 삼는 창녀같은 여자가 있고 이미 결혼을 하였지만 자신 남편에 대한 마음뿐 아니라 하나님과의 언약을 깨고 음녀처럼 육신의 정욕에 치우쳐 다른 남자들을 성적으로 유혹하는 잘못된 삶을 사는 유부녀들도 있다 지적하십니다. 분명히 유부남을 유혹하는 싱글들로 물론 있습니다. 남편이 하는 불륜은 함께할 여자가 없다면 불가능한 일입니다. 한 조사에 보면 여성은 다른 사람에 대한 권력을 얻기 위해 성적 유혹을 사용하는 경우가 74%, 남성이 39%였습니다. 자신과 섹스를 하는 상대방을 자신 통제하에 둘 수 있다는 생각을 하는 여자는 79%이고 남자는 50%이라 합니다. 다른 사람들의 관심을 끌기 위해 유혹적인 행동을 하는 여성이 79%이고 남자는 52%로 여성이 다시 주도했습니다. 이러한 여성은 준비되지 않은 남성을 유혹하여 성적인 관계를 갖도록 함으로 정복의 쾌감과 자신의 능력을 확인받음으로써 실직적인 관계에서 올 수 있는 고통을 무마하는 하나의 방법으로 사용한다는 것입니다. 힘이 들 때 어떤 여성들은 아이스크림이나 케이크를 먹으며 위로와 보상을 받으려 하는 반면 어떤 여자들은 자신이 성적으로 유혹하여 넘어진 남자들을 보며 여자의 정체성, 존재감을 확인하고 위로받고자 하며 보상의 도구로 사용하는 것입니다.[5]

이 세상에는 경건한 삶을 살지 않고, 선하지 않으며, 정욕의 노예가 되어 사는 여자들도 있어서 자신들이 쳐 놓은 거미줄에 걸려든 남자들을 먹이 삼아 쾌락을 추구하며 죄악을 범하기에 불륜에 더욱 쉽게 빠질 수 있는 조건이 형성된다는 경고이기도 합니다. 한 남편이 저물 때, 황혼 때, 깊은 밤 흑암 중에 와 같은 어려운 시기를 지날 때 잘못된 방법으로 위로와 격려를 얻고자 하는 유혹이 올 수 있고 그의 약점을 기다리며 이용하여 유혹하는 여자들이 많이 있으니 조심하라 경고하십니다. 이미 자존감이 무너지고 정체성에 상처가 난 남자라면 자신의 매력을 인정하는 것 같은 다른 여자의 유혹은 목마른 사람에게 물을 내미는 상황과 같다고 생각합니다. 그렇기에 부도덕한 여자들을 조심해야 합니다.

5 False Intimacy, p. 153-154.

9. 부부간의 보호막의 상실

결혼이 불륜으로 깨어지는 것은 부부관계를 지킬 수 있는 보호막에 틈이 생겼거나 약하기 때문입니다. 보호막은 부부가 함께 불륜이라는 적군으로부터 자신들의 결혼을 지키기 위하여 의도적으로 관계적 보호 울타리를 만드는 것을 의미합니다. 이 보호막 울타리는 두 가지 기능이 있습니다. 첫째는 울타리 안에 있는 부부관계를 보호하고, 두 번째는 밖으로부터 들어올 수 있는 적군을 막는 것입니다. 먼저 안에 있는 부부관계를 건강하게 성장시킨다면 튼튼한 보호망을 얻게 됩니다. 부부간의 뜨거운 친밀감을 유지하고, 서로의 필요를 채워 주고, 애정을 보이며, 서로 사랑함과 같은 선한 행함은 부부관계에 튼튼한 보호막을 형성하는데 도움을 줍니다. 보호막을 세우는 일은 시간, 에너지, 열정을 의도적으로 투자해야 가능하고 분명히 부부 사이의 팀워크 또한 요구됩니다. 밖으로는 불륜의 씨앗이 될 만한 환경, 모임, 사람들을 구분하여 의도적으로 피하는 것을 의미합니다.

그리고 어떠한 시기, 환경, 상황이 외도에 빠질 수 있는 가능성이 높아지고 가장 취약해질 수 있다는 점들을 아는 것은 강력한 보호막을 형성하는 데 도움을 줍니다. 부부간의 보호막이 허술한 시기와 때를 기다리며 유혹을 하는 사탄의 역사가 있기 때문입니다. 우리가 외도의 문이 열릴 수 있는 위기들이 무엇인가를 이해한다면 미리 피할 수 있는 지혜를 얻고 사탄의 공격을 대비하여 부부간의 보호의 벽을 더욱 높게 쌓아야 한다는 중요성을 깨닫게 됩니다. 이미 결혼을 한 남자가 불륜에 빠지기까지는 부부끼리 경험하는 갈등 외에도 다음과 같은 아주 복잡한 여러 가지 원인들에 영향을 받게 됩니다.

· 보이지 않는 영적인 상실에 대한 갈증으로 오는 공허함
· 죄악성, 도덕성과 인격의 문제
· 해결되지 않는 마음의 상처들, 부부간의 갈등 해결 부족
· 성적인 남자에 대한 왜곡된 정체성의 혼란으로 오는 불안감
· 통제되지 못한 성욕과 남자들의 바람기에 대한 왜곡된 사고방식과 타협

· 자신도 인식하지 못하는 정서적인 결핍 상태와 감정 표현의 부족, 외로운 마음
· 유혹이 올 수 있는 환경에 대한 경각심의 부족, 준비성 결핍, 관리 부족
· 사회적인 환경에서 배우자가 아닌 남녀 관계에 대한 낮은 바운더리/경계선
· 마음을 지키지 않아 생긴 타협적인 생각, 나태한 마음
· 진리에 대한 무지로 오는 지혜의 부족
· 뇌를 통제하는 위험한 악습관들과 충동적인 행동
· 불경건한 주위의 사람들의 영향력과 잘못된 선택
· 스트레스와 육신의 연약함
· 보이지 않는 사탄과 미혹하는 악령들의 역사

하나님께서는 잠언 4장 6절에 말씀하십니다.

> "지혜를 버리지 말라, 그가 너를 보호하리라. 그를 사랑하라, 그가 너를 지키리라."

우리에게 필요한 보호막은 하늘로부터 내려 주시는 하나님의 지혜를 추구하고, 사랑할 때 얻을 수 있다 하십니다. 지혜를 사랑한다 함은 필요한 정보를 얻기 위하여 많은 투자와 노력, 정성을 다하여 지식을 알고, 배우고, 적용하고자 하는 태도를 의미합니다. 현시대에 사는 부부들에게는 각자의 결혼과 가정을 지킬 수 있도록 도울 수 있는 수많은 지식과 지혜들이 이미 차고 넘치게 제공되어 있습니다. 하지만 이 바쁜 시대에 사는 부부들은 보호막을 형성하기 위해서 투자하는 것이 힘들다 여길 수 있습니다. 특히 남편들에게는 힘든 일이 될 수 있습니다. 안타깝게도 남자들은 그들의 대부분의 시간, 에너지와 관계들을 일에 관하여 투자하는 경우가 많기에 영적, 관계적인 면에 시간과 에너지 투자가 부족할 수 있습니다. 결과적으로 당연히 육에 속한 정욕을 이길 수 있는 영적인 부분이 장성한 인격으로 성장함이 느릴 수 있습니다. 그렇기에 기다리는 동안 혹 외도에 빠지지 않도록 실질적으로 전선에서 관리하고 도울 수 있는 아내의 역할이 절실

히 필요합니다. 아내라도 정신차리고 튼튼한 보호막을 형성하는 데 신경을 써야 합니다. 선천적으로 관계를 추구하는 성향이 높은 아내가 먼저 부부관계를 살리기 위하여 움직인다면 상황이 바뀔 수도 있을 것입니다. 아내의 의도적인 사역이야말로 남편을 보호하는 가장 중요한 보호막이 됩니다. 이러한 보호막을 만들기 위해서는 아내 자신이 먼저 현실을 직시해야 합니다. 외도는 남자들의 취약한 부분이라는 점을 인식하고 자신의 남편도 외도를 할 가능성이 있는 연약한 인간이라는 전제를 갖고 경계를 해야 합니다. "내 남편은 절대 바람 필 사람이 아니야!"라고 자만하고 다른 남자들은 다 바람 피워도 내 남편은 좀 다를 것이라는 착각을 하거나 기대를 하고 산다면 적극적인 관리를 하지 않게 됩니다. 이러한 사고방식으로 만들어진 허술한 보호막을 이용하여 적군의 침략을 받을 수 있습니다.

이 책은 어떠한 위기들이 생길 수 있고 어떻게 각 위기를 헤쳐 나가 불륜으로부터 결혼을 보호하고 가정을 지킬 수 있는지에 대한 지식, 지혜와 정보 수집을 한 개인적인 소견을 쓴 글입니다. 저자의 결혼을 불륜으로부터 보호하고자 하는 마음과 열정으로 지난 34년 넘게 하나님께 구하고 얻은 지혜와 지식들을 나누고자 합니다. 이 책을 통하여 자신의 결혼을 보호하고자 하나님의 지혜를 추구하는 모든 아내들에게 적게나마 한 부분의 도움을 주어 더욱 강력한 보호막을 세우고 사탄의 역사를 대적하여 싸우고자 하는 아내들에게 힘을 주고자 합니다. 과연 어떠한 위기를 우리는 조심해야 할까요?

2부

위기의 문

위기의 문 #1. 성적 거부당한 허기진 남자

아내에게 성적 거부를 당하여 사랑에 허기진 남편은 아주 위험한 남자입니다. 불륜에 빠진 표면적인 원인을 조사한 결과 외도를 한 많은 남자들이 고백한 이유 중 큰 비중을 차지하는 것은 아내에게서 충분한 성적 만족을 얻지 못하기 때문입니다. 왜 이런 이유가 생기는 것일까요? 하나님께서는 말씀을 통하여 외도를 막기 위해서 꼭 지켜야 할 여러 가지 원칙들을 말씀하십니다. 그중 하나가 바로 고린도전서 7장 2-4절에 있는 말씀입니다.

> "음행을 피하기 위하여 남자마다 자기 아내를 두고 여자마다 자기 남편을 두라. 남편은 그 아내에 대한 의무를 다하고 아내도 그 남편에게 그렇게 할지라. 아내는 자기 몸을 주장하지 못하고 오직 그 남편이 하며, 남편도 그와 같이 자기 몸을 주장하지 못하고 오직 그 아내가 하나니."

조사 결과뿐만 아니라, 성경을 통하여 이미 오래전에 같은 경고를 하시며 외도는 이러한 원칙들을 어긴다면 올 수 있는 결과라 분명히 말씀하십니다. 부부간의 성적 만족을 주기에 힘쓰는 것은 서로에게 하는 중요한 의무라고 꼭 집어 지적하십니다. 의무는 기분, 감정, 열정을 넘어서 꼭 해야 하는 책임을 가리킵니다. 왜 성관계에 의무라는 표현까지 하시며 강조하실까요? 우리의 이기심과 게으름을 방지하고 성적 관계를 하찮게 여기는 태도를 막고자 함입니다. 서로의 필요에 따라 성적 욕구에 대한 만족을 채워야 한다는 원칙을 무시할 때 음행의 유혹이 올 수 있기 때문입니다. 한 배우자가 다른 배우자보다 성적 필요가 강하다면 욕구가 작은 배우자는 절대로 이 상황을 가볍게 보지 말아야 합니다. 아내나 남편의 성적 욕구는 스스로 해결할 수 있는 부분이 아니고 서로에게 철저히 의지해야 하는 부분이기에 신경을 써야 합니다. 그러나 욕구가 약한 배우자가 자신이 배고프지 않기에, 입맛이 왕성한 다른 사람을 이해할 수 없기에 그의 욕구를 그저 무시한다면 불만이 쌓일 수 있습니다. 만약 당신이, 성관계는 인간인 부부끼리 알아서 해결하는 것이지 이 부분까지 하나님의 말씀을 통해서 간섭을 받아야 하는가라는 어리석은 생각을 하며 이 원칙을 따르지 않는다면 큰코다칠 수 있습니다. 인간에게 부부관계와 성(sexuality)을 디자인해 주시고 그에 따른 매뉴얼을 주신 자의 지혜를 가볍게 여긴 결과 외도로 부부관계가 넘어질 수 있습니다. 그렇다면 왜, 특히, 아내들은 성적 의무에 소홀해질 수 있을까요?

사랑을 만드는 부부 성생활

아담과 하와는 창조주와 사랑의 관계를 위하여 창조되었습니다. 본체가 사랑이신 하나님의 형상대로 창조된 피조물이기에 사랑이란 인간에게 없어서는 안 되는 산소와 같은 것입니다. 사랑이란 두 인격체의 만남의 결정체인 열매입니다. 인간은 사랑의 관계를 위해 만들어졌기에 관계를 통하여 사랑을 주고받아야 합니다. 사랑이란 두 인격체가 만나서 나누는 서로에 대한 선한 생각과 따뜻한 배려에 즐거운 마음이 더해집니다. 부부간의 사랑은 특히 성적인 연합으로 승화되는데, 육체의 하나됨을 통해 두 사람만의 특별한 관계를 확인하며 서로를 독점하도록 허용합니다. 창조주께서는 부부가 육체적 성관계를 통하여 서로에게 헌신된 남자와 여자 사이에 특별한 사랑을 느끼고 그 사랑을 계속 경험할 수 있도록 디자인하셨습니다. 또한 그 사랑을 유지할 수 있도록 성적 욕구를 갖게 하시고 계속적으로 사랑의 감정을 생산해 낼 수 있도록 우리의 몸을 만드셨습니다. 정말 놀랍고 기발한 방법입니다! 부부간의 성관계는 축복이요 서로를 지켜 주는 보호막입니다.

부부가 서로 사랑받고 있다는 확인이 필요하고 더욱 친밀한 관계를 갖기 원할 때 남편과 아내에게 성욕이 일어나 자신의 마음과 생각에 확인된 사랑을 육체적인 관계를 통하여 표현하고 느끼면서 사랑을 만끽하게 됩니다. 인간의 말로 뭐라고 정확히 표현할 수 없는 것이 사랑의 감정이고 추상적인 개념이기에 육체적인 결합을 통하여 완전한 사랑을 느낄 수 있도록 하신 창조주의 지혜와 방법은 정말 오묘하고 놀랍습니다. 그렇기에 부부가 서로 사랑을 표현하고 확인하는 것은 결혼 생활에 꼭 필요한 부분입니다.

마음으로 아무리 뜨겁게 사랑을 해도 서로에게 표현하는 기술이 부족하거나 표현을 게을리한다면 문제가 생기고 맙니다. 표현이 안 되는 사랑은 확신을 줄 수 없고 확인되지 않은 사랑은 불안감을 낳고 불안감은 의심을 일으킵니다. 아내는 남편이 자기를 진정으로 사랑하는지 불안하고 남편은 아내가 자기를 사랑하는지 의심하게 됩니다. 생각 속에 담겨 있고 마음으로 믿고 있는 사랑이라는 실체를 온몸의 감각으로 느끼게 될 때 서로의 영, 혼, 육이 하나가 되고 부부가 온전히 한 몸이 됨으로 서로에게 만족을 주고 서로가 나눈 사랑에 기쁨과 환희가 넘치는 행복한 결혼 생활을 경험하게 됩니다.

이와 같이 성관계는 부부간의 사랑을 표현하고 두 사람만의 특별하고 독점적인 관계를 느끼게 하는 중요한 역할을 하고 마음을 행동으로 표현하여 서로의 사랑을 확인하고 확신을 주는 행위입니다. 내가 사랑받고 있다는 감정을 충분히 느끼게 해 주기에 성관계를 영어로 "love-making(사랑 만들기)"이라고도 표현합니다. 성관계는 서로에게 사랑을 느끼게 하는 빠르고 쉬운 방법이기도 합니다. 육체적인 자극을 통하여 몸속에는 사랑의 호르몬이 흐르고 모든 감각이 내가 사랑하고 또 받고 있다는 증거를 생리적으로 느끼게 합니다.

옥시토신의 힘과 부부관계

미국 기독교 가정 담당 사역 단체로서 가장 인정받고 있는 '포커스 온 더 패밀리'(Focus on the Family)에서 사역하시던 가정 사역 전문가인 쥴리 슬래러티라(Juli Slattery) 박사님은, 옥시토신이라는 사랑의 호르몬이 부부관계에 중요함을 강조합니다.[6]

옥시토신은 흔히 'Bonding hormone(반딩 호르몬)'이라고 합니다. 'Bonding'은 '접착시킨다, 붙인다'는 뜻으로 관계를 가깝게 접착시키는 호르몬이라는 의미입니다. 여자에게는 이 옥시토신이 항상 몸에 내재되어 있고 임신 중에나 아이를 출산한 후에는 많은 양의 호르몬이 생산되어 태어난 아이와 사랑으로 접착되도록 창조주가 디자인하셨습니다. 여자 몸에 내재된 옥시토신은 남편과의 성관계 후에도 많이 생산되어 남편에 대한 사랑과 친밀함을 느끼게 한다는 것입니다.

한편 남자에게는 이 호르몬이 평상시에는 생산되지 않다가 아내와 성관계를 한 후에는 남자의 몸에서도 옥시토신이 만들어진다고 합니다. 이 얼마나 놀라운 디자인인가요? 일에 집중해야 하는 남자는 평상시에 이 호르몬이 흐르지 않지만 아내와의 사랑의 관계를 유지하기 위해서 필요한 옥시토신은 성관계를 통해 그때그때 필요한 만큼 생산하도록 하셨습니다. 또 남자에게 강한 성욕을 주신 것은 그들이 아내와의 관계를 소홀히 할 수 있는 것을 방지하기 위해 배려하신 창조주의 지혜라 해석할 수 있습니다.

이렇게 남녀가 처음부터 다르게 창조되었다는 것을 간과하고 간혹 남자의 강한 성욕을 동물적이라고 비난하거나 오해하지 말아야 합니다. 위와 같은 현상을 볼 때 남편이 성관계를 원할 때는 아내와 친밀감을 느끼고 옥시토신의 효과를 맛보기 원한다는 요구로 해석해야 한다는 것이 쥴리 슬래러티 박사님의 주장입니다. 옥시토신의 마력을 맛보았기에 또 원하는 것입니다. 옥시토신이 생성되어 몸에 흐를 때 아내와 남편은 서로 사

6 이 내용은 저자가 갈보리 채플 치노 힐스 교회에서 한 여성 사역의 날에서 특별 연사로 방문하신 박사님의 강의 내용을 인용한 것입니다.
《성에 대한 재고》를 쓴 작가 쥴리 슬래러티 박사는 성경적 진리와 섹슈얼리티의 통합 분야에서 인정받는 전문가입니다. 그녀는 25년 이상 여성을 상담하고 제자화하고 가르치는 경험을 가진 임상 심리학자, 작가 및 연사입니다.

랑하는 것이 훨씬 쉽게 느껴집니다. 새로운 사랑을 나누면서 관계가 더욱 친밀하고 부드러움을 경험했기 때문입니다. 아름답고 만족스러운 성관계를 경험하고 난 다음 날 아침에 아내가 남편을 위해 맛있는 음식을 만드는 것은 힘들지 않고 즐거운 일이 되며 남편은 자상하고 부드럽게 아내를 대합니다. 아내가 예쁘게 보이고 사랑스럽기 때문입니다. 옥시토신의 힘입니다. 어떤 사람은 호르몬의 장난이라고 비판하지만 창조주의 놀라운 디자인임을 인정합니다. 부부싸움을 하고 나서 서로에 대한 의심과 불안한 마음을 잠재우고 사랑의 관계를 회복하는데 성관계만큼 빠른 효과를 보여 주는 처방이 있을까요? 그래서 "부부싸움은 칼로 물 베기"란 속담의 의미가 짐작됩니다. 부부가 서로 갈등을 겪다가도 성관계를 갖고 나면 다시 사랑하는 마음이 생겨 서로의 허물을 덮어주는 놀라운 힘을 발휘합니다.

그렇지만 부부싸움의 근본 문제를 대화와 서로에 대한 이해로 풀어 가며 그때그때 해결하지 않고 성관계만으로 해결하려 한다면 잠재된 문제들은 쌓이고 쌓여 더욱 큰 문제를 만들게 됩니다. 부부의 사랑을 확인시켜 주는 것은 성관계뿐 아니라 정서적 교감과 대화를 나누며 서로의 마음이 통할 때도 사랑이 확인되고 부부 사이에 더욱 깊은 정을 나눌 수 있습니다. 성관계는 몸과 몸이 하나가 되는 육체적인 경험과 함께 마음과 마음이 연합되는 깊은 만남으로 성장해야 합니다. 하나님은 부부의 몸이 하나가 되는 동시에 마음도 하나가 되고 영이 하나가 되는 연합으로 성숙해지도록 하셨습니다.

그러나 정서적인 교감과 대화로 마음이 통하는 사랑을 나누게 되기까지는 서로에게 성장하는 시간이 필요합니다. 씨를 심고 물을 주고 나무가 지라고 장성하여 열매를 맺기까지 농부의 심정으로 부지런히 의도적으로 키워 나가야 합니다. 남편과 아내가 성숙한 인격체로 변화되는 것은 저절로 나타나는 현상이 아닙니다. 수년에 거친 대화와 시간이 투자되어야 합니다. 육체적인 관계에서 성장하여 정신적인 연합을 이루는 관계가 되어야 합니다. 육체적인 관계로 만족하는 것은 한계가 있기 때문입니다. 정신적인 연합에서 더 나아가 영적인 연합이 이루어져야 진정으로 하나됨을 이루고 만족스러운 관계가 되어 하나님께서 의도하신 장성한 사랑을 경험하게 됩니다. 인간은 삼위일체 하나님의 형상대로 창조되어 영, 혼, 육을 소유했기에 부부의 관계도 영, 혼, 육을 서로 어루

만지고 채워 줄 때 비로소 갈증이 해결됩니다.

육체적인 결합과 정신적인 결합의 한계를 느낄 때 부부 사이에 권태기가 찾아올 수 있습니다. 육체적, 정신적인 관계만으로는 만족할 수 없기 때문이지 않을까 생각해 봅니다. 권태기를 겪는 상황에서 대부분의 아내들은 결혼 생활이 불만족스러워도 다른 남자에게 눈을 돌리지 않는 경우가 많습니다. 그러나 남자들은 만약 외도로 빠질 수 있는 위기의 문이 열린다면 유혹을 물리치지 못하고 불륜에 빠지는 경우가 많습니다. 남자와 여자가 성적으로 다르다는 사실에 대한 이해가 부족하다면 부부관계를 위기로 몰고 갈 수 있습니다.

아내와 남편의 다른 점

남편보다 아내들은 부부간의 정서적인 대화와 친밀감을 중요시 여깁니다. 그러나 이러한 다른 점은 갈등의 고리가 될 수 있습니다. 남자들은 일에 대한 열정과 성공과 번영에 초점을 두며 그들에게 주어진 책임과 기대를 저버리지 않기 위해 노력하고 힘을 쓰기에 부부간의 대화와 친밀감을 소홀히 하는 성향을 나타냅니다. 사랑의 관계를 성숙시키는 노력보다는 일에 관심을 쏟습니다. 결혼 전 일에 집중하고 열정을 뿜어내는 남자의 모습은 여인들의 눈에 멋있게 보이는 부분이지만, 결혼한 후 그로 인하여 아내의 정서적인 부분을 채우지 못하고 만다면 불만의 원인이 됩니다. 일중독에 빠진 남편은 관계를 통하여 오는 사랑의 기쁨과 만족을 경험하기 위한 시간을 투자하는 데 소홀히 할 수 있습니다.

문제는 남자들도 여인들과 마찬가지로 마음이 사랑으로 채워져야 제대로 숨쉬며 살 수 있지만, 남자들이 일에 집중하느라 너무 바빠서 자신들의 필요마저 무시하게 되는 경우가 많습니다. 일에 집중하다 보니 깊은 정서적인 대화와 친밀한 관계를 통해 얻어지는 사랑의 힘을 자주 공급받지 못하니 쉽게 사랑에 굶주린 상태가 될 수 있습니다. 자신에게 사랑의 결핍이 있는지도 모르고 마음에서 보내는 신호도 알아채지 못한 채 일과 성공에만 집중하고 살다가 갑자기 허기를 느껴 생각해 보니 사랑을 느끼고 싶은 갈증이 납니다. 그래서 기억 속에 저장된 아내와의 성관계를 통해 느꼈던 사랑의 감정이 떠올라 육체적인 사랑을 먼저 추구하게 됩니다. 옥시토신이 필요한 때입니다. 성관계를 하는 동안에 남자는 사랑이라는 관계적인 산소를 공급받아 잠시나마 재충전의 시간을 갖고자 합니다.

그래서 아내에게 잠자리를 요구하지만, 아내는 일에 집중하며 자신의 정서적인 필요를 무시한 남편에게 서운한 마음이 들어 마음의 문을 닫고 있으니 몸의 문을 열기도 쉽지 않습니다. 남편의 어깨를 누르고 있는 삶의 무게와 부담이 얼마나 큰지 잘 알지만, 아내는 아내 나름대로 애정 결핍으로 인한 원망의 마음이 가득합니다. 서운한 아내는 잠자리만 요구하는 남편의 모습이 그저 동물적인 본능으로만 자신을 바라본다는 오해를 하게 되고 남편의 요구를 받아들이기가 싫어집니다. 차근차근 대화를 통해 마음을 열고 사랑을 확인한 후, 사랑이 뜨거워질 때 육체적인 관계를 맺으면 좋을 텐데 남편이 급히 성관계만 요구할 때 아내의 마음은 심난해집니다. 좀 더 깊은 관계로 성장하고 한 몸이 되는 경험을 하고 싶은데, 육체적인 관계로만 치우치니 양이 안 차는 것입니다.

"여성들은 90%가 감정적으로 사랑의 반딩(Emotional Bonding)을 하고, 10%는 성적 반딩(Sexual Bonding)을 한다. 여자에겐 대화가 사랑이다."고 부부상담 전문가 이순자 박사님은 말하시며 정신적인 부분이 아내에게 얼마나 중요한지 강조하십니다.[7]

여인이 추구하는 정신적인 사랑과 안정을 주지 못하고 마음속 깊은 곳을 어루만지지 못하는 성관계는 참만족을 주지 못하니 아내는 육체적인 관계에 대해 점점 시큰둥한 태도가 나옵니다. 육체적인 성적 테크닉에 집중하는 남편을 보면 짜증까지도 날 수 있습니다.

아내의 이런 반응에 남편은 결국 허기진 사랑을 채우지도 못하고, 시간도 없고 여유

7 유트브 방송: 4. 아내가 남편 부부관계를 거절할 때
Dr. Soonja Lee, 3. 23. 2016. AM 1650 Radio Seoul 방송.
https://www.youtube.com/watch?v=9P-3rdeeRhw&ab_channel=Dr.SoonjaLee

도 없어 자신의 필요를 억누르게 됩니다. 자신을 성적으로 원치 않는 아내에게 밖으로 표현을 안 하지만 남편은 속으로 상처도 받습니다. 정서적인 부분이 여자에게 중요한 것같이, 대부분의 남자들은 성적인 교감을 통하여 사랑을 경험하기에 아내와의 성관계가 중요한 사랑의 언어가 됩니다. 그렇기에 아내로부터 성관계를 얻지 못할 때 마음에서는 사랑을 받지 못한다 느끼게 됩니다. 이렇게 여자와 남자의 다른 점을 모른다면, 남편의 입장에서 보면 긴 시간의 대화를 요구하는 아내가 야속하고 무정하게 보일 수도 있습니다. 어떻게 아내의 정신적인 면을 충족해 주어야 하는지에 대한 지혜와 이해와 기술도 터득이 되지 않은 상태입니다. 남편으로서 한 여자의 끊임없는 요구를 채워 주기에는 항상 부족한 마음입니다. 그러나 목마른 사람에게 먼저 물을 마시게 하는 것처럼 성적 사랑에 배고픈 남편에게 먼저 사랑을 먹여야 하는 것이 지혜인데, 아내가 자신과 다른 남편의 성욕의 상태를 모르니 깨닫지 못하는 것입니다.

안타깝게도 신혼 초기 젊은 아내들의 이해의 부족으로 외도의 고통을 얻게 되는 경우가 많다 합니다. 남자의 성에 대한 이해력이 없어 당한 안타까운 고통입니다. 특히 아내의 첫 임신과 출산을 앞둔 시점에서 성생활을 미루는 상황이 된다면 문제가 됩니다. 새신랑은 가장 왕성한 성욕을 보이는 시기에 아내의 임신으로 자신의 필요를 강요하지도 못하고 속으로 갈등하다 유혹에 노출된다면 불륜을 범하게 됩니다. 이러한 이유로 생길 수 있는 남편의 외도를 막고자 한다면 남편의 성적 욕구를 채워 주도록 노력해야 합니다.

어떤 아내들은 자기가 맘에 내킬 때 또는 남편의 행동에 따라 상을 주거나 벌을 주는 도구로서 성관계를 이용하는 어리석음을 종종 보입니다. 감정 싸움 후에 마음이 내키지 않아 피합니다. 어떤 때는 그냥 상대하기가 귀찮아서 모른 척합니다. 게으름 때문에 다음날 하자 미루기도 합니다. 피곤하기에 도저히 할 수 없어 여러 핑계를 대며 거부합니다. 그러나 부지런한 농부가 큰 수확을 얻듯이 행복한 부부관계를 얻기 원한다면 성적인 욕구를 채우는 데 부지런함이 요구됩니다. 서로의 욕구를 채우는 것은 부부간의 의무입니다. 성적 갈증은 배고픔과 같은 본능적인 부분에 속하기에 무시한다면 위험신호가 옵니다.

아내로부터 성적 만족을 얻는 것이 힘들고, 복잡하고 넘을 장애물이 많다는 인식이 생긴다면 솔직하게 자신의 요구를 말하기가 점점 꺼려집니다. 자존심이 상하고, 구걸하는 것 같고, 거절당할 때 느끼는 상처가 씁쓸하기에 참아 보려 노력합니다. 그렇게 사랑이라는 기본적인 욕구를 느낄 수 있는 성관계를 얻지 못하고 계속 굶주림에 시달린다면, 남편은 성적인 유혹에 약한 상태가 되어 사탄의 공격을 받고 그의 의지력의 한계가 왔을 때 쉽게 무너질 수 있습니다. 만약 허기진 상태에서 하나님께 울부짖으며 도움을 청하는 지혜와 영적 훈련을 받지 못했다면 집에서 배불리 먹지 못한 허기짐을 외식을 해서라도 채우고자 하는 유혹을 받게 됩니다. 한순간의 유혹에 넘어진 남편을 보고 혹 어떤 아내들은 의아해합니다. "성관계가 좀 소홀했다고 바람을 피냐?"라고 따지며 이해를 못 합니다. "어떻게 사랑하지 않는 여자와 잘 수 있어?"라고 하며 기가 막혀 합니다. 왜 남자들에게 이런 일이 가능한 것일까요?

무지의 구덩이

성적 관심이 남편보다 적어 남편의 요구를 겨우 채워 주던 한 아내가 불평을 합니다. 남편이 평소 자신을 잘해 주지 않다가 성관계가 필요할 때나, 하고 나면 태도가 바뀌어 잘해 준다는 것입니다. 그럴 때마다 자신이 남편에게 그저 섹스 파트너로 이용당하는 기분이 든다는 것입니다. 그러한 남편의 태도가 너무 얄밉고 이해가 안 된다며 남편에 대한 원망을 품고 있었습니다. 이 아내는 남편의 성적 지수가 아직 파악되지 않은 상태였고 여자의 눈으로 남자의 성욕을 이해하려는 실수를 한 것입니다. 왜 이런 오해가 생기는 것일까요?

《남자의 필요, 여자의 필요》의 저자 윌러드 할리(Willard F. Harley, Jr.) 박사님은 이 책에 남자들이 왜 외도를 하는가에 대한 이유를 설명하며 남자와 여자의 성적 차이가 무엇인지를 이해한다면 외도를 막을 수 있다고 다음과 같이 주장합니다.

> "인간이 하는 행동에 대한 가장 특이한 연구 중 하나는 이미 결혼을 한 남자가 다른 여자에게 성적으로 끌리는 것입니다. 나는 은행장, 성공적인 정치인, 부흥하는 교회의 목사들, 그 외의 여러 부분의 지도자들이 특별한 성적인 관계를 얻기 위하여 직업을 버리고 자신이 성취한 것들을 무너뜨리는 것을 보았습니다. 그들은 나에게 정확히 뭐라 표현할 수 없지만 이 관계가 없으면 인생의 다른 모든 것이 무의미해 보인다고 설명합니다. 나는 앉아서 이 한심하고 혼돈스러운 남자들의 말을 통하여 성적 충족의 필요를 채우고자 하는 열망 때문에 그들의 추론 능력까지 흐릿해졌다는 것을 듣게 됩니다. 일반적으로 나는 지적이고 성공적이며 책임감 있는 이들을 존경하는 경향이 있습니다. 그러나 그들의 잘못 겨냥한 성욕은 그들을 완전히 허물게 됩니다. 이러한 상황에 빠지면 바른 정신으로 살지 못하게 되지만, 나의 상담 경험으로 볼 때 결혼한 부부의 절반 정도가 불륜과 외도의 고통을 겪고 있다는 것을 알게 되었습니다. 나는 대부분의 결혼한 부부들이 이 비극을 쉽게 막을 수 있다고 믿습니다. 외도의 예방은 남성과 여성의 성적 차이를 이해하는 것으로부터 시작합니다."[8]

> "우리가 조사한 남성과 여성이 보고한 최초의 성적 경험은 기본적으로 같은 나이(13-16세)였습니다. 그러나 그 경험에 대한 그들의 보고는 현저하게 달랐습니다. 설문 조사에 참여한 거의 모든 남성은 그의 첫 성경험의 만남을 즐겼으며, 대부분의 여성들은 실망했다고 보고했습니다. 나는 이 다른 결과가 나타나는 원인들 중에 적어도 하나는 남자와 여자가 섹스에 참여하는 이

8 "His Needs, Her Needs-Building an Affair-proof Marriage" by 윌러드 할리 (Willard F. Harley, Jr.) 1986 Published by Fleming H. Revell Company / ISBN 0-8007-1478-4, p. 41-42.

유에 달려 있다 믿습니다. 대부분의 소년들은 강한 성욕과 과거 자위 행위를 통한 성경험이 바탕이 되어 동기부여를 받지만, 소녀들은 첫 만남을 가질 때 성적인 경험이 전혀 없는 상태입니다. 많은 사람들은 무엇을 기대해야 할지 모릅니다. 남자 친구에게 호감을 얻기 위하거나 또는 호기심 때문에 '도대체 섹스가 뭐길래?'라는 질문을 하며 동기부여를 주지만 절실히 성적인 만족이 필요하다는 느낌은 아닙니다.
이러한 성적 요구와 경험의 차이는 오늘날의 성 해방과 계몽이 있었음에도 불구하고 부부들이 겪는 많은 문제들의 근본 원인이 됩니다. 젊은 남녀는 극의 반대쪽으로부터 와서 만나 결혼을 합니다. 남자는 성적 경험이 많고 강한 욕망이 동기부여를 줍니다. 여자는 경험이 적고 동기부여도 약하며 때로는 순진합니다. 뿐만 아니라, 남자의 경험은 매우 본능적이고 거의 자동적이어서 보통 여자들은 이것이 배워져야 한다는 것을 이해하지 못하고 신부에게 그녀의 성욕을 즐기는 법을 가르칠 준비가 되어 있지 않습니다. 남자는 자신이 그것을 얼마나 좋아하는지 알고 있기에 그가 즐기는 것이 적어도 그녀에게도 좋은 느낌을 줄 것이다 가정합니다. 대부분의 젊은 남편들은 얼마 되지 않아 자신의 가정이 틀렸음을 발견합니다. 그들은 자신들이 발견한 놀라운 성경험이 신부들에게는 그다지 큰 의미가 없어 보인다는 사실을 깨닫고 좌절감을 맛봅니다. 이것은 많은 남성들에게 무엇과 비길 데 없는 실망감을 주는 원인이 됩니다."[9]

닥터 윌러드 할리의 글을 통하여 대부분의 경우 남녀 간의 성적 욕구의 차이, 경험 차이와 성에 대한 교육이 없는 상태에서 결혼을 한다면, 남편과 아내의 무지는 부부관계를 어렵게 하는 원인이 된다는 것입니다. 남자는 여자와 성적으로 많이 다르고 성욕의 양 또한 차이가 있다는 점을 아내가 모른다면, 외도 위기의 문이 열릴 수 있는 가능성이 생긴다는 의미입니다. 여인의 성적 순결은 귀하고 중요하지만, 남자의 성에 대하여 너

9 위의 책, p. 42-43.

무 순진한 것은 바람직하지 못합니다. 이 부분에 대한 무지는 아내에게 도리어 의도치 않은 함정이 될 수도 있다는 것입니다.

이미 타협된 욕망

대부분의 여자들은 남자와의 정서적인 사랑의 관계를 통하여 마음을 열고 육체적인 성관계를 갖는 과정을 경험하고 뇌에 인식됩니다. 그렇기에 결혼 생활에 갈등이 생길 때 여자들은 남편과의 관계를 개선하고 성적인 사랑을 남편과의 정서적인 결합의 열매로 얻으려는 노력을 합니다.

그러나 남자들은 다릅니다. 남자에게 성적 행위란 여자들과 좀 다른 경험을 합니다. 남자들의 신체적인 조건과 사회적 타협에서 온 왜곡된 개념으로 인하여 대부분 남자들은 어린 나이부터 여자를 사랑하는 마음이 없고 상대가 없어도 혼자서도 자위 행위를 통하여 성적인 쾌감을 경험합니다. 이 자위 행위는 문자 그대로 자신을 위로하는 행위라는 뜻입니다. 어떤 보고를 보면 성욕에 큰 영향을 끼치는 테스토스테론은 남자가 여자보다 열 배에서 스무 배나 많이 분비된다고 합니다.[10]

10 NIH National Library of Medicine, National Center for Biotechnology Information , Article Topic: Circulating Testosterone as the Hormonal Basis of Sex Differences in Athletic performance, Published online 2018 July 13, Written By David J Handelsman, Angelica L Hirschberg, and Stephane Bermon.
WebAddress: https://www.ncbi.nlm.nih.gov/pmc/articles/PMC6391653/#B8

"엘리트 스포츠에서 성 분류에 대한 가장 강력한 근거는 사춘기 이후 남성이 여성보다 20배 더 많은 테스토스테론을 생성한다는 것입니다(4-7)."

The Harvard Gazette Science & Technology, Article Name: "How a hormone affects society", Written by Alvin Powell Harvard Staff Writer, Date: September 17, 2021.

Web Address: https://news.harvard.edu/gazette/story/2021/09/harvard-biologist-discusses-testosterones-role-in-society/

자위 행위를 대부분의 남자들은 싱글인 남자가 테스토스테론이 왕성한 시기 성적인 본능을 해결하는 하나의 방법이라 간단히 생각합니다. 나쁘지 않다 여깁니다. 그러나 아가서 2장 7절, 3장 5절, 8장 4절에 보면 성적인 감정을 때가 되기 전에 깨우지 말라는 경고를 하며 기다림의 중요성을 말씀하십니다. 성적인 경험이 어떠한 방식으로 얻게 되었는지 사람의 뇌에 큰 영향을 끼치고 습관이 되기 때문입니다. 그러나 수많은 남자들은 결혼 전에 이미 성적인 자극과 만족으로 오는 행위를 통하여 쾌락의 호르몬을 맛봅니다. 그리고 이렇게 반복된 행위는 어떤 남자들에게는 중독성이 나타날 수도 있습니다. 성 중독자가 아니라 하여도 남성 호르몬 수치가 정상보다 특히 높은 남자들은 성욕이 강하기에 그들에게 섹스는 큰 비중을 차지합니다. 중독성이 강한 도파민이라는 호르몬이 오르가즘을 느낄 때 뇌를 통하여 분비되었기 때문일 경우도 있습니다. 또한 뇌는 도파민이라는 호르몬을 어떠한 방식으로 얻었는지 기억하고 기록에 남깁니다.[11]

성적인 본능 외에도 남자라는 확인이 필요할 때, 외로울 때, 기분 나쁠 때, 우울할 때, 의욕이 없을 때, 삶이 따분할 때, 상처받았을 때 등등 뇌에서는 기분을 좋게 해 주는 도파민이 필요하다는 신호를 보내며 자위 행위를 하고 싶은 충동을 보냅니다. 사람의 뇌는 뇌의 주인이 프로그램만 잘 짜 놓는다면 자동서비스를 보내듯이 스스로 주인을 돕게 만들어졌습니다. 그리고 뇌에서 갈증의 신호를 보내고 행동으로 개시하라 충동합니다. 이렇게 싱글 때부터 성적인 경험은 꼭 사랑의 관계와 연결이 수반되지 않아도 솔로 쾌락(solo pleasure)으로 그들 뇌 구조에 결혼하기 전까지 계속적으로 수 년간 인식이 됩니다. 뿐만이 아닙니다. 자위 행위를 하기 위하여 사용되는 포르노를 통하여 그들은 눈과 마음으로 자신의 아내가 아닌 수많은 여자들을 보며 자연스럽게 음행을 행합니다.

"인간 진화 생물학(Human Evolutionary Biology)의 학부 과정 강사이자 공동 책임자인 Hooven은 목요일 저녁 자연 대 양육 논쟁에 직접 뛰어들어 남성 행동 측면의 기초로서 호르몬의 기능에 대한 사례를 제시했습니다. 그녀는 자연계에서 테스토스테론의 역할을 추적하여 동물계 전체에서 남성과 여성을 구별하는 역할을 지적했습니다. 남성의 훨씬 더 높은 수준(여성의 10~20배)은 유전자를 켜는 스위치 역할을 하여 보다 공격적인 행동과 함께 더 강하고 근육질의 개인을 만듭니다."

11 "왜 그렇게 '하고' 싶을까? 매일경제 2016. 4. 11. MK 매일경제MBN. https://www.mk.co.kr/news/culture/view/2016/04/263295

인식하든 못 하든 여자를 자신들의 성적 쾌감을 얻기 위한 도구라 착각하고 사용하는 것입니다. 이렇게 왜곡된 인식과 습관으로 인하여 어떠한 남자들은 사랑하지도 않는 여자와 성관계를 할 수 있는 가능성이 생기는 것이 아닌가 생각해 봅니다. 자신의 이기적인 생각과 욕정을 채우기 위하여 여자들을 성적 노리개로 이용하는 범죄를 행하기도 합니다. 사랑하는 마음이 기본으로 있어야 몸도 움직이는 여자의 인식과는 다르게 타협의 문을 열어 놓았기 때문입니다.

성 중독에 대한 갈등을 이해하기 위한 책, 《거짓 친밀감(False Intimacy)》을 쓰신 해리 샤엄버그 박사님은 부부간의 사랑의 관계를 떠나서 섹스를 다른 필요를 충족시키려 사용하는 사람들에 대한 문제점을 이렇게 말합니다.

> "성 중독의 핵심 쟁점을 살펴보면 성 중독자나, 스트레스를 해소하기 위해 섹스를 사용하는 사람이든, 또는 배우자가 성관계를 갖는 데 관심이 없을 때 관계를 멀리하는 사람을 비교한다면 놀랍게도 비슷한 부분들이 있습니다. 그 상황에 처했을 때 우리 중 일부는 투덜거리고, 다른 사람들은 자위하거나, 혹은 관계를 멀리하고, 출장 중 포르노를 보거나, 호텔방에서 야동을 대여하여 봅니다. 이 행동 자체가 무해한 것으로 간주될 수 있는지 여부와 관계없이, 그들은 여전히 특정 내부 목표(종종 중독자의 목표와 동일한 목표)를 충족시키기 위해 거짓 친밀감(false intimacy)을 사용하고자 하는 욕구로 볼 수 있습니다!"[12]

성적 쾌감을 통하여 여러 가지 감정을 스스로 위로하며 스트레스를 푸는 방법 중에 하나로 사용하던 한 남자가 결혼한 후 아내가 자신의 의지대로 채우던 만큼 충분한 성적 만족을 주지 못한다면 갈등의 고리가 될 수 있습니다. 싱글 때 혼자 하던 행동을 사

---

12 False Intimacy by Dr. Harry W. Schaumburg, ISBN 0-8007-1478-4 Copyright 1986 by Willard F. Harley, Jr. Published by the Fleming H. Revell company, p. 21.

랑하는 아내와 함께하니 상상 외의 놀라운 경험을 남자에게 줍니다. 이미 어느 정도 발달된 성감대는 더욱 상승된 쾌감을 느끼게 해 줍니다. 이처럼 경이롭고 놀라운 경험을 더욱 추구하며 아내와 한 몸을 이루고 관계를 따뜻하게 만들고 싶을 때, 외로움을 느낄 때, 힘이 들 때, 직장에서 일이 잘 안 풀릴 때, 의욕이 없을 때, 스트레스를 받을 때 등등 수많은 때 성관계를 요구하며 위로를 받고자 한다면, 남편과 같은 수준에서 경험을 해보지 못한 아내에게는 부담이 됩니다. 만약 어떠한 남자가 다른 방법보다 더 성적인 쾌감을 의존하여 도파민 호르몬을 얻는 성향이 높았다면 더욱 심각한 상황이 됩니다. 만약 자신이 성적 의존과 중독에 이미 걸린 상태를 아내에게 말하지도, 이해시키지도 못하고 속으로 그저 끙끙거리며 해결책을 찾지 못한다면 자신을 거부하는 아내가 서운하고, 짜증나고, 화를 내고, 자존심 상하고 어쩌지도 못하고 안절부절합니다. 마약을 얻지 못해 불안한 증상을 보이는 것과 흡사합니다. 다음 기사는 이러한 상황이 가능함을 보여 줍니다.

> "놀랍게도 다수의 가정폭력 사건이 '아내의 성관계 거절'에서 비롯된다는 보고가 있다. 얼마전 나를 찾아온 중년 부부도 그랬다. 아내는 섹스를 좋아하지 않는 반면 남편은 그런 아내에게 불만이 쌓일 대로 쌓였다. 급기야 남편은 아내가 잠자리를 거부할 때마다 화를 참지 못하고 손찌검을 하기 시작했다. 요즘 세상에 섹스를 거부한다는 이유로 아내에게 폭력을 행사하는 남편이 있을까 싶지만 이는 분명 실화다."[13]

아내에게 거절을 당할 때 남편은 사랑을 거절당하는 느낌을 받고 오해할 수 있습니다. 남자의 입장에서 볼 때 성적 관심은 사랑의 표현이라 해석을 하기 때문에 마음에 큰 상처가 되고 자신의 필요를 채워 주지 않는 아내가 크게 원망스러울 수 있습니다.

거부하는 아내에게도 분명 여러 가지 그럴 만한 이유가 있을 것입니다. 몸이 피곤할

---

13 백만기의 아름다운 은퇴연구소 블로그, "여자보다 10배 강한 남자의 성욕".
http://blog.naver.com/PostView.nhn?blogId=manjoy&logNo=221584503511&parentCategoryNo=&categoryNo=28&viewDate=&isShowPopularPosts=true&from=search

때, 마음의 상처를 주는 남편, 배려하지 않는 남편 등등과 잠자리를 하는 것은 힘든 일이기 때문입니다. 섹스에 별로 관심이 없든지 또는 남자들의 성욕에 대하여 너무 순진하고 무지한 아내를 보면서 남자의 성을 이해하라 요구도 하지 못하니 해결책이 보이지 않습니다. 그리고 이러한 결핍 상황을 아내에게 털어놓지 못하고, 스스로 통제도 못하고 지속된다면 위험신호가 옵니다. 남자의 뇌에서는 아내 없이도, 사랑 없이도, 다른 방법을 찾으라는 강한 충동을 보내며 성적 쾌감을 통한 도파민을 요구하기 때문입니다. 또는 싱글 때 혼자서 육체의 정욕을 채우던 나쁜 습관이 작동되면서 외도의 위기가 됩니다.

이 상황에서 남자에 따라 다시 자위 행위를 통하여 부족한 양을 채우는 경우도 있고, 그것으로 양이 채워지지 않는다면 다른 여자들과 성관계를 추구하는 남자들로 나뉘게 됩니다. 후자의 남자들은 결혼 전부터 혼자 하는 자위 행위보다는 여자들과 성적 경험을 선호했고 기회도 쉽게 얻을 수 있던 사람이었다면 외도의 가능성이 더욱 커집니다. 혹 자위 행위를 종교적인 신앙 때문에 죄라 여기기에 이 방법을 사용하지 않고 아내에게만 의존해야 한다면 이 상황은 신앙인들에게 더욱 어려운 상황이 될 것입니다. 성적 쾌락이란 남자들에게 아주 강한 경험을 주기 때문입니다. 이 남자들은 이미 자신도 모르는 사이 정상적인 성적 입맛을 넘어 성욕의 노예가 된 것입니다. 하나님이 의도하신 부부관계를 통해서만 성적 쾌감을 받아 만족하는 프로그램이 뇌에 신혼 때부터 짜여야 하는데 이미 결혼 전에 스스로 용납한 '솔로 프로그램'이 뇌 속에 형성된 것입니다. 결혼한 이후 아내와 같이 배우고 성장해야 하는 성적인 부분을 기다리지 못하고 먼저 불경건한 방법으로 터득한 결과 이미 중독된 습관에 통제를 받는다면 외도의 취약한 상태가 됩니다. 하나님의 계명은 우리를 보호하시고자 주신 법칙인데, 무시한다면 원치 않은 결과를 줍니다.

보호망

이러한 상황이 온다면 아내로서 돕는 배필의 역할은 과연 무엇일까요? 어떻게 부부관계를 보호할 수 있을까요? 먼저 아내는 현실을 직시해야 합니다. 타락으로 인하여 우리 모두는 절제함을 잃었고 특히 남자들의 성적 욕구 또한 창조주의 온전하신 뜻과 의도를 빗나갔습니다. 우리는 성적으로 부과된 사회적 환경에 살고 있고 미디어를 통하여 야하고 섹시한 이미지들이 남자들의 눈과 성적 욕구를 계속적으로 자극합니다.

만약 남편과 다른 성적 개념, 경험, 욕구로 부부간의 갈등이 있다면 정죄와 비판보다는 인간의 연약함과 타락으로 얻게 된 이 불편한 현실을 인정하고, 복잡한 상황을 이해하고 부부관계를 보호하려는 태도를 먼저 가져야 합니다. 아내가 인간 타락의 후유증이 얼마나 광범한지 인식하지 않고 계산 착오한다면 잘못된 기대감을 갖고 내 남편은 괜찮겠지 방심하게 됩니다. 우리는 영적 전쟁 중이고 적군의 공격이 있기에 보호막이 필요하다는 것을 보지 못한다면 남편이 강하다 여기고 소홀해질 수 있습니다. 아내의 크지 않은 성적 욕구를 기준으로 남편을 판단한다면 실수할 수 있습니다. 남편 마음속에 어떠한 악이 자라는지를 인식하지 못하고 겉으로 멀쩡해 보인다고 판단한다면 속기 십상입니다. 사탄이 성적 유혹을 강력한 미끼로 사용한다는 점을 보지 못한다면 나 몰라라 할 수 있습니다. 성적 중독에 이미 통제받고 있다는 이해가 부족하다면 스스로 절제하라는 어리석은 요구를 할 수 있습니다. 남자가 여자보다 다르다는 점을 막연히 알지만 왜, 무엇이 다른지 정확히 모른다면 오해를 할 수 있습니다. 이렇게 수많은 아내의 계산 착오로 뒤통수 맞는 일이 생길 수 있습니다. 남자들에게 성적인 경험이 어떠한 의미인지를 알아야 보호망을 세우게 됩니다.

많은 남자들에게는 성적인 에너지가 중요한 역할을 합니다. 성관계가 그들에게는 아내를 향한 사랑의 표현이기도 하지만, 어쩌면 성적 에너지를 통하여 얻는 도파민이 삶의 동기, 활력, 기분 상승, 창의력을 방출하는 효과를 주기에 섹스라는 즐거운 방법으로 얻는 행위를 마약같이 의지하기도 합니다. 또한 자신의 남성을 확인시켜 주는 섹스는 남자들에게 여자들이 이해할 수 없는 큰 의미를 준다는 점을 알아야 합니다. 이로 인하여 여자들에 비하여 남자들은 성적 유혹에 약합니다. 하나님께서는 남자들의 이러한 약점을 아시기에 아내에게 남편을 돕는 배필의 사역을 주셨습니다. 성적 유혹으로부터 강한 자가 약한 자를 돕는 위치에 서서 말입니다. 만약 남편이 이미 어느 정도 성적 중독된 상태로 결혼하여 지나친 성관계를 요구하여 부부관계를 힘들게 하고 있다면, 남편을 정죄하거나 판단하지 말고 기도와 따뜻한 권면으로 그의 왜곡된 습관이 없어지고 스트레스를 풀 수 있는 경건한 방법을 추구하도록 도와야 합니다. 부부간의 친밀함 추구 외에 다른 이유들로 섹스를 사용하고자 하는 성향이 있다면 원인 파악을 하도록 도와야 합니다. 성적 쾌감 이외에도 건전하고 이익이 되는 여러 가지 방법이 있기 때문입니다. 건강한 성욕을 소유하기까지는 시간이 걸리니 그동안에는 그의 성적 필요를 하루 세끼 챙기는 것과 같은 맥락으로 신경을 써야 합니다. 그래야 남자의 연약한 점을 이용하는 사탄의 공격을 막을 수 있습니다. 너무 열정이 넘치고 정력이 높은 남편과 결혼했다면, 짐승 취급하기보다는 배려와 이해를 하며 그의 필요를 채워 주도록 노력해야 합니다. 다행히도 대부분의 남자들의 성욕은 나이가 들며 점점 줄어듭니다. 그러니 성욕이 왕성한 시기에 신경을 쓰며 조심하는 지혜가 요구됩니다.

어느 날 현실적으로 남편의 요구를 채우기 힘든 상황에 처한다면 남편과의 커뮤니케이션이 정확히 전달되어야 한다는 것이 가장 중요한 핵심입니다. 그에게 무안을 주기보다는 이해를 구하며 그가 거절당한 것이 아니고 그가 인내하고 기다릴 수 있는 기간을 약속해 주어야 합니다. 그리고 약속을 꼭 지켜야 합니다. 어떠한 상황에서도 집에 가면 아내가 자신의 허기를 채우기 위하여 밥상을 차려 줄 것이라는 믿음이 남편 뇌에 인식이 되어야 합니다. 밥을 차릴 때 짜증내며 남편의 자존심과 기분을 상하게 한다면 이 또한 지혜로운 방법이 아닙니다. 아내가 기쁘게 자신의 필요를 채워 줄 것이라는 확신을 갖도록 하는 것입니다.

아내의 정확한 의도와 약속이 없다면 사탄은 남편에게 자신의 생각과 약속을 제안할 것입니다. 그리고 유혹의 음란한 악령들을 보내어 남편을 시험할 것입니다. 지난 6,000

년간의 인간 역사를 돌아볼 때 사탄은 남자들의 성적인 부분을 공격하여 결혼과 가정을 허무는 일을 해왔습니다. 이러한 계략을 펼치고 승리할 수 있었던 원인 중에 하나는 부부간의 성생활의 중요성을 무시하고 튼튼한 보호막이 없었기 때문이라 여깁니다.

지혜로운 여인은 소 잃기 전에 외양간을 지키는 일을 합니다. 소 도둑이 들어오지 못하도록 외양간 울타리를 높고 튼튼하게 세워야 하듯이 서로의 필요를 채워 주며 부부간의 성적 관계를 튼튼히 하는 사역을 하여야 합니다. 어느 날의 피곤함, 게으름, 귀찮음, 원망스러운 마음 때문에, 한순간 편하고 싶은 생각이 간절해 남편의 성적 필요를 무시한다면, 후일에 큰 고통의 수렁으로 빠질 수 있는 상황이 올 수 있다는 점을 간과해서는 안 됩니다. 아직 젊은 아내가 성적인 기쁨을 만끽하는 성숙함을 경험하지 못했다고 해도 남편의 욕구를 채우기 위한 책임감을 가져야 합니다. 아내와 잠자리를 원하는 남편의 요구를 절대 동물적인 모습이라 오해하면 안 됩니다. 외도를 피하려면 지혜로운 마음으로 이 사역이 의무임을 명심해야 합니다. 의무는 자신의 기분에 상관없이 하는 행위입니다. 대부분의 남자는 성욕이 여자보다 더 강하기에 성적 유혹에 또한 약하다는 사실을 항상 염두에 두고 남편을 보호하는 차원에서라도 부지런한 마음을 가져야 합니다.

그러나 현실적으로 바쁘고 힘든 삶을 살 때 이 사역의 중요성을 알면서도 이러한 원칙을 순종하기 힘이 들 때도 있습니다. 소홀히 하면 안 된다는 것을 알지만 솔직히 마음이 잘 따라오지 않을 때도 있습니다. 이 중요한 사역을 가로막고 있는 장애물이 무엇인지 파악하는 것은 중요합니다. 만약 외도를 막고 가정을 지키며 남편의 강력한 보호막이 되는 아내가 되기 원한다면 결단을 내려야 합니다. 의도적으로 남편의 성적 필요를 항상 염두에 두고 몸과 감정적 에너지를 절약하는 지혜가 요구됩니다. 직장, 집안일과 자녀 양육에 모든 에너지를 소모한다면 피곤함 때문에 이러한 사역을 하기 더욱 힘든 상황이 됩니다. 에너지를 의도적으로 절약하여 남편의 성적 욕구를 만족시켜 주는 데 우선순위를 두는 것이 앞으로 부부관계, 자녀들과 가정을 보호하는 지혜로운 여인의 중요한 선택이 될 것입니다. 이는 아내의 희생이 요구되는 사랑의 봉사이고 이러한 희생이 없다면 가정을 지키는 방패가 약해집니다. 하나님의 지혜가 절대적으로 요구되는 사역이기에 성령의 도우심과 능력을 사모하며 간구해야 합니다. 이 부분까지도 하나님께서는 우리의 연약함을 도우십니다.

한 여인의 고백

어떤 여인이 있었습니다. 어느 날 그녀는 온 집안 대청소를 하는 계획을 갖고 하루를 분주히 지냈습니다. 에너지가 고갈되어 아주 피곤한 상태가 되어 자려는 늦은 밤, 남편이 성관계를 원하는 신호를 보내왔습니다. 이 부부는 결혼 초기부터 결혼을 보호하는 차원에서 어떠한 일이 있어도 서로 거절하지 않기로 이미 약속하였기에 아내는 벌떡 일어나 샤워하러 화장실로 들어갔지만, 내심 온몸이 피곤하여 솔직히 기분이 나지 않았습니다. 그리고 샤워를 하며 하나님께 아내의 에너지 상황을 잘 파악하지 못한 남편에 대하여 불평했답니다. 그때 이 여인은 샤워장에서 하나님의 음성을 듣게 됩니다. "남편의 잘못이 아니고 너의 실수이다. 이런 상황을 피하려면 남편을 위하여 앞으로는 에너지를 절약하거라!"라는 성령의 권면의 말씀을 들은 것입니다. 집안일보다, 자녀 양육보다 남편의 필요를 채우는 일에 우선순위를 두어야 한다는 뜻이었습니다. 이 여인은 잘못을 깨닫고 자신의 어리석음을 고백하고 그날 밤 남편과의 연합을 축복해 주시고 새로운 힘을 달라고 기도했답니다. 하나님께서는 그녀의 기도의 응답을 기대 이상으로 하셨답니다.

또 다른 날에는 웃지 못할 일이 생겼답니다. 불면증으로 고생하던 어떤 시기에 이 여인은 수면제를 먹고 잠을 청하기 위하여 침대에 누웠는데 남편에게 신호가 온 것입니다. 자신이 이미 수면제를 먹었다는 이야기를 할까 고민하였지만 남편에 대한 의무이라는 말씀을 기억하고 속으로 하나님의 도우심을 청하는 기도를 드리며 남편에게 웃으며 오케이를 한 것입니다. 남편과의 관계 중 수면제의 효과가 나타나며 잠이 쏟아지는 바람에 자꾸 몽롱한 상황에 처했다고 합니다. 정신력의 능력을 알고 있던 이 여인은 정신바짝 차리고 집중하며 비몽사몽 중에 이 중요한 사역을 즐겁게 끝까지 마쳤다 합니다.

이러한 여러 가지 일들로 인하여 이 아내는 남편에게 날짜를 정하자는 의견을 제안했고 그 이후부터는 미리 예약된 날에 맞추어 주중 행사처럼 이 사역을 행하게 되었고 쓸데없는 감정 싸움과 원망이 생기지 않도록 한 것입니다. 이 방법은 성적인 부분을 소홀히 할 수 있는 자신들의 이기심과 게으름을 방지하는 이 부부만의 지혜로운 선택이었습니다.

지금은 정보가 만연한 시대입니다. 누구든지 부지런한 마음으로 성적으로 성숙한 여자의 모습으로 변하기 위하여 필요한 부분에 대한 지혜를 얻고자 한다면, 수많은 지식과 정보를 얻을 수 있는 여건이 우리에게 주어졌습니다. 잠언 1장 20-21절에 보면 우리가 흔히 지나 다니는 세상 곳곳에서도 하나님의 원칙과 지혜를 발견할 수 있다고 하십니다.

> "지혜가 길거리에서 부르며 광장에서 소리를 높이며 시끄러운 길목에서 소리를 지르며 성문 어귀와 성중에서 그 소리를 말하여 이르되,"

부부관계를 보호하고 외도를 막기 위한 방법과 성적인 지혜를 찾고 추구한다면 쉽게 얻을 수 있다는 뜻이기도 합니다.

가정 사역을 하는 한 미국 단체에서 조사한 결과 20% 남자들은 아내보다 성욕이 더 낮은 경우가 있다 보고합니다. 이러한 경우 80/20 비율로서 남편보다 아내가 성적 불만을 갖는 경우가 있습니다. 이러한 상황에 처한 경우 도리어 아내에게 성적 불만이 생기는 문제가 나타날 것입니다. 이 또한 지혜로운 방법으로 해결책을 찾아야 할 것입니다.

본질적인 문제 해결

남자들의 기본적인 성적 결핍으로 열릴 수 있는 외도의 문을 닫는 방법은 본질적인 문제를 먼저 해결해야 합니다. 성적 관심을 보이는 남편에게 성적 반응을 꺼리는 아내의 모습 뒤에는 좀 더 크고 복잡한 이유가 있습니다. 마음에 남편에 대한 원망이 가득 싸인 아내는 성관계에 관심이 생기지 않고 남편의 성적 욕구를 채우는 것이 힘든 일이 됩니다. 아내는 남편의 사랑과 관심을 추구하지만 일에 온 정신과 관심을 쏟는 남편의 모습을 보고 서운한 마음이 듭니다. 이러한 상황이 계속된다면 아내로 하여금 자신을 향한 남편의 사랑을 의심하게 하는 오해를 낳고 남편에 대한 원망을 합니다. 그러나 현실적으로 남편이 과연 일을 뒤로하고 아내에게 집중하는 삶을 산다면 문제가 해결될까요? 만약 용기 내어 일을 적게 한다면 경쟁 사회에서 밀려날 수도 있고 남자의 정체성이 흔들리고 경제적인 문제 또한 생길 수도 있습니다. 일중독은 피해야 하지만 일은 남자들에 삶에 중요한 부분입니다. 그렇다면 일로 아내를 소홀히 하는 남편에 대한 원망이 꽉 쌓인 아내는 어떻게 이 문제를 해결할 수 있을까요? 남편은 남편대로 이런 오해를 하는 아내를 보며 답답해할 수 있습니다. 아내와 자식들을 위하여 열심히 일하는 자신을 오해하고 원망하니 속을 열고 보여 줄 수도 없고 시간도 없기에 속수무책입니다. 이러한 속수무책의 상황이 지속된다면 점점 사랑은 식어 가고 열정이 바닥이 날 것입니다. 그렇다면 왜 도대체 이러한 상황이 생기는 것일까요? 누가 부부를 이러한 갈등에 빠지도록 한 것일까요? 아내의 집착인가요? 남편의 소홀함일까요? 사탄일까요? 세상일까요?

이러한 상황이 된 것은 인간의 타락으로 생긴 후유증 때문입니다. 또한 타락한 후 하나님께서 아담과 하와에게 내리신 징계 때문에 더욱 악화되었다고 볼 수 있습니다. 이러한 상황의 근본적인 이유와 의도를 깨닫지 못한다면 부부관계는 수많은 시간과 에너지를 낭비하며 잘못된 전쟁에 휩싸이고 결국에는 이혼에까지 이를 수 있습니다. 그러나 근본적인 이유와 의도를 안다면, 이러한 상황을 잘 헤쳐 나갈 수 있는 지혜와 능력을 얻게 됩니다. 인간의 불순종과 그로 인한 징계는 부부관계를 복잡하고 어렵게 만들었습니다. 이러한 현실적인 부분을 참고하지 않고 이상적인 관계를 기대하며 요구한다면, 부부관계가 행복보다는 불행을 경험할 것입니다. 잘못된 기대감은 감사보다는 불평을 만들고, 불만족스러운 마음과 태도와 언어로 악의 씨가 배우자 마음의 밭에 뿌려집니다. 하나님의 징계로 인하여 부부관계가 왜 힘들어졌는지에 대한 성경적인 이해가 없다면, 우리의 무지함을 이용하여 사탄은 자신의 생각과 해석으로 부부관계를 공격할 것입니다. 타락과 그로 인한 징계로 인하여 당연히 생길 수 있는 문제들인데 배우자를 잘못 만나 그렇다는 거짓말로 속이고 우리를 실망의 구렁텅이에 빠지게 합니다. 이러한 상황을 피하려면 먼저 첫 부부의 불순종으로 인하여 내려진 징계의 의미를 이해함이 중요합니다. 그들이 받은 징계의 파동이 지금까지도 모든 부부에게 큰 영향을 끼치고 있기 때문입니다.

한 여인의 고백

> "나는 전 남편과 여러 문제들로 인해 많이 싸웠지만, 싸움의 핵심은 바로 남편이 나를 사랑하고 귀히 여긴다는 감정을 느끼지 못했기 때문입니다. 남편은 항상 나와 우리의 결혼보다 자신의 일과 사회생활을 우선순위에 두고 중요시하는 것 같았습니다. 결국 남편은 짐을 싸서 집을 떠났고 이혼 소송을 제기했습니다. 이혼으로 인한 고통에서 회복하던 중 내 안에 오직 예수님 외에는 아무도 채울 수 없는 큰 공허함에 시달리고 있었음을 깨닫게 되었습니다. 비록 내가 그리스도인이었지만, 나는 주님과 개인적인 관계가 없어서 내 영혼의 깊은 내면의 갈망을 육신의 남편과의 친밀함을 통하여 채우려 했던 것입니다. 남편은 내 행복의 유일한 원천으로서 나의 우상이 되었습니다. 그가 관심을 보이지 않거나 나의 필요를 채워 주지 않으면 나는 즉시 불행하게 되었습니다. 반면에, 나는 내 남편의 우상이 세속적인 성공, 명성, 물질이었고, 게다가 나 외의 다른 곳에서 물을 마시고 있었다고 생각합니다."

이 여인은 이미 이혼을 한 후에 너무 늦게 깨닫게 된 것입니다. 이 부부에게 왜 갈등이 왔을까요? 이혼에까지 이르게 된 그들의 근본적인 원인은 무엇일까요?

하와를 향한 심판

창세기 3장은 왜 아내들이 남편의 사랑과 관계를 추구하는지에 대한 이유를 보여 줍니다. 하와는 선악과를 먹지 말라는 명령을 어기고 불순종하였고 그로 인하여 징계를 받습니다. 하와가 받은 징계는 모든 여인들에게 다 적용됩니다. 16절에 보면, "또 여자에게 이르시되 네게 잉태하는 고통을 크게 더하리니 네가 수고하고 자식을 낳을 것이며 **너는 남편을 사모하고** 남편은 너를 다스릴 것이니라"고 징계하십니다. 이 징계는 죄로 인하여 모든 인류가 보편적으로 경험하는 죄의 결과가 아니고 특별히 하나님의 섭리 가운데 첫 아내에게 내리신 징계입니다. 이러한 징계로 인하여 모든 여인의 삶은 어렵고 고통스럽고 힘들어진 것이라고 성경은 말씀하십니다. 이 징계는 크게 세 가지로 나눠집니다. 첫째는 수고로이 자식을 낳고 키우는 것이고, 둘째는 남편을 사모하게 된다는 징계입니다. 셋째로 남편의 다스림을 받게 됩니다. 다시 말하면 그녀의 삶 속에 가장 가깝고 소중한 사람들과 관련된 심판입니다. 바로 남편과 자녀와의 관계로 오는 고통과 어려움에 대한 징계입니다. 이 책에서는 남편을 사모함에 대한 징계에 먼저 초점을 두고자 합니다.

히브리서 12장 5절에 보면 "내 아들아, 주의 징계하심을 경히 여기지 말며 그에게 꾸지람을 받을 때에 낙심하지 말라. 주께서 그 사랑하시는 자를 징계하시고 그의 받으시는 아들마다 채찍질하심이라 하였으니… 오직 하나님은 우리의 유익을 위하여 그의 거룩하심에 참여하게 하시느니라. 무릇 징계가 당시에는 즐거워 보이지 않고 슬퍼 보이나 후에 그로 말미암아 연단받은 자들은 의와 평강의 열매를 맺느니라"(10, 11절)라고 권면하십니다. 하나님이 징계하시는 목적은 우리의 유익을 위함이고 그의 거룩하심에 참여하게 하며 의와 평강의 열매를 맺게 하신다는 약속의 말씀이요 소망의 메시지입니다. 그렇다면 하와에게 내리신 징계의 말씀도 그녀와 그녀의 모든 자손들에게는 유익을 가져온다는 것을 말합니다. 그렇다면 대체 어떠한 유익을 말하는 걸까요?

관계를 추구하는 삶

하나님께서는 특별한 목적을 염두에 두시고 인간을 만드셨습니다. 하나님과 영생에 이르는 사랑의 관계가 이루어지고, 또한 그리스도와 함께 영원한 세계를 소유하고, 다스리고, 누리는 삶을 얻게 하시기 위하여 당신의 형상을 닮은 남자와 여자를 창조하셨습니다. 하나님의 형상에 따라 남자와 여자에게는 자유의지를 선물로 주십니다. 진실한 사랑의 관계가 이루어지기 위해서는 자유롭게 선택할 수 있는 권리가 있어야 합니다. 그들에게 이 영생의 삶을 선택할 권리를 주시며 그들의 의지를 표현할 수 있는 에덴동산이라는 환경을 만들어 주십니다. 에덴 동산 중앙에 두 개의 특별한 나무가 있는데 생명 나무와 선악을 알게 하는 나무가 있습니다. 하나님께서 아담에게 이 동산 각종 나무의 열매는 임의로 먹되 선악과는 먹지 말라 명하시며 먹는 날에는 반드시 죽으리라고 단 하나의 명령을 주십니다. 죽는다는 것은 육신의 몸이 죽음을 경험하는 것뿐 아니라, 영혼이 생명(Life)이신 하나님과 단절되는 삶, 즉 생명을 얻지 못하고, 경험하지 못하는 삶을 의미합니다.

그리고 그들의 자유의지를 시험할 뱀이 에덴 동산에 등장하도록 허락하십니다. 뱀은 하와에게 먼저 다가가 하나님의 말씀과 반대되는 달콤한 유혹의 말을 합니다. 안타깝게도 그녀는 하나님의 말씀보다는 뱀의 제안을 믿기로 선택을 합니다. 하와는 하나님과 같이 될 수 있다는 뱀의 유혹의 말을 듣고 선악과를 먹습니다. 이러한 그녀의 선택을 볼 때 아마도 타락 전 하와의 최고의 관심사는 하나님과 같이 되는 것이었고 하나님의 말씀을 거역하면서까지도 얻고 싶은 강렬한 갈망이었다는 것을 생각해 볼 수 있습니다. 여자는 처음부터 영적인 면을 사모하는 성향이 있음을 보여 줍니다. 사탄은 이러한 그녀의 장점을 유혹의 미끼로 이용합니다. 사탄은 선과 악을 알게 하는 선악과를 먹으면 그녀의 소원이 이루어진다고 거짓말을 합니다. 그러나 하나님께서는 선악과를 먹으면 죽는다고 말씀하셨습니다.

속임을 당한 후 그녀는 남편 아담에게도 자신의 생각을 믿도록 권유하였고 선악과를 먹게 함으로써 하나님의 말씀을 거역하도록 돕습니다. 돕는 배필로 창조된 아내는 처음으로 자신에게 주어진 사명에 따라 남편에게 중요한 영향력을 끼치게 되는데 안타깝게도 악한 영향력을 주게 됩니다.

그렇다면 하나님의 말씀을 의심하고 사탄의 말을 더욱 신뢰한 그녀를 구원하고 하나님과의 영생에 이르는 축복의 관계를 회복하는 방법은 무엇일까요? 창조주의 말씀보다 스스로의 생각을 더 지혜롭다 믿은 그녀의 자만심과 교만을 한꺼번에 제거할 방법을 모색하십니다. 그뿐 아니라 하나님과 같이 영적인 여인이 되고 싶은 하와의 간절한 갈망을 알고 계시기에 하나님께서는 징계의 심판을 통하여 축복의 길을 만드시고 그녀의 삶의 환경을 조성하십니다.

먼저 하나님께서는 영적인 여인이 되기를 추구하던 하와에게 남편을 사모하는 마음을 주시며 남편과의 관계를 추구하는 것이 그녀의 최고의 관심사가 되도록 하십니다. 행함, 성취, 자신의 존재감을 추구하는 것보다는 관계의 중요성을 깨닫게 하기 위해 허락하신 지혜로운 징계입니다. 그리고 그녀의 최고의 관심사가 되어 버린 육신의 남편과의 갈등을 통하여 그녀는 실망을 경험하게 될 수밖에 없는 조건이 만들어지도록 아담에게 징계를 내리십니다.

아담에 대한 징계

아담에게 내리신 징계를 살펴보면 왜 부부관계가 어려워질 수밖에 없는지 깨닫게 됩니다. 창세기 3장 17절을 보겠습니다.

> "아담에게 이르시되 네가 네 아내의 말을 듣고 내가 네게 먹지 말라 한 나무의 열매를 먹었은즉 땅은 너로 말미암아 저주를 받고 너는 평생에 수고하여야 그 소산을 먹으리라."

하와가 특별한 섭리 가운데 징계를 받았던 것처럼, 아담에게도 특별한 징계를 내리십니다. 이 징계는 아담의 일과 관련된 징계입니다. 창세기에 보면 남자에게는 하와가 창조되기 전, 타락 전부터 일이 주어졌음을 볼 수 있습니다(창 2:15). 일은 하나님이 남자에게 주신 선물 중 하나이며 일을 통하여 하나님의 형상을 반영합니다. 일은 인간을 향한 하나님의 계획의 한 부분입니다. 특히 남자는 하나님이 만드신 세계에서 생산력과 창의력을 보이고 공헌자가 될 때 삶의 만족과 성취감을 누리도록 만드셨습니다. 각자의 은사, 재능, 재주를 최대의 역량으로 계발시키고 발휘하여 가장 효과적으로 주를 섬기도록 권면하십니다(마 25:14-30). 또한 게으름에 대하여 경고하시며 일에 충실함이 창조주의 의도임을 나타내십니다(잠 6:9-11).

일은 남자에게 부부관계보다 먼저 주어졌고 중요한 부분입니다. 에덴 동산에서 살 때 땅은 풍성한 수확물을 주었고 아담은 수고의 땀을 흘리지 않고 보람을 느꼈습니다. 창세기 2장 6절에 보면 "안개만 땅에서 올라와 온 지면을 적셨더라."는 말을 통해 수확물을 얻기 위해 물을 주는 수고도 하지 않아도 되는 놀라운 환경에 살고 있었습니다. 하나님께서 아담과 하와에게 필요한 모든 것을 제공해 주셨기에 즐겁고, 생산적이며 만족스러운 부부생활을 한 것입니다. 그러나 불순종함으로 모든 것이 변했습니다. 하나님께서는 초자연적인 공급을 주던 환경을 거두어 가시고 도리어 땅을 저주하시며 수확물을 얻는 과정과 삶에 어려움과 고통이 따르도록 징계하십니다.

창세기 3장 17절에서 아담에게 내리신 징계의 말씀을 살피면, 아담에게 이르시되 "네가 네 아내의 말을 듣고 내가 먹지 말라 한 나무의 열매를 먹었은즉"이라 하시며, 그가 징계받는 이유에 대한 힌트를 주십니다. 그가 타락 전에 아내인 하와에게 집중하고 살았고 하나님의 말씀보다 아내의 말에 귀 기울이는 애처가 남편의 모습이 있었음을 보여주십니다. 하나님의 크신 계획과 특별한 목적을 이루기 위하여 창조된 아담이 자신에게 주어진 창조주의 사명과 비전보다 아내의 요구에 더욱 관심을 보인 것입니다. 그렇다면 사랑스러운 아내에게 집중된 아담의 마음을 분산시킬 방법은 무엇일까요? 그가 아내보다 하나님을 의지하고 찾게 하는 계기는 과연 무엇일까요? 아내를 기쁘게 하는 목적보다 그를 향하신 창조주의 영생에 이르는 목적과 계획을 알고, 사명에 순종하고, 실행하도록 도울 수 있는 환경을 조성하여야 한다면 과연 무엇이 필요할까요?

땅을 저주하심은 창조주께서 아담과 그의 후손들에게 영원한 유익을 가져다줄 지혜로운 징계로 보아야 합니다. 창세기 3장 17절에 보면 "땅은 **너로 말미암아** 저주를 받고"라고 대부분의 성경은 번역합니다. 그러나 킹제임스 성경 번역을 보면 영어로 "Cursed is the ground for your sake;"이라고 쓰였는데 번역하면 "땅은 너를 위하여 저주를 받고"입니다. "너로 말미암아"와 "너를 위하여"에는 차이가 있습니다. "너를 위함"은 어떠한 유익이 있을 것을 암시합니다. 이 징계는 하와에게 집중하던 아담의 관심과 약점을 보완하는 방법이었다 생각합니다. 일이 어렵고 성공하기 힘든 환경이 됨으로써 아담과 그의 자손들에게 하나님께 겸손히 나아와 도움을 청하는 계기를 만들어 줍니다.

안타깝게도 수많은 남자들은 하나님을 찾기보다는 일이 힘들 때 술, 마약, 여자, 게임, 또는 악과의 타협을 하고 다른 사람을 의존하여 자신이 느끼는 번민을 해결하려는 방식을 택하여 자신들에게 주어진 창조주께서 의도하신 계기를 낭비하기도 합니다. 그러나 실패와 번민으로 힘들 때 다른 것을 의존하기보다 더 하나님을 찾고 하나님의 관계를 추구함의 중요성을 깨닫게 되길 원하십니다. 그리고 일로 얻게 되는 성공은 하나님의 말씀을 순종하고 주를 겸손히 의지할 때 진정한 성공의 삶을 살 수 있다는 지혜를 얻기 되기를 소원하십니다. 신명기 28장에 보면, 하나님을 경외하고 순종하는 자에게 내리시는 축복의 말씀을 하십니다. 불순종은 땅이 저주를 받는 환경이 되게 하였지만 순종하는 자에게 초자연적인 간섭으로 인하여 축복받는 땅으로 회복이 가능함을 말씀하십니다.

사모의 마음

아내가 남편을 사모한다는 징계는 무슨 의미일까 궁금합니다. 아내가 남편을 사모하는 것은 당연한 일이 아닐까 생각되기에 왜 징계가 되는지에 대한 이해가 필요합니다. 남편을 사모한다는 것이 어떤 의미인지 주석을 찾아본다면, 성경에서 '사모'라는 단어가 총 3번 나온다고 합니다. 어떤 주석은 이 말씀을 아내가 남편과의 성적 관계를 사모하는 것을 말한다며 아가서 7장 10절에 같은 단어가 사용되었다고 설명합니다. 다른 주석은 남편의 통치 아래 놓인 아내가 죄로 인해 상실된 동등함을 회복하려고 노력하며 통치권을 소유하고자 남편을 조정하고 통제하려고 하는 경향을 의미한다고 해석합니다. (창세기 4장 7절에도 같은 단어가 사용되었다고 설명합니다.) 이러한 부분들이 여인의 삶을 볼 때 나타나기에 해당되는 해석이라 인정합니다. 과거나 현재나 분명히 기가 센 아내들이 있고, 남편을 휘두르며 사는 여인들이 있습니다. 남편과의 성적인 관계를 소원하는 것도 분명한 사실입니다. 아내들은 남편과의 성적인 관계를 통해 자신이 사랑을 받고 있다는 확신을 갖고 싶어합니다. 그러나 이러한 해석으로는 부족함을 느낍니다. 남편을 사모함은 그 이상의 의미를 포함하고 있다 믿기 때문입니다. 하나님께서 하와에게 징계로 내린 "남편을 사모하는 마음"은 이보다 더 깊고 오묘한 것입니다.

여인에게 남편을 사모하는 마음을 주셨다 함은 과연 무슨 의미일까요? 남편을 사모함은 그에 대한 기대감을 갖고 산다는 말입니다. 사모함은 간절히 원함을 말하며, 애타게 기다림을, 열망하고 갈망함을, 또 바람을 표현합니다. 이 사모함은 남편을 통하여 그녀의 몸과 마음과 영혼의 필요를 채우려는 갈망이요, 바람이고 기대감을 갖게 하신 것입니다. 아내들은 남편이 주는 사랑에 대한 갈증을 갖고 삽니다. 어제 사랑을 얻었지만 오늘 또 확인하고자 합니다. 항상 채워지지 않는 깨진 항아리처럼 받고 받아도 배가 부르지 않습니다. 인간적인 사랑만 가지고는 양이 차지 않기 때문입니다. 많이 먹어도 금방 푹 꺼지는 것 같고 목 마를 때 시원한 물을 마셔야 하는데 이슬을 마신 것 같습니다. 사랑은 사랑인 것 같은데 무엇인가 항상 부족합니다. 타락으로 생긴 영적 갈증의 심각성은 남편의 관심과 사랑만으로 채워지지 않기 때문입니다. 남편에게만 의지하고 그만 사모하고 바라보는 한 채워지지 않는 갈망이기에 도리어 징계가 되는 것입니다.

남편을 사모한다는 징계의 말씀으로 인하여 여인들은 어려서부터 남편을 의지하여 살고 싶은 성향을 나타냅니다. 시대가 변하고 여성상위 시대를 거치며 독립적인 여성들이 많이 생겼지만 이러한 증상들은 그들의 소원이 변한 것이 아니고 기대감이 실망으로 끝났기에 나타난 후유증이라고 볼 수 있습니다. 더 이상 남편에게 기대감을 갖고 살기를 거부한다는 목소리입니다. 그럼에도 불구하고 대부분의 여인들은 남편과의 관계를 통하여 사랑의 밀회, 정신적 안정감, 그리고 영적 안식을 얻으려고 합니다. 그래서 결혼을 추구합니다. 아름다운 신부가 되는 꿈을 꾸며 웨딩드레스를 입고 싶어 합니다. 그러나 한 여인의 이 깊고, 높고, 넓은 사모함은 타락하여 하나님의 영광에 이르지 못하는, 피와 살로 만들어진 한 남자가 감당하기에는 너무도 엄청난 식욕이기에 실망을 맛볼 수밖에 없습니다.

이렇게 채워지지 않는 갈망으로 인하여 아내들은 남편에게 끝없는 요구와 재촉을 합니다. 자신이 느끼는 불안감을 해소해 주길 바라고, 공허함과 사랑에 항상 목말라 있는 마음을 채워 주기를 바라지만 일과 성공을 얻기 위하여 갈등하는 남편에게는 이러한 아내의 요구가 부담스럽고 감당이 안 됩니다. 남편은 남편대로 아내의 인정과 도움이 절실히 필요한데, 도리어 자신이 얼마나 부족한 남편인가를 지적하니 집으로 들어오는 것이 기쁘지만 않습니다. 없는 것을 달라는 아내가 야속하게 느껴지기 때문입니다. 자신을 그대로 용납 못 하고 계속적으로 요구만 하는 아내를 이해하지 못하고 그만 그녀에게 처음 느꼈던 매력을 잃게 되는 것입니다. 그리고 이러한 상황이 지속된다면 남편의 마음의 문이 조금씩 닫히며 그는 아내와 거리감을 두게 됩니다. 아내를 주신 창조주의 의도는 땅이 저주를 받아 어려운 상황에 처한 아담에게 돕는 배필의 사역이 필요할 것을 보시고 그를 격려하고 힘을 줄 수 있는 여자를 주신 것인데, 남편은 아내에게 도움을 받지 못하고 도리어 많은 것을 요구하는 아내를 피하고 싶은 것입니다. 그리고 다른 여자는 혹 다를까 기대하며 살피게 됩니다.

어려운 처지

부부관계를 통하여 채울 수 없는 갈증에 시달리는 어떤 이는 우리를 이러한 처지에 몰아넣으신 징계는 신의 장난인가 불평할 수 있습니다. 그러나 하나님은 사랑의 하나님이시기에 당신의 형상을 따라 창조하신 우리와 절대로 장난하실 분이 아닙니다. 도리어 우리를 돕는 환경이 되도록 의도하셨다 생각해야 합니다. 우리의 영혼을 구원하시고자 하는 계획이 있기 때문입니다. 우리를 창조하실 때 인간의 영혼에 하나님과의 관계를 통하여서만 채울 수 있는 큰 공간을 만드셨습니다. 오직 하나님과의 영원한 사랑의 관계가 성립되고 친밀한 관계를 경험할 때만 우리의 영혼의 공허함이 채워지고 만족감을 갖도록 하신 것입니다. 그러나 만약 이러한 공허함을 인간적인 관계를 통하여 채우려 한다면 끝없는 욕구와 불만족이 생기고 이러한 상황은 부부관계에 무거운 짐이 됩니다. 부부관계에 대한 실망, 불만족, 회의로 오는 갈등으로 인하여 결혼 생활이 힘들어지게 됩니다.

그러나 이러한 상황에 처했을 때 만약 아내와 남편의 눈을 주께 돌려 각자 만의 공허함을 하나님과의 개인적인 관계를 통하여 채운다면 부부관계에 부담을 주는 영적 갈증을 해결하게 됩니다. 영생에 이르는 관계를 회복하시고자 하는 목적으로 남자와 여자에게 이렇게 특이한 징계를 내리신 의도를 깨닫고 어려운 처지에 빠진 부부관계를 축복의 계기로 삼는다면 놀라운 변화를 얻게 될 것입니다. 도리어 어렵고 힘든 부부관계를 통하여 하나님께 눈을 돌릴 수 있는 여건을 주심을 감사할 수 있습니다.

하나님의 방법이 좀 심하시지 않나 생각할 수 있습니다. 그러나 계산을 한다면 무엇이 가장 중요한 관계인지 아시기에 잠시 잠깐의 고통과 어려움을 허락하십니다. 모든 인간은 부부간의 관계보다 그리스도 예수 안에서 영생에 이르는 관계를 얻기 위하여 창조되었기 때문입니다. 인생이 길어야 팔십, 구십이지만 영생은 끝이 없는 영원한 삶입니다. 이생에서 맺는 대부분 부부관계는 길어야 60년이지만, 하나님과의 맺는 관계는 끝없는 영생에 이르는 축복과 혜택을 우리에게 선사하기에 이생의 관계보다 영생에 이르는 관계에 우선순위를 두십니다. 이러한 하나님의 크신 목적과 뜻을 모른다면 원망이 생길 수 있습니다. 그러나 힘든 결혼과 남편으로 인하여 하나님을 원망하고 서운해하지 말아야 합니다. 창조주 하나님의 깊은 뜻을 알고 아버지의 심정을 이해해야 합니다.

나비로 공중을 날며 살도록 디자인되었지만, 애벌레의 삶이 전부인 줄 알고 기어다니며 식물 잎을 먹으며 만족하고 안주하려 한다면 어떻게 할까요? 창조주의 의도와 목적에 어긋난 삶을 추구한다면 과연 어떠한 방법으로 도울 수 있을까요? 송충이의 삶을 포기할 수밖에 없는 계기가 필요합니다. 누에고치 안에서 죽음의 과정을 거쳐야 변화를 경험하기에 강제로 들여보낼 수는 없지만 그렇게 할 수밖에 없는 환경을 조성하심을 볼 수 있습니다.

우리는 이것을 하나님의 크신 섭리라고 표현합니다. 하나님의 크신 섭리는 인간에 대한 창조주의 목적과 계획, 애정과 사랑, 자비와 은혜, 지혜와 원칙에 따라 역사하십니다. 당신의 목적과 계획 안에서 우리에게 일어나는 모든 일이 영생에 이르는 선이 되도록 우리의 삶을 주장하시고 개입하신다고 성경은 말씀하십니다. 결코 놓칠 수 없는 축복을 얻게 하시기 위하여 아담과 하와 각자에게 필요한 징계를 내리셨습니다. 이러한 큰 목적을 위하여 역사하시기에 어떤 환경이 주어지고 시련이 닥쳐도 하나님을 신뢰하고 믿는 자는 하나님을 기쁘게 한다고 말씀하십니다(히 11:6).

어긋난 반응

그렇다면 이러한 징계로 인하여 결혼을 힘들게 하는 진짜 이유는 무엇일까요? 진정한 이유는 바로 우리의 어긋난 기대감과 반응 때문입니다. 성경에 보면 인간의 타락으로 결혼관계가 실패할 수밖에 없는 상황과 현실이 만들어졌다고 명백히 설명하십니다. 그러나 우리는 이 사실을 깨닫지 못합니다. 그리고 대부분의 사람들은 타락 전 부부관계의 모습을 기대하며 결혼합니다. 하나님께서 인간 마음속에 품어 주신 이상적인 관계를 그리며 바라는 것입니다. 그러나 타락으로 인하여 우리의 이상과 꿈이 현실적이지 못하다는 것을 간과합니다. 창세기를 읽으며 징계의 말씀이 오늘 나의 결혼에 어떠한 영향을 끼치는가를 깊이 생각하지 못합니다. 징계의 말씀을 가볍게 봅니다. 징계의 의미를 알고 인정했다면 도리어 하나님의 도우심을 청하고 올바른 기대감과 결핍에 대한 만반의 준비를 할 것입니다.

그러나 하나님의 경고보다는 세상 소리에 따라 미디어에서 쏟아져 나오는 드라마를 보며 환상적인 부부관계를 꿈꾸며 남편과 아내에 대한 수많은 기대를 하고 결혼합니다. 남자(여자)만 잘 만난다면 행복한 삶을 살 수 있다 믿기에 온 세상이 인간의 죄성으로 인하여 고통을 받고 있으며 저주를 받았고 그 후유증이 아직도 수많은 악의 열매를 맺고 있다는 사실을 보지 못합니다. 혹은 알면서도 자신에게는 해당 안 될 수 있다 착각합니다. 할리우드 영화와 작가들의 상상 속에 나오는 로맨틱한 사랑과 뜨거운 성관계를 하는 사람들의 이야기를 부러워하며 자신도 열정 넘치는 성관계를 유지할 수만 있다면 행복한 결혼 생활이 가능할까 꿈을 꿉니다. 경제적으로 풍성하다면, 서로를 사랑하는 마음만 있으면, 남편(아내가)이 나에게 좀 더 잘해 준다면, 로맨틱한 관계가 잘 유지된다면 성공적인 결혼이 가능할 것이다는 착각을 갖고 기대하지만 실패의 악순환을 경험합니다. 징계의 말씀을 무시한 결과입니다.

그뿐이 아닙니다. 우리가 사는 사회 또한 부부관계가 성공하도록 돕는 구조보다 더 방해되는 조건들이 많다는 점을 보지 못합니다. 맞벌이를 할 수밖에 없는 경제적 구조, 부부간의 친밀감을 도모하지 못하도록 귀중한 시간을 빼앗는 직장 회식 자리, 자녀 교육을 위한 경제적인 부담, 스트레스로 오는 질병 등등 수많은 장애물들이 부부관계를 위협합니다.

또한 내면의 문제도 큽니다. 타락한 영혼이 먼저 구원받아 새로운 피조물로 거듭나야 하고, 죄악성으로부터 해방받아야 진정한 사랑을 할 수 있는 능력을 얻게 된다는 사실을 알지 못합니다. 하나님의 도움 없이는 행복한 결혼 생활을 경험하기에 불가능한 환경에 처했다는 것을 깨닫지 못합니다. 안타깝게도 잘못된 기대감을 갖고 결혼하는 부부들은 이 세상에 속한 사람들뿐 아니라 믿는 자들까지도 다르지 않은 경우가 많습니다.

성경에서 하시는 말씀을 귀담아 듣기보다는 결혼에 대한 사회적인 지식, 통념, 생각이 그리스도인 부부관계에 침투했다면 우리도 믿지 않는 자들과 다를 것이 없게 됩니다. 진리의 말씀을 결혼 생활에 적용하지 않는다면 잘못된 관점은 어긋난 기대를 하게 하고 실망과 절망의 악순환을 맛보게 될 것입니다.

의인은 없나니 하나도 없고 다 하나님의 영광에 이르지 못한다고 하셨건만, 우리는 완벽한 배우자를 얻기 원합니다. 죄로 인하여 철저히 아내와 남편이 다 이기주의자가 되었는데, 희생을 하지 않는다고 불평을 합니다. 우리의 육신이 타락하여 악한 습관들을 얻게 되어 악한 행실이 나타난다면, 잔소리로 해결하려 합니다. 우리의 배우자는 그리스도 안에 거하고 포도나무에 붙어 있지 않는다면 아무것도 할 수 없다 하셨는데 우리는 사람의 의지력을 발휘하여 변화의 열매를 달라 요구합니다. 성령을 의지하여 살지 않는다면 육신의 정욕을 이길 힘이 없다 하셨는데 서로를 돕기보다는 서로를 정죄하고 심판합니다. 우리는 타락으로 모두 상처를 받고 영혼이 아픈 사람들뿐인데, 치유받기에 초점을 두지 않고 연약하고 부족한 점들로 인하여 서로를 비판합니다. 타락한 세상에서 살면서 막연하게 타락 전의 모습을 바라고 기대하며 이상적인 배우자를 기대합니다. 보이지 않는 상실들로 오는 영적 결핍을 먼저 회복해야 하는데, 육에 속한 보이는 것들에 연연합니다. 결혼은 먼저 영적 전쟁터가 되어 이 모든 상실된 것들이 회복되어야 행복을 누릴 수가 있는데, 싸워 이기기 전부터 불행하다 불평하고 포기합니다.

잘못된 관점과 기대감이 만들어 낸 절망감을 경험할 때, 어떤 여인은 남편에 대한 실망으로, 어떤 여인은 배반의 고통으로 인하여, 위를 바라볼 수밖에 없는 처지가 되어 우리 영혼의 진정한 남편 되시는 하나님께 눈을 돌리는 축복의 기회를 여인에게 제공합니다. 그러나 안타깝게도 모든 여인이 다 이러한 의도를 깨닫지 못합니다. 그로 인해 어떤 여인은 평생 남편에 대한 원망과 결혼에 대한 회의를 품고 고통 속에 살며 스스로 마음을 까맣게 태우는 선택을 합니다. 그러나 더 이상 고통에 허덕이지 말고 남편에게 향했던 눈을 돌려 하나님께 소망을 두고 살기를 원하십니다. 남편과 자녀들만으로는 여자의 공허함과 만족을 얻지 못함을 깨닫기를 원하십니다. 도리어 결혼 전부터 철저히 하나님께만 소망을 둔 영적인 여인이 된다면 결혼 후 부부관계에 큰 힘을 주게 될 것입니다.

또한 하나님과 같이 되는 것은 율법을 철저히 지키고 준행함으로 얻어지는 것이 아니고 주를 사모하고 바라봄을 통하여 이루어진다는 비밀을 우리가 알기를 소원하십니다. 고린도후서 3장 18절에 사도 바울은 우리에게 말합니다.

> "우리가 다 수건을 벗은 얼굴로 거울을 보는 것같이 **주의 영광을 보매** 저와 같은 형상으로 화하여 영광으로 영광에 이르니 곧 주의 영으로 말미암음이니라."

우리가 그리스도의 영광을 바라볼 때 성령께서는 우리를 저와 같은 형상으로 변하게 하신다는 말씀입니다. 사탄의 거짓말과는 달리 하나님과의 사랑의 관계를 통하여 우리는 점점 주를 닮아 간다는 진리입니다. 행함을 통한 조건적인 관계가 아닌 은혜와 사랑의 관계를 통하여 하와가 갈망하던 소원을 얻게 하십니다.

사마리아 여인

남편을 통하여 영혼의 갈증을 해소하고자 했던 한 여인이 있었습니다. 여섯 명의 남자와의 관계에서도 얻지 못한 사모함과 갈증이 예수님을 만나고 그의 관심을 받으며 메시야가 주시는, 심령에서 끊이지 않고 솟아나는 생수를 얻은 축복으로 인해 해결된 여인입니다. 이 사마리아 여인은 하와의 딸들인 모든 여자들을 상징합니다. 6이라는 숫자는 성서적으로 사람을 의미하고 여섯 명의 남자를 만나 봤다는 것은 인간적인 측면에서 자신을 채워 줄 여러 종류의 남자는 다 만나 봤다는 의미로 해석하는 학자들도 있습니다.

이 여인의 갈증은 심했고 포기할 줄 몰랐습니다. 여러 종류의 남자들과 결혼하며 행복을 얻고자 했으나 매번 실패했습니다. 이런저런 남자 다 만나 보았지만 만족하지 못했습니다. 이 여인은 영적 갈증을 사람을 통해 해결하려고 끊임없이 노력해 온 여인의 모습을 나타냅니다. 그녀는 오직 하나님만이 만족시키실 수 있는 영적 갈증을 연약한 남자에게서 얻고자 했고 그 결과 결혼에 매번 실패를 거듭했습니다. 그리고 그녀는 자신을 직접 찾아오신 일곱 번째 남자를 만나게 됩니다. 7은 완전함을 나타내는 숫자로 드디어 완전한 남자를 만난 것입니다. 이분은 타락으로 영향을 받지 않으신 오직 한 남자이자 동시에 의로운 속성을 가지신 창조주입니다. 결혼에 여러 번 실패한 여인에게 예수님이 주신 답은 성공적인 결혼을 위한 특별한 비법이나 해결책이 아닌, 그녀의 영혼에 필요한 생수 즉 그녀의 심령에서 솟아나는 영생에 이르는 물임을 가르쳐 주셨습니다. 그녀가 실패한 근본적인 원인은 그리스도께서 주시는 생수를 마시지 못하여 나타나는 증상임을 지적하십니다. 그녀의 근본 문제가 영적인 결핍이었음을 보여 주신 것입니다.

이 사마리아 여인처럼 부부관계를 향하신 하나님의 의도와 비밀을 깨닫지 못하고 아내는 남편에게 기대고, 바라고, 요구한다면 해결책이 없습니다. 남편에 대한 실망과 요구는 부부갈등으로 이어지고 악순환이 반복될 것입니다. 어찌할 바를 모르는 남편과 계속 요구하는 아내의 집착은 점점 부부의 관계를 멀어지게 합니다. 그러나 이러한 시기가 온다면, 아내(남편)는 영혼의 참신랑 되시는 주님께 눈을 돌려야 합니다. 주님을 바라보며 바라고 사모해야 합니다. 장래에 대한 불안감, 경제적인 문제, 자녀들에 대한 염려를 주께 아뢰고 주의 음성을 듣고 마음의 안식을 누려야 합니다. 예수님만이 우리의 모든 필요를 채우실 수 있는 전능하신 하나님이시기 때문입니다. 주께 소망을 두고 바란다면 자신의 갈증도 채우고 결혼 관계도 살릴 수 있는 힘과 능력을 얻게 됩니다.

혹 실패한 결혼 때문에 인생을 망쳤다는 생각에 좌절감이 든다면 이 또한 다시 생각해야 합니다. 타락과 징계로 온 어려운 상황에서 성공적인 결혼을 경험하는 것은 하나님께서 역사하셨을 때만 얻을 수 있는 기적이라는 것을 알아야 합니다. 도리어 힘든 결혼으로 하나님과의 관계가 회복되고 영적 성장의 기회를 얻게 되는 이득을 보았다면 감사할 수 있는 영안과 장성함을 얻게 되었으니 이 또한 축복이라 여겨야 합니다. 영생에 이르는 관점으로 보고 생각을 바꾼다면 부부관계에 갈등을 일으키던 잘못된 기대감이 변할 것입니다. 진리에 근거하여 올바른 기대감을 갖고 부부관계를 바라본다면 모든 문제를 해결할 수 있는 영안이 열릴 것입니다.

위기의 문 #2. 소홀함

두 번째 외도 위기의 문은 소홀함 때문에 열릴 수 있습니다. 너무 바빠서 성관계를 소홀히 하는 경우도 있습니다. 부부관계에서 옥시토신을 생산하는 사역이 중요하지 않다고 생각하여 과오를 범합니다. 결혼 생활에서 성적인 교제는 그리스도인이 하나님과의 친밀한 관계를 유지하기 위하여 꾸준히 갖는 경건의 시간 같이 부부관계에서 중요한 만남이라고 생각합니다. 고린도전서 7장 5절 말씀을 통하여 성령께서는 우리에게 경고하십니다.

> "서로 분방하지 말라. 다만 기도할 틈을 얻기 위하여 합의상 얼마 동안은 하되 다시 합하라. 이는 너희가 절제 못함으로 말미암아 사단이 너희를 시험하지 못하게 하려 함이라."

이 구절에서 분방하지 말라는 말씀은 성관계를 소홀히 하지 말라는 말씀입니다. 특별한 시기에 기도할 기간이 필요한 때 외에는 부부간의 성적 친밀함을 갖는 것을 절대로 소홀히 하지 말라고 하십니다. 꼭 분방해야 하는 경우에는 서로가 합의하여 절대로 오해나 상처를 줄 수 있는 틈을 주지 말라고 하십니다. 성공적인 결혼을 유지하기 위한 중요한 원리입니다. 그러나 우리는 이 원칙을 제대로 못 지키는 경우가 많습니다. 특히 맞벌이하는 부부들에게는 더욱 필요한 경고가 아닐까 생각해 봅니다. 디자이너의 매뉴얼을 무시하지 말고 중요하게 여기라 하십니다. 그러나 우리는 좀 소홀히 한다고 당장 손해 보는 것이 없다 생각할 수 있습니다. 그리고 혹 부부관계가 왜 이렇게 나빠졌는지 의

아해합니다. 그럼 왜 이런 경고를 하셨을까요? 우리의 절제 못 함으로 사탄의 유혹에 빠질까 조심하라는 경고입니다. 사탄이 이러한 시기에 우리의 연약함을 이용하여 공격을 가한다는 것을 깨닫기 원하십니다. 왜 절제 못 함을 염려하실까요? 우리의 몸이 심히 배고픔을 참지 못할 때는 아무거나 닥치는 대로 먹는 생존 본능 성향이 강하게 나타나듯이 우리의 마음도 마찬가지로 불법적인 관계에 빠질 수 있기 때문입니다.

사울의 실수

사무엘상 14장 24절에 보면 사울 왕의 어리석은 명령으로 인하여 피곤한 백성들이 하나님께 범죄한 이야기가 나옵니다. 사울 왕은 블레셋 사람들과의 싸움을 위하여 모든 병사에게 금식하라고 명령합니다.

> "이날에 이스라엘 백성이 피곤하였으니 이는 사울이 백성에게 맹세시켜 경계하여 이르기를 저녁 곧 내가 내 원수에게 보수하는 때까지 아무 식물이든지 먹는 사람은 저주를 받을지어다 하였음이라. 그러므로 백성이 식물을 맛보지 못하고."

사울은 육에 속한 사람이었습니다. 사울을 인간적인 관점에서 보면 성취욕이 강하여 이기고자 하는 강한 열정의 사람으로 볼 수 있고 추진력도 있어 보입니다. 그러나 그가 "전쟁에서 승리를 이룰 때까지 음식을 먹는 사람은 저주를 받는다"는 명령을 내리고 인간의 기본적인 필요를 무시했기 때문에 백성들이 피곤하였다고 합니다. 싸움의 승리를 하나님께 의존하지 않고 사람의 의지와 힘에 달려 있다고 생각한 것입니다. 그래서 32절에 보면 전쟁을 마친 백성들이 양과 소와 송아지를 잡고 피째 먹음으로 하나님께 범죄하였습니다. 절대로 피가 있는 상태에서 먹으면 안 되고 절차를 통하여 고기를 준비해서 먹어야 했지만, 하루 종일 아무것도 먹지 못하고 싸움으로 육신이 지친 상태에서 그들은 죄를 범하게 되었습니다. 배가 너무 고파서 참을 수 없게 된 몸은 에너지와 영양소가 필요하다고 점점 강한 신호를 보내니 육체의 성향을 따라 기본적인 욕구를 이길 힘이 없어 유혹에 쉽게 넘어진 것입니다. 인간의 생존 본능이라는 힘에 밀려나 율법을 지킬 만한 의지가 무너지게 된 것입니다.

성공을 위해서, 강한 성취욕 때문에, 경제적인 능력을 얻기 위해서, 사회적인 위치를 지키기 위해서, 자녀들의 성공을 위해서, 서로의 기본적인 필요를 무시하고 분주하게 사는 섹스리스(sexless) 부부들이 많습니다. 그렇게 사랑의 허기를 억누르다가 지치고 피곤해져서 범해서는 안 되는 관계에 빠지게 됩니다. 헌신된 크리스천이라고 예외는 없습니다. 윌러드 할리 박사는 외도를 한 수많은 크리스천을 상담하는 과정에서 인간의 기본적인 필요와 중요성을 다시 강조합니다.

> "상담자로서의 경력 초기에 저는 종교적, 도덕적으로 헌신이 강한 사람들이 불륜에 빠지는 것을 보고 종종 실망했습니다. 나도 기독교 신앙에 대한 강한 확신을 가진 신자입니다. 어떻게 같은 헌신을 한 사람들이 이러한 죄악에 빠질 수 있을까요? 그들의 믿음에는 힘이 없었을까요?
> 그리스도인 내담자와 도덕성이 아주 높은 다른 사람들을 더 많이 상담할수록 나는 인간에게 있는 기본적인 필요를 채우는 것이 얼마나 중요함을 이해하게 되었습니다. 나 또한 나에게 있는 약점과 나의 필요의 욕구를 보게 되었습니다. 나의 아내 조이스와 결혼했을 때 나는 아내뿐 아니라 우리 결혼생활에 전적으로 헌신하기로 결심했습니다. 나는 우리 결혼 23년 동안 내 언약을 충실히 지켜 왔습니다. 그러나 이 일이 가능했던 것은 내가 특별히 도덕적으로 강한 의지가 있었기 때문이 아닙니다. 나뿐 아니라 내 아내 조이스도 노력을 해야 했습니다."[14]

14 From "His Needs, Her Needs" by Willard F. Harley, Jr. p. 14-published by the Fleming H. Revell Company-1986, p. 4.

채움이 필요한 남편과 아내

우리는 사랑하기에 결혼한다고 착각합니다. 그러나 사실상 모든 남녀는 자신들의 필요를 채우기 위하여 평생 배우자를 찾습니다. 혼자서는 해결할 수 없는 부분들이 있기에 자신들의 결핍을 충족해 줄 수 있는 사람을 만나기를 소원합니다. 그러므로 배우자를 선택하는 과정에서 아주 이기주의적인 성향이 보이는 것은 당연한 현상입니다. 한 사람을 만나 교제를 시작할 때 나에게 줄 것이 많이 있어 보이는 사람에게 대부분 매력을 느끼게 됩니다. 나를 웃게 하는, 기쁨을 주는, 행복감을 느끼게 하는, 나를 잘 보살필 것 같은, 돈을 잘 벌어다 줄 것 같은, 밥을 잘해 줄 것 같은… 그리고 그중에 성적 만족을 해결해 줄 것 같은 사람에게 끌립니다. 연애를 할 때 사랑받는 느낌을 주고, 존중을 받는다는 인식을 주고, 귀하게 여겨 주는 것이 기쁘고, 좋아한다는 정확한 표현을 많이 하기에, 같이 있으면 행복하고 즐거움이 더해지기에 이런 사람과 함께할 때 계속 행복할 것이라는 기대와 계산 속에 덜컥 결혼을 결정합니다.

그러나 허니문 시기가 지나고 나면 현실적인 삶이 부부관계를 위협하기 시작합니다. 부부관계가 먹고 사는 일에 밀리고, 자녀 양육에 밀리고, 돈에 밀리고, 직장에 밀리고, 개인적인 욕망에 밀리고, 그리고 그 외에 여러 가지 것들이 밀려나 서로의 기본적인 필요를 충족해 주는 시간과 에너지가 바닥이 나는 경우가 있습니다. 이러한 시기에 기본적인 필요가 제때 채워지지 못한다면 결핍이 쌓이게 되고 문제가 생깁니다. 한 배우자를 선택할 때 기대했던 가장 중요한 역할을 얻지 못한다면 다른 곳을 살피게 되는 것입니다. 외도 상담 전문가들의 통계를 보면, 외도를 하는 사람들의 표면적인 원인은 성적, 정서적 불만족이라고 합니다. 외도는 불가항력한 일이 아니고 어떠한 결핍으로 오는 잘못된 선택이기에 만약 결핍이 채워진다면 미리 방지할 수 있다는 의미이기도 합니다.

만약 아내가 커리어 여성으로서 얻는 성취감이 높아 성적인 부분에 신경을 쓸 여유가 없어 남편을 소홀히 한다면 위험할 수 있습니다. 특히 남자들이 추구하는 성적인 욕구는 사랑을 갈망하는 인간의 기본적인 욕구이기에 무시해서는 안 됩니다. 성령의 열매인 절제의 훈련을 통해 어떠한 상황에서도 유혹을 이길 만한 영적 능력을 얻기까지 조심하고 또 조심해야 합니다. 우리의 육체가 영에 이끌려 순종을 하는 시기까지 지혜롭게 행해야 하는 것입니다. 아무리 부부간의 헌신된 마음이 강해도 여러 이유로 부부의 성관계를 소홀히 하게 되면 문제가 될 수 있습니다. 마음에서는 사랑이 필요하다고 신호를 보내고 몸은 그 신호에 응답하려는 노력으로 배우자와의 사랑을 추구하지만 얻지 못한다면 남편(혹은 아내)의 몸은 반응을 보내는 다른 이에게 한순간에 자기도 모르게 무너질 수 있습니다. 이성과 도덕성이 무시된 채 육체는 강한 성적인 본능에 이끌려서 마시면 안 되는 물을 마시게 되는 결과를 초래합니다. 그럼 왜 인간은 기본적인 결핍에 이토록 취약하고 외도에 쉽게 빠지는 성향이 나타나는 것일까요? 의지력의 문제일까요?

의지력

죄악에 빠지고 여러 모형의 중독에 빠지는 사람들을 보고 우리는 의지가 약하다, 판단력이나 정신력이 약하다 생각합니다. 의지만 강하다면 남편이 술, 마약, 게임, 게으름, 포르노, 담배, 불륜 등으로부터 자유로워질 수 있다 생각합니다. 진정 의지력만 강하다면 이 모든 유혹을 물리칠 수 있는 힘이 생길까요? 과연 이 의지력이란 무엇일까요?

《왜 나는 항상 결심만 할까?(The Willpower Instinct)》의 저자인 켈리 맥고니걸 교수는 스탠포드 대학교 교수로서 인간의 의지를 과학적 이론을 통하여 설명합니다. 그에 따르면 인간의 의지란 세 가지 면이 있다 합니다. 해야 하는 것들에 대하여 '할 것이다(I will)' 할 수 있는 힘, 하지 말아야 하는 것에 대하여 '하지 않을 것이다(I won't)' 할 수 있는 자제력 그리고 내가 진정 원하는 것을 기억하여 자신의 목표를 이루도록 동기부여를 줄 수 있는 '원하는 것을 얻을 때까지 인내하는 힘(I want)이 있는데, 이 세 가지의 힘이 길들여져서 의지력으로 나타나 우리가 원하는 것을 얻게 하고 위험한 상황을 피할 수

있게 돕는다 주장합니다.[15]

그러나 인간의 의지력은 놀라운 힘을 발휘하지만 한계가 있으며, 다양한 상황을 통해 약화될 수 있습니다. 예를 들어, 의지력은 아침에 강하게 시작할 수 있지만 의지력이 끊임없이 발휘되면 하루 종일 천천히 감소합니다. 혹은 특정 일에 다른 날보다 더 많은 의지력을 요구하는 도전적인 유혹들에 직면하였다면 우리의 의지력은 더 많이 소모되고 약화될 수 있습니다. 약화된 의지는 외부 영향의 영향을 받기 쉽습니다. 그러나 순조로웠던 날에는 의지력이 다 소모되지 않기도 합니다. 인간의 의지력은 알게 모르게 외부의 영향을 받게 됩니다.[16]

우리는 우리 스스로가 우리의 삶을 완전하게 통제하고 있다고 생각하거나 추정합니다. 그러나 현실적으로 볼 때 우리는 그렇지 못합니다. 때때로 우리는 보이지 않는 힘(power), 영향(influence)과 사고(thoughts)에 의해 우리가 하는 많은 결정이 알게 모르게 통제를 받습니다. 종교, 가족, 교육, 정부, 미디어, 예술과 엔터테인먼트, 비즈니스 등 우리 삶을 통제하는 사회 영향의 여러가지 영역이 있습니다. 이 영역들은 우리의 결정에 큰 영향력을 발휘합니다. 그뿐이 아닙니다. 그날 그날의 감정, 피로, 날씨, 스트레스, 질병, 환경, 만나는 사람들, 다른 사람들의 말, 과거 경험, 우리가 먹는 음식, 밤에 꾼 꿈, 수면의 양, 두렵고 불안한 생각 등등 수많은 것들이 우리의 의사 결정 과정에 또한 영향을 줄 수 있습니다. 이렇게 수많은 영향을 받는 인간의 의지력과 죄는 어떠한 연관이 있을까요? 우리는 어떤 순간에 죄에 연약해질까요?

성경에 보면 여러 유형의 인물들이 나옵니다. 그들 중 죄에 빠지고 불순종한 사람들을 관찰하다 보면 한 가지 공통된 점을 발견합니다. 죄를 범하는 순간, 그들에게 처한 환경에 영향력을 끼치는 사람이나 감정, 압력과 육신의 연약과 사탄의 역사가 있었다는 것을 볼 수 있습니다. 사탄은 유혹을 하기 전에 우리 삶에 스트레스를 받을 수 환경을

---

15 《왜 나는 항상 결심만 할까?(The Willpower Instinct)》, 켈리 맥고니걸, p. 9-102.

16 위의 책, p. 56.

먼저 조성합니다. 그런 후 스트레스로 인하여 우리의 삶의 균형이 깨지도록 훼방을 놓고, 공격을 가하고, 지치도록 역사합니다. 그리고 덫을 놓고 우리 스스로 그 함정에 빠지기를 기다립니다. 사탄은 알기 때문입니다. 창조주의 디자인에 따라 사람의 몸, 마음, 영혼에 신체적, 정서적, 영적인 법칙이 작동하고 있음을 말입니다. 이 법칙들이 무시되고 어긋날 때 인간의 연약한 모습이 나타나고 의지가 약해지는 현상이 일어남을 보았고, 또 그러한 시기를 기회 삼아 유혹하고 죄악에 빠지게 했기 때문입니다.

베드로의 배반

성경에서 배도로의 배반은 아주 클래식한 예화입니다. 베드로는 예수님께 대한 충성심과 헌신이 확실했던 제자였습니다. 자신의 직업을 버리면서까지 주께 모든 것을 올인한 남자입니다. 그가 한 예수님께 대한 신앙 고백 또한 하나님의 계시를 통하여 했다는 칭찬도 받았습니다. 그는 수제자가 되어 예수님과 가깝게 지내며 죽기까지 주를 따르겠다 맹세합니다. 그의 마음은 확실했기에 그렇게 고백합니다. 그러나 그는 한 가지 간과한 부분이 있습니다. 그의 마음은 그렇게 하기를 원하지만 그의 육신이 약하여 그의 마음을 실천하기에 너무 연약하다는 것을 인지하지 못했습니다. 사탄의 유혹이 강하게 다가왔을 때 자신의 강한 헌신만 가지고는 육신의 연약함을 이길 수 없다는 것을 모른 것입니다. 그렇기에 예수님께 자신만만하게 선포한 베드로의 헌신을 사탄이 시험하려고 요구했다는 예수님의 경고의 말을 듣고도 자만합니다.

그리고 곧 그에게 하나둘 어렵고 힘든 상황이 계속적으로 생깁니다. 십자가의 고난이 시작되기 바로 직전 겟세마네 동산에서 기도하시던 예수님께서는 제자들에게 그들에게 곧 닥칠 어려운 상황을 아시기에 깨어 기도하라 하시지만, 기도하기보다는 잠에 빠지게 됩니다. 베드로 또한 몸이 피곤하여 잠을 이기지 못하게 됩니다. 얼마 후 자신이 주님으로 섬기고 장래의 소망을 두었던 예수님이 힘없이 잡히시고 끌려가시는 모습을 보게 됩니다. 이런 상황이 되자 다른 제자들은 다 도망을 가지만 그래도 베드로 만은 멀찍이라도 주를 따라 갑니다. 그는 자신이 한 말이 있기에 책임을 지고 싶었을 것입니다. 마음은 죽기까지 충성하기를 간절히 원했기 때문입니다. 그러나 계속적으로 실망스럽고 두려운 상황을 접하게 됩니다. 종교 지도자들 앞에서 정의를 위하여 싸우시기보다는 당신을 죽음으로 몰고가는 자들 앞에서 그저 침묵하시던 예수님을 보고 맙니다. 예수님의 얼굴에 침 뱉으며 주먹으로, 손바닥으로 때리며 주를 모욕하지만 반응을 보이시지 않는 모습에 베드로는 점점 의기소침해집니다. 놀라운 기적의 능력과 역사를 보았기에 더 이해가 안 되고 의아해했을 수 있습니다. 혼동과 두려움이 점점 그의 마음에 자라고 예수님께 걸었던 소망이 희미해지는 것을 경험했을 것입니다. 그리고 자신이 예수님의 제자였던 것을 알아본 여자의 말을 듣고 예수님과 함께 자신도 죽을 수 있다는 상황이 포착됩니다. 그 순간 그는 예수님을 부인하고 맙니다.

끝까지 예수님을 따르겠다던 마음이 진심이었던 베드로가 어떻게 예수님을 부인하게 되었는지에 대한 과정을 살펴보면, 그의 영혼과 육의 상태가 여러 가지 어려운 상황 때문에 최악의 상태였을 것이다 짐작할 수 있습니다. 몸이 너무 피곤하여 기도를 하지 못하여 영적으로 연약한 상태이고, 메시아로 믿기에 자신의 장래를 바쳤던 예수님께서 잡혀 가시고 기대했던 꿈은 깨어지고 좌절감에 휩싸여 슬픔을 느끼고 있었던 차 자신의 목숨마저 위협을 받자 순간 생존 본능이 고개를 내밀고 살아야 한다는 요구를 하자 예수님께 충성을 맹세했던 마음이 흔들리기 시작합니다. 계속적으로 일어난 어렵고 힘든 상황에 영향을 받아 그의 의지가 바닥이 난 것입니다. 그리고 그는 무너지고 맙니다. 육신의 피곤함, 여러 가지 실망스러운 사건들, 좌절감, 소망을 잃어버린 사람에게 올 수 있는 인간의 한계를 경험한 것입니다.

이러한 순간이 올 때까지, 의지력이 약해질 때까지, 영의 사람보다는 육에 속한 생존 본능이 강하게 주장할 때까지 사탄은 기다리고 있었습니다. 그리고 한 여종이 훅 던진 말에 그는 자신이 과거 전혀 상상하지 못한 반응을 보이고 맙니다. 예수님을 부인한 얼마 후 베드로는 괴로워하며 심히 후회합니다. 이렇게 사탄은 베드로뿐 아니라 모든 인간은 영혼과 육의 상태가 가장 취약할 때 쉽게 유혹에 넘어진다는 계산을 하고 정확한 시기에 우리를 시험하고 공격을 합니다.

유혹의 시기

마귀는 아주 정확한 시기에 우리를 유혹합니다. 그가 아는 이 지식을 우리가 모른다면 우리는 사탄의 쉬운 먹이가 될 것입니다. 사탄이 아는 이 지식은 과연 무엇일까요? 무엇이 사람의 의지력을 강하게 돕거나 또는 무력하게 만드는 것일까요?

항상성의 법칙

인간의 의지력에 영향을 미치는 많은 요인들 중 하나는 항상성의 법칙 때문입니다.

이 항상성의 법칙은 불륜과도 연관이 있습니다. 항상성의 법칙이 잘 유지된다면 인간의 의지를 돕게 되고, 만약 무시된다면 반대로 약하게도 할 수 있는 법칙입니다. 창조주 하나님은 우리의 생존을 보장하기 위해 항상성이란 법칙을 사람의 신체에 만들어 주셨습니다. 항상성의 법칙을 이해한다면 우리가 왜 어떤 때에 쉽게 유혹에 빠지고 죄를 범하게 되는지를 관찰할 수 있는 영안을 얻게 됩니다. 우리의 영혼과 육을 보호하기 위하여 작동되는 이 법칙을 이해하고 순종한다면 사탄의 공격을 막을 수 있는 지혜 또한 얻을 수 있습니다.

항상성이란 정확히 무엇일까요?

항상성을 영어로 "homeostasis"라고 하는데 그리스어로 "동일(homeo)"과 "안정(stasis)"이라는 단어가 합쳐서 동일한 안정성 즉, 정상 상태를 유지하려는 생태계의 성질을 의미한다고 합니다. 사람의 생명은 이 항상성의 원리 때문에 생존하고 보호를 받게 됩니다.[17] 만약 사람의 몸의 항상성의 균형이 깨어진다면 스트레스 반응이 나타나게 되고 이 신호를 통하여 우리의 몸은 정상 상태를 회복하려고 작동합니다. 그러나 회복과 수리를 하지 못하고 깨어진 상태에서 스트레스를 계속하여 받는다면 피로가 쌓이고 질병을 얻게 된다고 합니다. 이렇게 항상성은 몸이 균형을 잃거나 효과적으로 기능하지 못하는 상태를 교정하도록 스스로 움직이는 자동 시스템입니다. 생물학적으로 신체에 속한 항상성뿐만 아니라, 영혼과 육을 소유한 인간의 삶의 균형을 추구하는 정서적, 관계적, 영적 항상성도 있습니다. 어떤 한 부분이라도 균형이 맞지 않으면 이 시스템은 신체적, 감정적, 관계적 또는 영적 여부에 관계없이 불균형 상태를 교정할 방법을 모색합니다. 항상성은 우리의 생존을 보장하고 최상의 기능을 할 수 있게 창조주께서 우리 안에 프로그램을 짜 놓으신 절대적인 생존 메커니즘입니다. 이 항상성이 균형에 맞추어 유지된다면 건강하게 정상적인 생활을 할 수 있는 상태라 봅니다. 그러나 한 부분이라도 균형이 깨진다면, 질병에 걸릴 수 있는 위험한 상태가 됩니다.

인체의 항상성

체온 조절, 혈압과 혈류, 혈당, 산소와 이산화탄소의 균형, 호르몬의 분비 조절, 면역계와 백혈구, 적혈구, 활동과 휴식, 교감 신경과 부교감 신경, 두뇌 조절과 같이 인체의 항상성은 크게 12가지로 분류되어 한 부분이라도 정상 상태를 유지하지 못한다면 질병이 올 수 있게 됩니다.[18]

한 가지 예를 들어 우리의 몸이 만약 추운 곳에서 벌벌 떨 상황이 된다면 인체는 스스로 적당한 몸의 온도를 유지하려는 시스템이 작동하여 옷을 더 입고자 하거나, 따뜻한

---

17 Homeostasis definition from Wikipedia The Free Encyclopedia.
https://en.wikipedia.org/wiki/Homeostasis

18 Healthy Plans, 김평안, 《인체의 항상성(Homeostasis)》.
http://www.8healthplans.com/blog/hbv.aspx?hbsID=1217&bLCID=0&hbbID=479&F=&K=&p=0

곳으로 들어갈 모색을 하고, 뜨거운 국이나 차를 마시려는 생각을 합니다. 그 반대로 너무 더운경우 시원한 것을 추구하게 됩니다. 우리는 어릴 때 옷을 따뜻하게 입고 다녀야 감기에 걸리지 않는다던 말을 그저 어른들이 하시는 잔소리로 여기던 적이 있을 겁니다. 이러한 잔소리가 의미가 있는 교훈임을 과학자들의 연구를 통하여 재확인받게 됩니다. 인체가 생존하기에 필요한 몸의 적당한 온도가 잘 유지되어야 질병으로부터 보호되기 때문입니다.

인체에는 한계가 있습니다. 필요를 무시하면 생존 본능이 강하게 역사하여 인간의 의지력이 약해질 수 있습니다. 우리 몸의 필요는 생존을 위해 소리칠 것입니다. 약해진 상태에서 도덕적 결정을 내려야 할 때 잘못된 선택에 저항하려는 우리의 의지력은 힘쓰지 못하고 무너질 수 있습니다. 자신의 약점을 미리 인식하고 그에 따른 준비를 하는 것도 중요합니다. "피곤은 모두를 비겁한 사람으로 만든다."라는 유명한 속담이 있습니다. 한 목사님이 그리스도인들에게 이런 충고를 합니다. "건강을 유지하십시오. 에너지는 성공의 주요 요소입니다. 몸을 존중하십시오. 몸의 요구를 잘 들으세요. 피곤이 들어오면 믿음이 밀려 나갑니다. 우울증 환자를 치료하는 것으로 유명한 한 의사가 말하기를 실제로 신체적으로 건강한 우울증 환자는 보지 못했다고 합니다. 건강에 당신의 시간을 투자하는 것이야말로 당신을 진정으로 존중하는 것입니다."[19]

인체에는 한계가 있습니다. 정상적인 기능을 하려면 음식, 물, 수면 및 운동의 기본 공급이 필요합니다. 필요를 무시하면 생존 본능이 강하게 역사하여 인간의 의지력이 약해질 수 있습니다. 우리 몸의 필요는 생존을 위해 소리칠 것입니다. 약해진 상태에서 도덕적 결정을 내려야 할 때 잘못된 선택에 저항하려는 우리의 의지력은 힘쓰지 못하고 무너질 수 있습니다. 자신의 약점을 미리 인식하고 그에 따른 준비를 하는 것도 중요합니다.

19 Dr. Mike Murdock Quote from Wisdom Center Daily wisdom.

정신적 항상성

인간에게는 정신적 항상성의 유지 역시 생존을 위해 절대적으로 중요합니다. 정신적 항상성이란 사랑, 기쁨, 평강, 소망, 행복감, 안정감, 자존감, 자신감, 확신, 긍정적인 전망, 믿음, 등등 좋고 선한 감정을 누리고 일정하게 유지해야 하는 상태를 말합니다. 하나님께서는 우리가 이러한 선한 감정을 경험하도록 만드셨고, 이로 인하여 건강한 정신력을 소유하라 권면하십니다. 그러나 타락한 세상에서, 어렵고 힘든 환경, 사건들, 사람들과 살다 보면 부정적인 생각이 우리 마음의 평화로운 균형을 깨고 부정적인 감정이 우리의 마음을 주장하고 피할 수 없는 상황들이 닥쳐옵니다. 그로 인하여 만약 격한 감정에 휘두르거나 부정적인 감정이 오래 유지되면, 스트레스를 받게 되고 정신적 항상성의 균형이 깨지게 됩니다. 분노, 미움, 성남, 원망, 두려움, 불안함, 우울함, 불신과 같은 것들이 마음을 주장한다면 정상적인 삶을 유지하기 힘듭니다. 우울증이 오래 간다면 문제가 됩니다. 정상적인 정신적 균형을 상실했기 때문입니다. 이러한 정신적인 스트레스 상태가 지속된다면, 인체에까지 영향을 끼쳐 면역성을 약화시켜 몸까지 질병에 걸릴 수 있습니다. 부정적인 생각이 몸을 아프게 할 수 있다는 원리를 말하는 것입니다. 일정한 정신적 항상성을 유지함을 우선순위에 두는 지혜가 필요합니다.

영적인 항상성

영적인 존재인 인간에게는 또한 영적인 항상성을 유지함이 가장 중요한 우선순위가 되어야 합니다. 인간은 영적인 존재로서 절대적으로 필요한 요소들이 있는데, 이러한 부분들을 소홀히 한다면 우리의 영혼이 힘들어집니다. 정직한 양심, 깨끗한 마음, 절제된 생각, 영혼의 안식과 평강을 누리는 심령, 하나님과의 친밀함, 성령님과의 교제, 심령에서 흐르는 생수, 생명의 양식, 열매 맺는 삶, 목적과 의미 있는 삶, 소명과 사명의 실천 등등. 이러한 영적인 항상성이 유지되어야 진정한 만족과 의미를 경험하게 됩니다. 우리는 빛 안에 거하고 의로운 삶을 살 때 풍성한 생명을 경험하고 진정한 행복을 누리도록 창조되었습니다. 영적인 훈련을 통하여 우리의 속 사람을 강건히 하는 습관이 필요합니다.

그러나 영적 항상성이 깨진다면 죄악을 범할 수 있는 연약한 상태가 됩니다. 그리고 죄에 빠진다면 죄책감에 무거운 양심을 경험할 수 있고 정죄함, 비난함, 억눌림, 자책감 등등 어둠에 속한 것들이 우리의 삶을 주장합니다. 이로 인하여 하나님과의 교제가 끊기고 생명에 속한 것들을 경험하지 못하니 우리의 영은 가난해집니다. 영적 균형이 깨졌을 때 성령님의 도우심을 통하여 영적 항상성을 회복하는 훈련이 필요합니다. 기도, 회개, 찬양, 교제, 말씀 등등을 통하여 영적 항상성을 매일매일 유지한다면 건강한 그리스도인의 삶을 살게 됩니다.

관계적 항상성

항상성의 법칙은 인간과의 관계에도 적용됩니다. 사람과 사람의 관계가 잘 관리되어야 지속된 만남을 유지할 수 있습니다. 서로를 용납함, 존중함, 유대감, 교류감, 정직함, 정확한 의사 소통, 친절함, 따뜻함, 인내심, 온유함, 선하심, 성실함, 자기 통제, 수락, 서로에 대한 지원, 우정, 어려움을 함께 나누는 동지애 등등 관계에 필요한 요소들을 인정하고 서로에게 베푼다면 건강한 관계를 계속적으로 키워 나가게 됩니다. 그러나 도리어 교만하고, 비난하고, 서로의 인격을 무시하고, 의사 소통의 불찰이 잦으며, 불친절한 대화와 행동을 하며, 자기 주장을 앞세우고 다른 이의 생각들을 무시한다면, 관계적 항상성이 깨지어 어떠한 관계도 유지하기 힘이 듭니다. 부부, 친구 또는 가족같이 오래 지속되어야 하는 관계일수록 관계적 항상성이 건강하게 유지되도록 서로에게 투자하는 지혜가 요구됩니다.

부부의 관계적인 항상성 유지

결혼한 부부는 보편적인 관계에 필요한 요소들에 몇 가지가 더 추가됩니다. 정서적인 친밀감, 로맨스, 성적인 친밀함, 인생 동반자의 교류, 헌신, 순결, 충성심, 신뢰감, 하나됨, 단결력, 특별함, 소중함, 수용성, 감사, 연민, 자비, 용서 등등 부부 사이에서 특별히 더 깊게 경험할 수 있는 것들입니다. 특히 결혼한 남자들은 아내에게 존경받기를 기대하고 아내들은 사랑받기를 원합니다. 이 모든 것들이 부부관계에서 없어서는 안 되므로 서로의 필요를 때를 따라 제공한다면, 부부관계적인 항상성을 유지할 수 있게 되고 행복하고 건강한 결혼 생활을 경험하게 됩니다. 그렇지 못한다면 부부관계는 분쟁과 불행스러운 결혼 생활로 인하여 이혼까지도 할 수 있게 됩니다.

남자와 여자가 만나 이루어진 부부관계에는 성적인 항상성이 또한 포함되어 있습니다. 〈그것이 알고 싶다〉라는 프로그램에 보면 부부의 성과 호르몬의 영향이 어떻게 중요한가 설명합니다. 이주성(두레박 대표) 비뇨기과 원장은 유튜브 강의를 통하여 부부 성관계의 중요성을 이야기하며 성관계를 자주하는 부부는 옥시토신뿐 아니라 세로토닌, 엔돌핀, 면역글로불린(IgA)이 그렇지 않는 부부들보다 증가된다고 합니다. 성관계를 자주 할수록 행복하고 건강한 부부관계를 유지할 수 있는 힘이 생긴다는 의미입니다. 그렇기에 성적인 필요가 채워지지 않을 때 아내들은 불행을 느끼고 남자들은 열등감을 더 심각하게 받아들인다고 합니다.[20] 성적인 항상성을 유지함은 부부간의 관계적인 친밀함을 도모하고, 사랑의 확신과 정서적 안정을 주게 됩니다. 성적 친밀함을 통하여 옥시토신을 많이 생산하는 기술을 터득하는 부부는 결과적으로 끈끈한 사랑의 감정을 계속 유지할 수 있는 지혜를 얻게 됩니다.

빠른 항상성 회복의 중요성

부부 사이 갈등은 피할 수 없는 부분입니다. 살다 보면 문제도 생기고 부부가 의도하

---

20 〈그것이 알고 싶다〉 유튜브, '부부의 성(성교횟수)', 이주성의 행복한 가정.
https://www.youtube.com/watch?v=4b3go_hAHfY

지 않고 원치 않던 힘든 일도 생깁니다. 성격상 마찰도 옵니다. 여러 가지 이유로 인하여 관계적인 항상성이 깨질 때 정서적인 항상성 또한 덩달아 깨지는 것은 당연한 이치입니다. 아내와 관계가 나쁘면, 남편의 감정도 어긋납니다. 현실적으로 부부의 갈등을 피할 수 있다면 피하는 방도를 찾는 것이 제일 지혜로운 방법일 것입니다. 그러나 현실적으로 피할 수 없고 통제 안 되는 상황에 처하기도 합니다. 이러한 상황이 온다면 빨리 항상성의 균형을 회복하는 것이 관건이고 두 번째로 지혜로운 방법일 것입니다.

갈등의 시간이 오래가고 자주 일어난다면, 스트레스를 받게 되고 이러한 상황이 지속되고 회복될 가망이 보이지 않는다면 사람은 본능적으로 생존의 위협을 느끼고 스스로 자동적으로 다른 곳을 살피며 자신의 결핍을 채우고자 하는 본능이 작동합니다. 삶의 균형이 깨지고 스트레스를 많이 받으면 여자들은 쇼핑을 하고, 드라마를 보거나, 맛있는 음식을 먹고, 친구를 만나 수다를 떠는 등등 다른 환경과 사람을 이용하여 기분을 전환시킬 궁리를 합니다. 살기 위해 항상성의 법칙이 작용한 것입니다. 남자들 또한 술, 일, 게임, 마약, 친구, 스포츠, 성적 자극 등등을 통하여 스트레스를 밀어내고 우울한 기분을 전환시킬 방법을 찾게 됩니다. 이러한 것들 중 부적절한 방식의 성적 자극은 대부분의 남자들에게 큰 유혹으로 다가옵니다. 성적 유혹에 특히 취약한 남편에 대한 지식이 있는 아내는 스트레스를 많이 받는 시기나 날에 남편을 위하여 그의 결핍을 채워 줄 수 있는 행동이나 방법을 준비하는 지혜를 갖는 것도 결혼을 지키는 하나의 보호망이 될 것입니다.

항상성의 법칙과 외도

혹 아내나 남편이 바람을 피웠다면 아마도 이 항상성의 법칙이 어느 정도 영향을 끼쳤을 것이다 짐작해 볼 수 있습니다. 불륜을 한 사람들의 고백 중에 공통된 말이 있습니다. "결핍을 채우기 위해서, 더 이상은 참지 못하여, 사랑받기 위하여, 성적인 욕구가 채워지지 않아서, 존경받고 싶어서, 그리고 행복하고 싶어서."라고 말합니다. 이 모든 고백은 결핍을 채우고자 한 사람들의 소리입니다. 어떤 사람은 불륜이 '피난처였다(escape)'고 표현합니다. 포르노를 기분 전환하는 노리개(playpen)라 주장합니다. 잠시나마 부정적인 감정과 상처받은 마음이 쉴 수 있는 여유를 갖기 위하여 하는 "딴짓"이라는 변명입니다. 항상성의 법칙을 적용한다면 이들의 변명이 틀리지 않습니다. 그러나 자신들이 느끼는 불안정을 잘못된 방법으로 얻으려는 실수를 하였기에 칭찬을 할 수는 없습니다. 잘못된 피난처를 찾았다가 그만 빠져 버린 것입니다. 잘못된 것을 알면서도 악습관을 쉽게 버리지 못하는 이유는 악습관을 통하여 어떠한 결핍의 채움을 경험하기 때문이라고 합니다. "딴짓"을 막기 위해서는 결핍이 먼저 채워져야 악습관을 버릴 수 있게 된다는 말입니다. 너무 배가 고파 빵을 훔쳤다면 먼저 다른 방법으로 배를 채워 주어야 도둑질을 포기하게 된다는 말일 것입니다.

기대했던 결혼이, 부부관계가 아내와 남편에게 행복감을 더해 주는 곳이 아니고, 도리어 나의 삶, 감정, 자존감의 균형이 깨지게 하는 곳으로 전락된다면, 도망가고 싶은 마음이 드는 것은 당연합니다. 항상성의 법칙이 인간의 생존 본능에 신호를 보내며 다른 방도를 찾아 균형을 유지하라 요구하기 때문입니다. 잘못된 피난처이고, 독약이 든 노리개를 선택함에 안쓰러운 마음이 생김을 부인할 수 없습니다. 얼마나 절실했고, 살고 싶고, 존경받고 싶고, 사랑받기 원했으면, 숨 쉬기 원했으면… 그러나 얼마나 무지하고 다른 방법이 보이지 않았기에 죄와 타협하고 잘못된 선택을 했을까 안타깝습니다. 이 세상에 살면서 스트레스받을 수 있는 상황, 환경, 사람들, 사건들, 장소 등을 피할 수는 없지만 항상성의 법칙을 이해한다면, 이 지식만으로도 우리는 큰 변화를 기대할 수 있습니다.

놀라운 비밀

성경에는 우리 안에 있는 영적, 정신적 항상성의 균형이 어떠한 상황에서도 흔들리지 않도록 돕는 약속의 말씀이 있습니다. 이 영적 법칙을 알게 된다면 어떠한 환경과 처지에 있어도 영적, 정서적, 육체적인 항상성의 법칙을 유지할 수 있는 능력을 얻게 됩니다. 빌립보서 4장 6-7절을 보면 이렇게 말씀하십니다.

> "아무 것도 염려하지 말고 다만 모든 일에 기도와 간구로, 너희 구할 것을 감사함으로 하나님께 아뢰라. 그리하면 모든 지각에 뛰어난 하나님의 평강이 그리스도 예수 안에서 너희 마음과 생각을 지키시리라."

감사 기도의 훈련을 통하여 환경을 초월하고 지각을 넘어선 하나님의 평강을 계속적으로 경험하는 삶이 가능하다 말씀하십니다. 로마서 16장 20절에 보면 "평강의 하나님께서 사탄을 너희 발 아래에서 상하게 하시리라."라고 하십니다. 하나님의 평강은 사탄을 이기는 큰 무기라는 의미입니다. 만약 우리의 마음과 생각을 평강의 하나님께서 지키신다면 우리는 정신적, 육체적, 관계적, 영적 항상성을 유지하는 초자연적인 능력을 경험하게 됩니다. 사탄은 부정적인 일들과 사건들, 사람들을 통하여 우리의 마음, 감정과 삶의 균형이 깨지도록 흔들고 자극합니다. 그러나 어떠한 공격이 와도 하나님을 신뢰함과 지각을 초월한 놀라운 주의 평강이 우리의 마음과 생각을 지키신다면 우리는 사탄의 속임수에 넘어가지 않고 영혼의 안식을 누릴 수 있습니다.

그뿐 아니라 평강의 하나님께서 우리와 함께하신다는 약속까지 주십니다. 그러나 이 약속에는 조건이 있습니다. 빌립보서 4장 8절에 보면 이 조건이 무엇인지 말씀하십니다.

> "끝으로 형제들아, 무엇에든지 참되며 무엇에든지 경건하며 무엇에든지 옳으며 무엇에든지 정결하며 무엇에든지 사랑 받을 만하며 무엇에든지 칭찬

받을 만하며 무슨 덕이 있든지 무슨 기림이 있든지 이것들을 생각하라. 너희는 내게 배우고 받고 듣고 본 바를 행하라. 그리하면 평강의 하나님이 너희와 함께 계시리라."

우리가 무엇을 생각하고 마음 안에 어떠한 내용들을 담고 사는 것이 얼마나 중요한지 말씀하십니다. 우리의 생각, 태도, 마음, 행동과 삶 속에 의로우신 하나님이 계시기에 합당한 환경을 만들고 의를 순종하고 행한다면, 평강의 하나님의 임재하심이 우리 안에 계속 거하신다는 의미입니다. 우리의 마음과 생각을 평강의 하나님께서 지키신다면 항상성의 법칙은 자연스럽게 유지가 될 것입니다.

새로운 관점

이쯤에서 이러한 지식을 바탕으로 우리는 다시 한번 왜 남자는 바람을 피울까에 대한 새로운 관점이 필요합니다. 바람을 피우는 여러 가지 이유가 있지만 어떤 사람에게는 아마도 항상성의 법칙이 큰 영향을 끼쳤을 수도 있습니다. 아내에게 계속적으로 소홀함 때문에 성적 만족을 받지 못한다면 필요한 호르몬의 결핍으로 항상성의 균형이 깨지므로 쉽게 유혹에 빠집니다. 아내에게 계속적으로 무시당하고 존중을 받지 못하는 남편은 정서적인 항상성에 따라 따뜻한 말로 자신의 자존감을 살려 주며 기분 좋게 해 주는 여인에게 관심이 가는 것이 본능적 이치가 되는 것입니다. 계속적으로 비난, 비판, 무시당하며, 기가 죽는다면, 사람의 마음이 상하여 상처가 되고 건강까지 해친다면 생존하기가 힘들어집니다. 몸이 지치고 무리하여 피곤한 상태에서 스트레스를 많이 받는 시기에 조심을 하지 않는다면 의지력이 약해지고 생각지도 않던 유혹에 나도 모르게 빠질 수 있습니다. 이러한 법칙이 우리 영, 혼, 육 안에서 역사하고 있다는 점을 알지 못하거나 무시한다면 더더욱 취약한 상태에 빠지기 쉽습니다.

이 항상성의 법칙을 이유 삼아 남자(여자)의 바람기를 정당화하는 것은 아닙니다. 그들의 잘못된 선택으로 인한 죄와 책임이 없어지거나 가벼워지는 것도 당연히 아닙니다. 죄의 결과 또한 그들이 감당해야 합니다. 그러나 그들을 이해하는 것은 중요합니다. 아니 정확히 어떤 요소들이 바람 피울 때 작동되었는지 알아야 바람막이 보호막을 칠 수 있습니다. 하나님의 세우신 법칙을 알고, 이해하고 적용해야 지킬 수 있습니다. 더 이상은 사탄의 도구로 이용당해 아내도 모르는 사이에 남편의 육체적, 정서적 항상성의 균형을 깨는 악당이 되기를 거부해야 합니다.

항상성의 법칙을 이해하고 삶의 중요한 균형이 깨지지 않도록 노력하는 지혜는 결혼과 가정을 지키는 큰 보호막을 얻게 됩니다. 아무리 도덕적, 신앙적인 헌신이 높다 하여도 항상성의 균형이 깨어지고 의지력의 한계를 계속적으로 시험하는 상황이 계속된다면 그 누구도 외도의 빠질 수 있는 가능성이 있다는 점을 항상 기억해야 합니다. 성관계를 소홀히 하는 부부관계는 분명히 관계적 항상성의 균형이 심각하게 깨어진 것이라 보아야 합니다. 이 근본문제를 해결하는 것이 우선순위일 것입니다.

많은 여성들은 무의식적으로 혹 자기 남편이 외도를 할까 조바심을 갖습니다. 언제 올지도 모르는 불청객을 기다리듯이 말입니다. 외도라는 어두운 구름이 가정에 덮칠까 걱정됩니다. 그러나 더 이상은 어쩔 수 없는 불청객을 기다리는 마음으로 두려움에 떨고, 화를 내고, 의심하는 부정적 생각에 감정 소모를 하지 말아야 합니다. 남편에게 잔소리를 하고, 헌신과 사랑의 표현을 요구하는 것보다는 적극적으로 내 결혼과 남자의 연약한 부분을 보충할 수 있는 실질적인 계획을 세우고 실천해야 합니다. 아는 것이 힘입니다. 남편의 영, 혼, 육의 균형이 어긋나지 않도록 그의 필요를 채우는 데 관심과 노력을 보이는 것은 아내의 가장 중요한 역할이 될 것입니다. 남편의 성적, 정서적인 욕구를 소홀히 한다면 위험한 상황이 됩니다. 남편이 외도에 빠지지 않도록 내조하는 아내가 되어야 합니다. 외도는 부부관계, 가정, 자녀들의 장래에 고통, 아픔과 악영향을 주는 대형사고이기에 소 잃고 외양간 고치는 어리석음을 피해야 합니다.

본질적인 문제

외양간의 울타리를 더 높이 촘촘히 만들기 위해서는 부부관계를 소홀히 하는 본질적인 원인을 좀 깊이 생각해 보아야 합니다. 결혼한 부부들이 같은 집에서 생활하고 서로 한 침대에서 함께 잠을 자면서도 친밀함의 부족함뿐만 아니라 심지어 외로움까지도 경험합니다. 왜 이런 현상이 나타나는 것일까요?

부부간의 친밀감을 방해하는 적으로부터 결혼을 지킴이 중요하다는 것을 주제로 쓰여진 책《결혼 괴물 죽이기》에 보면 더글라스 로주나우 박사님은 분주함이 부부간의 친밀감을 깨는 많은 요소 중 가장 큰 원인이라 지적합니다.[21] 너무 바쁜 삶 때문에 결혼 생활에서 친밀감이 깨지면 행복감과 서로를 지지하는 마음이 소홀해진다 주장합니다. 그로 인하여 많은 부부들이 외도를 하게 되는 계기가 된다는 것입니다. 조심하지 않으면 부부는 직업, 자녀 양육, 각 개인의 관심 분야, 영적 사역 등등 이 모든 것에 필요한 요구들을 채우다가 각자의 시간, 에너지 및 자원을 다 소비할 수 있고, 피로감과 고갈만이 남게 됩니다. 결과적으로, 몸과 마음과 영혼이 지친 상태가 됩니다. 이와 같은 생활양식으로 인하여 친밀감을 키우기 위해 일부러 시간을 내는 것이 우선순위에서 밀려납니다. 부부가 사랑의 감정과 친근감이 메말라 가는데도 말입니다. 자신의 배우자가 어떠한 감정 상태이고 외로움, 공허함과 무력감으로 갈등을 겪고 있는지 살필 만한 여유와 시간이 없다면 결혼을 지키는 보호막이 무너질 수 있습니다.

그렇다면 왜 우리는 분주함에 시달릴까요? 부부관계를 위험에 처하게 하면서까지 바쁘게 사는 이유는 무엇일까요? 이러한 부부관계에 처한 분명한 이유가 있습니다. 우리 안에 숨어 있는 더 간절하고 공허한 결핍이 충족을 얻기 위해 우리를 재촉하고 있기 때문입니다.

---

21 Slaying the Marriage Dragons chapter 1 (p. 9-14) by Dr. Douglas Rosenau. Victor Book 1st Edition 1991.

가리고 싶은 벌거벗음

첫 부부였던 아담과 하와는 죄를 짓고 자신들의 추락한 모습을 보게 되었고 수치심과 두려움을 느끼기 시작했습니다. 그리고 자신들의 타락한 모습을 은폐하기 위해 그들은 급히 무화과나무 잎으로 손수 만든 가리개로 본인들의 벌거벗은 모습을 가렸습니다. 인간이 타락한 후 가장 처음 한 일은 자신들의 불완전한 모습을 가리는 일이었습니다. 인간의 불완전한 모습을 성서적으로 하나님의 영광에 이르지 못했다 말합니다. 완전하신 창조주 하나님의 형상을 반영하는 삶이 아닌 도리어 타락한 모습이 나타나기 때문입니다. 그 후부터 태어난 모든 사람들도 자신의 불완전함을 인식하게 되고 부족함이 드러날까 하는 두려움 때문에 전전긍긍하며 성공과 성취라는 가리개를 추구하게 됩니다. 스스로 깨닫는 불완전함뿐 아니라 세상에서 외치는 소리 또한 우리의 부족한 것들을 지적하고 완전해야 한다 요구합니다. 또한 기준 미달이라고 여기저기서 상기시켜 줍니다. 이러한 소리를 들을 때 불안한 마음이 자극을 받아 우리는 바쁘게 움직입니다. 세상에서 흔히 말하는 부귀영화를 통하여 가리개를 만드는 일에 빠지기도 하고, 혹은 종교인으로서 율법을 지키거나 선을 행함으로 하나님의 영광에 이르는 노력과 수고를 합니다. 성경에 보면 사람들이 추구하는 은폐 체계를 크게 네 가지로 나누어 말씀하십니다. 종교를 통한 가리개, 개인적인 성취, 사회적인 위치, 그리고 유명한 이름을 얻는 것입니다.

아내와 남편의 무화과나무 잎의 차이점

이렇게 하나님의 영광에 미치지 못한 상태를 가릴 수 있는 가리개를 얻으려는 필사적인 노력도 결혼 생활에 큰 부담을 주는 골칫덩어리가 됩니다. 남편과 아내는 영혼의 깊은 곳에서 자신들의 부족함을 지적하며 무엇인가를 해야 한다는 부담감을 갖게 됩니다. 신랑과 신부는 결혼 전부터 각자 추구하던 자기만의 가리개를 가지고 결혼합니다. 현대 여성들은 결혼보다, 가정을 꾸미는 일보다, 직장 여성이 되는 것을 추구합니다. 자신의 재능을 인정해 주는 직장은 자신의 자존감을 나타낼 확실한 방법이라 여기기 때문입니다. 혹 어떤 여인은 좋은 남편 만나는 것을 통해 자신의 벌거벗은 모습을 감출 수 있다 생각하고 좋은 남편 만들기 프로젝트를 계획하고 열심히 내조를 합니다. 남편의 성공은 곧 나의 성공의 지름길이라 믿기 때문입니다. 혹은 자녀들의 성공을 자신의 가리개로 사용하려고도 합니다. 그래서 아내들은 남편과 자녀들을 채찍질하고 잔소리를 하며 요구에 더 많은 요구를 하는 실수 또한 합니다. 비협조적인 남편에게는 화를 내게 되고 무시하는 말과 남자의 자존심까지 상하게 하는 과오를 범하며 부부관계에 금이 가게 되는 상황으로 몰아가는 어리석은 여인으로 추락하게 됩니다. 왜 그럴까요? 하나님의 영광에 이르지 못한 자신의 상태를 무화과 나무 잎으로 가리려고 했던 것처럼 자신의 부족함을, 벌거벗음을 감추기 위한 무의식적인 노력이 상황을 더 악화시킵니다.

남자들도 세상 사람들이 인정해 주는 무화과나무 잎을 얻어 자신의 벌거벗음을 감추려고 최선을 다합니다. 실력, 능력, 재력, 그리고 정력을 소유한 남자는 인정을 받기에 대부분의 남자들은 이러한 '힘'을 갖추기 위해 노력하고 존경받는 이가 되고자 죽기살기로 일을 합니다. 세대마다 변하지만 지금 우리가 사는 사회적 관점에서 볼 때 능력 있고 잘나가는 남자는 아내에게 풍성한 물질을 공급하는 남편이 대세이기 때문에 돈 버는 일에 혈안이 되어 자녀들과 보내는 시간보다는 일에 집중하게 됩니다.

타락 후 인간의 우선순위는 벌거벗음을 가리는 행위였기에 지금도 계속적으로 무화과나무 잎을 얻는 것을 부부의 관계보다 더, 부모와 자녀의 관계보다 더, 그리고 나아가서는 하나님과의 관계보다 더 중요하게 여기며 긴급하고 필수적인 인간의 최우선순위로 만들어 버렸습니다. 하나님의 형상을 인간적인 노력으로 회복하려는 열망이 가져온 결과이고 더 중요한 것들을 희생하게 하는 안타까운 일들을 서슴지 않고 하게 만들었습니다. 만약 이러한 '야망의 괴물'을 복종시키지 못하거나 올바른 방향으로 길들이지 않는다면, 그저 힘 없이 끌려 다니게 됩니다. 그 와중에 부부관계는 시간, 에너지 및 자원의 결핍으로 채움을 받지 못하고 메말라 갈 것입니다. 자신의 존재감을 드러내고자 하는 아내의 야망 때문에 남편에게 소홀한 아내, 남편의 야망 때문에 아내에게 소홀한 남편, 모두 부부관계에 치명적인 위험을 가할 수 있습니다. 어떻게 하든지 남들보다 더 잘 살아야 한다는 욕심 또한 부부관계에 부담을 줄 수 있습니다. 남들보다 더 잘 살려면 그만큼 희생을 해야 얻을 수 있기 때문입니다. 이 세상 시스템은 하나님의 원칙과 방식을 저버린 사탄의 통제 아래 세워진 사회로서 부부관계를 허무는 여건들이 더 많습니다. 세상적 가리개를 추구한다면 여러 가지 부작용도 있을 수 있습니다.

더 좋은 집, 동네, 직업, 사업, 능력, 사회생활, 자녀 교육, 경제력 등등과 같은 땅의 것들을 통하여 가리개를 얻으려고 노력하는 과정 중에 많은 부부들은 여러 가지 유혹에 빠질 수 있습니다. 이로 인하여 서로의 관계뿐만 아니라 하나님과의 관계 마저도 활력을 잃게 됩니다. 육신의 노력으로 벌거벗음을 해소하려는 과정에서 우리는 부담감과 견디기 힘든 스트레스를 많이 경험합니다. 그 불안함과 부담감을 완화시키려고 다른 많은 대처방식을 통해 위로를 받으려 하다가 술, 마약, 문란한 성적 활동, 또는 음식, 향락, 불륜 등과 같은 함정에 빠지게 됩니다. 이런 행실들로 인하여 쾌락을 추구하는 우리의 육체가 집중적으로 유혹을 받게 됩니다. 피곤한 영혼과 몸을 위로하고자 취한 대처방식들이 습관성 행위로 발전된다면, 우리를 속박하고 노예로 전락시키게 됩니다. 그리스도의 희생으로 은혜 안에서 우리에게 믿음으로 얻게 하신 하늘에 속한 영원한 의복을 추구하기보다는 이 세속적인 대처방식에 의존한다면 도리어 자기파괴적인 중독에 빠지게 되는 안타까운 결말을 얻게 됩니다.

우리는 부부관계를 위험에 처하게 하면서까지 바쁘게 사는 본질적인 이유가 무엇인지 생각해 보아야 합니다. 우리 안에 숨어 있는 더 간절하고 공허한 영적 결핍이 해결되도록 하나님의 도우심을 청해야 합니다. 더 이상 부부관계를 소홀히 하지 않는 구체적인 방안을 세워야 합니다. 항상성의 법칙이 깨지지 않도록 조심, 또 조심해야 합니다.

위기의 문 #3. 자존심 꺾인 남자

남자들이 가장 많은 이유로 외도를 하게 되었다고 고백하는 중요한 원인 중에 하나는 바로 정서적인 결핍입니다. 아내에게 성적인 거절을 당하거나 또는 소홀함 때문에 불륜에 빠지는 남편과는 달리 아내에게 받은 마음의 상처로 인하여 다른 곳에서 허기를 채우려는 잘못된 생각이 외도의 문을 열게 한 것입니다. 아내를 통하여 정서적인 필요가 채워지지 않는다면 문제가 되는 것입니다.

가정 사역을 하시는 그렉 스몰리(Greg Smalley) 박사님은 아내나 남편이 서로의 부족함을 지적하는 것을 '감정의 버튼 누르기' 또는 '뜨거운 버튼 누르기'라고 표현하시며 부부들은 여러 가지 유형의 스위치를 지니고 결혼한다는 주장을 하십니다.[22] 이 '버튼'들은 어려서부터 생긴 상처나 왜곡된 생각으로 인해 형성된 낮은 자존감, 자격지심, 약점, 단점 등인데, 만약 남편에 대해 사전지식이 없는 아내가 본의 아니게 혹은 일부러 남편의 이러한 부분들을 자극하게 되면, 남편의 마음 문이 닫히게 만들고 부부관계를 어렵게 할 수 있다는 것입니다.

기분이 상하는 상황에서 보편적으로 두 가지 반응을 보이는데, 적극적으로 관계 회복을 위하여 아내에게 불평하며 싸우는 남자들이 있는가 하면, 소극적으로 속으로만 꿍하며 아내를 피하는 남자들의 유형이 있습니다. 이렇게 속으로 꿍꿍거리며 원망이 쌓인 남편들은 부부관계의 문제가 됩니다. 특히 소심한 유형의 남자가 혹 자존감이 낮고 자격지심 또한 크다면 상황은 더욱 악화됩니다. 오랜 시간 동안 해결되지 않은 쌓이고 쌓

22 Healthy Conflict in Marriage: Video 3 -"Pushed Buttons and Fight or Flight"
https://link.focusonthefamily.com/email/CRM/LandingPages/Healthy-Conflict-in-Marriage%20Part%203.html
From Focus on the Family Website, 가정 사역을 하시는 그렉 스몰리(Greg Smalley) 박사.

인 원망이 마음속에 꽉 차이고 계속해서 비판적인 아내에게 무시당하는 말을 듣고 자존심이 꺾인다면 마음 문을 닫게 되니 몸까지 자동적으로 발동이 꺼집니다. 마음의 문을 닫으니 아내를 향한 성적 감각이 떨어짐은 당연한 현상이 됩니다. 성적 욕구 자체가 없어진 것은 아니지만 아내로 향하던 욕구가 시들었기에 부부 사이에 성적 흥분이 일어나지 않고 무감각해짐을 보고 갈등합니다. 이러한 남편들의 유형은 "가족끼리 무슨 잠자리를 해? 그러는 거 아니지."라는 핑계를 대며 아내와의 성적 관계를 피할 수도 있습니다. 그러나 아내에게 받은 상처와 원망으로 꽉 찬 마음은 성적 욕구를 누르고 살다가 허기짐을 느끼게 됩니다. 하지만 아내를 용서하고 관계를 회복하기보다는 강퍅한 마음을 키우다가 욕구에 대한 갈등이 넘치면 유혹에 취약한 상태가 됩니다. 이때 사탄은 그물을 깔아 놓고 지켜보다가 남편의 발이 그물에 닿는 순간 올무에 걸리도록 역사합니다.

비판하는 아내와 거리감 두는 남편

사무엘하 6장 16-23절에 보면, 한 여인에 대한 이야기가 나옵니다. 이 여인은 모든 여자들이 꿈꾸고 선망하는 이상형과 결혼을 했습니다. 바로 다윗의 아내 미갈입니다. 다윗은 잘생긴 외모에, 남자답고, 용기 있고, 리더십이 있고, 의리도 있는데다 섬세한 감성과 음악적인 재능까지 겸비하여 아름다운 연주를 할 수 있었고 시적인 감각까지 소유한 아주 보기 드문 남자였습니다. 어디 그뿐인가요! 한 나라의 왕으로 최고의 명예와 부까지 소유했고 하나님께도 인정을 받은 영적인 사람이었습니다. 이 정도의 프로필을 가진 남자와 결혼했다면 남편을 존경하기가 쉬울 것이라고 생각할 수 있습니다. 그러나 다윗의 아내는 남자에 대한 기대치가 너무 높았는지 이런 남편에게 만족하지 못했습니다. 6장 16절에 보면 다윗이 간절히 갈망하던 하나님의 임재하심을 상징하는 언약궤를 예루살렘성으로 옮기는 과정에서 다윗이 너무 기뻐 왕복을 벗고 춤을 추는 이야기가 나옵니다.

"여호와의 궤가 성으로 들어올 때에 사울의 딸 미갈이 창으로 내다보다가 다윗 왕이 여호와 앞에서 뛰놀며 춤추는 것을 보고 심중에 저를 업신여기니라."(16절)

성경은 남편을 무시한 그녀의 반응을 기록합니다. 남편의 모습을 바라보던 아내 미갈의 눈에는 다윗의 행동이 거슬렸습니다. 남편을 업신여기는 마음이 생긴 미갈은 남편이 돌아오자마자 자신의 생각을 말하며 그를 비판합니다. "다윗이 자기의 가족에게 축복하러 돌아오매, 사울의 딸 미갈이 나와서 다윗을 맞으며 가로되 이스라엘 왕이 오늘날 어떻게 영화로우신지 방탕한 자가 염치없이 자기의 몸을 드러내는 것처럼 오늘날 그 신복의 계집종의 눈 앞에서 몸을 드러내셨도다."라고 말하며 그의 모습이 다른 여인들 보기에 품위가 떨어지는 행동이었다고 지적합니다. 이에 남편 다윗은 어떤 반응을 보였을까요?

21절을 보면, 다윗은 하나님께 대한 감사와 기쁨이 넘쳐 열정적인 모습을 보일 수밖에 없었다고 자신의 심정을 설명하며 자신에 대한 아내 미갈의 근본적인 원망이 무엇인지 이해한 듯 보입니다. "다윗이 미갈에게 이르되 이는 여호와 앞에서 한 것이니라. 그가(여호와께서) 네 아버지와 그의 온 집을 버리시고 나를 택하사 나로 여호와의 백성 이스라엘의 주권자로 삼으셨으니 내가 여호와 앞에서 뛰놀리라." 이 구절을 통하여 다윗은 자신이 왕위를 얻게 된 것은 하나님의 택하심이었다고 정확히 말합니다. 아마도 미갈은 사울 왕의 딸로서 자신의 아버지의 왕권이 이어지지 않고 다윗에게로 넘어간 것에 대한 깊은 원망이 있었고 다윗은 이러한 그녀의 마음을 꿰뚫어 본 듯합니다. 다윗은 마지막으로 아내에게 한마디를 더 합니다. "내가 이보다 더 낮아져서 스스로 천하게 보일지라도 네가 말한 바 계집종에게는 내가 높임을 받으리라 한지라."(22절) 이 구절을 통하여 아내에게 존중받지 못하고 업신당하여 화난 심정을 토해 내는 다윗의 인간적인 면을 엿볼 수 있습니다. 비록 아내에게는 존중을 받지 못하지만, 계집종에게는 존중을 받는다는 말을 한 다윗 역시 아내의 칭찬이 필요했던 남자였다는 것을 알 수 있습니다.

뉴욕타임즈 베스트 셀러 작가인 엠 개리 뉴먼의 저서 《불륜의 진실》을 보면 남자가 불륜에 빠지는 가장 큰 이유는 정서적 불만족이 48%였고 성적인 불만족과 감정적인 불만이 겹친 사례는 32%, 성적인 이유만은 8%라는 통계를 올렸습니다.[23] 만약 한 남자가 자신에 대한 불평 불만의 말을 자주하는 아내와는 달리, 자신을 인정해 주고 귀히 여기는, 따뜻한 말을 해 주는 다른 여성을 만나게 되면 마음이 끌리면서 불륜이 시작된다고 합니다. 이 저자는 아내들에게 자신의 남편을 귀히 여기고 존중과 인정의 말을 통해 남편에게 고맙다는 표현을 말로 자주 해 줘야 한다고 경고합니다. 뉴먼은 정신과 의사로 불륜에 빠진 수많은 남자들을 상담하며 얻은 사례 조사와 연구를 통해 상처받은 아내들을 돕기 위한 내용들을 책으로 내어 외도를 막을 수 있는 방법을 제시하였습니다. 그가 책을 쓴 목적은 아내들이 남편의 약점을 이해하고 불륜을 미리 방지하는 지혜를 얻는 것이었습니다.

그렇다면 남자에게는 아내로부터의 인정과 존경이 왜 그토록 절실한 부분일까요? 이 절실함을 정확히 이해하지 못한다면 아내들은 이 부분을 소홀히 하여 부부관계를 불륜이라는 위험에 빠지게 할 수도 있습니다. 성경을 통하여 하나님께서는 아내들에게 남편을 왜 존경해야 하는지에 대한 이유를 이렇게 말씀하십니다.

> "남자는 **하나님의 형상과 영광이니** 그 머리에 마땅히 쓰지 않거니와, 여자는 남자의 영광이니라. 남자가 여자에게서 난 것이 아니요, 여자가 남자에게서 났으며, 또 남자가 여자를 위하여 지음을 받지 아니하고 **여자가 남자를 위하여 지음을 받은** 것이니." (고린도전서 11장 7-9절)

남자들이 하나님의 형상을 반영하도록 창조되었기에 모든 남자는 선천적으로 존중과 존경을 받기를 원합니다. 타락으로 인하여 그들 안에 있는 하나님의 형상이 어그러지고 망가졌지만 내면으로 갈등하며 추구하는 남자 자신 스스로에 대한 이상은 아직도

---

23 "The Truth about Cheating" (p. 16-17) 뉴욕타임즈 베스트 셀러 작가 엠 게리 뉴먼(M. Gary Neuman) Published by John Wiley & Sons, Inc.

높기 때문입니다. 그렇기에 대부분의 남자들은 자신을 무시하는 사람에게 화를 내고 방어적이 됩니다. 이러한 남자들의 취약한 부분 때문에 부부관계가 위험에 빠지는 상황에 이릅니다. 아내에게 무시당하고 인정받지 못하는 남편은 자신을 인정하고, 존중해 주는 다른 여인의 말에 넘어가기 쉽고 유혹에 빠질 가능성이 많다는 것을 암시해 줍니다. 남자가 바람을 피운 불륜의 대부분의 상대 여인들이 본처보다 더 아름답거나 매력적이지 않았다는 조사결과를 보아도 알 수 있습니다.

다윗은 이스라엘의 왕이었고 많은 백성들의 칭송과 존경을 받았지만, 아내의 비판에 상처를 받았습니다. 그로 인하여 다윗은 아내 미갈과 거리감을 두고 산 것 같습니다. 사무엘하 6장 23절에 보면 "그러므로 사울의 딸 미갈이 죽은 날까지 자식이 없느니라."라고 쓰여 있습니다. 그 사건 이후부터 부부관계가 없었다는 힌트를 주시려고 이 구절을 기록하신 게 아닐까 생각해 봅니다. 그런데, 왜 미갈은 남편을 우습게 알고 비판적인 여인이 된 것일까요?

미갈의 상처

미갈은 마음에 상처가 많은 여인이었습니다. 겉으로 보기에는 왕의 딸로서 부족함 없이 자란 것 같지만 그녀의 삶을 자세히 살펴보면 여인의 일생에 가장 중요한 부분이라 할 수 있는 아버지의 극진한 사랑과 남편의 관심을 받지 못한 것 같습니다. 사울 왕은 사랑하는 딸의 행복을 소원하는 마음보다는 자신의 이기심과 야망을 위하여 다윗에게 딸을 줍니다. 사무엘상 18장 20-21절에 보면, 사울 왕은 다윗에 대한 질투심 때문에 자신의 딸 미갈을 이용하여 다윗을 없앨 음모를 세웁니다. 사울은 계속적으로 자신의 이득을 위해 미갈과 다윗의 부부관계를 갈라놓고 드디어는 사위 다윗을 도망자로 전락시킵니다. 딸이 상처를 받든 외로워하든 상관하지 않고 다윗을 추격합니다. 미갈은 도망자가 된 남편 다윗과 원치 않게 오랜 시간을 별거를 하게 되었는데, 어느 날 다윗이 두 다른 여인을 아내로 맞아들였다는 소문을 듣습니다(삼상 25:42-43). 사무엘상 25장 44절을 보면 결국 사울이 미갈을 다른 남자에게 시집을 보냅니다. 아버지 때문에 사랑하던 남편은 다른 여인들의 몫이 되었고 원치도 않는 남자와 결혼을 하게 된 것입니다. 그 당시 아버지의 통치 아래 살던 여인으로서 원치 않는 상황에 밀려 행복한 결혼 생활을 포기해야 했던 미갈의 마음에는 수많은 원망이 있었을 것입니다. 의도하진 않았지만 자신을 그저 방치한 채 다른 여인들을 아내로 삼은 남편 다윗에게도 적지 않은 원망도 생겼을 겁니다. 한 여인의 삶에 가장 중요한 역할을 담당하는 두 남자, 아버지와 남편 모두가 그녀를 실망시켰고 존경을 할 수 없는 상황에 놓여 버렸습니다.

마음에 원망이 생긴 사람의 행동과 모습은 눈에 거슬릴 수밖에 없습니다. 해결되지 않은 원망의 마음은 비판으로 뿜어져 나왔습니다. 쏟아진 비판의 말은 남편에게 상처를 주었고 두 사람의 부부관계는 끝이 나고 맙니다. 다윗이 왕위를 계승한 후에 자신의 첫 아내인 미갈을 왕궁으로 다시 불러들임으로 잠시 부부관계가 회복된 것같이 보였지만 안타깝게도 진정으로 하나가 되는 연합은 이루어지지 않았습니다. 과거에는 몸이 떨어져 살고 있기에 서로를 그리워했지만 긴 시간을 지나며 해결되지 않은 오해, 상처와 원망은 부부관계를 방해했고, 이제는 한집에 살고 있음에도 불구하고 그들의 몸과 마음은 멀어지게 됩니다. 미갈과 관계가 멀어진 얼마 후, 다윗은 외도의 유혹을 이기지 못하고 밧세바를 범하는 죄를 저지르고 맙니다. 다윗과 미갈의 이야기는 모든 부부들에게 주시는 안타깝게도 슬픈 경고의 말씀이 아닐까 생각해 봅니다.

유혹의 미끼

남편을 유혹하여 불륜에 빠지게 하는 미끼는 무엇일까요? 남자가 유혹에 넘어가는 이유가 궁금하지 않습니까? 여인의 섹시한 몸매일까요, 아니면 아름다운 외모일까요? 바람 피우는 남자들은 왜 다른 여자에게 끌렸는지 궁금해집니다. 남편이 바람을 피운 여자가 도대체 어떤 사람인지 아내와 어떤 점이 다른지, 보다 뭐가 더 나은지 알고 싶어 합니다. 하나님께서는 말씀을 통해 이 문제를 풀어 주십니다.

여인에 대해서라면 능통한 남자가 있었습니다. 이 남자는 평생 천 명이 넘는 여인과 잠자리를 같이하며 그들의 사랑과 존경을 받으며 살았습니다. 바로 솔로몬 왕입니다. 솔로몬이 왕권을 물려받은 초기에는 하나님께 철저히 헌신된 왕이었습니다. 그러나 그는 여러 가지 이유로 수많은 이방 여인들을 아내로 받아들이게 됩니다. 시간이 지나며 그 이방 여인들은 솔로몬 왕으로 하여금 우상을 숭배하고 하나님에게서 멀어지고 죄악에 빠진 삶을 살도록 유혹을 한 것입니다. 그래서 그는 어떻게 그러한 유혹에 빠지게 되었는지에 대한 자신의 실수를 자기 아들에게 말해 줍니다. 솔로몬은 아주 지혜가 넘치는 남자였기 때문에 여인을 정말 잘 알고 이해했습니다. 그런데 솔로몬은 잠언을 통해 자기 아들에게 불륜을 피하고 음녀를 조심하라는 경고를 남깁니다. 잠언 2:16-19; 5:3; 6:24; 7:5에 나오는 경고를 보면 한 가지 공통점이 있습니다.

> "지혜가 또 너를 음녀에게서, 말로 호리는 이방 계집에게서 구원하리라."(2:16) "대저 음녀의 입술은 꿀을 떨어뜨리며 그 입은 기름보다 미끄러우나"(5:3) "이것이(지혜가) 너를 지켜서 악한 계집에게, 이방 계집의 혀로 호리는 말에 빠지지 않게 하리라."(6:24) "그리하면 이것이 너를 지켜서 음녀에게서, 말로 호리는 이방 계집에게 빠지지 않게 하리라."(7:5)

이 구절들을 보면, 반복되는 내용은 음녀의 입에서 흘러나오는 말을 조심하라는 경고입니다. 솔로몬 왕은 이방 여인들의 홀리는 말 때문에 자신이 넘어졌다는 고백을 하듯 말입니다.

이러한 그의 경고를 볼 때 남자가 유혹을 받고 불륜에 빠질 때 미끼로 사용되는 것은 여인의 외모나 섹시함 같은 성적인 부분이 아니었습니다. 예쁘고 섹시한 여자들에게 한순간 눈길을 빼앗길 수 있지만 이것들은 외도할 정도의 유혹은 아닙니다. 결혼한 남자들은 이미 자신 눈에는 예쁘고 섹시한 아내와 결혼을 했기에 아내를 배반하면서까지 외향적인 면이 아내보다 더 예쁘고 섹시하다 하여 정신을 잃지 않습니다. 그러나 아내에게 얻지 못한 인정과 존경에 대한 마음의 결핍이 심하다면, '꿀같이 달고 기름처럼 미끄러운' 다른 여인의 말이 남편의 마음을 움직이는 무기로 사용되고, 두 사람이 부적절한 관계로 발전하는 데 더 크게 영향을 끼친다는 것을 성령께서는 솔로몬을 통해 우리에게 말씀하십니다. 자신의 정서적 필요를 따뜻한 말로 채워 준 여자에게 마음이 끌린다는 것입니다. 그의 불안감을 잠재워 주고, 정체성을 확인시켜 주며, 자존감을 세워 주는 여자에게 당연히 가까이 갈 것입니다. 그렇기에 왜 수많은 남자들이 아내보다 더 잘난 여자가 아닌, 그저 자신의 마음을 잘 어루만져 주는 여자에게 끌려 바람이 난다는 조사 결과가 사실임을 증명해 주십니다.

반대로 아무리 예쁘고 섹시한 여자와 결혼했어도 아내의 눈길, 말, 태도, 행동이 자신의 기를 죽이고 자존심에 흠집을 낸다면 아내를 멀리하는 것은 당연한 반응이 되는 것입니다. 자존감이 낮은 남자일수록 쉽게 기분이 영향을 받는다는 점을 모른다면 아내를 멀리하는 남편만 원망하게 됩니다. 일이 잘 안 풀리고 정체성이 흔들릴 때 남자들의 자격지심은 더욱 예민해질 수 있습니다. 이러한 상황 때문에 혹 자신의 말로 인하여 아내를 향한 남편의 성욕이 떨어진 것 같아 고민이 된다면, 먼저 남편의 마음을 여는 기술을 터득함이 관건입니다. 자신이 무심코 한 말, 지나가는 말 때문에 남편의 감정이 상했다면, 그에게 진정한 사과를 할 줄 아는 아내는 부부관계를 회복할 수 있는 능력을 얻고 결혼을 보호하는 사역을 하게 됩니다. 내 잘못이 아닌데도 남편에게 사과를 먼저 해야 한다는 것에 거부 반응이 올 수 있습니다. 그러나 진심 어린 사과를 하기 위해서는 그의 실체를 볼 수 있는 영안을 열어 달라고 하나님께 기도해야 합니다.

말과 리비도

부부관계를 성숙시키고 더욱 깊은 친밀감을 형성하는 데 여러 가지의 장애물이 있습니다. 그중 하나는 부부간의 서로를 향해 하는 말입니다. 특히 뜨거운 부부관계를 유지하기 위한 가장 중요한 열쇠 중 하나는 남편의 마음의 문을 열었다 닫았다 하는 아내의 '말'입니다. 남편의 청각이 리비도와 연결이 되어 있기 때문입니다. (이러한 현상은 아내에게도 적용됩니다. 그러나 이 책은 아내들을 위한 책이니 아내에게 초점을 두고자 합니다.) 이 혀의 열쇠를 어떻게 사용 하나에 따라 뜨거운 밤이 되든지 차가운 밤이 되는 효과를 나타냅니다. 아내의 입으로 흘러나오는 존경과 인정의 말은 남편의 마음을 따뜻하게 열어 줍니다. 그와 반대로 빈정대는 말과 무시하는 단어들은 남편으로 하여금 자신을 방어하려는 본능을 일으켜 자동적으로 마음의 문을 닫아 버립니다. 기분이 나빠지고 말에 상처를 받아 아프기 때문입니다. 남편이 볼 때 자신에 대하여 말을 함부로 하는 아내에게 성적 매력을 느끼는 것은 어려운 일이 됩니다.

그러나 신혼 때 아내만 보면 성욕이 불끈거리던 남편에 대한 기억 때문에 아내들은 남편의 성욕을 자극시키는 것은 시각이 전부인가 착각합니다. 특히 포르노를 보는 남자들의 심리가 시각적인 자극을 위함이라 생각하기 때문입니다. 어떤 아내들은 다른 남자들의 성적 욕구는 크다고 들었는데 자신의 남편은 신혼 때 이후 뚝 떨어진 리비도 현상을 보며 기분 나빠 합니다. 자신이 얼마나 예쁜데, 몸이 섹시한데, 다른 남자들한테 얼마나 인기가 좋았는데, 자신을 원하지 않는 남편이 이해가 안 됩니다. 남편이 변했다, 싫증을 쉽게 낸다, 새로운 여자를 좋아한다 등등, 여러 가지 이유 때문인가 의문합니다. 자신이 남편에게 보이는 눈길, 행동, 태도와 한 말들은 생각하지 않고, 과거 자신에게 열정을 갖고 성적 관심을 보였던 남편이 뜸해진다면 불안해합니다. 자신이 더 이상 여자로 보이지 않는지, 육체적인 섹시함이 사라졌는지 의심하며 스스로를 괴롭힙니다.

남편의 정욕이 떨어진 여러 가지 이유가 있을 수 있습니다. 스트레스, 나이, 질병, 운동 부족, 아연(zinc)과 철분(iron) 부족, 우울증, 수면 부족과 피곤함 등등을 생각해 볼 수 있습니다. 그러나 이러한 원인들 때문에 영향을 받는 것이 아니라면 혹 아내 말 때문에 남편 자존심이 상하여 감정이 일어나지 않는 것이 아닐까 의심해 보아야 합니다. 간혹 아내들은 자신이 무심코 한 말까지도 남편 기분에 얼마나 큰 영향을 끼친다는 것을 알아채지 못합니다. 아무런 생각 없이 다른 남편을 칭찬을 했는데 이 때문에 남편 기분이 상하기도 합니다. 여자들의 생각보다 자격지심이 큰 남자들이 많기 때문입니다. 다른 어떤 사람들의 말보다 아내의 말에는 큰 힘이 있어 남편의 감정을 흔들기에 아내의 한마디 때문에 그의 남성이 불뚝 서기도 하고 또는 고개를 숙이기도 한다는 사실을 간과합니다. 아무리 아름답고 섹시한 아내와 결혼했지만, 그녀의 말과 마음이 섹시하지 않다면 시각적인 부분은 힘을 잃게 된다는 사실을 말입니다. 조심성 없는 아내의 입으로 나오는 말 공격으로 아내에게 성적 매력을 잃은 상태가 지속된다면 남편은 불륜에 더욱 취약한 상태가 될 것입니다. 이러한 말의 중요성은 아내들에게 의아한 일입니다. "아내의 말이 뭐 그렇게 중요해? "남자의 성은 눈으로 하는 것이 아니었냐?"라고 질문합니다. 그러나 하나님께서는 솔로몬의 말을 통하여 혀의 능력이 남자들에게 어떠한 힘을 발휘하는지 우리가 진정 깨닫기 원하십니다.

근본적인 문제 해결

아내에게 얻은 상처 때문에 남편에게 외도에 빠질 수 있는 위기의 문이 열릴 수 있다는 경고를 무시하지 말아야 합니다. 이러한 이유로 올 수 있는 위험을 막기 위해서는 먼저 근본적인 문제가 무엇인지를 생각해 보아야 합니다.

1. 상처 치유의 중요성

외도를 막기 위한 첫 번째의 근본적인 문제 해결책은 건강한 결혼을 유지하기 위해서는 먼저 남편이나 아내 마음에 있는 상처 치유의 중요성을 깨달아야 합니다. 건강한 부부관계를 얻고자 한다면 먼저 영혼 육이 모두 건강한 남편과 아내가 되어야 하기 때문입니다. 결혼은 바로 나와 나의 삶을 표현하는 관계이기에 '내'가 건강하고 온전하다면 나의 결혼 또한 같은 열매가 나타나게 됩니다. 그러나 '내'가 질병에 시달린다면 나의 결혼 또한 질병에 영향을 받는 것은 당연한 현상입니다. 인간의 타락은 우리 모두에게 피해를 주었고 모두에게 말 못하는 마음에 상처가 있습니다. 연예하는 기간에 보지 못했던 과거의 상처들과 아픔을 치유하지 않는다면 부부관계의 면역력을 약하게 합니다. 히브리서 12장 1절에 "모든 무거운 것과 얽매이기 쉬운 죄를 벗어버리고."라는 말씀이 있습니다. 어떤 죄에 쉽게 빠지는 아내나 남편은 그들 가정을 위험에 빠뜨릴 수가 있습니다. 부부관계에서 무거운 짐이 되는 것은 과연 무엇일까요? 쉽게 감정 싸움을 일으키고 분노, 정죄, 비판, 분쟁에 빠지는 상황을 만드는 것들은 무엇일까요? 부부관계의 힘을 빼는 무거운 짐을 버리고 기쁨과 평강을 훔쳐가는 도둑을 잡지 않는다면 실패의 악순환을 경험할 것입니다. 어려서부터 사탄은 세상적인 압력과 잘못된 사고방식으로 왜곡된 정체성이나 낮은 자존감이 만들어지도록 역사합니다. 건강하지 못한 자존감은 열등의식을 갖게 하고 정체성의 혼란이 생기면 불안감을 안고 살아갑니다. 낮은 자존감에 시달리는 아내는 남편이 하는 말을 다 오해하며 무시한다고 생각할 수 있습니다. 자존감이 낮은 남편 또한 자격지심이 많아 아내가 하는 말을 다 꽁하게 해석합니다.

한 여인의 고백

한 여인이 있었습니다. 그녀는 자신의 위치와 존재감을 높이기 위하여 명품이나 고가의 물건을 사는 경향이 있어 남편에게 경제적인 부담을 주게 되었고 이 문제 때문에 이혼하기에 이르렀습니다. 경제적인 부담과 부부관계를 어렵게 하는 자신의 씀씀이에 문제가 있음을 알면서도 절제가 안 되는 게 문제였습니다. 그녀에게는 무엇보다 더 절실한 부분이 낮은 자존감을 치켜세우는 일이었습니다. 명품을 사면 자신의 값어치가 상승한다는 사탄의 거짓말을 믿은 것입니다. 구원을 받아 영생에 이르는 관계가 성립되었지만 그리스도의 신부로서 그의 무한한 사랑을 받는 존재라는 것을 모르거나 믿지 못한다면, 세상적인 방법으로 자존감을 세우려 하니 항상 부족하고 끝이 없게 됩니다. 이 여인은 자신의 근본적인 문제를 해결하기보다는 남편에게 문제가 있다 생각하여 그에게 "짠돌이"라는 별명을 붙입니다. 그리고 장래를 위한 절약보다는 당장 다 써 버리는 자신의 약점이 드러날 때마다 남편을 공격한 것입니다. "다른 남편들은 아내에게 …해 주는데 당신은 왜 그렇게 짜!"라고 하며 다른 남자들과 비교도 합니다. 부부간의 갈등의 원인이 남편에게 있다 떠밀며 한심한 눈으로 그의 무능력함을 나무란 것입니다. 이 여인의 왜곡된 생각 안에는 당연히 남자들은 비싼 명품 정도는 사 줄 수 있어야 존경받는 남자라고 여긴 것입니다. 무시받고 비교당하던 남편은 아내에 대한 원망이 커져 아내와 거리를 두게 됩니다. 아내의 연약함 자존감 때문에 시작된 갈등은 서로의 감정을 상하게 하였고 산불처럼 다른 곳으로 번지게 되어 드디어 별거를 하게 되었습니다.

한 남편이 있었습니다. 돈에 대한 개념이 아내와 많이 달랐기에 많은 부부간의 갈등을 겪었습니다. 그는 아내보다 절약 정신이 철두철미한 것처럼 보였지만 사실은 장래에 대한 두려움이 많은 남자였습니다. 그리스도인이 아니었던 남편은 하나님을 신뢰하기보다는 돈을 의지하고 자신의 장래는 돈이 얼마나 있나에 달려 있다 믿은 것입니다. 이 남자는 어려서부터 이러한 사고방식을 소유한 부모 밑에서 자라 절약하는 생활이 몸에 베어 있었지만 아내에게는 힘든 일이었습니다. 이미 결혼을 했고 사랑하는 남편의 요구를 맞추는 노력을 했지만 실망의 연속이었습니다. 돈이 삶 속에 가장 중요한 것이다 여기기에 남편은 돈을 무엇보다 우선순위에 둔 것입니다. 약사라는 직업 때문에 어느 정도 경제적인 능력이 있었지만 이 남편은 무조건 싼 차, 물건, 음식 등등을 고집했고 아내가 원하는 것과 기대를 매번 무시했습니다. 이 부부가 사는 옆집 남편은 아내에게 비싼 차를 사 주는데, 아내는 자신의 남편은 자기를 그만큼 사랑하지 않는다 생각이 들자 원망의 마음이 점점 심해졌습니다. 그러던 어느 날 아내 몸에 이상이 생긴 것 같아 병원에서 MRI를 찍어 보고 싶다는 말을 하였지만, 꾸물거리며 꼭 필요한 검사인지를 되묻는 남편의 반응이 그녀의 인내심을 시험하였고 아내의 건강보다 돈을 더욱 중요하게 여기는 남편과는 더 이상 살지 못하겠다는 마음이 들어 결혼한 지 10년 만에 별거를 하게 되었습니다. 그 부부의 열정과 사랑은 남편의 잠재의식 속에 살면서 그의 생각, 선택, 태도와 행동을 통제하던 두려움이라는 괴물에게 도둑을 당하고 맙니다. 이러한 근본적인 갈등과 다른 점을 해결하지 않는다면 부부관계는 힘든 싸움에 휘말리게 됩니다. 눈에서 멀어지면 마음에서도 멀어진다는 속담처럼 별거한 부부에게는 외도의 위기가 더 크게 올 수 있습니다.

2. 용서하지 않는 남편

외도를 막기 위한 두 번째의 근본적인 문제 해결책은 부부간의 용서의 법칙을 순종하는 것입니다. 외도의 길로 가게 된 대부분의 남자들은 정서적 불만을 가장 큰 이유라 하며 아내의 존경을 받지 못하여 유혹에 빠졌다 정당화하지만, 성서적인 해석으로 볼 때 그것은 근본적인 이유가 되지 않는다 생각합니다. 더 깊이 파고든다면 그들이 상처 준 아내와 거리감을 두고 스스로 겉돌기 시작함은 바로 아내를(또는 남편을) 마음으로 용서를 하지 않았기 때문에 외도의 문을 열게 된 것이라 해석할 수 있습니다. 혹 부부관계의 평화를 위하여, 마음이 넓다는 것을 보여 주기 위하여 말과 행동으로 화해하며 겉으로 용서한 척을 할 수 있습니다. 머리로는 용서를 했기에 육체적인 성관계도 유지할 수 있습니다. 그러나 마음에 원망이 아직 남아 있다면 완전한 용서가 아닙니다. 마음으로 용서가 되면, 마음 문이 열리고 사랑하는 마음이 회복되고 아내를 향한 열정이 새롭게 쏟아내 아내를 추구하게 됩니다. 그렇지 않고 꽁하는 마음이 남아 있다면 용서가 확실히 해결되지 않은 것이라 볼 수 있습니다. 마태복음 18장 35절에서 "너희가 각각 마음으로부터 형제를 용서하지 아니하면 나의 하늘 아버지께서도 너희에게 이와 같이 하시리라."라고 하시며 진정한 용서는 마음으로부터 해야 한다 하십니다. 고린도후서 2장 7-11절에 보면 진정한 용서가 무엇인지를 보여 주십니다.

> "그런즉 너희는 차라리 그를 용서하고 위로할 것이니 그가 너무 많은 근심에 잠길까 두려워하노라. 그러므로 너희를 권하노니 **사랑을 그들에게 나타내라**. 너희가 범사에 순종하는지 그 증거를 알고자 하여 내가 이것을 너희에게

> 썼 노라. 너희가 무슨 일에든지 누구를 용서하면 나도 그리하고, 내가 만일 용서한 일이 있으면 그것은 너희를 위하여 그리스도 앞에서 한 것이니 이는 우리로 사탄에게 속지 않게 하려 함이라. 우리는 그 계책을 알지 못하는 바가 아니로라."

진정으로 마음으로 용서한 후에는 위로하고 사랑을 보이라고 하십니다. 우리가 만약 용서를 하지 않는다면 사탄의 속임수에 넘어갈 수 있다는 경고의 말씀 또한 하십니다.

왜 우리는 용서하는 것을 힘들어할까요? 여러 가지 이유를 생각해 볼 수 있습니다. 가장 직접적인 이유는 불순종하는 강퍅한 마음입니다. 서로를 용서하라 하셨지만 상처를 준 사람을 쉽게 용서하는 일은 밑지는 장사가 아닌가 생각되어 순종하기가 싫은 것입니다. 아내의 부족함을 자비스러운 마음으로 감싸지 못하고 원망을 선택합니다. 하나님의 권면의 말씀이 나에게 이익임을 믿지 못하기 때문입니다. 용서란 나를 위함이 아니고 신이 인간을 향한 종교적인 도덕적 요구라 생각하기에 부담스러워합니다. 용서하는 의의 방식이 아직도 익숙하지 않고 순종했을 때 나타나는 의의 열매를 맛보지 못하였기에 스스로와 부부관계를 괴롭게 하면서 용서하기를 거부합니다. 그러나 순종하는 마음으로 성령의 도우심을 청한다면 용서의 능력을 경험하게 될 것입니다.

정의로운(justice) 마인드를 가지고 있어 용서하는 것이 어려운 사람이 있습니다. 정의로운 생각이란 자비로움보다는 '눈에는 눈'이라는 율법적인 마인드를 가지고 정의를 요구함을 말합니다. 법을 어기는 자를 가차 없이 심판하는 정의로움 때문에 자신에게 상처를 주며 잘못한 배우자에 대한 원망이 풀릴 때까지 거리감을 두고 고통을 주려 합니다. 그러나 하나님께서는 우리에게 권면하십니다. "내 사랑하는 자들아, 너희가 친히 원수를 갚지 말고 하나님의 진노하심에 맡기라. 기록되었으니 원수 갚는 것이 내게 있으니 내가 갚으리라고 주께서 말씀하시니라."(롬 12:19)라고 하시지만 내가 심판자가 되고자 합니다. 용서는 은혜의 영역에 속한 행실이기에 율법적인 사고방식을 가지고 있다면 용서하는 것이 더욱 어렵습니다. 그러나 만약 하나님의 놀라운 사랑과 철저한 용서의 능력을 체험했다면 다른 이에게 같은 은혜를 베풀 수 있는 여유가 생깁니다.

또한 자존심이 상해 용서를 안 합니다. 남자(여자)의 자존심을 목숨과도 같이 생각하기에 부부관계보다, 아내보다, 자신의 자아를 중요시합니다. 특히 자격지심이 많은 남자는 아내에게 받는 존경을 통하여 자존감이 높아진다 생각하지만, 그렇지 못할 때 자존심에 상처를 준 아내에게 원망을 품고 거리감을 두고 마음의 문을 닫습니다. 자신의 자존감이 아내의 말과 태도 때문에 흔들리는 상황에 빠진다면, 가차 없이 아내의 약점을 드러내며 남자인 자신의 우수함을 나타냅니다. 돕는 배필로 창조된 아내가 남자의 삶에 도움되는 멘토의 역할을 할 수 있음을 인정하기 싫어합니다. 그리고 다른 여인에게서 실추된 자존심을 회복하려는 유혹에 빠집니다. 자존심, 자아를 죽여야 부부관계를 살리는 힘을 얻지만, 내가 죽을 수 없으니 부부관계가 죽게 되는 것입니다. 그리스도께서 죽기까지 교회를 사랑하심 같이 남편들도 아내들을 죽기까지 사랑하라 하셨는데, 남자의 자존심을 절대로 죽일 수 없기에 힘들어합니다.

스스로 속은 생각 또한 용서를 막는 걸림돌이 됩니다. 모든 사람에게는 부족한 부분이 있음을 인정하지 못하고 자신의 과오도 보지 못하고 아내만 탓합니다. 아내가 자신의 부족함과 실수를 드러낸다면, 무조건 거부 반응을 보이며 방어적인 태도를 보입니다. 작은 행실, 태도, 말에 대한 아내의 지적받을 때, 어떤 이는 자기 자체를 거부한다 착각하며 왜곡된 해석을 하여 더욱 큰 상처가 되어 힘들어합니다. 솔직하게 인정하기보다는 많은 변명과 이유를 대면서 자신의 약점을 숨기려는 노력을 합니다. 자신의 잘못을 인정하지 못하는 마음의 태도의 원인은 교만함으로 생기는 것이 아닐까 생각해 봅니다.

용서의 법칙의 중요성

대부분의 부부는 결혼 생활을 하며 서로의 기분을 상하게 하는 말, 태도, 행동을 합니다. 하면 안 되지만 피할 수 없는 현실입니다. 자녀 양육의 스트레스, 재정적 문제, 삶의 압력, 또는 단순히 피로가 쌓일 때 서로에 대한 친절하고 부드러운 태도보다는 짜증스러운 모습을 보입니다. 그로 인해 아내는 남편을 불쾌하게 할 수 있고 남편 또한 아내의 감정을 상하게 합니다. 삶이 힘들고 괴로울 때 서로를 원망의 대상으로 보기도 합니다. 자신이 겪는 어려움이 다 배우자를 잘못 만나서 온다는 착각도 합니다. 부부간의 근본적으로 해결해야 하는 문제들도 있습니다. 그로 인하여 오는 크고 작은 갈등과 나쁜 감정들을 참지 못하고 서로에게 어리석은 말로 퍼붓습니다. 그렇게 하면 안 되지만 서로에게 상처를 줄 때가 많습니다. 이럴 때 자존심을 짓밟고 무시하는 태도를 보이는 배우자에게 원망과 분노를 나타낼 수 있습니다. 잠시 화도 치밀어 오르고 빈정 상하는 상황에 빠질 수 있습니다. 그러나 곧 마음을 스스로 다스리며 용서의 손길을 내밀어야 합니다. 서로를 용서함은 타락한 세상에서 성공적인 결혼을 소원하는 부부들뿐 아니라 모든 인간관계에 적용되는 가장 중요한 관계적인 원칙입니다. 하나님께서도 타락한 인간과의 관계를 회복하시기 위하여 먼저 용서의 손을 내미셨습니다.

우리 모두는 타락의 후유증으로 인하여 생긴 상처, 결핍, 부족함이 많습니다. 우리는 또한 타락한 세상과 환경 안에서 살며 시달리고 괴로움을 당하기에 서로를 불쌍히 여기는 연민의 마음으로 용서해야 합니다. 마음으로 용서한다는 것은 상처받는 순간 자동적으로 닫힌 마음의 문을 의도적으로 다시 여는 것을 의미합니다. 또 상처받을까 두렵지만 마음으로 용서하기 위해서는 열어야 합니다. 닫고 살면 마음이 강퍅해집니다. 강퍅해진 마음이 오래 지속되면 사탄에게 틈을 보이게 됩니다. 원망, 미움, 분노, 차가운 마음은 사탄의 영역에 속한 환경이기에 악령들의 역사를 초대하는 조건이 만들어집니다. 이러한 시기를 기다리는 적군이 있기에 부부관계를 보호하고자 한다면 빨리 용서하는 훈련이 필요합니다. 나의 자존심, 자아, 권리를 죽이지 않는다면 부부 공동체가 죽게 됩니다. 하나님께서는 우리를 용서하시고 사랑과 평화의 관계를 회복하시기 위하여 우리의 죄와 허물을 대신하시려고 스스로 먼저 죽으셨습니다. 누군가가 죽지 않는다면 관계가 유지될 수 없기 때문입니다. 내가 죽고자 하면 결혼이 살고, 내가 살고자 하면 결혼이 죽게 됩니다. 부부관계에서 걸림돌이 되는 문제들의 근본적인 이유들을 하나씩 해결해 가는 과정에서 용서의 법칙은 끊임없이 적용되어야 합니다. 자신과 부부관계, 가정과 자녀들을 보호하기 위하여 은혜의 영역에 속하는 용서의 법칙은 그리스도인으로서 무엇보다 가장 우선적으로 터득해야 하는 새로운 의의 성품입니다.

3. 보호망의 필요

외도를 막기 위한 세 번째의 근본적인 문제 해결은 아내가 남편을 존중하고 그를 귀히 여기는 마음을 키워야 하는데, 그러기 위해서는 먼저 아내 안에 있는 비판적인 마음, 태도와 악령들의 역사를 없애는 전쟁에서 승리해야 합니다. 남자들은 칭찬을 들어야 산다는 말을 할 정도로 그들에게는 중요한 부분입니다. 그렇기에 아내가 남편을 진심으로 존경하는 것은 아주 중요한 사역이 됩니다. 이러한 이치가 다 이해되어 잘하고 싶은데 남편을 존경하는 것이 생각처럼 쉽지는 않습니다. 가장 남편을 잘 아는 사람으로서 칭찬보다는 비판을 많이 하게 되어 아내의 마음이 불안합니다. 혹 이러다 자신의 남편도 외도를 할까 두렵기 때문입니다. 아내에게 존경받지 못하는 남편이 외도의 유혹에 가장 취약해진다는 사실은 아내들의 마음을 섬뜩하게 합니다. 남편을 진심으로 존경하기가 왜 힘이 들까요?

좀 더 영적인 사람으로 장성하기를 기도하지만 영적 훈련에 게으른 모습을 보면 안타깝습니다. 남편의 영적으로 연약한 모습을 보면 짜증부터 나고 좋은 말이 안 나옵니다. 그의 단점이 튀어나올 때마다 힘이 듭니다. 남편의 죄악성을 보면 정죄를 하게 됩니다.

큰소리로 허풍을 떨지만 실속이 없고 현실적이지 못한 남편을 보면 막막합니다. 철이 없는 행동과 말을 할 때 기가 막힙니다. 부지런히 실력을 쌓기보다는 '한 방'을 꿈꾸며 작은 일들을 소홀히 하고 무시하는 남편이 바람직스럽지 않습니다.

남편 자신의 성공과 자존감을 가장 중요시하며 부부관계를 소홀히 하는 이기심을 보면 화가 납니다. 먼저 화부터 내며 아내를 무시하며 까칠하고 야비한 모습을 보면 정이

뚝 떨어집니다. 자기 관리에 철저하고 수많은 시간을 자신에게 투자하는 남편의 이기적인 면을 보면 원망스럽습니다. 매일 친구들과 술을 마시고 늦게 들어오는 남편이 미워 잔소리만 하게 됩니다. 신혼 때 아내를 추구하고 열정을 갖고 애정 표현을 하던 남편의 모습이 많이 변한 것을 보면 외롭습니다. 아내에게 관심이 없고 사랑의 표현도 하지 않고 귀하게 여기지 않는 남편의 모습 정말 실망스럽습니다.

까탈스럽고 완벽 주위를 고집하는 남편이 벅차고 힘이 듭니다. 시시콜콜 잔소리를 해대는 남편이 쪼잔해 보입니다. 한 치의 실수도 용납하지 않는 남편이 얄밉기도 합니다. 자신의 방법이 가장 우수하다 여기며 아내의 선택을 우습게 보는 남편에게 서운하고 너무도 분석적인 남편의 사고가 피곤합니다.

큰 꿈과 야망이 없어 보이고 그저 세월을 낭비하는 남편을 보면 한심한 생각이 듭니다. 치사하고 비겁한 모습을 보면 매력이 떨어집니다. 어떤 때는 다른 남편들과 비교할 때 내 남편이 좀 처지는 것 같아 아내의 자존심 또한 상합니다. 내 양에 차지가 않는 행동을 할 때 불만이 터져 나옵니다. 나의 이상과 기대에 못 미치는 남편의 말, 태도, 행동, 모습을 보고 후회막심합니다. 이러한 남자에게 콩깍지가 쓰여 결혼한 내 자신이 순간 한심하게 여겨집니다. 이러한 사실에 대한 불평과 비판을 할 때 기가 죽어 있는 남편을 보면 안쓰럽고 처량해 보입니다. 현실적으로 아내 눈에 이렇게 보이고 생각되는 남편을 존경하기란 정말 어렵고 불가능하다는 생각이 드니 답답합니다. 남편을 바꿀 수도 없고 정말 답이 보이지 않습니다. 다른 이들이 보지 못하는 남편의 약점과 벌거벗은 모습이 다 드러날 수밖에 없는 부부로 엮인 관계이기에 피할 수도 없는 상황입니다. 보이는 것을 무시할 수도 없기에 참다 한마디 한다면 예민하게 반응하며 방어적인 태도를 보이는 남편이 짜증 납니다.

왜 이런 상황에 빠지는 것일까요? 남편을 도와 그를 세우는 사역을 맡겨 주셨건만, 왜 아내들은 도리어 남편을 허무는 실수를 하는 것일까요? 집을 스스로 허무는 어리석은 여인의 모습을 닮아 가는 자신이 부끄럽지만 남편이 바뀌지 않는 한 방법이 보이지 않습니다. 현실적으로 내 눈에 보이는 남편의 모습이 변하지 않는 한 부인할 수 없는 사실이기 때문입니다. 그렇다면 진정성이 없지만 사실을 부인하고 거짓말로 남편의 기를 살리는 말과 아첨을 해야 한다는 말일까요? 잠언에서 경고하는 음녀처럼 말로 호리는 기술을 터득해야 남편의 정서적인 부분을 채울 수 있다면, 과연 그것이 하나님이 기대하시는 돕는 배필의 사역일까요? 분명히 아닐 것입니다. 그렇다면 무엇을 어떻게 하라는 말씀일까요? 아내들이 남편의 정서적 필요를 채우는 비결은 무엇일까요? 존경하고 칭찬을 많이 할 수 있는 방법은 과연 어떻게 터득할까요? 이 중요한 사역을 잘 감당해야 남편이 외도로 빠지는 위험을 막고 가정을 지킬 수 있는데 하나님께서 주시는 답은 무엇일까요? 하나님께서는 이러한 우리의 고초를 아시기에 해결책 또한 주십니다.

여러 가지 걸림돌

그동안 아내에게 존경받지 못한 수많은 남편들이 외도를 하였다는 점을 통하여 아내가 남편을 존경하고 세우는 사역이 쉽지 않고 분명히 이 사역을 방해하는 여러 가지 걸림돌이 있다는 것을 인정할 수밖에 없습니다. 심리학 전문가들에 의하면 결혼은 사랑만 가지고는 부족하지만 관계를 잘 맺어 가도록 돕는 사랑의 기술을 터득해야 한다 말합니다. 아내는 남편을 진정으로 존경하는 마음의 기술이 필요하다는 것을 깨닫게 됩니다. 그러나 이 마음의 기술을 터득하기 위해서는 먼저 마음에 있는 걸림돌을 없애야 합니다. 이 걸림돌들이 있음을 먼저 인식하고 의식적으로 그들과 싸워 이기지 못한다면 실패의 악순환에서 헤어나지 못할 것입니다. 아내에게 비판받는 남편에게 더욱 큰 외도의 위기가 올 수 있고 비판적인 부부관계는 이혼을 할 가능성이 높다고 합니다. 비판적인 아내는 남편에게 자격지심, 존재감 상실, 두려움, 좌절감, 상처를 주기에 위협을 느껴 아내와 자동적으로 거리감을 두고 피하게 됩니다. 그러나 이러한 사실을 다 알면서도 아내로 하여금 비판적인 생각, 태도와 말을 하게 하는 이유가 있습니다. 먼저 우리는 왜 여자들이 결혼한 이후 자신도 모르게 비판적인 아내들로 변하는지 근본 원인을 파악한다면 남편을 존경할 때 거리끼는 방해꾼을 없애는 지혜를 얻을 수 있습니다.

걸림돌 1. 이상형의 렌즈

아내가 남편을 존경하는 데 걸림돌이 되는 것은 이상형의 렌즈를 끼고 남편을 바라보기 때문이 아닐까 생각해 봅니다. 완전하신 하나님의 형상에 따라 창조된 우리는 완전함을 추구합니다. 창조주의 의도에 따라 우리가 소망하는 영, 혼, 육의 모습은 높고 깊고 넓고 끝이 없습니다. 그러나 인간의 타락은 우리가 추구하는 완전함에 흠집을 냈습니다. 죄의 성향이라는 악조건이 더해져 완전한 이상을 실천하기에 아주 어려운 상황이 된 것입니다. 이런 불편한 사실을 생각하지 않고 아내가 인간의 타락으로 생긴 문제투성인 남편을 이상형의 렌즈를 끼고 바라본다면 그를 존경하고 인정하는 것이 힘들게 됩니다. 남자에 대한 완벽한 이상형의 이미지를 가지고 결혼한 아내는 무의식적으로 남편을 자신의 상상 속에 그려진 이상형과 비교하며 맞추려는 생각을 하게 되고 갈등을 일으키는 문제의 시작이 됩니다.

사람들이 소유한 각자만의 이상형은 여러 가지의 정보들이 합성되어 생각 속에 그려집니다. 각 개인의 취향과 기준뿐 아니라 가족, 친구, 사회, 풍습과 문화의 영향을 받은 여러 가지 조건, 자격, 등등 수많은 기준이 더해져서 만들어지기도 합니다. 남자의 외모, 능력, 인격, 영성, 경제적 능력, 유머, 세련미, 가정, 감정적 성숙함 등등 남자는 이래야 한다 저래야 한다는 소리를 들을 때 수긍을 한다면 이상형 그림에 이 부분이 추가로 그려집니다. 그 외에도 상상력을 돕는 미디어의 영향과 매일 접하는 사람들과 정보를 통하여 새롭게 업그레이드가 되기도 하고 자격이 이랬으면 좋겠다 저랬으면 최고다라는 소리를 들으면 이상형에 대한 기대감이 점점 커집니다. 그 외에 그리스도인에게는 영적인 조건이 더해집니다. 말씀을 공부하며 아브라함의 믿음을 보면 믿음의 남자가 멋있어 보이고 하나님과 얼굴과 얼굴을 맞대고 깊은 교제를 나눈 모세를 보면 또한 욕심이 납니다. 사도 바울의 철저한 헌신과 목적이 이끄는 삶을 공부할 때 자신의 남편도 그와 같은 헌신을 하기를 소원합니다. 그 외에 다윗, 솔로몬, 요셉 등등 훌륭하고 본받을 만한 성서적인 인물들을 보면 이상형 이미지에 부분 부분을 더하게 됩니다. 이렇게 계속 업그레이드되어 가며 그려지는 이상형의 모습은 점점 이 세상 어느 곳에도 존재하지 않는 초인간적인 남자의 모습으로 변하여 마지막에는 피카소의 추상화 같은 느낌을 주는 그림이 되는 것입니다.

에베소서 5장 5절에 보면 탐하는 자는 우상 숭배자라 하였습니다. 시간이 지나 잘못된 기대감은 끝없는 욕심을 낳고 이 잘난 남자의 대한 탐욕은 우리의 마음속에 우상으로 자리 잡게 됩니다. 남편만 잘 만난다면 여자 팔자 핀다는 속담을 그저 무시할 수 없기에 상상 속에 그리던 이상형과 결혼하기를 바라며 눈을 부릅뜨고 찾게 됩니다. 그러던 중 자신이 상상하던 이상형과 같아 보이는 남자에게 콩깍지가 쓰여 결혼을 합니다. 백 퍼센트 만족한 것은 아니지만 자신의 이상형으로 바꿀 수 있을 만한 가능성이 있어 보이는 남자를 선택하기도 합니다. 그러나 사람이 변하는 것은 쉬운 일이 아닙니다. 두 번 결혼한 알버트 아인슈타인은 이러한 명언을 하였습니다.

> "남자들은 여자들이 변하지 않기를 바라며 결혼합니다. 여자들은 남자들이 변할 것이라는 기대를 갖고 그들과 결혼합니다. 그리고 필연적으로 그들은 서로에게 실망합니다."

남편들은 연애 때 순수하고 상냥하던 코스모스 같은 아내의 모습이 유지되기를 바라지만, 점점 사라져 가는 코스모스의 향기는 남자들에게 실망을 줍니다. 아내들은 남편이 더욱 성숙된 남자의 모습으로 성장하기를 기대하며 변함을 요구하지만, 이 또한 실망의 연속입니다. 결혼한 후에 남편을 자신이 바라던 이상형의 모습으로 바꿀 수 있다는 아내들의 오산은 오히려 남편의 자존감에 상처를 주게 됩니다. 남편을 자신의 이상형에 맞추어 바꾸려는 노력을 하게 되고 이 일에 남편의 거부 반응이 나타날 때 그를 비판을 하게 됩니다. 이상형의 대한 기준이 높을수록 비판의 강도는 높아집니다. 이로 인하여 남편은 좌절감과 상처를 받게 되어 아내를 피하며 멀리하는 상황이 됩니다.

이러한 악순환을 피하려면 아내는 먼저 결혼하는 순간, 서약을 하는 순간부터 남편의 모습 그대로가 자신의 이상형이 되었다는 현실을 인정하고 싱글 때 그리던 이상적인 이상형의 모습을 버려야 합니다. 남편은 아내 생각 속에 존재하는 이상형과의 싸움에서 경쟁력이 떨어지기 때문입니다. 살아 있는 남편은 환경과 육체의 한계와 삶이라는 현실에 부딪혀 여기저기 모형이 찌그러질 수 있는 반면 상상 속에 그려지는 이상형은 항상 아내의 생각 속에서 보호를 받게 됩니다. 이 보호된 이상형은 매일 남편의 모습과 비교되며 남편의 부족한 부분을 채우려고 아내는 남편에게 수많은 요구를 하게 되고 잔소리를 하며 점점 비판적인 태도를 보이게 됩니다. 자신의 이상형으로 만들고자 하는 욕심이 도리어 남편을 허무는 일을 하게 됩니다. 결혼과 남편을 세우는 사역을 성공적으로 하고 싶은 아내는 자신의 생각 속에 자리 잡고 있는 이 우상을 과감히 깨부숴야 합니다. 이 우상을 깨기 전에는 남편의 모습 그대로를 용납할 수 없기 때문입니다. 이 우상은 아내가 세워 둔 기준, 잣대, 기대를 담은 욕구의 결정체이기 때문입니다. 만약 당신의 남편과 결혼했다면 그를 온전히 용납하고 과거의 이상형을 지워야 합니다. 콩깍지가 쓰였든 아니든 선택에 대한 책임을 지고 생각을 바꾸어야 합니다. 당신은 이미 당신의 남편을 선택했기 때문입니다.

한 여인의 고백

이 여인은 자신이 원하던 이상형이라 생각을 주는 남자와 결혼을 했습니다. 그러나 결혼한 후 남편의 허점들이 보이기 시작했고 부족한 부분들을 공략하며 내조를 하고자 노력을 한 것입니다. 아내의 의도를 짐작한 남편 또한 그녀의 요구를 맞추고자 처음에는 아내를 사랑하는 마음에 수긍을 했답니다. 그러나 시간이 지날수록 이 아내의 요구는 끝이 없고 높아짐을 본 남편은 지친 마음에 속으로 원망을 품기 시작했습니다. "이 여자는 도대체 왜 나하고 결혼했지? 내가 이렇게 맘에 들지 않으면서?"라는 생각이 남편의 마음을 괴롭히며 자신을 있는 그대로 인정 못 하는 아내에게 서운한 마음이 든 것입니다. 이러한 생각을 무의식적으로 품고 있던 남편은 아내를 볼 때 자주 웃지 않았고, 애정 표현도 줄어들고, 짜증을 내며 거리감을 두게 됩니다. 남편의 변한 모습을 보며 아내는 아내 나름대로 신경질적인 태도를 보였고 이러한 갈등으로 서로에 대한 열정이 식어 갔습니다. 그러던 중 아내의 칭찬의 말을 듣게 되는 날에는 남편의 기분이 좋아지고 그의 태도가 확 바뀌는 것을 아내가 인식했답니다. 이러한 비결을 깨달은 다음 많은 노력을 하며 남편을 칭찬하려 했지만 이 아내는 자신도 모르게 무의식적으로 비판적이었고 남편에 대한 칭찬에 인색했습니다.

칭찬을 많이 하는 아내의 모습으로 변하기를 원했지만 자동적으로 비판이 나오는 자신의 잘못된 태도를 보면서 하나님의 도우심을 구하는 기도를 드렸고 하나님의 음성을 듣게 됩니다. "남편을 있는 그대로 용납하라."라고 하셨습니다. 그동안 남편을 용납하지 않고 바꾸려 노력한 것을 지적해 주셨습니다. 왜 자신이 이리도 비판적인지를 살피던 중 자신 안에 있는 이상형이라는 우상의 실체가 있음을 깨닫게 해 주셨습니다. 자신의 잠재의식 속에 숨겨져 있는 이 초인간적이고 비현실적인 남자와 비교하며 남편의 모습이 이 이상형과 더욱 가까워질 때까지 남편을 잔소리로 채찍질하며 바꾸려고 노력하며 거부 반응을 하는 남편에게 자극을 주기 위하여 비판을 한 것입니다. "당신이 남자라면 이래야 해… 저래야 돼."라는 말을 하며 자신의 마음에 품고 있는 이상형과 남편이 닮았으면 하는 자신의 기대를 말한 것입니다. 이러한 아내의 말을 듣던 남편은 아내가 자신보다는 다른 남자를 원한다 여기며 상처를 받고 마음 문을 닫아 버렸답니다. 이러한 해석은 그에게 좌절감을 준 것입니다. 이 남편은 어려서부터 비판적인 엄마 아래서 자라며 이미 큰 상처가 마음에 있었답니다. 자신의 아내만은 자신을 있는 그대로 인정하고 사랑해 줄 것이라는 기대감을 갖고 결혼을 했지만 아내도 그를 실망시켰습니다.

그러던 어느 날 갈등이 차고 넘쳐 속으로 썩고 있던 고름이 터진 것입니다. 한 사건을 계기로 이 부부는 시간을 갖고 대화를 나누며 자신들의 문제와 해결책을 찾으려 마음을 열고 터놓고 오랜 시간 이야기를 한 것입니다. 직장과 어린 자녀들을 돌보는 시간을 빼고서는 몇 주 동안 없는 시간을 내고 또 내며 선한 싸움을 한 것입니다. 각자의 마음속에 산더미처럼 쌓여 있는 원망의 감정 돌멩이들을 하나씩 들어내며 오해와 잘못된 해석을 이해시키며 소리도 질러 가며, 차분히 이야기도 하며 고름을 짜내기 시작했답니다. 서로에게 솔직히 진실을 말하는 과정은 아프고 고통스러웠지만, 이 수술이 필요함을 인정한 것입니다. 그러던 과정에서 산더미 밑에 숨어 있던 아내와 남편의 간절한 소원과 진실이 드러났습니다. "당신은 나를 사랑하지 않는 것 같아… 당신은 나를 무시하고 존경하지 않는 것 같아…."라는 심정이 터져 나왔습니다. 그동안 자존심 때문에 서로에게 솔직하지 못했지만 무엇보다 남편은 아내의 인정을 간절히 원했고 아내는 남편의 사랑을 갈구한다는 마음을 서로에게 보여 준 것입니다. 과거 수많은 감정 싸움의 모형은 달랐지만 기본적으로 이 부부에게는 사랑과 존경이란 영양분이 부족했던 것입니다.

남편의 마음을 더욱 확실히 보게 된 아내는 자신 마음속에 있는 이상형의 우상을 깨기 시작했습니다. 의도적으로 인식하며 남편의 모습과 다른, 자신 생각 속에 떠오르는 기준과 이미지를 벗어 버리는 노력을 한동안 한 것입니다. 그리고 남편을 있는 그대로 보고 감사하는 훈련을 하였습니다. 이러한 아내의 변화는 부부간의 열정이 회복되도록 도왔고 어느 날 은밀한 관계를 하던 중 이 아내는 남편에게 자신이 그를 얼마나 인정하고 있음을 상기시켜 주었답니다. 아내의 진심 어린 인정의 말을 듣는 순간 이 남편은 아내에게 간절히 듣고 싶었던 말이었다 고백을 하며 마음이 벅차 관계 중 울음을 터뜨리고 말았습니다. 그리고 아내를 바라보던 그 남편의 눈에서는 아내를 향하는 사랑과 열정이 뿜어져 나왔습니다.

남편이 우는 모습을 처음 본 이 아내는 자신의 인정을 이처럼 간절히 원했던 한 남자의 모습을 보며 너무 마음이 아파 같이 울었답니다. 그녀는 너무도 모른 것입니다. 직장에서 인정받고, 겉으로는 멀쩡해 보이고 잘하고 있는 줄 알았는데, 아내의 용납과 인정이 남자에게 아주 큰 의미가 있다는 것을 뼈저리게 깨닫게 되었답니다. 이 아내는 그동안 남편의 장점들은 당연하게 여기고 지나치면서 단점만을 지적하는 실수를 한 것입니다. 필요한 순간 부정적인 피드백을 꼭 말하여야 할 때, 더 많은 양의 긍정적인 피드백이 함께 있어야 한다는 지혜를 알지 못한 것입니다. 하루아침에 칭찬을 더욱 많이 하는 아내로 변한 것은 아니지만, 꾸준히 자신의 비판적인 성향을 고치는 노력을 했답니다. 자신의 부족함을 인식하지만 그래도 이 세상에서 아내만큼은, 한 여자만큼은 자신 그대로를 사랑하고 용납해 주기를 간절히 원하는 남편을 진심으로 이해한 것입니다.

그리스도의 형상

남편을 그대로 용납했다고 남편이 장성할 필요성이 없어진 것은 아닙니다. 남편도 그리스도 안에서 성화의 과정을 통하여 성숙한 인격체와 성품이 회복되어야 합니다. 결혼 후 아내는 이 세상이 말하는, 자신이 바라는 이상형보다는 그리스도의 형상을 추구해야 합니다. 로마서 8장 29절에 보면 우리가 진정으로 추구해야 하는 이상형의 모습에 대한 기준을 알려 주십니다.

> "하나님이 미리 아신 자들을 또한 그 아들의 형상을 본받게 하기 위하여 미리 정하셨으니, 이는 그로 많은 형제 중에서 맏아들이 되게 하려 하심이니라."

그리스도의 형상은 바로 하나님의 형상입니다. 하나님의 형상을 따라 우리를 창조하셨기에 주의 형상이 남편 안에 회복되어야 한다는 말씀입니다. 부부가 서로에게 기대하는 수준을 높여 육에 속한 사람보다는 영의 속한 사람이 먼저 변화되어야 한다는 의미이기도 합니다. 각자가 요구하는 물질적인 기준이 아닌, 하나님의 모습을 닮아 가기 위해서는 예수님께서 우리의 이상형이 되어야 합니다. 남편이 변화되기 원한다면 그리스도의 형상이 그의 속사람에 형성되도록 그를 돕는 사역을 해야 합니다. 이 사역은 아내의 비판과 잔소리로 이루어지지 않습니다. 성령의 도우심과 역사가 있어야 가능하기에 남편을 위한 꾸준한 중보기도는 큰 효과를 나타냅니다.

걸림돌 2. 사실의 렌즈

아내가 남편을 존경하는 데 걸림돌이 되는 것은 '사실(Facts)'이라는 렌즈입니다. 사실적 관점이라는 렌즈를 끼고 남편을 집중하여 보고, 느끼고, 알고, 이해하는 아내는 자신이 모집한 사실에 충실히 반응합니다. 그리고 그 사실이 부인할 수 없는 그녀의 현실이 되는 것입니다. 그녀의 생각 속에서 돌아가는 작은 세상이 전부이다 착각을 하기 때문입니다. 그 작은 현실 속에는 무엇이 사실인지를 결정하는 각자만의 가치관, 저울, 잣대가 있습니다. 그것들을 통하여 남편을 판단하고 사실이라 믿기에 "솔직히 나는 사실만 말해."라는 주장을 하게 됩니다. 이상형이라는 우상은 없애지만, 지금 당장 자신 눈앞에 보이는 남편의 실망스러운 모습, 행동, 말, 태도와 반응이 남편을 존경하기를 원하는 아내의 마음이 흔들리게 합니다. 그리고 그 솔직한 사실로 인하여 남편의 자존심을 건드리고, 그의 자아에 상처를 내고, 자격지심을 강화시키고 자존감을 무너뜨립니다. 남편의 사실적 약점의 모습을 드러내어 자극을 준다면 변화를 기대할 수 있을 것이라는 오산을 하면서 남편을 허무는 악순환이 반복됩니다.

이렇게 남편의 정서적인 필요를 채우는 과정에서 아내가 사용하는 자신만의 관점은 놀라운 차이를 보이는데, 어떤 렌즈를 통하여 남편을 바라보는가에 따라 지혜로운 여인이 되기도 또는 어리석은 여인이 됩니다. 만약 사실 렌즈만을 통하여 남편을 보고 판단한다면 아내는 실망을 하게 되고 남편의 영혼은 아내의 칭찬과 인정에 목 마르게 됩니다. 사실만을 믿고 의지하여 사는 아내는 남편을 존경하라는 말씀에 매번 실패할 수밖에 없습니다. 이러한 악순환에서 벗어나려면, 사실보다는 진리의 렌즈로 아내의 관점을 바꿔야 합니다. 아내가 믿고 의지하는 보이는 현실보다는, 진리를 바탕으로 세워진 보이지 않는 현실의 세계로 바꾸어야 승리할 수 있습니다.

진리의 렌즈

진리의 렌즈는 하나님의 말씀을 바탕으로 세워진 관점으로 사실과는 아주 다릅니다. 이 렌즈는 생각이 진리의 말씀으로 새롭게 변화받은 아내만이 소유하는 믿음의 렌즈이기도 합니다. 사실의 렌즈를 통하여 보는 남편의 정체성은 그때그때 변할 수 있지만, 진리의 렌즈로 보는 남편의 정체성은 영원히 변하지 않습니다. 진리의 렌즈를 통하여 남편의 영원한 정체성을 알고 믿고 인식하여 적용한다면, 세상을 통하여 압력을 가하는 사탄의 속임수를 이길 힘을 얻게 됩니다.

모든 그리스도인은 양면성을 가지고 있습니다. 신성한(Divine) 면과 인간적인(Humanity) 면입니다. 신성한 면이란 그리스도 안에서 구원을 통하여 거듭난 영적인 사람이고, 인간적인 면은 피와 살로 만들어진 육체를 가진 사람을 말합니다. 그렇다면 그리스도인이 가진 신성한 면은 무엇인가요? 그리스도를 통하여 하나님의 형상이 회복된 모습입니다.

성경이 말씀하신 우리의 신성함은 대략 크게 세 가지로 나누어 볼 수 있습니다. 그리스도 안에 있는 우리의 위치(position)와 인격(personage), 그리고 소유(possession)입니다. 그리스도 안에서 믿음으로 얻은 나의 위치를 모른다면 열등감이라는 올무에 걸려 헤어나올 수가 없게 됩니다. 그리스도 안에서의 나의 인격을 모른다면 자신의 가치와 중요성을 모르기에 불안감을 안고 살게 됩니다. 또한 그리스도 안에서 나에게 주어진 소유, 즉 수많은 축복들과 그에 대한 약속들을 모른다면 걱정과 근심으로 평강을 누리지 못하고 두려움에 눌려 살게 됩니다. 그리스도 안에서 하나님께서 우리에게 부여하신 영원한 정체성에 대한 진리를 믿지 못한다면 우리는 사실과 인간적인 면에 집중하고 실망을 합니다. 만약 어떤 아내가 부족한 남편에게 한심하다는 말투로 "아이고, 이 인간아!"라고 하는 말을 한다면 이 여인은 남편의 인간적인 면을 집중해서 보았기에 때문입니다. 눈에 당장 보이는 사실을 확대한다면 그를 세우는 사역을 하기가 힘들어집니다. 성공적이고 복된 부부관계를 맺기 위해서는 남편과 아내가 모두 서로를 보는 관점과 생각 속의 확대경의 위치를 신성한 면에 맞추어 서로의 영적인 면을 확대해서 보아야 합니다. 사탄은 우리로 하여금 서로의 인간적인 면을 확대하도록 역사하기 때문입니다. 아내가 남편을 볼 때 믿음의 눈으로 바라보며 하나님께서 보시는 관점으로, 진리의 렌즈로 남편을 보는 능력을 키운다면 그의 세상적 위치, 인격과 소유와 상관없이 그의 영원한 정체성을 의지하여 존경할 수 있게 됩니다.

한 여인의 고백

눈에 당장 보이는 사실이라는 렌즈로 남편의 인간적인 면에 초점을 맞추고 갈등하던 여인의 고백입니다. 이 여인은 어려서 믿는 가정에서 자라 어느 정도 영적으로 장성을 하였지만 그녀의 남편은 결혼하기 바로 일 년 전에 구원을 얻은 사람으로서 초신자였습니다. 사랑이라는 감정에 휩싸여 모든 것이 가능하다 여겼지만 영적 불균형의 갈등으로 자주 싸우게 된 것입니다. 영적 훈련의 중요성을 알고 추구하던 그녀의 소원과는 달리 남편은 스포츠 방송을 보는 것을 선호했고 아내의 권면을 잔소리로 여기며 무시하였답니다. 이러한 남편의 태도에 참고 참았지만 어느 날 그녀의 인내심에 한계가 온 것입니다. 거실에서 소리를 지르며 농구를 보던 남편이 얄밉고 한심해 보인 것입니다. 직장에서 돌아온 후 얼마 남지 않는 아까운 시간을 낭비하는 것이 아닌가 생각을 하니 화가 점점 났습니다. 남편이 무엇보다 영적으로 성장하는 사람이 되기를 간절히 원했지만, 기대에 계속 어긋나 답답함이 차고 넘치자 곧 부엌으로 들어가 가위를 가지고 남편이 보고 있는 T.V. 전선을 싹뚝 하고 잘랐답니다. 그 순간 남편 손에 들려 있던 리모트 콘트롤을 던지며 화가 많이 난 남편이 소리 질렀답니다. "당신이 그런다고 내가 하나님과 가까이 갈 수 있을 것 같아? 바로 내겐 당신이 가장 큰 걸림돌이야!" 이 말을 듣는 순간 이 아내의 마음이 뜨끔했답니다.

남편은 이미 아내가 원하는 것이 무엇인지를 알고 있었습니다. 할 말을 잃고 미안한 마음과 너무 극단적인 방법으로 행동을 한 자신도 당황하여 방으로 들어가 침대에 앉아 울며 기도를 하였답니다. 방법이 지혜롭지 않았지만 남편을 위하는 자신의 마음을 이해하지 못하고 도리어 화를 낸 남편에게 서운한 마음이 들었고 이러한 상황에 처한 답답함을 해결 못 하여 눈물만 나온 것입니다.

그때 하나님의 음성이 들렸답니다. "남편을 놓거라! 그리고 너의 영적 성장에 집중하라." 이 음성은 그녀의 갈등의 원인을 정확히 진단하신 후 내려주신 하나님의 처방전이었습니다. 그동안 남편을 위한다는 이름 아래 남편을 통제하며 그의 숨통을 조이던 자신을 본 것입니다. 남편의 영적 성장을 돕기 위하여 한 아내의 말, 태도와 행동은 선한 의도였지만, 그녀가 그 당시 깨닫지 못한 악령들의 역사로 인하여 남편에게는 다른 의미로 해석이 된 것입니다. 남편은 남편대로 아내의 말을 불만과 불평으로 오해했고 비판적인 아내로 인식이 된 것입니다. 자신을 그대로 용납하지 못하는 아내에게 서운한 마음과 오해는 더욱 커져 반항심과 거부감을 키운 것입니다. 뜻하지 않게 남편을 세우는 지혜로운 여인의 역할이 아닌 스스로 허무는 어리석은 여인의 모습을 본 것입니다. 이 아내는 자신의 방식이 실패하였다는 것을 인식하였답니다. 이 실패를 마무하기 위해서는 하나님의 지혜가 절실히 요구되는 상황이었고 하나님의 권면의 말씀은 이 아내의 삶의 방향을 바꾸는 계기가 되었다고 합니다. 남편에게 집착하던 자신을 돌이켜 하나님께 소망을 두는 여인으로 변하기 시작한 것입니다. 더 이상은 인간적인 방식으로 남편을 변화시키려는 노력을 하지 말고 그 여인 자신의 영적 성장에 초점을 두리는 말씀이 그녀의 마음을 찌른 것입니다.

또한 이러한 남편 때문에 속이 타는 자신의 갈등을 고백하며 하나님의 도우심을 청하는 기도를 하자 "남편을 믿음의 눈으로 바라보라."라고 하셨답니다. 그 의미를 이해한 그 아내는 그 이후부터 남편을 한동안 "하나님의 사람"이라 부른 것입니다. 당장 눈에 보이지는 않았지만 언젠가는 하나님의 사람, 즉 성령에 의하여 통제받는 영적인 사람의 모습이 나타날 것이라는 소망을 갖고 믿음의 선포를 한 것입니다. 처음에는 남편이 거부 반응을 보이고 어색해했지만, 계속적으로 "하나님의 사람"이라고 부르며 세뇌 공작을 한 것입니다. 남편 가방 안에 쪽지를 넣기도 하고 기회가 올 때마다 그의 영원한 정체성을 인식하도록 믿음의 선포를 통하여 그의 생각에 씨를 심은 것입니다.

그러던 어느 날 "하나님의 사람"이라고 또 남편을 부르던 이 아내에게 남편은 "응."이라고 아주 자연스럽게 응답을 하기 시작하였답니다. 이후에 남편이 하루아침에 변한 것은 아니지만 이 사건을 통하여 이 여인은 놀라운 비결을 발견한 것입니다. 그의 약점을 드러내는 아내의 잔소리, 태도와 행동은 남편을 허무는 역효과를 낼 수 있지만, 진리의 말씀을 선포하며 그의 정체성에 대한 비전을 계속적으로 심어 주며 남편을 세우는 일이 얼마나 중요한 사역인지를 깨닫은 것입니다. 자신이 어떠한 사람이라는 생각이 바뀌면 행동도 차차 바뀌게 된다는 진리가 그녀에게 큰 소망을 주었고 하나님의 지혜로운 방식에 감사를 드렸다고 합니다.

이 사건 이후 돕는 배필의 사역을 감당하기 위하여 아내가 먼저 변해야 하고 믿음의 여인으로 성장하고 진리의 렌즈를 소유해야 하는 필요성을 깨닫게 된 이 아내는 수년간에 걸쳐 하나님과의 교제 시간을 중요시하고, 기도와 말씀을 묵상하며, 외우고, 성경공부를 하며 자신의 생각과 마음속에 하늘 나라의 기준, 가치관, 패러다임을 계속적으로 입력하는 투자를 한 것에 무엇보다 우선순위를 두었다고 합니다. 집안 살림을 하며 들을 수 있도록 온 집 안에 여러 개의 라디오를 설치하였고 차 안과 시장 갈 때에도 강해설교를 듣기 위하여 CD를 가방에 넣고 다니며 이어폰으로 들었답니다. 그리고 시간이 흘러 결혼 초기 남편이 간절히 변화되기를 원하여 T.V. 전선을 잘라 버리는 과격한 행동을 함으로 관계를 악화시켰던 아내는 성숙하게 변하였습니다. 그러는 과정에서 또 다른 렌즈가 걸림돌이 되고 있음을 보게 됩니다.

걸림돌 3. 세상적 잣대의 렌즈

아내가 남편을 존경하는 데 걸림돌이 되는 것은 세상적 잣대입니다. 사실이라는 렌즈 말고도 이 여인은 세상적 잣대라는 렌즈를 사용하며 남편을 판단하고 본 것입니다. 사탄의 거짓말로 형성된 세상적인 잣대로 남편을 여기저기 비교하는 생각을 한 것입니다. 그 결과 어떤 때는 잘난 남편과 산다는 교만해졌고, 어떤 때는 못난 남편과 사는가 싫어 우울했었답니다. 이 사람과 비교하면 더 잘난 것 같고, 저 사람과 비교하면 못나 보이는 것 같은 혼동 속에 많은 감정 소모를 했답니다. 하루는 남편을 세우고 사흘은 남편을 허무는 일을 반복한 것입니다. 똑같은 사람인데, 그의 가치를 올렸다 내렸다 하는 고장 난 저울에 남편을 올려놓았던 것입니다. 이상형을 지우는 노력과 진리의 렌즈를 형성하고 있었지만, 세상 안에 살면서 진리를 모르는 사람들이 추구하는 세상적 잣대라는 걸림돌에 걸려 계속 실패와 낙망으로 지쳐 있었고 울부짖으며 하나님의 도우심을 청하며 남편을 허물기보다는 꾸준히 세우는 사역을 할 수 있는 지혜로운 여인이 되기를 기도했답니다. 하나님께서는 이 여인의 기도를 응답하시고 진리의 잣대로 남편을 보는 훈련을 시키셨습니다.

그러던 어느 날 한 지인과 잠시 대화를 나눈 후에 영적인 공격이 있음을 깨달았답니다. 이 여인에게 안부를 묻자 근황을 말하며 지인의 남편이 얼마나 성공한 사람인지 은

근히 자랑하는 것을 감지했답니다. 그 지인이 타는 차를 보니 아주 비싼 차였습니다. 많은 이야기를 나눈 것도 아니고 자세한 내용을 들은 것도 아니지만 지인과 헤어지고 하나의 생각이 스쳐 가면서 지인의 남편이 자신의 남편보다 더 성공한 게 아닌가 비교하는 마음이 들며 이 여인의 동의를 요구하고 있었습니다. 현실적으로 사실이라는 생각이 압력을 해 왔지만 동의할 수가 없었습니다. 그 지인의 몇 마디의 말과 타고 다니는 차로 인해 그런 판단을 내린다는 건 어리석은 것이고 진리에 속한 것이 아니기 때문입니다. 이 세상이 인정하는 성공의 척도는 하나님의 왕국에서 인정하는 것과 다르기 때문입니다.

바로 그날 아침 좋은 남편 주심을 하나님께 감사드리는 기도를 했었답니다. 불과 몇 시간이 지나지도 않았는데 유혹의 시간이 다가왔고 불만의 생각이 들어오려 틈을 엿보며 그녀의 반응을 기다리고 있었습니다. 악령들의 역사는 계속적인 압력을 가하며 그녀로 하여금 세상적인 잣대로 남편을 바라보도록 수많은 화살을 쏘기 시작했습니다. 잘못된 생각이고 사탄의 거짓말이기에 거부하며 밀어냈지만 악령들의 역사는 홍수처럼 밀려오는 것 같았다고 합니다. 그날 아침에 기도한 것을 떠올리며 소유했던 감사의 땅을 지키려 했지만 역부족이었습니다. 악령들의 역사는 인간의 생각과 이유만으로는 물리칠 수 없기 때문입니다. 거짓의 화살이 날아올 때 진리로 무장된 믿음의 방패를 들어 대적해야 하는데, 이 경우에는 어떤 성령의 검(말씀)을 사용해야 하는지 몰랐던 것입니다.

그래서 하나님께 도우심을 청했답니다. "주님! 어떻게 대항할까요? 도와주세요!" 하고 속으로 외쳤답니다. 곧 하나님의 응답이 왔습니다. 그때 그녀는 자신 마음속에 외치시는 성령의 음성이 천둥처럼 강하게 들렸답니다. "그 안에 그리스도가 계시니라!(Christ in him!)" 이 말씀에 그녀의 심령이 번쩍하고 힘을 얻게 되었답니다. 어떤 뜻으로 하신 말씀인지를 깨달았기 때문입니다. 이 간단명료한 선포가 그녀의 갈등을 단순에 해결할 수 있는 능력의 다이너마이트였습니다. 한 번에 적군을 몰살할 수 있는 힘이 있기 때문입니다. 하신 말씀의 의미는 엄청나고 놀라운 것입니다. 이 선포로 세상적 잣대로 비교하도록 역사하는 악령들의 압력을 이길 힘을 주셨답니다. 그리고 그녀에게 주신 무기를 들고 입으로 큰소리 내어 외쳤답니다. "그 안에 그리스도가 계시니라." 그때 놀랍게도 물밀듯이 강하게 느끼던 압력이 순간적으로 사라졌답니다. 그녀의 이성적인 판단과 합당한 이유가 낸 승리가 아니라 진리의 말씀을 선포할 때 나타나는 능력으로 얻어낸 승리였답니다.

그런 상황을 경험할 때 악령들의 역사였음을 깨닫지 못했다면, 자신의 생각이라 착각하고 그녀는 다시금 사탄의 도구로 사용되어 남편을 허무는 사역에 동참하게 되었을 것입니다. 그날 그녀를 괴롭히던 생각들은 그녀 자신의 생각이 아니었고 영적 공격이었다는 것을 인식한 것입니다. 이렇게 사탄의 공격을 분별할 수 있는 능력은 그녀 안에 말씀으로 세워진 진리의 렌즈와 기도의 응답을 해 주신 하나님의 은혜이기 때문이라고 생각합니다. 진리의 말씀과 성령의 도우심의 능력으로 생각이 변하지 않았다면 아마도 압력에 못 이겨 사탄이 주는 생각에 항복하고 남편에 대한 불만으로 그를 힘들게 했을 겁니다. 결혼 초기 진리의 렌즈를 통하여 올바로 판단하지 못하고 세상의 풍습과 사회적인 압력과 사탄의 거짓말에 속았던 것을 생각하면 분하기도 하고 화가 난다고 합니다. 세상적 잣대에 눌려 혼동하던 그 시기를 생각하면 아찔한 마음이 든다고 합니다.

남편의 영원한 정체성

그렇다면 "그 안에 그리스도가 계신다."라는 말씀은 무슨 의미일까요? 어떻게 이 말씀이 사탄의 공격을 대적할 수 있는 강력한 무기가 되는 것일까요?

이 세상에는 두 개의 잣대가 존재합니다. 하나는 진리를 근거로 한 하나님의 잣대이고, 다른 하나는 사탄의 거짓말과 영향력으로 세워진 세상적인 잣대입니다. 우리는 어려서부터 세상적인 잣대로 비교당하고 또 비교하며 삽니다. 우리의 자존감과 가치, 그리고 능력과 소유를 항상 다른 사람과 비교하여 얼마나 더 나은지 또는 못한지에 대한 판단을 받는 것입니다. 고린도후서 10장 12절을 통하여 하나님께서는 이러한 것을 어리석은 일이라 말씀하십니다. 우리끼리 서로 비교하고 서로 잘났다고 내세우는 것은 의미가 없는 것입니다. 정확하지 않은 저울은 신뢰감을 주지 못합니다. 더 이상은 사탄의 저울을 사용하지 말고 하나님의 의의 잣대를 따라야 한다는 말씀입니다. 사도 바울은 그리스도 안에서 발견되는 자신의 진정한 정체성을 비교할 때 세상적인 잣대로 얻은 것들을 배설물처럼 여긴다고 고백합니다. 진짜 보석을 소유한 자는 값어치 적은 돌멩이를 버릴 수 있다는 것입니다.

그렇다면 하나님이 가지고 계시는 잣대의 기준은 무엇인가요? 구약시대에는 율법의 요구를 완벽하게 충족시키는 것이었습니다. 그러나 아무도 의로운 율법의 기준을 맞출 수가 없었기에 새 언약을 통하여 새로운 기준을 세워 주셨습니다. 새 언약의 기준은 바로 그리스도 예수님이십니다. 예수님 한 분만이 율법의 기준을 다 만족시키셨기 때문에 주님께 모든 영광과 존귀, 영원한 유업이 주어진 것입니다. 그리고 나를 대신하여 율법을 완성하신 구세주의 공로를 의지하고 믿는 자에게 그리스도가 받으신 모든 유업을 함께 받도록 하셨습니다. 정말 놀라운 축복입니다! 이로 인하여 하나님의 기준은 은혜의 기준 즉 그리스도 안에 거하는 믿음의 잣대가 사용되는 것입니다. 하나님의 의로우신 기준으로 한 사람의 가치를 따질 때 그가 그리스도 안에 거하는가 아닌가에 따라 달라지는 것입니다. 아무리 천하를 다 가졌어도 아무것도 소유하지 못한 자가 있고 가진 것은 적어도 모든 것을 누리는 자가 있으니, 그리스도 안에 거하는 자는 모든 것을 소유한 자입니다. 그날 그 여인에게 "그 안에 그리스도가 계시니라." 말씀하신 의미는 이 우주를 창조하신 그리스도가 그 안에 거하시고 바로 그녀의 남편이 그리스도와 함께 유업을 얻게 될 상속자라는 진리를 상기시켜 주신 것입니다. 예수님은 우주 만물의 주인이시고 모든 것을 소유하셨으니, 예수님이 소유한 모든 것이 다 그의 소유임을 인정하는 믿음의 선포를 함으로써 이 세상의 왕국의 현실이 아닌 하나님 왕국에 합당한 현실이 그녀의 생각을 통제하도록 도우신 것입니다. 인간이 상상할 수 없는 이상의 축복이고 소유이기에 잠시 잠깐 누리는 세상적인 성공과 비교가 안 됩니다. 남편은 이렇게 귀한 유업을 소유한 자이기에 절대 주눅이라는 올무에 빠지지 말고 진리의 잣대를 믿고 선포하여 이 세상의 잣대를 이용하여 덤벼드는 악령들을 대적해야 한다는 것이었습니다. 이러한 진리가 육신의 눈에 보이지 않더라도 진리이기에, 약속하셨기에, 장래에 일어날 사실임을 인정하고 믿음으로 선포할 때, 우리는 영원에 속한 흔들리지 않는 자부심을 소유하게 됩니다. 이러한 영적 훈련이 된 마음을 소유한 사람에게는 사탄의 공격은 힘을 잃게 됩니다. 우리 스스로가 허락하지 않는 한 악령들은 우리를 괴롭히지 못하기 때문입니다. 그날 그렇게 그녀에게 말씀하신 성령의 검으로 세상적 잣대로 그녀를 위협하던 악령들을 물리치고 감사의 땅을 지키게 되었다고 합니다.

하나님께서 모든 그리스도인에게 부여하신 정체성은 아주 영원한 진리이고 그리스도께서 우리 안에 거하시니 남편과 아내가 서로 존경할 수 있는 본질적인 이유가 우리에게 주어진 것입니다. 이 진리의 렌즈를 통하여 사탄의 역사를 물리치고 우리의 생각이 영원한 나라에 속하는 현실이 더욱 커지도록 계속적으로 마음을 새롭게 하는 부지런함을 보여야 합니다. 그리고 계속하여 우리의 생각을 지켜야 합니다. 오늘도 내일도 순간순간을 말입니다. 또 공격을 해 오기 때문에 또 흔들리고 갈팡질팡할 수 있습니다. 여기를 봐도 저기를 봐도, 모두들 세상적인 잣대에 대한 기준을 말하는 세상 안에 우리가 살고 있는 것이 또 다른 우리의 현실이기 때문입니다. 강물이 흐름같이 자연스럽게 사탄이 통제하는 현실에 그저 빨려 들어가는 세상 사람들과는 달리 그리스도인들은 하나님의 잣대를 움켜쥐고 강물의 흐름을 따르지 않고 거슬러 올라가는 연어같이 역행을 해야 합니다. 하나님의 진리가 나의 방패이기에 말씀이 항상 내 안에 거해야 합니다. 크고 작은 영적 전쟁을 할 때마다 적용된 하나님의 약속의 말씀이 우리 마음에 새겨지면 우리의 믿음의 방패는 점점 커지게 됩니다.

참나무의 긍지

베드로전서 1장 24절에 이런 말씀이 있습니다. "그러므로 모든 육체는 풀과 같고 그 모든 영광은 풀의 꽃과 같으니 풀은 마르고 꽃은 떨어지되." 성경은 모든 사람을 풀에 비교하시고 그중에 꽃들도 있어 영광을 나타낸다고 하십니다. 풀같이 흔한 사람들도 있고 꽃같이 뛰어난 자도 있다는 말씀입니다. 그러나 풀이나 꽃이나 다 생명이 짧아 마르고 떨어진다는 것입니다. 그러나 그리스도 안에서 하나님의 은혜를 받아 구원을 받은 자는 하나님께서 직접 심으신 의의 나무와 같다 표현하십니다. 이사야 61장 3절에 "그들이 의의 나무 곧 여호와께서 심으신 그 영광을 나타낼 자라 일컬음을 얻게 하려 하심이라."라고 쓰셨습니다.

이 구절에서 의의 나무를 영어 성경에서 찾아보니 "oaks of righteousness"라고 쓰여 있는데 오크(oaks)는 참나무를 가리킵니다. 성경에는 참나무에 대한 말씀이 많이 나옵니다. 참나무는 크고 강하고 견고하여 고급 가구를 만들 때 사용한다고 합니다. 믿음으로 구원받은 자는 성별되어 하나님의 영광을 나타내는 귀한 도구로 사용하시겠다는 약속이십니다. 이 세상의 기준으로 비교할 때 꽃과 같은 영광을 나타내지 않아도 참나무같이 큰 자라 하시니 믿음의 눈으로 보고 긍지를 가져야 합니다. 꽃과 같은 영광에 연연하지 말고 더 크고 높은 곳을 바라보아야 합니다. 잠시뿐인 세상에서 얻을 수 있는 꽃의 영광을 얻기 위하여 영원한 영광을 상실한다면 잘못된 투자를 하고 어리석은 삶을 사는 것입니다.

걸림돌 4. 율법주의의 렌즈

아내가 남편을 존경하는 데 있어 또한 걸림돌이 되는 것은 율법주의 렌즈입니다. 이 렌즈는 그리스도인뿐 아니라 예수 그리스도를 통한 구원을 얻지 못한 세상 모든 사람들도 사용하는 렌즈입니다. 성경 말씀을 아는 사람은 하나님의 계명을 통하여 이 렌즈의 기준이 세워집니다. 모든 인간 양심에도 하나님의 계명이 쓰여 있기에 믿지 않는 세상 사람들에게는 도덕성이라는 기준을 통하여 율법주의 렌즈가 형성됩니다. 만약 아내가 남편보다 율법주의가 강하고 도덕성이 높다면, 자신보다 낮은 남편을 향한 그녀의 태도는 큰 문제가 됩니다. 율법주의의 렌즈로 남편을 판단하는 아내는 법을 따지며 법관의 행세를 하게 됩니다. "당신이 이러는 법이 어딨어? 하나님의 말씀에 말하기를… 이렇게 하라 하셨는데… 왜 당신은 순종하지 않아?"라고 따지며 그의 실수와 잘못을 정죄하고 책망합니다. 남편의 죄책감을 자극하고 그의 마음에 심판의 두려움이라는 감정을 일으킨다면 그는 아내를 멀리 하고 거리감을 두게 됩니다. 시시콜콜 율법에 따라 기준 미달인 부분들을 지적하며 비판하는 완벽주의적인 아내를 피하고 싶은 상황이 됩니다. 법정과 흡사한 부부관계는 서로를 비판하고 송사하며 잘못을 지적하는 대화가 오고 갑니다. 이러한 상황이 계속된다면 외도의 위기가 올 수 있습니다. 이러한 관계는 구약에 나오는 하나님과 이스라엘 백성들과의 관계를 보면 잘 나타납니다. 구약에 보면 율법적으로 기준이 아주 높은 남편, 여호와 하나님과 죄와 쉽게 타협하는 아내, 이스라엘 백성과의 갈등을 보여 줍니다.

출애굽기 20장에 보면 하나님께서 이스라엘 백성들을 애굽 땅에서 구원하신 후 시내 산에서 그들과 언약을 맺으십니다. 에스겔 16장 8-14절; 예레미야 31장 32절; 이사야 54장 5절을 통하여 이 언약은 결혼 서약과 같은 관계적 언약이었음을 볼 수 있습니다. 이 언약은 또한 백성들의 순종과 불순종에 따라 보상으로 축복과 저주가 내려진다는 조건적인 언약이었습니다. 이 언약이 맺어진 후 남편 되시는 하나님의 요구 사항이 적혀 있는 십계명을 주십니다. 출애굽기 20장 18-21절에 보면 근엄하고 완전하신 의로운 하나님의 모습과 그의 언약 조건들을 말씀하신 후 백성들의 반응이 어떠 했음을 보여 줍니다.

> "뭇 백성이 우레와 번개와 나팔 소리와 산의 연기를 본지라. 그들이 볼 때에 **멀리 서서** 모세에게 이르되 당신이 우리에게 말씀하소서, 우리가 들으리이다. 하나님이 우리에게 말씀하시지 말게 하소서, 우리가 죽을까 하나이다. 모세가 백성에게 이르되 두려워하지 말라, 하나님이 임하심은 너희를 시험하고 너희로 경외하여 범죄하지 않게 하려 하심이니라. 백성이 **멀리 서 있고** 모세는 하나님이 계신 흑암으로 가까이 가니라."

하나님의 완전하신 의와 율법을 듣고 난 후 그들의 죄악성이 드러나고 죄의식이 생기자 하나님을 가까이하기 너무도 부족한 자신들의 추악함 때문에 먼 거리감을 느낀 것입니다. 심판에 대한 두려움과 정죄 의식이 마음을 무겁게 하였고 이러한 상황은 피하고 싶기에 "멀리 서서" 관계를 유지하고 싶은 이치가 되는 것입니다. 구약의 역사를 보면 이스라엘 백성들은 하나님께 인정을 받기 위하여 겉으로 보이는 행함과 노력을 하지만 마음은 멀리합니다. 죄의식을 드러내고 두려운 사람과 친밀한 관계가 이루어지기는 어렵기 때문입니다. 그리고 그들은 우상 숭배에 빠집니다. 겉으로는 예배를 보러 성전에 오고 예물을 드리고 봉사를 하지만 마음에서는 다른 신을 섬기게 됩니다. 선지자들을 통하여 불륜을 저지르는 이스라엘 백성들을 나무라며 그들의 죄를 지적하시지만 회개의 순간은 잠시 잠깐일 뿐 그들은 또 불륜에 빠집니다. 조건적인 언약으로 인한 악순환의 연속이 되는 것입니다.

이와 마찬가지로 율법주의와 도덕성이 남편보다 높고 강한 아내는 남편을 주눅들게 하고 죄의식을 드러내게 됩니다. 율법주의자들은 완벽주의자라 할 수 있기에 이상적인 결혼을 추구하며 부족한 남편을 추궁하게 됩니다. 의도한 것은 아니지만 남편 스스로 자격지심이 생길 수 있고 혹은 법관처럼 비판적인 아내의 말, 행동, 태도 때문에 문제가 생기기도 합니다. 율법주의의 최고의 명사인 바리새인들의 특기는 비판과 정죄함입니다. 율법을 주신 의도를 깨닫지 못한 바리새인들은 율법을 통하여 스스로의 의를 얻고자 하여 수많은 노력을 하였고 자신들 같이 노력도 하지 않고 기준에 미치지 못한 다른 이들을 판단하고 정죄하는 도구로 율법을 사용합니다. 율법은 우리가 죄인이고 조건적인 언약을 통하여서는 친밀한 관계가 이루어질 수 없음을 보여 주시는 몽학선생의 역할을 한다고 말씀하십니다. 율법을 통한 행함보다는 새로운 언약, 즉 은혜를 통한 새로운 관계 형성이 필요함을 느끼고 하나님께 믿음으로 나아 오기를 원하시지만 그들은 깨닫지 못합니다. 이러한 그들의 왜곡된 마음은 도가 지나쳐 율법을 주신 하나님 자신이 이 땅에 육신을 입고 오셨을 때 자신들이 고집하는 기준과 다른 관점을 보이신 예수님 또한 정죄합니다. 율법주의는 바리새인들과 같은 위선자를 만들어 냅니다. 율법적인 조건과 요구가 너무 높고 완전하여 다 순종하기에 불가능하다는 것을 알기에 인간의 영역 안에서 할 수 있는 만큼만 하고 타협하며 스스로를 의롭다 속이며 다른 이들을 정죄하기 때문입니다. 율법주의에 빠진 사람들은 자신들에게 쉬운 도덕적인 부분을 내세우며 다른 이들의 약한 부분을 강조하며 공격하게 됩니다. 이러한 위선을 보이는 자들에게 마태복음 23장 27-28절을 통하여 예수님께서는 마음으로 하는 죄의 심각성을 드러내 주십니다.

"화 있을진저 외식하는 서기관들과 바리새인들이여, 회칠한 무덤 같으니 겉으로는 아름답게 보이나 그 안에는 죽은 사람의 뼈와 모든 더러운 것이 가득하도다. 이와 같이 너희도 겉으로는 사람에게 옳게 보이되 안으로는 외식과 불법이 가득하도다."

야고보서 4장 11-12절에 겉으로 나타나는 것들만을 가지고 판단하는 자에 대한 경고의 말씀도 하십니다. "형제들아, 서로 비방하지 말라. 형제를 비방하는 자나 형제를 판단하는 자는 곧 율법을 비방하고 율법을 판단하는 것이라. 네가 만일 율법을 판단하면 율법의 준행자가 아니요, 재판관이로다. 입법자와 재판관은 오직 한 분이시니 능히 구원하기도 하시며 멸하기도 하시느니라, 너는 누구이기에 이웃을 판단하느냐?" 이 구절을 통하여 사람의 마음의 동기, 태도, 상처, 상황과 근본적인 원인을 다 고려하면서 사람의 행실을 판단하실 수 있는 분은 오직 하나님이시다 말씀하십니다.

율법적인 신앙을 소유한 아내가 바리새인 같은 교만한 태도를 가지고 자신의 기준에 어긋난 남편의 행실을 지적하며 수치심을 자극하고 정죄한다면, 남편 마음에 있는 아내에 대한 사랑과 열정에 찬물을 뿌리고 열기를 식히는 역할을 합니다. 만약 율법적인 아내가 자신이 생각하는 수준과 요구를 상기시킴으로써 남편을 변화시킬 수 있다 믿는다면, 이스라엘 백성들과 마찬가지로 외도의 위험이 올 수 있습니다. 정죄받는 사람은 숨고자 하는 성향을 나타내기 때문입니다. 죄의식을 불러일으키는 부부관계는 마치 숨고 찾는, 잡고 잡히는 반복되는 숨바꼭질 놀이같이 남편과 아내 사이에 거리감을 만들 것입니다. 서로 상대방의 의로움만을 요구한다면, 부부관계의 생명력을 서서히 질식시키는 상황에 처합니다. 율법주의는 부부관계를 죽이고 불륜의 위기를 초래합니다. 하나님께서도 율법을 통한 조건적인 언약을 통하여서는 이스라엘 백성들이 범하는 우상 숭배를 막지 못하셨습니다. 두려운 하나님을 사랑하지 못한 것입니다. 자신의 죄악을 드러내며 정죄하는 두려운 아내를 사랑한다는 것은 남편에게는 어려운 일이 될 것입니다.

은혜의 렌즈

율법주의는 인간의 생각 속에 담긴 한 종교적인 사고방식에 속합니다. 이 사고방식은 강한 부정적인 힘을 발휘하여 메시야를 죽이는 일을 하고도 하나님의 뜻을 행한다 착각하게 했습니다. 율법주의자들의 선두자였던 바리새인들은 차갑고, 직선적이며, 외식하며, 비판과 정죄를 당연시했습니다. 그들은 내면보다는 외면적인 곳에 신경을 더 쓰고, 마음의 동기보다는 겉으로 나타나는 행동에 집착했습니다. 자신들의 기준에 거슬리는 다른 이들의 외면적인 부분을 지적하며 자신들의 내면적인 죄를 슬쩍 용납하는 과오를 범합니다. 율법적인 아내도 마찬가지의 과오를 범할 수 있습니다. 남편의 작은 죄를 중하다 정죄하며 자신의 교만한 마음을 무시할 수 있습니다. 율법 아래 거하며 다른 이를 정죄하는 사람은 또한 스스로가 정죄를 받는 사람입니다. 내면에 정죄의 목소리를 잠재우지 않는다면 이러한 악순환에서 벗어나지 못합니다.

율법적인 사고방식으로 남편을 힘들게 한다면, 아내는 율법주의를 벗어 버리고 은혜 안에 거하는 여인으로 거듭나야 합니다. 율법의 특징인 정죄의 태도보다는 은혜의 특징인 자비를 나타내는 마음을 키워야 합니다. 하나님과의 관계가 남편과의 관계에 반영되기에 먼저 하나님과 은혜의 관계가 성립되도록 변화를 받아야 합니다. 율법주의를 없애는 처방전은 로마서, 갈라디아서, 히브리서를 공부하며 성령의 계시와 도움으로 철저히 이해함으로 새 언약의 대한 은혜의 프로그램을 통하여 마음이 새롭게 되는 변화를 받아야 합니다. 율법주의를 고집하는 사람은 믿음으로 살지 못합니다. "오직 나의 의인은 믿음으로 살리라."라고 말씀하셨습니다. 하나님이 말씀하시는 의인의 정의는 바로 로마서를 통하여 발견합니다. 율법주의를 벗고 그리스도를 통한 하나님의 안식에 들어갈 수 있는 믿음에 대한 말씀은 히브리서에 써 있습니다. 성령의 인도하심을 따라 새로운 믿음의 삶을 사는 방식에 대한 말씀은 갈라디아서에 말씀하셨기에 이 말씀들을 강조하여 공부한다면 성령께서는 율법주의를 깰 수 있는 능력과 힘을 주실 것입니다.

그리고 새로이 짜인 은혜의 사고방식을 기준 삼아 순간순간 법을 어기는 주위 사람들에게 정죄보다는 성령의 도우심을 통하여 먼저 사랑, 자비, 용서와 연민의 마음을 보이는 새로운 훈련을 하여야 합니다. 율법주의 같은 낡은 옷을 벗고 은혜주의의 새 옷을 입는 훈련은 모든 그리스도인이 받아야 하는 영적 훈련이기도 합니다. 새 옷을 입는다는 것은 실질적으로 매번 옛 방식과 새로운 방식에 대한 갈등이 올 때 의에 속한 선택을 한다는 의미입니다. 과거에 화를 내고 비판을 하던 같은 사건이 생긴다면, 관용과 겸손한 마음으로 서로에게 자비를 베푸는 선택을 하는 것입니다. 습관이 될 때까지, 자연스러운 옷이 될 때까지 계속해야 합니다. 사람의 뇌는 계속적으로 진화되고 잘못된 사고방식 또한 관심을 두고 업그레이드한다면 새로운 정보를 통하여 올바른 사고방식이 생기고 사람의 생각에 새로운 정보를 내보냅니다. 아무리 강하고 오래된 율법주의를 소유한 사람이라도 하나님의 새 언약의 능력의 말씀과 성령의 변화시키시는 능력 아래 자신의 생각과 마음을 계속적으로 양도한다면, 여리고 성 같은 요새도 때가 되면 무너질 것입니다. 포기하지 말고 계속적으로 무너질 때까지 마음을 새롭게 해야 합니다.

걸림돌 5. 과거의 렌즈

아내가 남편을 존경하는 데 있어 걸림돌이 되는 것은 과거의 렌즈입니다. 과거의 렌즈란 과거에 경험한 상처, 아픔, 실망을 벗어 버리지 못하고 과거의 고통스러웠던 기억들에 통제를 받는 마인드를 의미합니다. 과거 나쁜 기억들을 통하여 현재의 남편 모습이 반영되고 남편에게 받은 과거의 상처가 더 크게 확대되어 아내의 현재 생각 속에 생생하게 살아 있다면 계속하여 과거에 머물게 됩니다. 마음속 깊은 곳에 해결되지 않은 원망과 상처가 제대로 아물지 않았다면 무의식적으로 상처를 준 사람의 행동, 태도, 말이 눈이 거슬릴 수 있습니다. 별일이 아닌데도 격한 감정을 나타내며 말마다 비꼬인 비판을 하는 것은 그 사람의 마음에 쓴 뿌리와 원망의 독이 퍼져 있다는 증거이기도 합니다. 과거의 상황들이 생각 속에 생생하게 살아 있다면 그 당시 겪었던 감정들과 아픔을 계속적으로 경험하기에 이러한 사람의 마음은 고통이라는 수렁에 빠져 살게 됩니다. 마음이 아픈 아내는 남편에게 상처 주게 되고, 상처받은 남편 또한 아내에게 다시 상처를 주는 악순환이 반복됩니다.

이러한 악순환을 끊으려면 해결되지 않는 근본적인 문제와 과거의 렌즈를 통하여 과거의 상처를 스스로 상기시키는 습관을 벗어 버려야 합니다.

마음으로 용서를 하지 못했다면, 하나님의 도우심으로 용서할 수 있는 믿음과 자비함을 나타낼 수 있는 은혜를 구하여 근본문제를 해결해야 합니다. 자신에게 상처 준 사람을 용서할 수 있는 능력은 성령의 능력을 의지할 때 주어지는 성령의 열매로만 가능합니다. 성령의 능력을 통하여 인간으로서 불가능한 일을 할 수 있도록 도우시는 사역을 우리는 하나님의 은혜의 능력이라 말합니다. 육에 속한 우리 안의 옛 사람은 원망하라 하지만, 영에 속한 새 사람은 용서와 연민의 마음을 보이라 요구합니다. 이 두 마음이 갈등하며 순종을 요구할 때 누구를 선택하느냐에 따라 결과도 다를 것입니다. 새로운 피조물로서 하나님의 형상을 닮은 모습을 나타내며 증오보다는 사랑과 자비를 베푼다면, 과거의 그림자로 인하여 시들어 가던 부부관계를 살리는 하나님의 묘약을 얻게 됩니다. 그뿐 아니라 그리스도의 형상을 닮아 가는 성숙한 그리스도인으로서 더욱 장성함을 맛보게 됩니다. 그러나 용서하기를 거부한다면, 미움과 증오의 마음이 퍼져 스스로를 괴롭게 하고 부부관계를 허무는 독약을 얻게 합니다. 어떠한 처방전을 선택하냐에 따라 부부관계에 생긴 병이 낫거나 도리어 더욱 심각한 상태가 됩니다.

이미 마음으로 용서를 하였지만 과거의 기억 때문에 고초를 겪는다면, 상처에 대한 기억이 날 때마다 거부하는 훈련을 해야 합니다. 사람의 기억은 상기시킬수록 더욱 강화되기에 이 훈련은 의도적이고 능동적으로 자신의 생각을 통제하는 훈련입니다. 원치 않는 생각과 기억에 더 이상 흔들리거나, 자극받아 시달리고 괴로움을 받지 않도록 생각을 보호해야 합니다. 쉽게 변하는 감정과 지나치는 모든 생각에 너무 큰 무게를 두지 말아야 합니다. 스스로가 생각을 통제하고 주인의 위치에 서서 쉬도 때도 없이 스치는 수많은 생각들의 점령을 받지 않도록 진리의 말씀으로 새롭고 절제된 마음을 소유하도록 말씀을 가까이해야 합니다.

우리의 생각을 절제하는 능력을 키우지 않는다면, 사탄은 우리의 약점과 가장 취약한 순간을 기회 삼아 우리를 공격할 것입니다. 사람과 사람 사이와 하나님과 사람 사이를 이간질하는 것이 사탄의 특기입니다. 그의 이간질을 통하여 과거의 다른 이들의 잘못을 계속적으로 상기시키며 과거에 겪었던 고통을 되새김질하는 잘못된 습관이 형성되도록 우리를 자극하고 속이는 역사합니다. 그의 계략에 넘어가지 않으려면, 먼저 그러한 공격이 있음을 인식하고 그의 이간질에 더 이상 이용당하지 않고자 하는 결단을 해야 합니다. 내 머릿속에 떠오르고 들락거리는 모든 생각이 다 내 것이다라고 착각하거나 또한 사실이라고 믿는다면 이 싸움에서 실패를 맛볼 것입니다. 자신의 생각을 다 신뢰하지 말아야 합니다. 이 마음의 전쟁에서 이기려면 사탄이 던지는 생각을 분별할 수 있는 영안을 더욱 발달시켜 달라고 하나님께 구해야 합니다. 그리고 성령의 도우심을 통하여 사탄의 공격을 인식할 수 있는 민감함을 주십사 기도해야 합니다. 그리고 무엇이, 어떠한 생각이, 누구에게서 왔는지 따지고 추려내는 지혜로움을 구해야 합니다. 그동안 생각없이 그저 물이 흐르듯 자신의 생각을 받아들이고, 믿고 순종하며 살았다면 다시 재점검을 해야 합니다.

과거의 상처에 얽매어 평생 헤어나지 못하고 생을 마치는 수많은 여인들이 있습니다. 그들의 말과 태도에는 씁쓸함이 묻어 납니다. 그들은 상처를 되새김질하며 원망을 반복한 것입니다. 반복된 생각들은 마음에 얼룩이 생기게 합니다. 과거 상처에 물든 마음은 이 여인들의 성격까지 바꾸어 놓는 괴력을 발휘한 것입니다. 생각의 능력을 잘못 사용한 결과 그들은 고통 속에서 한을 품고 평생을 산 것입니다. 한이 맺힌 마음은 부정적이고 비판적인 말들을 품어 냅니다. 어떤 여인은 자신을 배반한 남편과 50년 이상을 살았지만 겨우겨우 관계를 연명하며 한집에서 산 여인도 있습니다. 쓴맛, 아린 맛, 고통의 맛, 실망의 맛을 계속적으로 음미하며 자신 스스로를 괴롭히고 남편 또한 무시하는 눈길, 비아냥거리는 태도, 비판하는 말로 심판을 한 것입니다. 남편을 과거라는 감옥에 가두고 괴롭혔지만 자신도 같이 감옥살이를 한 것입니다. 과거의 노예가 된 이 부부는 생존하는 부부관계를 유지했지만 풍성한 삶을 경험하지 못한 것입니다. 남편이 먼저 죽고 난 후에 이 아내는 후회를 하지만 이미 기회는 더 이상 없습니다.

과거에 받은 고통, 실망, 상처는 그때에 아픔으로 충분하다는 결단을 내려야 합니다. 더 이상 과거에 이미 당한 고통의 세금을 현재와 장래에도 계속 내야 한다는 거짓말에 속지 말아야 합니다. 상처를 준 사람을 미워하는 것이 정당한 보복이라는 어리석은 마음으로부터 해방되어야 합니다. 증오하는 마음은 상처를 준 사람에게 복수한다는 명분으로 스스로 독을 마시는 것과 같은 행위라고 누군가가 표현했습니다. 미워하는 자신만 손해라는 의미입니다. 과거로부터 해방받기 원한다면 사탄의 거짓말을 거부하고 뒤돌아보기를 의도적으로 중단해야 합니다. 더 이상 과거의 영향을 받지 않게 스스로 결단을 내려야 합니다. 결단을 내렸다면 과거의 기억들이 희미해지고 마음의 상처가 아물 때까지 자극을 쉽게 받을 수 있는 환경, 사람들, 프로그램들, 그 외의 모든 것을 피할 수 있다면 피하는 지혜 또한 요구됩니다.

지난 과거를 한탄하며 스스로를 위로하는 방식으로 과거에 입었던 상처들을 줄줄이 입으로 내뱉으며 팔자 타령을 하던 습관이 있다면 이 또한 버려야 합니다. 또다시 자신의 입으로 과거 상처에 대한 말을 내뱉고자 하는 욕구와 싸워 이겨야 합니다. 내 입으로 나오는 정보를 통하여 악령들에게 우리의 감정을 자극하며 괴롭히는 역사를 하도록 말미를 주게 됩니다. 이러한 습관은 정신 건강에 이득보다는 도리어 해가 됩니다. 우리의 귀로 반복적으로 들어가는 정보는 우리의 뇌에 다시금 저장되고 상기시키면 시킬수록 강하게 살아나는 것이 기억이기 때문입니다. 다시금 말하지 않겠다 스스로에게 말하며 다짐해야 합니다. 더 이상 독이 들어간 물을 스스로 마시지 않겠다는 결정과 흡사합니다. 이 다짐이 한 번에 현실로 나타나지 않습니다. 습관이 하루아침에 없어지지 않는 것같이 시간을 두고 꾸준히 신세 타령하고 싶은 욕구와 싸우며 긍정적인 새로운 습관이 형성될 때까지 성령의 도우심을 의지하여 자신과 싸워야 합니다. 혹 실패하여도 정죄하지 말고 스스로에게 자비로운 마음을 가져야 합니다. 그리고 다시 일어나 전진해야 합니다. 세 걸음 진전하다가 혹 두 걸음 후퇴하더라도 한 걸음 나아온 것을 감사하고 실망하지 말아야 합니다. 하루아침에 변해야 한다는 불가능한 기대를 버려야 합니다. 오늘 혹 또 사탄의 속임수에 넘어가 과거의 상처에 시달리는 바람에 남편에게 한바탕 퍼붓고 비판을 하며 그를 허무는 도구로 사용되었지만, 다시 일어나 의의 도구로 사용되는 훈련이 될 때까지 싸우는 것입니다.

장래의 렌즈

과거를 지나 현재에 충실하고 새로운 장래를 소원한다면, 과거의 렌즈를 벗어 버리고 새로운 소망을 두는 장래의 렌즈에 초점을 바꾸어야 합니다. 더 이상은 과거가 현재의 삶과 장래의 가능한 꿈을 훔쳐 가도록 도둑질하지 못하게 자물쇠를 걸어 막아야 합니다. 매일 쓰는 뇌의 용적은 한계가 있기에 현재와 장래에 대한 꿈과 비전으로 생각을 꽉 채운다면 과거를 축소시킬 수 있습니다. 이미 새겨진 기억은 완전히 지워지지 않지만 의도적으로 노력한다면 희미해지고 힘을 잃게 됩니다. 이 모든 것은 한 번 결단하고 마음먹었다고 자동적으로 되는 것이 아닙니다. 인간의 뇌는 자주 사용된 기억들을 쉽게 상기시키기 때문입니다. 이미 확대된 과거의 기억들을 축소시키기 위해서는 수많은 노력과 의식적으로 싸워야 하기에 간절함이 있어야 합니다. 스스로 더 이상 아프기를 거절해야 합니다. 과거의 상처로부터 해방되고 자유하고 싶은 간절한 갈망과 옛 사고방식에 진저리 난 상태라면 동기부여를 줄 것입니다. 과거의 상처 때문에 부부관계가 죽어간다면 더더욱 하나님께 울부짖고 도움을 청하는 절실함 또한 요구됩니다. 사람이 변하고 삶의 방향을 바꾸는 계기는 다양하지만 하나님께서 주시는 소망과 능력은 가장 큰 무기가 됩니다. 불가능한 것을 가능하게 하시고 없는 것을 새로이 창조하시는 하나님의 능력을 의지하고 바라고 인내함으로 꾸준히 노력하고, 포기하지 않는다면 과거의 상처보다 장래의 대한 소망으로 마음이 설레는 마음으로 매일 아침을 맞을 수 있는 시기가 꼭 올 것입니다.

과거 실패한 결혼으로 인하여 고통을 받는다면, 장래에 대한 소망을 담은 생각의 씨를 마음에 부지런히 심어야 합니다. 우리가 소원하고 바라는 행복한 장래는 그저 오는 것이 아니고 씨를 뿌리고 물을 주는 농부의 심정으로, 과수원을 관리하는 관리자의 마음으로 우리가 스스로 창조해야 합니다. 하나님의 형상을 닮아 우리에게 우리의 삶과 결혼과 가정을 아름답게 창조할 수 있는 능력을 이미 품어 주셨습니다. 이러한 하나님의 의도를 깨닫고 그의 도우심을 얻는다면 장래에 대한 달콤한 기대감으로 열심히 씨를 뿌리는 노력을 할 수 있습니다. 과거에 얽매여 생각의 용적을 다 소비한다면 장래에 대한 창의적인 생각을 하지 못하게 되고 새로운 부부관계를 창조할 수 있는 기회와 여건을 상실하게 됩니다. 뇌 에너지에 한계가 있기에 더 이상은 과거의 안 좋았던 기억에 낭비하지 말아야 합니다. 허락된 시간 안에 우리를 향하신 높고 놀라운 하나님의 꿈과 뜻, 사명을 다 이루기도 부족하기에 과거의 일들로 인하여 감정 소모와 귀중한 부부관계를 허비하지 말아야 합니다. 아직도 쟁취하고 누려야 할 유업이 많은데 더 이상 뒤로 후퇴하는 실수를 하지 않도록 삶과 세월을 아껴야 합니다.

걸림돌 6. 피해의식의 렌즈

아내가 남편을 존경하는 데 있어 또 하나의 걸림돌이 되는 것은 피해의식의 렌즈입니다. 피해의식의 렌즈를 끼고 남편을 바라보는 아내는 자신이 경험하는 불행한 결혼과 삶이 다 남편의 탓이고 남편 잘못 만나서 일어난 결과라고 해석하기에 남편에게 비판적이 됩니다. 결혼을 통하여 행복하고 즐거운 삶이 자신의 몫이고 당연하다 기대한다면 문제가 됩니다. 남편은 나를 행복하게 해 줄 의무가 있고 그럴 것이라는 기대를 갖고 결혼을 한다면 큰 실망을 할 것입니다. 자신의 친구들, 지인들과 특히 드라마에 나오는 주인공들의 삶을 비교하며 다른 아내들이 남편을 통하여 많은 것들을 누리는 것처럼 보이는데 자신에게 당연히 올 것이라 기대했던 것들을 남편에게 얻지 못했다면 아내 스스로를 피해자로 여깁니다. 남편의 무능력으로 인하여 여자의 권리를 빼앗겼다는 생각이 들기 때문입니다. 시대가 바뀌어 여자들의 생각이 이기주의적인 소비자의 현상이 더욱 나타남을 볼 수 있습니다. 남편 잘 만나면 팔자 고친다는 속담을 믿는다면 소비자의 심리가 더욱 강화될 것입니다. 자신이 기대했던 만큼 남편이 만족스럽지 않고 자신에게 이득을 주지 못했다면 잘못 구입한 상품에 대한 소비자의 불만을 나타내듯 자신의 선택을 후회하며 남편 앞에서 불평을 하게 됩니다.

성공적이고 사랑이 넘치는 부부관계는 두 사람의 많은 노력과 수고가 있어야 하지만, 남편만 잘 만나면 가능하다는 수동적인 생각과 착각을 하고 기대했다면 큰 문제가 됩니다. 특히 남편에게 상처를 받고 난 후 과거의 렌즈에 얽매이고 피해의식의 렌즈까지 사용한다면 상황은 더 심각해집니다. 남편의 잘못을 이유 삼아 피해자의 권리를 말하며 남편을 비판하는 자신을 정당화합니다. 피해의식의 렌즈를 사용하는 아내는 자신의 팔자가 다른 사람에게 달려 있고 그들의 영향에 의하여 불행과 행복이 좌우된다 생각하며 책임전가를 하기에 자신을 불행하게 만든 남편에게 감사한 마음을 가질 수 없습니다. 남편을 인생의 동반자의 위치를 넘어선 신의 존재에 올려놓고 자신이 기대했던 만큼 만족을 주지 못했다는 명분으로 실망을 하며 속았다는 생각에 피해의식을 갖게 됩니다. 남편이 잘해 주지 않아서, 무심해서, 능력이 없어서, 배신하여서, 상처를 주어서 등등 자신의 문제가 다 남편의 부족함 때문이라고 생각한다면 남편의 모든 면이 하찮고 짜증나고 얄밉고 한심하게 보입니다. 자신이 피해자란 생각을 정당화하는 방식으로 남편의 약점과 부족한 점을 드러내어 계속적으로 공격하며 비판합니다. 이러한 피해의식이 심한 경우 남편 잘못 만나 자신의 인생을 망쳤다는 공상에 빠져 우울증에 걸리기도 하고 팔자 타령하며 인생을 허비할 수도 있습니다.

여자 팔자는 남자에게 달렸다는 속담을 믿는다면 이러한 생각을 거부해야 합니다. 하나님 말씀에 보면 하나님을 신뢰하고 하나님께 소망을 둔 아내들은 하나님의 보호하심과 축복 가운데 풍성한 삶을 누리게 된다 약속하셨습니다. 남편과 상관없이, 자녀들과 상관없이 하나님께 바라고, 의지하고, 간절히 기도하는 아내에게는 모든 것이 가능한 것입니다. 여자 팔자는 하나님께 향한 그녀의 마음과 주의 약속을 신뢰하는 믿음과 계명을 순종할 때 바뀌게 됩니다. 이미 그리스도 안에서 모든 것을 유업으로 주셨기에 이 유업을 쟁취하고 땅을 차지할 수 있는 믿음이 장성하도록 삶의 투자를 올바른 곳에 해야 합니다.

아내가 살고 있는 현주소의 상황은 남편의 탓이 아닙니다. 아내에게 하나님을 향한 신뢰와 믿음이 없는 이유입니다. 남편이 무능력해서가 아니라 아내가 하나님께 간절히 구하지 않기 때문입니다. 혹 구했지만 소원이 이루어질 때까지 인내로 기다리며 감사하지 못하기 때문에 불평을 하는 것입니다. 나의 불신, 조급함, 불안함, 나태함을 인정하기보다는 왜곡된 피해의식의 렌즈를 사용하여 남편을 계속적으로 공격한다면, 남편의 마음은 아내에게서 멀어지고 자신을 귀하게 여기는 다른 여인에게 귀가 솔깃하는 유혹에 빠지는 상황이 올 수 있습니다.

사탄이 사용하는 강력한 무기 중에 하나는 피해 의식입니다. 사탄은 우리가 당한 과거의 상처들을 상기시키며 우리는 무력한 피해자란 거짓말로 우리를 속입니다. 이러한 사탄의 제안을 믿는다면 이 피해의식의 렌즈는 자신이 갖고 있는 문제, 허물, 잘못을 제대로 볼 수 있는 영안을 멀게 합니다. 피해의식을 가진 사람은 삶에 소극적인 태도를 보이며 불평과 불만을 합니다. 무의식적으로 다른 이들에게 자신을 통제할 수 있는 권리를 주었기에 자신이 변하고, 삶을 바꾸고, 노력할 수 있는 범위가 좁다 믿게 되고 무력감으로 인하여 남만 탓합니다. 책임을 회피하는 한, 자신이 삶의 주인이 되지 못하는 것입니다.

타락으로 인하여 우리 모두는 원하든 원치 않든 서로에게 피해를 주고받습니다. 강약은 다르지만 누구도 피해를 피할 수가 없는 현실 속에 우리는 살고 있습니다. 그러나 피해를 받을 때 우리의 반응은 각자의 선택입니다. 우리의 내면으로 나타나는 반응은 각자 자신이 삶의 주인으로 살고 있는지 아니면 피해자로 살고 있는지를 보여 줍니다. 남편, 과거의 상처, 결혼과 상관없이 자신 내면의 행복과 감정을 스스로 책임져야 한다고 믿는 아내는 피해의식의 렌즈를 벗어 버릴 수 있는 용기를 얻게 됩니다. 그리고 무책임한 아내의 역할을 떠나서, 능동적으로 자신의 삶과 결혼을 위하여 싸우는 힘과 능력을 추구하는 지혜로운 아내로 거듭날 수 있습니다. 아내가 먼저 변한다면, 피해자가 아닌 남편에게 선한 영향력을 끼칠 수 있는 능력의 여인인 것을 깨닫게 될 것입니다. 하나님께서는 아내를 축복하사 남편에게 얻지 못하여 부족한 정서적인 부분뿐 아니라 경제적인 부분까지도 넘치게 제공해 주실 것입니다. 자신의 행복과 만족은 스스로가 개척하고 얻어야 한다는 자각을 한다면 피해의식이란 올무에서 빠져나올 수 있습니다.

한 여인의 고백

과거 남편과 시댁 식구들에게 큰 상처를 받은 여인이 있었습니다. 이로 인하여 피해의식이 생겼고 오랜 시간 부정적인 감정을 마음에 안고 살았습니다. 이미 그들을 마음으로 용서하고 정리가 되었지만, 오랜 시간 원망, 분노, 피해의식이 반복된 생각은 그녀의 뇌 속에 우울증의 늪으로 자주 빠지게 하는 큰 오솔길을 만든 것입니다. 그러던 어느 날 그녀는 자신에게 기쁨이 없음을 인식하게 됩니다. 아침에 눈을 뜨면 온몸이 아프고 기운이 없고 삶의 의욕이 생기지 않았습니다. 우울함이 자연스럽게 용납되고 부정적인 감정에 얽매인 자신을 보게 됩니다. 그리고 우울증이 점점 심각해져 몸까지 아프기 시작했습니다. 병원에 가 보았지만 별다른 문제를 발견하지 못했습니다. 그런데 왜 만사 귀찮고 힘이 없는지 몰랐습니다.

이러한 상황 때문에 이 여인은 하나님의 도우심을 청하는 기도를 드린 것입니다. 기도의 응답으로 하나님께서는 그녀에게 매일 아침 일어나자 마자 시편 118편 24절 말씀을 시인하며 믿음의 선포를 하라는 지혜를 주셨습니다. "이 날은 여호와께서 정하신 것이라 이 날에 우리가 즐거워하고 기뻐하리로다." 자신이 느끼는 뇌를 통한 우울한 감정과 상관없이 하나님 말씀과 동의하는 믿음의 선포를 하라는 말씀이었습니다. 믿음의 선포를 할 수 있는 근거는 자신이 경험하는 과거의 기억들, 느끼는 우울함과 처한 환경과 상관없이 변하지 않는 하나님의 선하심과 그의 대한 감사에 초점을 맞춘 것입니다.

그녀의 온 감각이 거부했지만 진리의 말씀에 따라 즐거워하고 기뻐하리라 큰 소리를 내며 의도적으로 스스로 선택을 하기 시작했습니다. "오늘은 하나님께서 정하신 날이니 나는 즐거워하고 기뻐하리라. 하나님 아버지 감사합니다. 당신의 선하심을 찬양합니다!" 더 이상은 무의식적으로 뇌에 만들어진 우울증의 늪으로 가는 오솔길로 향하기를 거부하는 행동이었습니다.

처음에는 아무런 효과가 나지 않고 우울한 감정이 지속되었습니다. 그러나 마음의 능력과 뇌가 어떻게 변한다는 지식을 얻고 난 후 포기하지 않고 계속 믿음의 선포를 했답니다. 한 주, 두 주, 한 달… 세 달이 지나면서 계속적으로 아침마다 침대에서 일어나자 마자 양손을 위로 내밀고 고백하고 또 고백했답니다.

그러던 어느 날 우울증이 없어짐을 보게 됩니다. 어두운 마음보다는 기쁨의 마음이 생기는 새로운 창조의 체험을 한 것입니다. 말로 시인함을 통한 사람의 생각의 변화가 얼마나 중요한 역할을 한다는 실체를 본 것입니다. 그동안 부정적인 생각에 초점을 맞추고 그 생각에 노예로 산 것을 깨달은 후부터 의도적으로 낡은 감정들과 싸운 것입니다. 뇌에 새겨진 부정적인 프로그램을 말씀을 통한 긍정적이고 진리에 속한 정보를 통하여 새롭게 새겨질 때까지 반복을 한 것입니다. 더 이상은 습관화된 피해 의식이라는 프로그램에 잡혀 살기를 거부하는 의지를 나타낸 것입니다.

그 이후부터 이러한 변화를 체험한 이 여인은 자신이 삶의 주인이 되어 자신의 하루를 결정하는 주동자가 되었습니다. 더 이상은 자동적으로 돌아가는 옛 프로그램에게 빨려 들지 않고 자신의 하루를 스스로 창조하는 능력자의 힘을 조금이나마 맛본 것입니다. 지난 과거의 자신도 인식하지 못했지만 부정적인 프로그램을 스스로 만들어 낸 것같이 장래에 원하는 삶을 의도적으로 인식하며 긍정적인 프로그램을 짜는 노력을 하는 것입니다.

시편 51편 10절에 보면 다윗은 이러한 기도를 합니다.

> "하나님이여, 내 속에 정한 마음을 창조하시고 내 안에 정직한 영을 새롭게 하소서."

하나님께서 인간에게 부여하신 자유의지에 대한 능력을 모른다면, 피해 의식을 통하여 우리를 공격하는 사탄의 거짓말에 속게 됩니다. 타락으로 인하여 인간의 의지력은 죄의 힘과, 사탄의 역사, 타락한 사회와 사람들, 죄의 습성으로 약해진 연약한 육신, 그리고 외부로부터 오는 불경건한 사람들의 압력과 요구의 강한 힘으로 인하여 영향을 받아 약해질 수 있습니다. 성령께서는 우리를 구원하신 후 성화의 과정을 통하여 우리의 영의 사람을 회복하실 때 우리가 죄, 사탄, 육신과 환경을 초월하고 스스로의 의지력을 통하여 의의 종이 되는 능력의 사람으로 거듭나도록 우리를 훈련시키십니다. 자제력, 즉 스스로의 마음과 생각을 통제할 수 있는 능력은 성령의 열매이라 갈라디아서 5장 22절에 말씀하십니다. 디모데후서 1장 7절에 또 말씀하십니다.

"하나님이 우리에게 주신 것은 두려워하는 마음이 아니요, 오직 능력과 사랑과 절제하는 마음이니."

'절제하는 마음'을 영어 성경에 보면 '훈련된 마음'이라고도 해석이 됩니다. 성령께서는 죄의 노예가 되어 의를 행함에 약해진 우리의 자제력을 회복시키시는 사역을 하십니다. 우리는 성령이 충만한 삶을 산다는 것은 성령에게 무조건 통제되어 로버트처럼 조절당하는 삶을 사는 것이라고 오해합니다. 그러나 로버트처럼 사는 것은 처음부터 인간에게 자유의지를 주신 창조주의 의도와 어긋납니다. 하나님께서는 우리가 의를 사랑하고 귀히 여기기에 스스로 결단하고 의지력을 훈련하여 의의 종이 되어 의를 행하는 인간의 참모습으로 장성하기를 꿈꾸십니다. 스스로 죄를 거부하는 자제력과 의에 순종하는 의지력은 우리에게 자유로운 삶을 선사하기에 스스로 깨닫기 원하십니다.

훈련된 마음을 키우지 못한다면 자제력(self-control)이 힘을 잃고 의지력(will-power)이 약하다면 피해의식에 눌려 살게 됩니다. 속사람이 약하다면 다른 사람들이 한 말, 행동, 태도, 상처에 쉽게 영향을 받게 됩니다. 내면의 사람을 강화시킬 때 중요한 역할을 하는 사람의 의지력은 근육과 같아 사용할수록 강해진다고 합니다. 사탄의 거짓말을 거부하고 하나님께서 자신에게 선물로 주신 의지력을 키운다면 남편 때문에, 시댁 때문에, 환경 때문에, 불행하다 여기며 불평, 불만, 비판을 하던 아내의 모습은 더 이상 힘을 잃게 됩니다. 다른 사람들 탓이라는 생각들을 거부하는 훈련을 한다면 피해의식으로부터 우리를 해방시켜 줄 것입니다. 나의 삶은 나의 반응에 달려 있지 어떠한 피해로 인하여 결정이 나지 않습니다.

지금, 오늘, 이 순간, 외면의 현실과 상관없이 자신의 내면의 행복과 삶은 스스로 창조해야 한다는 책임을 인식한다면 창조주의 모습을 닮아 가는 경건한 여인의 모습으로 변할 것입니다. 남편과 상관없이, 환경과 상관없이, 하나님께서 우리에게 주신 지각의 놀라운 평강을 상실하지 않도록 우리의 마음을 지키고 보호해야 합니다. 사탄은 피해의식이란 생각을 이용하여 우리의 유업인 평강과 기쁨을 훔치는 도둑입니다. 과거의 상처들로 생긴 피해의식이란 올무에서 헤어나지 못한다면 부부관계를 활성화시키고, 남편을 세우는 사역을 할 수 없을 뿐 아니라 아내 자신의 장래도 상실하게 됩니다.

걸림돌 7. 자기중심적 렌즈

아내가 남편을 존경하는 데 있어 또 하나의 걸림돌이 되는 것은 자기중심적 렌즈입니다. 자기중심적 렌즈란 자기중심적인 해석을 하고, 보고, 말하는 마인드를 의미합니다. 자기중심적인 아내는 자아가 강합니다. 자아는 '나'를 말합니다. 여자인 아내 입장에서만, 내가 이해할 수 있는 수준에서만, 내가 아는 만큼 만이 전부일 것이라고 생각한다면 문제가 됩니다. '나' 자신, 가족 배경, 능력, 자라온 환경, 교육 수준, 교양, 사고방식, 영성의 기준이 다른 남편을 은근히 무시하는 태도를 말합니다. 자신의 지식, 지혜, 사고, 경험, 결정에 대한 확신을 가진다면 자신의 생각이 정확하다고 여기고 그 생각의 기준에 따라 동의하지 않는 남편을 판단하며 비판하게 됩니다. 하나님의 말씀을 통한 진리와 성령의 음성을 통하여 확인되지 않은 내면의 목소리가 위험한 소리일 수 있음을 간과합니다. 자아의 생각(voice of ego), 판단, 사고, 결정이 자기중심적이고(self-oriented) 기만적이며(deceptive) 편견이(bias) 심할 수 있다는 것을 모른다면 자신이 똑똑한 여인이라 착각하게 됩니다. 자신의 결정과 판단이 항상 옳다고 착각한다면 남편의 생각을 무조건 무시하게 됩니다. 자신의 생각이 우수하다 믿기에 남자인 남편은 아내와 전혀 다른 생각, 해석, 관점을 소유했음을 이해하기보다는 이상하다 여기고 빈정거립니다. 남편의 생각이 자신보다 성숙하지 못했을 경우 그들 돕는 위치에서 겸손히 대하기보다는 어리숙하다 비판을 하게 됩니다. 남자는 여자가 아닌데, 여자처럼 섬세하게 생각하지 못하는 남편을 문제 있다 비난합니다. 남자보다 논리적이고 합리적인 생각으로 남편에게 따지며, 대드는 아내에게 남편은 주눅이 들게 되고 피하고 싶은 마음이 생깁니다. 자기 잘난 맛에 사는 여인과 사는 남자는 피곤해집니다. 그리고 자신에게 따지지도, 대들지도 않는 그냥 편하게 해주는 다른 여자들에게 관심을 보이게 됩니다.

잠언 24장 9절에 보면, "미련한 자의 생각은 죄요, 거만한 자는 사람에게 미움을 받느니라."라고 합니다. 흔히 어른들이 말하는 속담에 똑똑한 여자들은 남편의 사랑을 받지 못한다 합니다. 자기 주장이 강하고 센 여인은 사람으로서 매력적으로 보일 수 있지만, 아내로서 성적 매력은 떨어진다는 말일 것입니다. 아내의 똑 부러지는 모습이 매력적으로 보여 결혼을 했지만, 결혼 이후 시시콜콜 남편의 주장에 태클을 걸고 넘어진다면 그녀의 매력이 더 이상 장점이 아닌 단점으로 보이고 비위가 거슬리게 됩니다. 쟁취력이 강하고 아내에게 영웅이 되고 싶은 남자들에게는 위협을 주기 때문입니다. 만약 교만한 태도로 남편을 비판한다면 그의 마음이 아내로부터 멀어지는 것은 당연한 이치가 됩니다. 특이 자아가 강한 남자들에게는 잘난 아내의 모습이 더욱 큰 거부감으로 다가옵니다. 자신의 존재가 작아 보이고, 자존감을 깎아내리는 아내의 말과 태도는 남자의 자존심을 건드립니다. 눈을 위아래로 내려다보며 남편의 생각을 꿰뚫어 보는 아내는 남편의 마음을 섬뜩하게 합니다. 비위를 건드리고, 위협을 주며, 마음을 섬뜩하게 하고, 자존심을 건드리고, 거부감이 드는 아내를 포옹하고 사랑하고 성적 관심을 유지할 수 있는 남편은 과연 몇이나 될까요?

이러한 상황은 이해하지 않고 자신처럼 괜찮은 여자에게 신혼 때처럼 성적 관심 보이지 않는 남편에게 화를 낸다면 다시 생각해야 합니다. 감사보다는 그에 대한 불평을 많이 하여 그의 노력을 비하한 후 아내 자신에 대한 성적 관심을 보이지 않고 흥분을 하지 않는 남편에게 자존심 상하여 그를 공격하며 정력이 부족한 남자라 여기며 그를 비판한다면, 이야말로 감정과 마음을 소유한 남자에게 불가능한 것을 요구하는 일이 됩니다. 남편을 무시하는 말을 하여 그의 기분을 상하게 한 후 자신에게 사랑을 표현하지 않는 남편에게 서운해한다면 불가능한 것을 요구하는 것입니다. 다른 남자들과 비교하여 상처를 주며, 그의 능력을 비하하며 자존심을 상하게 한 후 자신을 피하며 밖으로 나도는 남편을 원망한다면 불가능한 것을 요구하는 것입니다. 만약 이런 상황을 겪는다면 아내 사랑하는 것이 쉽도록 사랑스러운 아내의 모습이 나타나도록 자신의 태도를 바꾸는 현명한 아내로 거듭난다면 지혜로운 여인이 될 것입니다. 남편을 세우는 사역은 똑똑함보다는 지혜로운 여인에게 가능한 사역이다 말씀하십니다. 똑똑함을 감추고, 겸손함을 배우며 자신보다 지식, 통찰력, 가족 배경, 능력, 자라온 환경, 교육 수준, 교양, 사고방식, 영성의 기준이 다른 남편을 존경하기 원한다면 자기중심적의 렌즈와 교만의 마음을 버려야 합니다. 존경이라는 열쇠를 가지고 남편의 마음과 몸의 문을 열 수 있는 능력을 주셨건만, 여러 가지 이유를 대며 순종하지 않는다면 닫힌 문을 아무리 강하게 두드린다 해도 열리지 않을 것입니다. 남자를 만드신 창조주의 이치를 벗어났기 때문입니다. 시편 100편 4절에 보면 어떻게 하나님 전에 가까이 들어가 주와 만날 수 있는지에 대한 비결을 말씀하십니다.

> "감사함으로 그 문에 들어가며 찬송함으로 그 궁정에 들어가서 그에게 감사하며 그 이름을 송축할지어다."

감사와 찬양의 마음과 고백은 하나님 전에 들어가 주와 친밀한 교제를 나누기 위하여 우리에게 요구하시는 마음의 태도이고 필수적인 조건이기도 합니다. 성경에 보면 남자는 하나님의 형상을 닮고 창조되었다 말씀하십니다. 남자들도 마찬가지로 자신에게 감사와 찬양을 보내는 아내에게 마음의 문을 열고 가까이하게 되는 것입니다. 그러나 비판, 불평과 불만을 말하는 아내에게 자신의 궁정과 마음의 문을 열기란 힘든 일입니다. 하나님 전에 감사와 찬양으로 들어가듯, 남편의 마음도 감사와 찬양으로 들어가야 한다는 진리를 아내들에게 말씀하십니다. 그러나 아내들은 따집니다. 모든 면이 완전하신 하나님께 향한 찬양은 너무도 쉽지만, 흠 많고 부족한 인간인 남편에게 같은 태도를 보인다는 것은 어렵다고 말입니다. 보이지 않는 하나님의 역사와 그의 성품을 찬양하는 것이 믿음의 선포라면, 이와 같이 남편에게 감사한 마음과 찬미도 믿음의 선포가 되어야 합니다. 남편의 좋은 점에 초점을 둔다면 감사할 수 있습니다. 보이지 않는 그의 본질적인 사람, 즉, 그의 영의 사람과 영원한 정체성에 초점을 맞춘다면 눈에 보이는 부족함을 넘어 영안을 통한 믿음의 선포가 가능합니다. 무엇을 생각 안에 확대하는가에 따라 관점이 바뀝니다. 지혜로운 여인은 남편을 존경하기 쉬운 남편의 장점과 신성한 부분에 확대경의 위치를 놓는 현명한 선택을 합니다. 본질적으로 남편이 하나님의 형상을 닮았다는 사실 때문에 귀히 보는 것입니다.

하나님의 징계와 훈련

아내는 남편을 진심으로 존경하기 위해 성화의 과정을 통하여 변화를 받아야 합니다. 하나님께서는 아내가 이러한 사역을 감당하기 위하여 때로는 징계와 훈련을 통하여 남편을 세우고 사랑받는 아내의 모습으로 성장하도록 우리를 도우십니다. 아내의 고약한 육신의 생각은 할례를 받아야 하고, 남자에 대한 아내의 잘못된 개념 또한 버려야 합니다. 혹 사탄의 생각과 미혹에 빠져 남편을 힘들게 한다면 이 수렁에서 빠져나오도록 하나님의 도움과 구원이 필요합니다. 그리고 부부간의 이익을 주시고자 역사하시는 이 모든 과정에 우리는 순복해야 합니다. 의의 열매를 맛보기 위해서는 징계의 손을 거부하면 안 됩니다.

한 여인의 고백

이 여인은 결혼 초기부터 남편이 외도할까 불안한 마음 때문에 하나님의 도우심을 청하는 기도를 드렸답니다. "주여! 우리 부부관계를 지켜 주시고 외도의 악에 빠지지 않도록 보호해 주세요!"라고 간구한 것입니다. 그리고 어느 날 하나님의 음성을 들었습니다. "나와 협조하라!(Cooperate with me!)" 나의 협조가 필요하다는 말씀은 남편을 지키기 위해서는 나의 절대적인 순종함이 요구된다는 의미였습니다. 그러던 어느 날 하나님께서 이 여인의 기도를 응답해 주시고 있다는 것을 깨닫게 됩니다. 하나님의 기도의 응답은 이 여인의 기대의 예상을 빗나갔습니다. 이 여인이 남편에 대한 교만한 태도와 비판적인 말을 할 때마다 부부관계를 보호하는 차원에서 그녀를 징계하신다는 것을 인식한 것입니다. 징계의 방법 또한 예상 밖이었습니다. 이 여인이 남편을 존경하라는 하나님의 말씀을 어기고 교만한 태도를 보일 때마다 자신이 악령들의 역사에 노출되어 그들에게 시달림을 받는 자신을 발견합니다. 이러한 영적 공격이 있음을 깨닫기 전까지 자신이 악령들에게 영이 억눌리고 정서적으로 시달릴 때마다 이 여인은 도리어 남편을 힘들게 했답니다. 남편에게 자신이 느끼는 부정적인 감정과 불안함을 해결하라는 요구한 것입니다. 남편은 남편대로 정서적으로 갈등하는 아내에게 도움을 주는 말을 하며 위로했지만 소용이 없었습니다. 악령들의 공격을 사람의 말로 대적할 수 없기 때문에 해결이 되지 않았습니다. 정상적인 인간이 느끼는 여러 종류의 부정적인 감정을 잔잔한 파도처럼 밀려왔다 간다고 표현한다면, 이에 비하여 악령들의 역사는 강도가 아주 강하게 느껴집니다. 악령들의 역사는 폭풍과 홍수의 비가 오듯 강하게 우리의 생각과 마음을 괴롭히고 시도 때도 없이 나쁜 감정을 자극합니다. 그로 인하여 이 여인은 하나님께 울부짖고 도움을 청한 것입니다. "주여, 내 어찌 이러한 갈등을 겪습니까? 도와주세요!"라고 기도하자 마음에 말씀하셨습니다. "남편을 존경하라!" 순간 자신이 겪는 갈등이 남편을 비판하는 태도와 관련이 있다는 것을 알고 이 여인의 마음에 찔림을 받았습니다. 히브리서 4장 12-13절에 보면, 하나님의 말씀을 죄악을 도려내는 예리한 검으로 비유하십니다.

> "하나님의 말씀은 살아 있고 활력이 있어 좌우에 날선 검보다 더 예리하고 혼과 영과 및 관절과 골수를 찔러 쪼개기까지 하며 또 마음의 생각과 뜻을 판단 하나니 지으신 것이 하나도 그 앞에 나타나지 않음이 없고 우리의 결산을 받으실 이의 눈 앞에 만물이 벌거벗은 것같이 드러나느니라."

하나님께서는 좌우에 날선 검으로 이 아내의 문제의 핵심을 지적하셨습니다. 야고보서 4장 6절에 보면 하나님이 교만한 자를 물리치시고 겸손한 자에게 은혜를 주신다는 말씀이 있습니다. 남편을 향한 교만하고 비판적인 마음을 나타낼 때마다 그녀의 생각을 지각의 놀라운 평강으로 보호하시며 울타리로 두르신 보호망을 거두어 가시고 악령들의 역사를 허락하신 것입니다. 욥기 1장 10절에 보면 하나님께서 욥의 모든 소유물을 '울타리로 두르시며' 보호하시기에 사탄이 감히 욥을 건드릴 수 없다는 불평을 합니다. 또한 그다음 구절에 보면 이 울타리를 거두시고 사탄에게 욥을 시험하도록 허락하시는 이야기가 나옵니다(욥 1:11-12). 하나님의 크신 섭리 가운데 욥에게는 믿음의 단련과 하나님의 영광을 나타내기 위하여 선택된 종으로서 사탄으로부터 받는 시험이 허락됩니다. 그러나 이 아내의 경우는 욥의 경우와 달리 징계의 목적으로 보호막을 거두어 가셨습니다.

이러한 징계받는 상황에 처할 때마다 하나님께서는 이 여인에게 남편을 진심으로 존경하라 권고하셨습니다. 그리고 자신의 죄를 회개하는 순간 악령들의 역사가 순식간 잠잠해지는 것을 인식합니다. 마음의 평강을 다시 누리게 된 것입니다. 그녀를 괴롭히던 비정상적인 생각과 감정들이 한순간 거품이 사라지듯 없어진 것입니다. 불안정했던 감정들이 다시 안정을 찾게 됩니다. 옆에서 부채질하며 자신의 감정에 불을 지피며 자극하던 공격이 단번에 중단한 것입니다. 자격지심, 열등감, 질투심, 분노, 원망, 피해의식 같은 부정적인 생각들이 산불처럼 활활 타오르던 것이 순간 꺼져 버리듯이 힘을 잃게 됩니다. 회개하는 순간 악령들에게 열렸던 문이 닫힌 것입니다. 이러한 상황의 원인을 발견하기까지 어느 때는 며칠 동안을 시달리며 영혼이 곤고해지고 정서적으로 억눌려 지치게 되는 경험을 반복한 것입니다.

이러한 상황이 영적 전쟁이라는 것을 깨닫지 못했다면 정신과 의사에게 가서 상담을 받아야 하는가라는 생각을 했을 것입니다. 감사하게도 이 여인은 보혜사 성령께 도움을 청하였고, 어떻게 이러한 전쟁에서 승리를 얻을 수 있는지에 대한 해결책을 얻게 됩니다. 먼저 하나님께서는 이 아내가 남편을 존경하라는 말씀이 성공적인 부부관계를 유지하는 데 얼마나 중요하고 실질적으로 핵심적인 역할을 하는가를 깨닫기 원하신다는 것을 알게 되었습니다.

그리고 불순종할 때마다 악령들의 공격에 휘말린다는 것을 깨닫게 됩니다. 이렇게 여러 번 힘들게 시달릴 때 느꼈던 고통과 상황을 피하고자 이 여인은 남편에 대한 존경심을 유지하며 혹 마음속에 교만과 비판적인 태도가 다시 싹이 피어나려는 순간 마음을 돌이켜 겸손함으로 바꾸는 훈련을 하게 됩니다. 남편의 단점보다는 장점에 초점을 맞추고 항상 감사를 하는 마음이 필요했습니다. 남편에 대한 불평불만 때문에 다시는 고약한 악령들에게 자신을 괴롭힐 수 있는 기회를 절대로 줄 수 없기 때문입니다. 베드로전서 3장 10-11절에 보면 우리가 하는 말로 인하여 행복하거나 아니면 불행한 결혼을 경험하게 된다 하십니다.

> "그러므로 생명을 사랑하고 좋은 날 보기를 원하는 자는 혀를 금하여 악한 말을 그치며 그 입술로 궤휼을 말하지 말고 악에서 떠나 선을 행하고 화평을 구하여 이를 좇으라."

또한 교만한 마음으로 징계의 문이 열리는 상황이 되지 않도록 조심하게 된 것입니다. 계속 불순종하면 징계의 강도가 높아진다는 것도 알고 있었습니다. 이 여인은 자신의 부엌 벽에 이러한 구절이 담긴 액자를 달게 됩니다.

> "사람아, 주께서 선한 것이 무엇임을 네게 보이셨나니, 여호와께서 네게 구하시는 것은 오직 정의를 행하며 인자를 사랑하며 겸손하게 네 하나님과 함께 행하는 것이 아니냐?" (미가 6:8)

겸손한 자에게 은혜를 주신다는 약속에 따라 하나님의 능력이 나타나기 쉬운 환경이 되도록 자신의 마음을 지키는 노력이었습니다. 남편을 진심으로 사랑하고 존경하는 마음은 은혜의 성령이 주시는 마음에서 솟아나고 하나님의 영역에 속합니다. 그러나 교만한 마음은 사탄의 영역이기에 그를 초청하는 환경이 되는 것입니다. 사탄이 판을 치는 환경은 분쟁, 불화, 분노, 미움, 불안감 등등 수많은 부정적인 생각들이 힘을 얻어 부부관계를 공격하여 친밀감을 허무는 역할을 합니다. 이 여인은 자신의 교만한 태도와 말로 인하여 악령들에게 부부관계에 침입하도록 문을 여는 역할을 한다는 것을 깨닫기까지는 좀 시간이 걸렸습니다.

처음에는 부부관계를 보호하기 원하는 그녀의 간절한 소원과 바람을 아신 하나님께서는 친정 아버지의 마음처럼 지혜로운 카운슬러처럼 행복한 부부관계를 유지하는 가장 중요한 부분을 계속해서 상기시켜 주셨습니다. 그때마다 곧 회계를 하고 겸손한 마음으로 남편에 대한 태도를 바꾼 것입니다. 그러나 잠시 교만한 마음이 사그라졌다가 또다시 남편에 대한 불공손한 태도가 나온다는 점으로 볼 때, 근본적으로 아내가 소유한 교만의 뿌리가 생각보다 깊다는 것을 보게 됩니다. 권면의 말로 부족할 때 아픈 채찍질을 통해서라도 변화를 얻어야 한다면 하나님께서는 사랑의 매도 사용하십니다. 베드로전서 4장과 잠언 20장에 보면, 육체의 고난을 통하여서도 우리 안에 있는 죄악을 없애시는 상황을 허락하시기도 합니다.

> "…이는 **육체의 고난을 받은 자가 죄를 그쳤음이니** 그 후로는 다시 사람의 정욕을 좇지 않고 오직 하나님의 뜻을 좇아 육체의 남은 때를 살게 하려 함이라." (베드로전서 4:1-2)

> "**상하게 때리는 것이 악을 없이 하나니** 매는 사람의 속에 깊이 들어가느니라." (잠언 20:30, 개역개정)

> "상처가 나도록 때리고 엄하게 벌하면 마음 속 깊은 곳에 있는 악도 몰아내게 된다." (잠언 20:30, 현대인의 성경)

> "상처나게 맞아야 나쁜 생각이 씻기고 매를 맞아야 마음 속이 맑아진다." (잠언 20:30, 공동번역)

히브리서 12장에 보면 "주의 징계하심을 경히 여기지 말며 그에게 꾸지람을 받을 때에 낙심하지 말라. 주께서 그 사랑하시는 자를 징계하시고 그의 받아들이시는 아들마다 채찍질하심이라."(5-6절)라고 말씀하십니다. 부부관계를 외도로부터 지키기 위해서는 아내가 남편을 존경하는 마음이 얼마나 중요한 보호막이 된다는 것을 아시기 때문입니다. 사랑스러운 아버지의 모습을 지나고 부드러운 카운슬러의 태도의 단계를 넘어 강인한 코칭을 통하여 악을 도려내고 새로운 습관이 형성될 때까지 이 여인의 잘못된 생각과 교만한 태도를 잘라내는 징계와 훈련을 통하여 변화되도록 압력을 가하신 것입니다.

그 당시에는 고통스럽고 견디기 힘든 시기였지만 이러한 훈련으로 생긴 열매는 달고 맛이 넘쳐 이제는 도리어 감사하는 마음을 갖게 했습니다.

이 여인은 페미니스트가 강하게 역사하는 사회에서 교육을 받으며 자라는 과정에서 용납된 잘못된 사고방식과 과거 개인적인 경험을 통하여 얻게 된 남자에 대한 왜곡된 관점과 태도가 자신의 무의식 속에 살고 있었음을 인정하게 됩니다. 자신의 남편뿐 아니라 보편적으로 모든 남자에 대한 존경심이 부족했던 것입니다. 이 여인은 어려서부터 이미 남자들의 약점, 연약함, 취약함과 죄악성을 보았기 때문입니다.

하나님께서는 수 차례를 걸쳐 이 뿌리 깊은 교만의 태도를 제거하는 대수술을 하셨습니다. 그리고 이 여인에게 하나님께서 보시는 관점과 해석으로 남편과 모든 남자들의 약점, 연약함, 취약함을 다시 해석할 수 있는 새로운 영안을 열어 주셨습니다. 매번 수술대에 놓여 이상형의 렌즈, 사실의 렌즈, 세상적 잣대의 렌즈, 율법주의의 렌즈, 과거의 렌즈, 피해의식의 렌즈, 자기중심적인 렌즈, 소비자의 렌즈, 페미니스트의 렌즈, 행복의 렌즈, 불신의 렌즈, 타인의 렌즈, 무지의 렌즈, 불가능의 렌즈 등등을 도려내고 남편을 귀히 여기고 감사하는 마음을 갖도록 도우셨습니다. 그리고 지식의 렌즈, 이해의 렌즈, 지혜의 렌즈, 연민의 렌즈, 은혜의 렌즈, 자비의 렌즈, 겸손의 렌즈를 소유하도록 계속 도우십니다.

아내가 남편을 존경할 때 남편의 정서적인 결핍을 채워 주게 됩니다. 아내에게 사랑과 인정을 받는다 느끼기 때문입니다. 남자의 정서적 결핍은 외도의 큰 위기를 몰고 올 수 있습니다. 그렇기에 남편을 진심으로 존경하는 것은 불륜으로부터 부부관계를 보호하는 막강한 보호막이 됩니다.

남편을 존경하는 것은 세 가지 단계로 할 수 있습니다. 첫째는 하나님 말씀이기에 그저 생각으로만 순종합니다. "그래 당신을 존경해! 됐어?"라고 입 서비스를 하는 단계입니다. 두 번째는 마음으로 하는 존경입니다. 이 존경의 태도는 남편의 단점보다는 장점과 매력적인 부분을 확대하여 보는 마음의 기술이 단련되었기에 "당신을 진심으로 존경해!"라고 진심 어린 마음으로 표현을 할 수 있게 됩니다. 그러나 세 번째의 존경은 수준이 다릅니다. 남편을 바라볼 때 그가 하나님의 형상을 닮고 창조되었고 그리스도 예수께서 구세주의 피로 그를 구원하실 만한 가치가 있는 사람이라는 진리를 인정하고 믿는다면, 남편이 다르게 보입니다. 하나님의 영이신 성령께서 그의 영 안에 임재하여 계신다는 진리 때문에 그에 대한 경외감과 존경심이 생기게 됩니다. 하나님께서 그를 귀히 여기시기에 아내도 함께 그를 귀중히 여기게 됩니다. 그리고 남편을 주심을 감사하게 됩니다. 이러한 장성함에 이른 아내의 마음과 영안은 남편을 세우는 데 큰 힘이 됩니다.

이렇게 본질적인 마음의 변화와 새로운 프로그램을 소유한 결과 이 여인의 부부관계에 선한 영향을 끼치게 되었고 결혼한 지 34년이 지난 후에도 남편과 신혼 때 이상 같은 끈적한 관계를 유지하는 비결이 된 것입니다. 나이가 들면서 마음속 쓴뿌리가 해결되지 않아 무례하고 억센 아내의 모습이 아닌 속사람이 진정으로 부드러운 여인의 모습으로 성장하게 된 것입니다. 결혼 초기 그녀가 소원하고 바라고 기도하던 부부관계를 얻도록 역사하셨습니다.

그러나 이러한 유업의 땅을 상속받기 위한 과정은 절대로 쉽지 않았습니다. 이 아내는 남편보다 먼저 자아가 죽어야 했고, 먼저 자비와 은혜를 베푸는 태도를 배워야 했고, 자신의 교만한 마음을 도려내는 징계의 고통을 겪었습니다. 당장 육신에 눈에 나타나지 않는 남편에 대한 비전을 갖고 보이지 않는 것들에 대한 믿음의 선포를 하는 믿음의 훈련을 받으며 현실이 되기까지 인내하며 오래 견디어야 했습니다.

인내한 끝에 맛본 열매에 대한 확신을 갖고 그녀에게 보여 주신 변화된 관점과 깨달은 지혜를 글로 쓰며 다른 여인들과 나누어야 한다는 사명감으로 같은 갈등으로 어려움을 겪는 아내들을 돕는 사역을 하고 있습니다. 자신에게 주신 위로, 격려, 훈계, 책망과 소망의 말씀을 통하여 어둡고, 막막하고, 꽉 막힌 마음으로 소망을 잃은 아내들에게 하늘로부터 오는 빛과 비전을 주어 막힌 것들을 부셔버리고 장애물들을 다시 힘을 내어 밀어낼 수 있는 새로운 용기를 주고자 합니다. 아내들을 향하신 하나님의 깊은 뜻이 전달되기를 바라는 마음으로 이 책을 쓰게 되었다고 합니다.

남편의 실체

남편을 존경하는 마음속에는 그의 대한 연민이 포함되어야 합니다. 그를 불쌍히 여기는 안타까움도 필요합니다. 아내가 하는 말에 쉽게 방어적이고 과잉 반응을 보이는 열등감이 심한 남편과 함께 사는 아내들의 마음은 힘이 듭니다. 모든 대화를 부정적으로 해석하고 자신을 무시하는 말로 듣는 남편과 산다면 할 말을 잃게 됩니다. 살얼음 위를 걷는 것같이 조심하며 자존심 건드리지 않으려고 노력하고 신경 쓰지만 근본적으로 해결책을 얻지 못한다면 아내는 끝없이 갈등을 느끼며 지칠 수 있습니다. 그렇기에 남편의 내적, 영적 갈등을 이해하는 것은 아주 중요합니다. 만약 아내가 남편이 겪는 근본적인 마음의 결핍이 무엇인지를 모른다면 답답함을 느낄 수 있습니다. 쉽게 화내고 짜증내는 남자들 마음속 깊이 숨어 있는 수많은 본질적인 갈등을 이해하는 것이 요구됩니다. 남편들을 힘들게 하는 수많은 영적 결핍 때문에 남자들이 겪는 상상 밖의 번민을 우리가 알지 못한다면 우리는 그저 그들을 보며 "한심한 남자다." "쪼잔한 남자다." "못났다." "비겁하다." 등등, 여러 가지 이유로 가정하고 그들을 정죄하며 모자란 남자 취급할 수 있습니다. 남편을 존경하기 위해서는 아내는 남편을 바라볼 때 하나님께서 보시는 관점으로 보아야 합니다. 아내가 먼저 올바른 관점을 소유해야 남편을 도울 수가 있습니다. 그렇다면 그토록 심한 열등감에 빠져 사는 남편들의 문제는 과연 무엇일까요?

남자의 진정한 회복

진정 아내로부터 얻는 존경심과 감사의 마음이 전달된다면 남편은 외도의 위기에서 멀어질까요? 아내는 과연 남편의 공허함을 채워 주고 그에게 만족을 줄 수 있는 존재인가요? 물론 큰 도움이 될 것입니다. 그러나 아내는 신이 아니기에 남편을 위한 내조에도 한계가 있습니다. 그의 영적 갈증은 아내가 해결해 줄 수 있는 영역이 아니기 때문입니다. 오직 하나님과의 관계를 통해서만 얻을 수 있는 그의 근본적인 필요를 채워 줄 만한 능력이 우리에게는 없습니다. 그렇기에 아내는 자만하지 말고 아내가 해야 하는 일을 충실히 하며 동시에 겸손히 하나님의 도우심을 구하는 지혜가 필요합니다. 아내가 꼭 해야 하는 부분이 있고, 하나님만이 하실 수 있는 부분이 있습니다. 인간은 하나님의 형상대로 창조된 영적인 존재이기에 우리에게는 오직 창조주만이 채워 줄 수 있는 깊고, 넓은 공허함이 있기 때문입니다.

남자들은 공허함뿐 아니라 정체성에 대한 갈등으로 번민합니다. 남자들은 일을 하면서 사회적인 구조와 편견 속에서 느끼는 여러 가지 부정적인 감정들 때문에 매일 갈등합니다. 세상에서 사용하는 잣대로 인해 생기는 불안감, 두려움, 무력감, 좌절감, 열등감과 싸우는데 이러한 부정적인 감정 뒤에 있는 근본 원인은 좀 더 깊은 이유가 있습니다. 한 남자의 아내가 되어 남편의 공허함이 무엇인지, 건강한 정체성은 어떻게 해결하고 남편의 외로움을 어떻게 채울 수 있는지 모른다면 진정한 의미의 돕는 배필의 역할을 하지 못하게 됩니다. 돕는 배필로서 아내의 사역 중 하나는 바로 남편의 영적 결핍이 해결되도록 돕는 것입니다. 그가 스스로 생명수의 근원지에 가서 생수를 마시도록 도와주는 역할을 하는 것입니다. 아담은 창조되어 타락하기 전까지 만족스럽고 완전한 삶을 살았습니다. 그러나 불순종으로 인하여 아담은 모든 것을 잃었습니다. 이 보이지 않는 상실들이 무엇인지에 대한 지식을 얻는다면 남편을 이해함에 도움이 됩니다. 아담이 무엇을 잃어버렸는지, 또 어떻게 되찾을 수 있는지를 안다면 다시 찾을 수 있는 해결책도 얻게 됩니다. 아담의 본질적인 필요와 회복은 영적인 것에 근본을 두기에 무엇보다 남편을 위해 중보기도하는 사역이 아내에게 가장 중요한 내조가 될 것입니다. 아담과 그의 후손들의 본질적인 회복은 구원과 풍성한 생명의 삶으로 인도하시는 성령의 역사가 절대적으로 필요하기 때문입니다. 지혜로운 아내는 남편의 근본적인 문제를 이해하고 겸손히 그를 위하여 꾸준히 기도하는 사역이 무엇보다 우선되어야 합니다.

1. 하나님과의 친밀한 관계 회복

첫째로 남자에게 가장 시급한 것은 하나님과의 친밀한 관계의 회복입니다. 하나님과의 친밀한 관계를 통하여 자신이 창조주 하나님의 무한한 사랑과 관심을 받고 있다는 것을 느끼며 만족감과 행복감을 누리게 됩니다. 타락 이후 아담과 그의 자손들은 그들 삶에 본질적으로 가장 중요한 에덴 동산을 상실했습니다. 에덴 동산에 거할 때 아담과 그의 자손들 삶의 의미와 가치를 깨닫게 됩니다. 또한 자신이 소중한 존재라는 것을 느끼며 확인받게 됩니다. 에덴 동산이 그들 삶 안에 회복된다면 영혼의 깊은 공허함과 외로움이 해결받게 됩니다. 그렇다면 이 에덴 동산은 그들에게 어떠한 의미가 있는 곳일까요?

창세기 2장 8-9절, 15절에 보면 "여호와 하나님이 동방의 에덴에 동산을 창설하시고 그 지으신 사람을 거기 두시니라. 여호와 하나님이 그 땅에서 보기에 아름답고 먹기에 좋은 나무가 나게 하시니…" "여호와 하나님이 그 사람을 이끌어 에덴 동산에 두어 그것을 경작하며 지키게 하시고, 여호와 하나님이 그 사람에게 명하여 이르시되 동산 각종 나무의 열매는 네가 임의로 먹되"라고 쓰였는데, 이 구절을 통하여 아담과 그의 자손들에게 가장 시급한 것이 무엇인지 말씀하십니다. 이 구절을 보면 동방의 에덴에 동산을 창설하시고 아담을 그곳에서 살게 하셨다고 합니다. 에덴 동산은 창조주께서 사람을 창조하신 후 가장 완전하고 합당한 환경을 만들어 주시고 살게 하신 그의 보금자리였습니다. 사람들은 에덴 동산이 얼마나 아름답고 좋은 곳일까 수없이 상상해 봅니다. 푸른 숲이 우거지고 각종 아름답고 맛있는 열매가 주렁주렁 달린 과일 나무들이 가득한 기쁨의 동산일 거라고 생각합니다. 아마도 그곳은 지금 이 세상에서 찾아볼 수 없는 진정한 아름다움을 간직한 장소임이 분명합니다. 그러나 아담은 에덴 동산을 잃어버렸습니다. 불순종으로 인해 그곳에서 쫓겨났기 때문입니다. 에덴 동산에서 쫓겨난 그의 삶에는 엄청난 변화가 일어납니다.

동방에 창설하신 에덴 동산은 그저 과실이 많이 나는 과수원 같은 곳이었을까요? 이름의 뜻을 찾아보면 우리에게 계시하시고자 하는 상징적 영적 의미를 발견할 수 있습니다. '동방'이라고 해석된 히브리어 '케뎀'은 영원이라는 뜻이 있다고 합니다. 마일스 먼로 목사님의 말에 의하면 에덴이라는 단어는 히브리어로는 복잡한 단어인데, 여러 가지의 의미로 사용되며 아름다운 장소(a delightful place), 풍요로움, 기쁨 또는 환희라는 의미가 있고 또한 '열린 문'이라는 뜻도 있다고 합니다. 땅의 풍요롭고, 기쁨이 넘치는 아름다운 장소로서 하늘의 문이 열린 곳이 바로 에덴 동산이라고 해석합니다. 이곳은 영원히 존재하시는 창조주께서 인간과 교제하시려고 우리가 사는 땅에 열어 놓으신 하늘의 나라로 하나님께서 임재하시는 환경이요 신성한 성전입니다. 에덴 동산은 바로 하나님께서 임재하신 곳을 의미합니다. 이브가 창조되기도 전에 창조주께서는 아담을 이끌어 에덴 동산에 두셨습니다. 사람과 사람이 교통하기 전부터 아담은 하나님과의 교제를 위하여 만들어졌기에 아담에게 가장 먼저, 무엇보다 더, 우선적으로 필요하고 회복돼야 하는 삶은 바로 그의 삶 속에 하나님이 임재하시는 에덴 동산이 회복되어야 하는 것입니다. 하나님의 임재하심 안에 거하는 삶을 살 때 그의 공허함이 채워집니다.[24] 아담은 창조주와 사랑의 교제를 해야 그의 영이 숨을 쉬고 심령이 만족함을 느끼며 살 수 있습니다. 수많은 인간 관계를 형성하며 산다고 해도 하나님과의 관계를 얻지 못한다면 남자가 영혼의 공허함과 외로움을 느끼게 되는 이유는 바로 이것입니다. 시편 16편 11절에 보면 하나님 임재하심 안에 거할 때 누리게 되는 축복에 대한 말씀이 있습니다.

> "주께서 생명의 길로 내게 보이시리니, 주의 앞에는 기쁨이 충만하고 주의 우편에는 영원한 즐거움이 있나이다."

아담은 타락 전에 에덴 동산에서 창조주의 임재하심 가운데 충만한 생활을 하였고 주님과의 교제를 통해 사랑받고 있음을 확인하고 기쁨과 즐거움이 넘치는 풍요로움을 만끽하며 진정으로 만족스러운 삶을 누렸습니다. 그렇기 때문에 에덴 동산을 다시 회복하기까지 아담은 계속 삶의 공허함에 시달리게 됩니다. 여우 같은 아내와 토끼 같은 자식들이 있지만 그의 심령 깊은 곳에서 느끼는 갈증은 해결이 안 되는 것입니다. 에덴 동산의 특징을 보면 네 개의 강물이 흐릅니다(창 2:10-14). 이 강물은 영혼을 소유한 인간

---

24 마일스 먼로 목사님의 '결혼'에 대한 설교에서 인용.

에게 절대적으로 필요한 하나님의 생명수를 상징합니다. 에덴으로부터 흐르는 강물이 네 개의 강물로 나뉘어 흐름은 우리의 영(spirit)과 혼의 세 가지 영역, [마음(mind), 의지(will), 감정(emotion)]으로 생명수가 흐르는 것을 상징합니다. 흐르는 작은 샘물이 아닌 네 개의 큰 강물이 흐른다 함은 어마한 양을 제공받아야 한다는 의미합니다. 하나님의 임재하심에 거하며 강물처럼 흐르는 하나님의 풍성하신 생명수를 공급받고 마셔야만 갈급한 영혼의 갈증을 없앨 수 있습니다. 이 생명수를 얻지 못한다면, 아무리 이 세상에서 요구하는 성공의 기준에 이르는 결과를 얻었다 하여도 마음은 메마른 광야같이 황폐한 상태를 벗어날 수 없게 됩니다. 그리고 세상에서 제공하는 여러 가지 물에 연연하게 됩니다. 외도 또한 인간적인 방법으로 해결책을 찾다 마시게 된 불법적 물이 됩니다.

회복의 길

창세기 3장 24절에 보면 아담이 하나님의 명을 거역하고 선악과의 길을 선택하자 하나님은 아담을 에덴 동산에서 쫓아내시고 생명 나무로 가는 길을 그룹들과 두루 도는 불 칼로 지키십니다. 하나님이 임재하시는 영역으로 들어갈 수 있도록 허락된 문이 막힘을 말하는 것입니다. 생명 나무는 하나님과 함께 영생하는 삶을 상징하고 두루 도는 불 칼은 하나님의 심판의 말씀을 상징하는 정의의 검, 하나님의 법이라 볼 수 있습니다. 죄인 된 아담은 법적으로 더 이상 하나님의 전에 나아갈 수가 없게 되었습니다. 아담의 잘못된 선택으로 인하여 하나님이 선포하신 경고의 말씀이 그대로 이루어졌습니다.

의로운 속성 그 자체이신 창조주께서는 죄악으로 물든 아담과 함께 거하실 수가 없기에 그를 에덴 동산에서 쫓아내십니다. 우리는 하나님의 결정이 너무 심하지 않았나 하는 생각을 할 수 있습니다. 그러나 생각해 보면 이는 아담을 보호하시기 위한 신속한 조치였습니다. (의로우신 하나님의 임재 안에서) 죄인이 된 아담이 의로우신 하나님이 임재하시는 동산에 계속 머물렀다면 그는 큰 화를 입었을 것입니다. 인간이 우주복을 입지 않은 상태에서 우주를 여행한다면 육신은 우주의 압력과 무게를 견디지 못하여 완전히 소멸하게 되는 이치와 같습니다. 하나님은 그가 그리스도 안에서 영원한 의의 옷을 갖추기까지 그를 밖으로 내보내시고 다시 에덴 동산으로 돌아올 수 있는 계획을 예비하셨습니다.

그렇다면 남편은 어떻게 에덴을 회복하고 하나님의 임재를 경험하는 성소 안에 거할 수 있을까요? 또 아내는 그를 위하여 무엇을 기도해야 할까요? 히브리서 10장 19-22절에 답을 주십니다.

> "그러므로 형제들아, 우리가 예수의 피를 힘입어 성소에 들어갈 담력을 얻었나니 그 길은 우리를 위하여 휘장 가운데로 열어 놓으신 새로운 살 길이요, 휘장은 곧 그의 육체니라. 또 하나님의 집 다스리는 큰 제사장이 계시매 우리가 마음에 뿌림을 받아 악한 양심으로부터 벗어나고 몸은 맑은 물로 씻음을 받았으니 참 마음과 온전한 믿음으로 하나님께 나아가자."

생명 나무가 있는 곳으로 인도하는 길이 열리고 하나님이 계신 성전에 들어갈 수 있는 담력을 얻을 수 있는 길은 오직 그리스도의 피를 힘입고 의지하여 하나님께 나아가야 한다고 말씀하십니다. 그렇기에 위해서는 먼저 구원을 받아야 합니다. 그리스도의 십자가 보혈로 모든 죄사함을 받고 죄와 사탄의 종 노릇으로부터 해방을 받아야 합니다. 불순종으로 죽었던 영이 거듭나 영이신 하나님과 다시 교제할 수 있는 영적인 삶이 회복되어야 합니다.

하나님께 가까이 가는 길은 율법을 통한 행함이나 선행이 아니라, 예수의 피를 의지하여 성소에 나아가는 새로운 살길이라고 하셨습니다. 화염검으로 막혀 있던 길에 피로 물든 은혜의 새길을 열어 주셨습니다. 율법의 요구에 따라 세워진 조건적인 옛 언약과는 달리, 새 언약의 길은 예수님의 보혈의 사역으로 세워진 은혜의 길이기에 오직 믿음으로 나아가야 합니다. 하나님의 임재하심을 상징하는 에덴 동산을 회복하고 그곳에 거하는 삶은 믿음으로 얻게 됩니다. 그리스도의 보혈만 의지하여 하나님 앞에 나오는 믿음은 율법주의에 물든 종교인에게는 힘든 길입니다.

히브리서 10장 20절에 이 길을 "새로운 살길이요."라고 하였기에 이 길을 가기 위해서는 나의 의를 버리고 육체를 신뢰하지 않고, 나에게 자랑할 만한 모든 것을 배설물로 여긴다는 사도 바울의 고백이 우리의 고백이 되어야 합니다. 오직 독생자 예수의 보혈을 의지해야만 하나님 아버지와의 관계가 성립되고 유지되기 때문입니다. 또한 성화의 과정을 통하여 마음과 생각이 씻김을 받고 진리로 변화받아 경건한 삶을 살며 하나님과 더욱 깊고 친밀한 관계로 성장하도록 힘써야 합니다.

창세기 2장 15절에 보면 "에덴 동산에 아담을 이끄시고 그곳을 경작하며 지키게 하시고."라는 말씀이 나옵니다. 이 구절에서 '경작하며'라는 단어는 영어로 "cultivate" 또는 "work it"이라고 번역하였는데, '경작하다, 재배하다, 양성하다'라는 뜻입니다. 인격과 인격의 만남은 계속적으로 가꾸고 돌봐야 더욱 친밀함을 형성하게 되고 발전하고 성숙하듯이 하나님과의 관계에도 같은 원칙이 적용됩니다. 영원토록 사시고 무한한 능력과 사랑의 근원이신 여호와 하나님을 아는 것에 투자가 필요합니다. 두 인격체의 만남이 친밀함을 얻기까지 시간과 에너지가 요구됩니다. 또한 이미 형성된 친밀한 관계는 지키고 보호해야 합니다. 왜 보호함이 필요할까요? 창조주와 아담이 사랑의 교제를 나누는 것을 시기하고 원하지 않아 이간질하는 방해꾼이 있기 때문입니다. 바로 사탄이 이간질하는 자입니다. 하나님은 아담에게 에덴 동산을 경작하며 지키게 하셨지만 아담은 지키지 못하고 상실하고 말았습니다. 지금도 아담의 자손들이 에덴 동산을 회복하려는 노력을 하지만 수많은 방해와 어려움을 겪습니다. 그러나 동산을 회복하여 경작하고 지킬 수 있다면 아담은 공허함과 영혼의 외로움을 벗어버리고 진정으로 충만한 삶을 살게 될 것입니다. 이렇게 영적인 사람이 회복된다면 육에 속한 행실을 벗어 버릴 수 있습니다.

포르노에 중독이 되고 바람 피우는 남자들은 한심한 남자가 아니고 영혼의 심한 결핍이 있는 사람으로 성경은 말씀하십니다. 그들은 미친 남자들이 아니고 영혼이 목말라 미치게 아무 물이나 찾는 남자로 해석하는 것이 더욱 합당합니다. 이것이 하나님이 그들을 보시는 관점이기 때문입니다. 그렇기에 간음하다 걸린 여인에게 정죄하시는 말보다는 용서와 연민을 보이십니다. 결혼에 다섯 번이나 실패한 사마리아 여인에게도 예수님께서는 무엇보다 그리스도께서 제공하시는 생수를 얻는 비밀을 제일 먼저 알려 주신 까닭이기도 합니다. 우리를 만드신 분이시기에 우리가 겪는 영혼의 갈증을 너무도 잘 이해하시기 때문입니다.

남편을 위한 중보기도

남편이 먼저 그리스도 안에 있는 구원을 얻기 위하여 중보기도를 해야 합니다. 하나님과의 사랑의 교제를 회복하고 충만한 삶을 살도록 돕는 아내의 중보기도는 놀라운 능력을 나타냅니다. 아내가 남편을 위해 중보기도를 할 때 그리스도의 보혈에 대한 성령의 계시가 그의 마음과 생각 속에 분명하고 정확히 이해되도록 영적인 통찰력과 성령의 계시가 있기를 기도하며 새 언약의 능력이 무엇인지 깨닫고 알게 해 달라고 기도해야 합니다. 예수님의 보혈 사역과 새 언약의 말씀은 담대함을 주고 믿음이 자라게 합니다. 이를 위해서는 시간과 에너지가 필요합니다. 남편에게 하나님의 말씀을 가까이할 수 있는 여유를 허락해 달라고 기도드려야 합니다. (남편의 이름을 넣고 기도하세요.)

> "우리 주 예수 그리스도의 하나님, 영광의 아버지께서 지혜와 계시의 영을 ________에게 주사 하나님을 알게 하시고 ________ 마음의 눈을 밝히사 그의 부르심의 소망이 무엇이며 성도 안에서 그 기업의 영광의 풍성함이 무엇이며 그의 힘의 위력으로 역사하심을 따라 믿는 ________에게 베푸신 능력의 지극히 크심이 어떤 것을 ________로 알게 하시기를 구하노라." (에베소서 1:17-19)

> "주여! ________ 예수의 피를 힘입어 성소에 들어갈 담력을 얻도록 도와주세요! 그 길은 ________를 위하여 휘장 가운데로 열어 놓으신 새로운 살 길이요, 휘장은 곧 예수님의 육체입니다." (히브리서 10:19, 20)

2. 초자연적인 축복의 회복

두 번째로 아담과 그의 자손들은 하나님께로 오는 초자연적인 축복을 회복해야 합니다. 아담의 불순종으로 말미암아 초자연적인 축복을 거두어 가시고 땅을 저주하셨기 때문입니다. 그러나 아담과 그의 자손들은 이러한 하나님의 초자연적인 축복이 그들 삶 안에 다시금 회복된다면 그들의 정체성도 회복될 것입니다. 남자들은 성공에 집착합니다. 성공한 다른 남자들을 보고 부러워하는 동시에 자신을 비교하며 좌절하기도 합니다. 성공은 남자들에게 자신의 정체성을 나타내는 아주 중요한 결과물로 여깁니다.

우리가 사는 사회는 최고의 능력과 실력 위주 중심으로 돌아갑니다. 현 사회가 요구하는 능력과 실력이 없다면 성공하기 어렵도록 사탄은 이 세상을 형성하였습니다. 거대한 피라미드 형태의 조직을 만들어 놓고 오직 가장 높은 곳에 있는 자들만이 성공한 것처럼 취급합니다. 이러한 현실로 인하여 수많은 남자들은 번민하고 갈등합니다. 자격지심, 열등감, 피해의식까지 느끼며 이 불공평한 사회를 원망하며 자신을 무시하는 이 거대한 조직을 거부하면서도 그 속에서 돈을 벌어야 하고 정체성을 얻어야 하는 현실 때문에 우울해합니다. 초자연적인 축복 없이는 이 세상에 살며 남자로서 성공하기란 아주 어렵기 때문입니다.

그렇다면 남자들은 왜 성공에 그리도 집착할까요? 창세기에 보면 하나님께서 아담과 그의 자손들에게 번성하라는 복과 사명을 주셨기 때문입니다. 하나님께서 창조하신 모든 만물에게도 번성하라 명하셨습니다. '번성'이란 불어나고, 증식되고, 점점 많아지는 것을 말합니다. 성경은 30배, 60배, 100배의 번성을 언급하는데, 생물학적인 번성과, 경제적인 번성, 관계적인 그리고 영적인 번성도 포함하고 있습니다. 하나님께서는 우리가 모든 면에 번성하기를 소원하십니다. 첫 부부에게도 "번성하라" 명하셨고 이스라엘 백성에게도 번성에 대한 약속을 하셨습니다. 이러한 이유로 아담과 그의 자손들은 일을 통한 성공을 갈구하고 일이 그들 삶에 큰 부분을 차지합니다. 그들에게 일이란 하나님과의 교제를 상징하는 에덴 동산을 가꾸고 보호하는 다음으로 중요한 우선순위가 됩니다. 일은 타락하기 전부터, 이브가 창조되기도 전에 아담에게 주어진 축복이요 사명입니다. 그렇기에 아내보다, 가정보다 일에 우선순위를 두게 될 수도 있습니다. 타락으로 인하여 땅이 저주를 받아 일이 힘들어졌지만, 일에 관한 창조주의 의도는 분명히 선하고 유익한 선물이었습니다. 그렇기에 많은 남자들은 일을 통하여 자신의 정체성을 찾기도 하고 성공적인 일을 얻지 못한 남자는 스스로를 낙오자로 여기는 경우도 있습니다. 남자에게 인생의 성공과 실패는 일의 성공과 실패에 달려 있다고 해도 과언이 아닐 만큼 일이 그들에게 활력소가 되기도 하고 반대로 패배감을 주기도 합니다.

그러나 초자연적인 축복이 내려지는 환경보다는 가시덤불과 엉겅퀴를 내는 땅에서 성공은 정말 어려운 일이 되었습니다. 일을 통해 성취감을 얻고 가족의 생계를 책임지기 위해서 아담과 그의 자손들은 피땀 흘려 일을 해야 합니다. 환경은 달라졌지만, 그들 마음속에 있는 번성의 소원은 없어지지 않았기에 남자들은 갈등합니다. 그러나 번성함의 비밀이 하나님께서 도우시는 초자연적인 축복으로부터 온다는 진리를 모른다면 번성하라는 복과 사명을 인간적인 힘과 방법으로 성취하려는 생각에 세상의 목소리에 귀를 기울이게 되고 일중독에 빠질 수 있습니다. 일에 대한 남자들의 열정은 장점이 되기도 하지만, 동시에 약점으로 변할 수 있는 위험성이 있습니다. 번성에 대한 열망을 역이용하여 사탄이 그들을 공격하기 때문입니다. 사탄은 일에 대한 사회적인 통념과 풍조를 왜곡하고 남자들을 일중독에 빠지도록 압력을 가합니다. 일은 축복의 근원이지만 일중독은 우상이 되어 심각한 후유증을 초래합니다. 가족과 함께 보내는 시간을 무시하게 되고 하나님과의 교제 시간도 소홀히 하게 됩니다. 어떤 방법을 이용해서든지 무조건 더 많이 가진 자가 성공하고 이긴다는 거짓말에 속아 죄와 타협을 하게 됩니다. 그렇기에 어떤 남자들은 하나님의 축복 없이 성공하고 번성해야 한다는 부담감을 갖고 일하는 과정에서 거짓과 속임수를 행하고 서로를 짓밟고 빼앗고 싸우는 죄악을 범하며 악인의 길로 접어드는 사람들도 있습니다. 창조주의 도움 없이 번성하려는 야망 때문에 혹 남자들은 전쟁을 하고 남의 것을 빼앗는 일을 하기도 합니다. 그뿐만 아니라 하나님께서 섬기지 말라 한 우상을 섬기면서까지 성공을 추구하고자 하는 욕심 때문에 우선순위를 무시하게 되고 영적, 육적, 관계적으로 중요한 것들을 놓치게 됩니다. 사탄은 이로 인하여 생긴 취약함을 공격하여 그들로 하여금 죄에 빠지도록 유혹하고 악순환의 반복이 되도록 역사합니다.

그러나 신명기 1장 10-11절에 보면 다음과 같이 선포하십니다.

> "너희의 하나님 여호와께서 너희를 번성하게 하셨으므로 너희가 오늘날 하늘의 별 같이 많거니와 너희 조상의 하나님 여호와께서 너희를 현재보다 천 배나 많게 하시며 너희에게 허락하신 것과 같이 너희에게 복 주시기를 원하노라."

여호와 하나님은 우리를 복 주시기 원하시고 번성하게 하시되 천 배나 많게 하기를 원하신다고 하십니다. 천 배의 번성은 누구든지 소원하고 탐하는 축복입니다. 이렇게 번성하고 불어나고, 증식하는 소원을 인간 마음 속에 심어 주셨기에 우리는 바라고 염원합니다. 경건한 번성은 창조주의 계획이자 축복의 방법입니다. 성경에서 말씀하시는 천 배의 번성의 원칙은 초자연적인 축복으로 하나님께로부터 온다고 말씀하십니다. 또한 신명기 28장 12-13절에 말씀하십니다.

> "여호와께서 너를 위하여 하늘의 아름다운 보고를 여시사 네 땅에 때를 따라 비를 내리시고 네 손으로 하는 모든 일에 복을 주시리니 네가 많은 민족에게 꾸어줄찌라도 너는 꾸지 아니할 것이요, 여호와께서 너로 머리가 되고 꼬리가 되지 않게 하시며, 위에만 있고 아래에 있지 않게 하시리니."

하늘의 아름다운 보고를 여신다는 말은 하나님께서 제공해 주시는 초자연적인 축복을 의미합니다. 또한 "네 땅에"서 땅은 우리에게 주신 모든 영역을 의미하는데 이 영역에 "때를 따라 비를 내리시고"라고 약속하십니다. 비는 모든 것이 자랄 수 있는 영양분과 원료를 의미하며 때에 맞추어, 필요한 시기에, 적당한 타이밍에 하나님의 역사가 우리가 성공할 수 있는 여건과 방향으로 가도록 도우시겠다는 약속입니다. "네 손으로 하는 모든 일에 복을 주시리니"라고 하시며 우리가 성령의 인도하심에 따라 도전하는 모든 일이 번성할 수 있도록 창의력을 주시고, 관섭하시고, 인도하시며, 지혜를 주시겠다는 약속입니다. 우리가 심은 후 초자연적인 추수를 할 수 있도록 필요한 모든 것들을 제공해 주신다는 말씀이기도 합니다. 그러나 이 약속의 말씀들은 조건이 따릅니다. 아담의 불순종으로 땅이 저주를 받았지만 "하나님 여호와의 말씀을 삼가 듣고 내가 오늘 네게 명령하는 그의 모든 명령을 지켜 행하면… 이 모든 복이 네게 임하며…"(신명기 28:1-2)라고 약속하시며 순종의 중요성을 강조하십니다. 불순종으로 상실된 것들을 순종함으로 회복해 주신다는 의미입니다. 순종은 철저한 신뢰감이 없다면 할 수 없습니다. 하나님이 요구하시는 순종이란 종교적인 규칙과 행실을 지키는 것이 아니고 하나님과의 관계가 회복되면서 얻게 되는 신뢰감과 사랑 때문에 하나님의 원칙을 따르기를 소원하고 죄와 타협하지 않으며 사탄의 방식을 거부하는 삶을 추구할 때 자동으로 나타나는 마음입니다. 이러한 장성함에 이른다면 모든 일이 형통하고 풍성한 열매 맺는 삶을 살게 되기 때문입니다. 예수님께서 말씀하시기를 하나님의 자녀들은 세상 안에 살지만 세상에 속하지 않았다 하시며 다른 기준을 따라 살아야 한다 하십니다. 시편 115편 12-16절에 보면 이러한 약속의 말씀이 있습니다.

> "여호와께서 우리를 생각하사 복을 주시되 이스라엘 집에도 복을 주시고 아론의 집에도 복을 주시며 **높은 사람이나 낮은 사람을 막론하고 여호와를 경외하는 자에게 복을 주시리로다**. 여호와께서 너희를 곧 너희와 또 너희 자손을 더욱 번창하게 하시기를 원하노라. 너희는 천지를 지으신 여호와께 복을 받는 자로다. 하늘은 여호와의 하늘이라도 **땅은 인생에게 주셨도다**."

누구든지 여호와를 경외하고 주의 말씀을 순종한다면 나 자신뿐 아니라 우리의 자손들까지 번창하게 하시겠다 약속하십니다. 하나님의 나라는 능력과 실력이 아니고 믿음과 순종이 성공의 중요한 비결이 됩니다. 그렇기에 누구든지, 혹 세상이 요구하는 능력과 실력이 많이 부족하더라도, 그리스도 안에서 예수님께 대한 믿음을 소유하고 주의 말씀을 순종한다면, 초자연적인 축복을 경험할 수 있는 하늘의 원칙이 우리에게 있음을 약속하십니다.

남편을 위한 중보기도

아담과 그의 자손들이 타락하고 저주받은 땅에서 일로 성공하기 위해서는 하나님의 초자연적인 축복이 절대적으로 필요하다는 것을 아내는 남편에게 상기시켜 주어야 합니다. 인간적인 방법으로 번성을 얻고자 하는 노력은 큰 화를 불러일으키고 원치 않는 희생자들이 생기게 됩니다. 부부관계에도 큰 위협을 주게 됩니다. 때를 따라 비를 내리시고 곤충의 해를 막아 주시고 땅의 소산이 백 배의 추수를 낼 수 있도록 역사하시는 여호와 하나님을 신뢰하고 그를 의지하여 번성의 때를 기다릴 때 조급한 마음에 죄와 타협하지 않도록, 인간적인 방법으로 해결하지 않도록, 사탄의 유혹에 넘어지지 않도록 남편을 위해 기도해야 합니다. 아내는 남편이 하는 모든 일에 그리스도 안에서 은혜로 오는 하나님의 축복이 넘치도록 간구하는 믿음의 기도를 드려야 합니다.

> 남편 ________가 마음을 다하고 목숨을 다하고 뜻을 다하여 주 하나님을 사랑하고 그의 이웃을 자신의 몸과 같이 사랑할 수 있는 능력과 은혜를 부어주세요. 그가 하나님을 사랑하기에 주의 계명을 지키고 순종하는 삶을 살도록 성령의 도우심과 인도하심을 위해 기도합니다. 그로 인하여 신명기 28장 1-14절에 약속하신 축복의 말씀들이 남편의 삶을 통하여 나타나기를 기도합니다.

3. 목적의식과 사명의 회복

세 번째로, 아담과 그의 자손들에게는 하늘로부터 받는 사명과 명확한 목적의식이 회복되어야 합니다. 그들이 왜 태어났고, 무엇을 해야 하고, 왜, 어떻게 해야 하는지에 대한 개인적인 부르심을 깨닫지 못했다면 시간과 재능과 기회를 낭비할 수 있습니다. 분명한 목적의식은 그들의 삶에 도전을 주며 자기 계발을 할 수 있는 동기도 부여합니다. 삶에 원동력을 주는 비전과 경건한 야망이 결핍되었다면 우울증과 좌절감 때문에 갈등할 수 있습니다.

하나님께서는 첫 남자 아담에게 땅을 정복하고 모든 생물을 다스리라는 복과 사명을 주셨습니다. 창조주의 소명을 받고 주의 나라를 관리하라는 의탁을 받은 아담은 삶의 목적과 의미를 얻게 됩니다. 이러한 소명과 사명은 그에게 정확한 목적의식을 주었습니다. 이와 같이 모든 남자들도 먹을 것을 얻는 직장을 넘어선, 자신에게 주어진 하늘로부터 내려진 소명과 사명이 무엇인지를 정확히 알아야 합니다. 열심히 일하여 가족의 필요를 채우는 것도 중요하지만, 남자들에게는 그것만으로는 부족합니다. 에베소서 2장 10절에 보면 "우리는 그가 만드신 바라 그리스도 예수 안에서 선한 일을 위하여 지으심을 받은 자니…."라고 하시며 영생에 이르는 선한 일을 위하여 새롭게 창조되었다 말씀하십니다. 각자에게 주신 일이 있고 그 사명을 발견하고, 발달시키고, 행할 때 성공적인 삶의 의미와 목적을 얻게 됩니다.

시편 139편 16-18절에 보면 우리를 창조하신 하나님의 마음과 의도를 볼 수 있습니다.

> "주의 눈이 아직 형태를 갖추지 않은 내 몸을 보셨습니다. 내게 정해진 모든 날들이 주의 책 속에 기록되었습니다. 이 날들의 하루가 시작되기 전에 이미 기록되었습니다. 오 하나님, 주의 생각들이 내게 얼마나 소중한지요 그것들이 얼마나 크고 많은지요. 만일 내가 그것들을 셀 수 있다면, 아마 모래알의 숫자보다 더 많을 것입니다."

우리가 태어나기도 전에 이미 우리를 향하신 계획을 가지고 계시고 모든 자세한 내용들이 기록된 책이 천국에 있다는 말씀을 통하여 각자에게 기대하시는 사명이 정확히 있음을 다시 확인시켜 주십니다. 이러한 놀라운 진리를 발견할 때 우리 삶의 목적이 무엇인지를 다시 생각하게 됩니다.

성공한 남자는 어떤 모습일까요? 성공했다는 기준은 어디에 두는 걸까요? 우리는 흔히 일로 성공하여 높은 지위에 있고 경제적인 능력과 물질적인 풍요를 가진 남자를 볼 때 성공했다고 합니다. 그러나 물질적인 면만 보고 성공을 판단하기는 부족합니다. 성경에서는 성공의 척도를 어디에 두고 있을까요? 사도 바울은 디모데후서 4장 7절에서 "나는 선한 싸움을 싸우고 나의 달려갈 길을 마치고 믿음을 지켰으니"라고 자신의 삶에 대하여 보고합니다. 바울은 하나님께서 자신에게 맡기신 소명을 '나의 달려갈 길'이라 표현하며 그 일을 무사히 마쳤다고 고백했습니다. 바울의 삶을 생각할 때 우리는 모두가 그를 성공한 사람이라고 부러워합니다. 바울의 고백을 통해 성공은 하나님께서 주신 사명을 성취하는 것이라는 말씀하십니다. 예수님을 보아도 누구보다도 성공적인 삶을 사신 분임을 인정합니다. 예수님은 하나님의 뜻을 이루시기 위해 이 땅에 태어나셨고 그 목적을 다 이루셨습니다. 예수께서는 자신의 명예, 지위나 재력보다 하나님 아버지의 뜻을 순종하는 것에 초점을 두고 사셨습니다.

성경에서는 우리 안에 품어 주신 하나님의 꿈과 목적, 그리고 그의 뜻을 성취하는 삶이 성공적인 삶이라고 말씀합니다. 예수님의 사명은 온 인류를 위하여 십자가에서 죽으시는 것이었고, 바울의 사명은 선교지를 돌아다니며 교회를 세우고 복음을 전파하는 것이었고, 다윗은 왕이 되어 왕권을 튼튼히 세워 메시야의 오심을 준비했고, 솔로몬은 성전을 짓는 사역을 하였고, 아브라함은 믿음의 아들 이삭을 낳아 경건한 자손을 양육하는 것이 사명이었고, 야곱은 12명의 아들을 낳아 한 민족이 시작되는 발판을 세웠습니다. 모두가 맡은 역할은 다르지만 인류구원의 목적을 이루시려는 하나님의 뜻에 순종하여 주어진 책임을 충성스럽게 성취합니다. 그리고 하늘나라에서 보상을 주신다는 약속도 받았습니다. 진정으로 성공한 삶을 살았다는 것은 이 세상에서 추구하는 사회적인 위치나, 명예, 돈, 힘, 권력이 아니고 크건 작건, 우리 각자에게 허락하신 하나님께로부터 온 사명을 성취할 때 사도 바울처럼 임무를 다 완수했다는 만족과 기쁨으로 이 세상을 떠날 수 있을 것입니다.

남편을 위한 중보기도

사탄의 거짓말로 세워진 세상적인 잣대로 판단을 받으며 사는 이 사회에서 주눅 들지 않고 영원한 정체성을 유지할 수 있도록 아내는 일 때문에 실망과 좌절감에 빠진 남편에게 그리스도 안에서 그에게 주어진 위치와 진정한 정체성이 무엇인지 상기시켜 주어야 합니다.

아내는 남편이 그리스도 안에서 그에게 주신 사명을 깨닫고 다 순종하는 삶을 살게 해 달라고 기도해야 합니다. 또한 진정한 성공을 추구하는 삶을 살게 해 달라고 기도해야 합니다. 남편의 시간과 에너지, 능력과 재물을 영생에 이르는 기업을 얻는 데 투자하는 지혜롭고 현명한 믿음의 사람이 되게 해 달라고 말입니다.

> "주여! ________이 오직 한 일 즉 뒤에 있는 것은 잊어 버리고 앞에 있는 것을 잡으려고 푯대를 향하여 그리스도 예수 안에서 하나님이 위에서 부르신 부름의 상을 위하여 달려가도록 도와주세요." (빌립보서 3:13-14)

4. 깨끗한 양심의 회복

네 번째로, 아담과 그의 자손들은 깨끗한 양심이 회복되어야 합니다. 인간은 불순종으로 인하여 깨끗한 양심을 상실하고 죄와 타협하는 연약한 양심을 소유하게 됩니다. 죄를 짓는 사람의 양심은 스스로를 정죄하고 죄의식으로 사람의 마음에 죄책감이라는 무거운 짐을 지고 살게 됩니다. 벌받을까 두려운 마음, 발각될까 불안한 마음, 심판에 대한 공포, 스스로 정죄하는 무거운 짐을 벗어 버리고 정결한 양심이 회복되어야 자유로운 삶을 살게 됩니다.

에덴 동산에서 불순종하기 전까지 아담은 순수하고 깨끗한 심령을 가지고 자유로운 삶을 살았습니다. 야고보서 1장 25절에 보면, 온전한 율법 곧 하나님의 법은 순종하는 자에게 자유함을 누리도록 하신 원칙이라고 하였습니다. 하나님의 말씀은 창조주가 인간에게 주신 메뉴얼입니다. 그러나 불순종한 후 그의 심령 안으로 죄성이 들어가 죄의 능력이 그를 주장하기 시작했습니다. 죄는 강한 힘이 있어 범죄한 자를 속박하고 죄의 포로가 되게 합니다. 하나님은 인간을 창조할 때 의의 종이 되어 자유로운 삶을 살도록 인도하셨지만, 불순종한 인간은 죄의 종이 되어 사탄의 노예가 되어 버렸습니다. 자유롭게 스스로 결정하고 행하는 삶과는 달리 원치 않는 압력에 이끌려 원치 않는 삶을 사는 건 고통스러운 일입니다. 성경에서는 이런 상태를 죄의 종이 되었다고 합니다. 시간이 지나면서 죄의 종으로 사는 삶은 익숙해지고 죄로 물든 자아는 하나님의 법을 어기는 것을 너무 쉽게 여기고 자연스럽게 죄악을 행하게 됩니다.

하지만 법을 어긴 그의 양심에는 죄책감이 들어오기 시작합니다. 인간을 창조하실 때 우리 안에 양심을 주셔서 악을 행할 때에는 양심에 가책을 받도록 신호를 보내시고 회개할 수 있도록 만드셨기 때문입니다. 정의를 호소하는 양심을 잠재우기 위한 방편으로 어떤 이는 술을 마시고, 마약을 하고, 쾌락에 빠지기도 하고, 혹은 종교적인 고행을 통하여 마음의 짐을 덜어 보고자 노력도 해봅니다. 죄를 많이 지을수록 죄책감은 무게를 더하게 되고 무거워진 마음은 쉴 곳이 없어 안절부절한 삶을 살게 됩니다. 아담이 죄를 짓자 정죄와 심판에 대한 두려움이 그의 심령에 먹구름처럼 밀려와 그의 마음을 무겁게 했고 아담은 하나님의 낯을 피해 나무 뒤에 숨었습니다. 그리고 아담은 자신이 진 죄에 대한 변명을 하며 아내에게 책임전가를 합니다. 가인은 질투와 분노를 참지 못하고 살인을 합니다. 끝까지 회개하기를 거부한 가인은 방랑자의 삶을 살게 됩니다.

사람이 마음의 무거운 짐을 벗기 전에는 심령이 항상 불편하고, 안절부절하고, 짜증이 나고, 불안한 마음이 삶을 주장합니다. 죄를 짓고 얻은 죄책감, 정죄의식, 수치심의 무게는 정당한 심판을 받아야만 벗어 버릴 수 있습니다. 이와 같은 무거운 마음을 벗어 버려야 합니다. 오직 그리스도 예수의 십자가의 보혈에 씻김으로 죄에 대한 용서가 있고, 정죄함이 없어진다는 것을 믿을 때 괴로운 양심은 안식과 평안을 누리게 되어 마음의 무거운 짐을 벗을 수 있습니다. 만약 남편이 그리스도 안에서 완전히 용서받지 못했고 용서의 능력을 경험하지 못했다면 그의 심령은 죄책감에 눌려 답답하고 기쁨이 없는 삶을 살게 됩니다. 무거운 마음의 짐은 당연히 부부관계에도 악영향을 끼치게 됩니다. 시편 32편 1절에서 다윗은 "허물의 사함을 받고 자신의 죄가 가려진 자는 복이 있도다!"라고 고백합니다. 정죄를 받는 마음은 불행한 마음이고, 죄를 용서받은 마음에 평안이 임합니다.

남편을 위한 중보기도

아직도 회개하지 않은 죄 때문에 마음이 무겁다면 진심으로 회개하는 역사가 있기를 기도해야 합니다. 남편이 그리스도 안에서 정죄함이 없음을 지식적으로만 이해하지 않고 영혼의 안식을 누리도록 가나안 땅에 들어가는 믿음을 소유하게 해 달라고 기도해야 합니다. 감정으로 느껴지는 것을 믿는 것이 아니라 약속하신 진리의 말씀을 의지하여 사탄이 주는 죄책감을 물리치고 이미 용서받은 죄로 인하여 시달리지 않도록 성령께서 도와주시기를 기도해야 합니다. 또한 경건하고 거룩한 삶을 살아 깨끗한 양심을 유지하도록 성령의 도우심과 충만하심이 그의 삶에 넘치도록 기도해야 합니다.

> "그러므로 이제 그리스도 안에 있는 ________은 결코 정죄함이 없나니 이는 그리스도 예수 안에 있는 생명의 성령의 법이 죄와 사망의 법에서 ________를 해방하였음이라." (로마서 8:1-2)

5. 하나님의 형상 회복

다섯 번째로, 아담과 그의 자손들은 그들에게 주어진 하나님의 형상이 회복되어야 합니다. 타락으로 하여금 창조 때 부여하신 하나님의 형상이 그들 삶 속에 상실되었기 때문입니다. 하나님의 형상은 남자가 진정한 모습으로 살도록 하는 원천입니다. 아담 안에 있는 갈급함은 바로 자신에게 주어진 이상적인 모습을 회복하고 창조의 목적에 따라 하나님의 형상을 반영하는 것입니다. 인간의 존엄성은 우리가 하나님의 형상을 닮고 창조되었다는 진리를 믿고, 인정하며, 반영할 때 확고해집니다.

아담은 주의 형상을 닮아 주와 같은 인격, 능력, 성품과 또한 영적인 사람으로 창조되었습니다. 아담은 타락 전 맑은 영안을 소유하고 영을 따라 살며 초자연적인 영적인 세계와 연결되어 사는 것이 아주 자연스러웠습니다. 그러나 타락 후 영은 죽고 오감을 의지하여 사는 자연인이 되어 영적으로 둔감한 삶을 살게 됩니다. 거룩하고 의로우신 하나님의 모습같이 진중한 무게 있는 사람으로 창조하셨는데 타락으로 의의 성품이 빠져나가고 죄와 너무도 쉽게 타협하는 무게 없는 사람으로 변한 것입니다. 또한 높은 지능과 명석한 지혜와 창의력이 넘쳤지만, 타락 후 지능은 떨어지고, 미련함과 퇴보하는 마음이 생기며 소심한 생각이 주장하기 시작했습니다. 정복하라 명하셨는데 정복을 당하는 처지가 되었습니다. 악으로부터 자유하게 살기를 원하시지만 도리어 얽매어 살게 됩니다. 큰 포부를 갖고 번성하라 하셨는데 야망이 점점 작아집니다. 큰 영향력을 기대하셨건만 주눅이 들어 한계에 밀려 힘을 못 씁니다. 건강하게 영원히 살도록 계획하셨지만 겨우 백이십 세 정도 살고 병을 얻어 죽게 됩니다. 마음에 사랑, 평강, 소망, 기쁨이 넘치게 살라 하셨건만 도리어 두려움, 걱정, 불안감, 수치감, 죄책감, 정죄의식에 눌려 삽니다. 부지런히, 긍정적이고, 생산력 있는 삶을 살아 풍성한 열매를 맺고 살라 하셨지만 가난에 더 익숙합니다. 하나님의 형상과 거리가 먼 형태로 변한 것입니다.

왜 이렇게 된 것일까요? 그에게 죄악성이 생기며 그의 마음에 변화가 왔기 때문입니다. 가장 최상의 환경이었던 에덴 동산은 빼앗기고 완전히 반대되는 부자연스러운 환경이 그에게 주어진 것입니다. 변질된 성품과 저주받은 환경은 그의 삶을 힘들게 했습니다. 창조주께서 품어 주신 이상을 꿈꾸며 타락 전의 모습을 갈구하며 완전한 삶을 추구하지만, 저주받은 땅에서 죄의 성품을 얻은 사람들에게는 아주 어려운 일이 되었기에 남자들은 실패, 좌절, 실망을 할 때 마다 답답함을 느끼고, 화가 나고 짜증을 내게 됩니다. 이상과 현실에 차이가 크기 때문입니다. 인간은 완벽한 삶을 살도록 창조하셨지만 타락으로 인하여 모든 것이 변하였습니다.

이러한 기회를 포착한 마귀는 아담과 그의 자손들의 상태가 더욱 악화될 수 있는 체계를 만들고 그들이 점점 하나님의 형상과 더욱 멀어지도록 이 세상을 만듭니다. 이 세상과 그 안에서 작동하는 시스템은 창조주께서 아담과 그의 자손들에게 부여하신 진정한 모습을 없애는 악의 시스템이 강하게 역사합니다. 이 세상은 마귀가 신으로 경배받고 주장을 하기에 하나님이 계획하신 환경과 아주 많이 다릅니다. 요한일서 3장 7-8절에 보면 예수님께서 이 세상에 오신 것은 마귀의 일을 멸하려 하심이라 정확히 말씀하십니다. 고린도후서 4장 4절에 보면 마귀가 무슨 일을 하는지에 대한 말씀이 있습니다.

> "그 중에 이 세상의 신이 믿지 아니하는 자들의 마음을 혼미하게 하여 그리스도의 영광의 복음의 광채가 비치지 못하게 함이니 그리스도는 하나님의 형상이니라."

이 세상은 사람의 정신줄을 빼 버리는 환경으로 바뀌어 마음에 혼란과 영적으로 둔한 삶을 살도록 만들어졌다 하십니다. 그러나 그리스도 예수를 통하여 하나님의 형상이 어떤 모습인가를 나타내사 진정한 남자의 모습이 무엇인가를 보여 주시고자 하는 사역을 마귀가 방해하고 있다고 말씀하십니다. 타락 후 생긴 변화 때문에, 마귀의 방해공작 때문에, 장애물에 부딪칠 때, 일이 잘되지 않을 때 남자들은 쉽게 포기하고 싶은 마음이 생기고 우울증에 빠지기도 합니다. 아주 잘난 아담을 창조하셨는데, 타락으로 못난 남자의 모습이 현실이 된 것입니다. 놀라운 것은 타락으로 망가지고 희미해졌지만, 아직도 그들 안에 품어 주신 이상적인 형상을 추구하고 만사 형통하는 것을 소원하고 기대합니다. 그리고 기대에 어긋났을 때 그들은 쉽게 실망하고 좌절합니다. 모두 다 잘난 남자가 되기를 소원하고 인정받기 원하는 소원은 그들이 창조주의 형상을 닮았다는 증거이자 다시 회복하고자 하는 마음속 깊은 염원이 드러난다 볼 수 있습니다. 하나님의 영광에 이르지 못하게 된 아담은 이상과 현실 사이에 나타나는 모습의 차이로 많은 갈등과 번민을 겪게 됩니다. 그래서인지 남자들은 무시를 당하면 발끈하고 화를 냅니다. 아내의 비웃는 소리가 그의 자존심을 건드리게 됩니다. 그가 추구하는 이상적인 아담의 모습과는 달리 현실적인 자신의 모습을 보며 자격지심과 초라함을 견디기가 힘들어 감추고 싶은데 아내의 날카로운 눈이 자신의 무게 없는 초라한 모습을 꿰뚫어 볼 때 그의 심장은 멈추고 싶을 만큼 긴장합니다. 아무리 이 세상에서 성공을 한 것같이 보이고 많은 실력을 갖춘 것 같아도 모든 방면에 완전함의 이르지 못하니 모든 남자들 마음속 깊은 곳에 어느 정도의 열등감을 갖고 산다 해도 과언이 아닙니다. 그 누구도 하나님의 영광을 온전히 반영하는 삶을 살지 못하기 때문입니다.

타락으로 인해 아담에게 생긴 이런 약점을 잘 아시는 하나님께서는 아내들에게 남편을 존경하라고 하십니다. 남자는 진정으로 하나님의 완전하신 형상을 닮고 창조되었기 때문입니다. 하나님께서는 당신의 자녀들이 하나님을 신뢰하기에 주를 인정하고, 찬양하며, 모든 일에 감사하기를 소원하십니다. 주께서는 당연히 진중한 무게가 있으시기 때문입니다. 그와 같이 비록 하나님의 형상이 어그러지고 깨어졌기에 자신들의 부족함을 인식하면서도 남편들은 아내에게서만큼은 인정, 칭찬, 감사를 받고 싶어 합니다. 하나님의 형상을 닮았다는 증거입니다. 남자들이 전쟁터로 나가는 이유는 바로 여인들이 보고 있기 때문이라 어떤 이는 말합니다. 여인에게 인정을 받고 싶고, 여인에게 명예로운 남자로 보이고 싶어서 속으로는 두렵고 피하고 싶지만 그래도 전쟁터에 나간다는 것입니다. 여인은 사랑을 위하여 자신을 내어주지만 남자는 명예를 위하여 목숨을 건다는 말이 있습니다. 명예와 존경을 얻는 것이 아담과 그의 자손들에게 가장 절실한 부분인 것 같습니다. 이러한 면을 이해하고 남편을 진심으로 존경하고 진정한 모습을 회복할 수 있도록 돕는 아내의 역할이야말로 하나님께서 의도하신 돕는 배필의 사역의 중점이 될 것입니다.

남편을 위한 중보기도

남편 안에 하나님의 형상이 회복되기를 위하여 기도해야 합니다. 하나님의 형상을 반영할 때 아담은 스스로 존재감에 대한 확신을 얻게 되며 삶의 가치를 확인할 수 있습니다. 인간은 창조주의 형상을 닮고 창조되었기에 귀한 존재들이 됩니다. 골로새서 1장 15절에 그리스도는 보이지 아니하시는 하나님의 형상이라 하십니다. 로마서 8장에 보면 우리로 하여금 그리스도의 형상을 본받게 하려 하신다 말씀하십니다. 하나님께서는 당신의 아들이신 그리스도 예수를 이 땅에 보내사 우리에게 진정한 인간의 모습이 어떠한 지 보여 주십니다. 이러한 하나님의 뜻과 계획을 알고 남편 자신이 얼마나 귀한 존재이고 놀라운 디자인을 소유한 남자인지를 깨닫을 수 있는 영안이 열리게 해 달라고 중보기도해야 합니다. 이러한 변화는 하루 아침에 나타나지 않고 시간이 걸립니다. 타락한 이미지의 옛 형상을 벗어 버리고 거듭난 새로운 피조물의 형상으로 마음을 새롭게 하는 훈련도 필요합니다.

“________의 분함과 악의와 훼방과 입의 부끄러운 말을 벗어 버리게 도우시고 ________이 거짓말을 하지 않고 옛 사람과 그 행위를 벗어 버리고 새 사람을 입고 자기를 창조하신 이의 형상을 따라 지식에까지 새롭게 하심을 받는 자가 되도록 역사해 주세요.” (골로새서 3:8-10)

“________이 심령으로 새롭게 되어 하나님을 따라 의와 진리의 거룩함으로 지으심을 받은 새 사람으로 입게 하시며, 거짓을 버리고 이웃과 더불어 참된 것을 말하며, 분을 내어도 죄를 짓지 않고 해가 지도록 분을 품지 말고, 도적질하지 않으며, 빈궁한 자를 구제하며, 제 손으로 수고하여 선한 일을 하며, 무릇 더러운 말은 입밖에도 내지 않고 오직 덕을 세우는 소용되는 선한 말을 하여 듣는 자들에게 은혜를 끼치는 남자가 되게 변화시켜 주세요. 또한 ________이 성령을 근심하지 하지 않고 모든 악독과 노함과 분냄과 떠드는 것과 훼방하는 것을 모든 악의와 함께 버리고 다른이들을 대할 때 인자하게 대하며 불쌍히 여기며 용서할 수 있는 은혜를 주세요.” (에베소서 4:23-32)

6. 진정한 자존감의 회복

여섯 번째로 아담과 그의 자손들은 진정한 자존감을 회복해야 합니다. 자존감이란 자기 스스로의 가치를 존중해 주고 소중하게 생각하는 것을 말합니다. 세상이 말하는 기준으로 형성된 자존감보다는 창조주 하나님께서 부여하신 변하지 않는 영원한 자존감을 회복한다면 그들이 겪는 마음속 깊이 숨어 있는 수많은 갈등을 밀어낼 수 있습니다. 이 내면의 갈등은 의의 옷을 잃어버리며 시작됩니다. 성경에서는 인간이 타락으로 인하여 얻게 된 큰 상실 중 하나는 하나님의 영광에 이르지 못한 삶을 살게 되었다고 말씀하십니다. "모든 사람이 죄를 범하니 하나님의 영광에 이르지 못하니"라고 하시며 인간에게 생긴 가장 큰 본질적인 결핍은 거룩하고 의롭고 완전한 삶을 살 수 있는 능력을 잃게 된 것입니다. '영광(glory)'을 표현하는 히브리어 단어는 카봐드(kavod)로서 "무게가 있다"라는 뜻입니다. 이 단어 카봐드(kavod)는 하나님의 특성, 성품 및 인격의 무게와 완전하심을 의미합니다. 이 하나님의 영광은 인간에게 입혀 주신 의복이었습니다. 인간은 이 의복을 입을 때 하나님의 영광을 반영하며 하나님이 나타내시는 "무게(영광)"를 우리도 함께 나타내어 진정으로 자존감 있는 삶을 살게 하셨습니다.

이 의복은 아담과 그의 자손들에게 진정한 자존감과 자부심을 주는 역할을 합니다. 의복을 입은 그의 삶에는 어둠이 없었고 정직한 심령과 깨끗한 양심을 소유했기에 그는 자존감을 갖고 살았습니다. 의인의 삶을 경험했기 때문입니다. 의를 행하며 의의 종이 되어 의로운 삶과 행실을 행할 때 인간에게 놀라운 자신감을 갖도록 합니다. 의롭고 훌륭한 아버지 밑에서 자라는 자녀가 아버지의 모습을 닮아 가는 자신을 보며 자부심을 갖게 되는 것과 같은 이치입니다. 의에 속한 삶을 살 때 인간에게 당당함이 생기게 하는 놀라운 힘이 나타납니다. 잠언 28장 1절에 보면 이런 말씀이 있습니다.

> "악인은 쫓아 오는 자가 없어도 도망하나 의인은 사자 같이 담대하리라."

그러나 불순종으로 이 영광스러운 의복을 상실하고 죄악성을 입게 됩니다. 아담은 하나님의 명령을 거역한 순간부터 자부심은 사라지고 곧 죄의식과 수치심을 느끼며 죄인의 삶을 경험하게 됩니다.

창조주께서 품어 주신 거룩하고 영화롭고 이상적인 멋있는 모습은 없어지고 불완전하고, 비겁하고, 야비하고, 믿음 없고, 치사해지는 자신의 모습을 보며 자존감이 바닥으로 떨어집니다.

죄악성은 인간의 자존감에 부정적인 영향을 끼칩니다. 인간의 죄악성 때문에 떨어진 자존감을 회복하기 위하여 아담과 그의 자손들은 바벨탑을 쌓으며 자신들의 이름을 내려고 일을 합니다. 유명인이 되고, 사회적인 위치와 물질적인 성공을 통하여 무언가를 보여 주려 노력합니다.

안타깝게도 아무리 놀라운 성공을 이루었다 해도 악인의 삶을 산다면 자존감에 문제가 생깁니다. 죄악성이 나타날 때 우리에게 추악한 모습이 보이기 때문입니다. 그러나 의인의 삶은 아름답습니다. 선한 삶을 살 때 우리의 자존감은 올라가고 죄를 지을 때 떨어집니다. 정직한 삶을 살 때 자부심이 생기고 남을 속일 때 떨어집니다. "의인의 길은 돋는 햇볕 같아서 점점 빛나서 원만한 광명에 이르거니와…."(잠언 4:18)라는 말씀과 같이 선한 영향력을 끼칠 때 우리의 자존감은 빛을 발합니다. 우리의 진정한 자존감은 의를 행하고 거룩한 삶을 살 때 강하게 나타납니다. 예수님께서는 우리에게 세상의 빛으로 존재감을 나타내라 하십니다.

> "너희는 **세상의 빛이라** 산위에 있는 동네가 숨기우지 못할 것이요. 사람이 등불을 켜서 말 아래 두지 아니하고 등경 위에 두나니 이러므로 집안 모든 사람에게 비취느니라. 이같이 **너희 빛을 사람 앞에 비취게 하여** 저희로 너희 **착한 행실**을 보고 하늘에 계신 너희 아버지께 영광을 돌리게 하라." (마태복음 5:14-16)

> "이는 너희가 흠이 없고 순전하여 어그러지고 거스리는 세대 가운데서 하나님의 **흠 없는 자녀로 세상에서 그들 가운데 빛들로 나타내며**…." (빌립보서 2:15)

남편을 위한 중보기도

남편의 선한 행실과 영향력으로 빛을 발하는 삶을 살 때 얻는 진정한 자존감을 소유하는 하나님의 자녀가 되도록 도우심을 청해야 합니다. 마음을 새롭게 하고 영성훈련을 통하여 죄에 대하여는 죽은 자가 되고 의의 종으로 자신을 내어주는 삶을 말합니다.

> "그러므로 너희가 그리스도와 함께 다시 살리심을 받았으면 위의 것을 찾으라. 거기는 그리스도께서 하나님 우편에 앉아 계시느니라. 위의 것을 생각하고 땅의 것을 생각지 말라. 이는 너희가 죽었고 너희 생명이 그리스도와 함께 하나님 안에 감취었음이니라. 우리 생명이신 그리스도께서 나타나실 그때에 너희도 그와 함께 영광 중에 나타나리라. 그리므로 땅에 있는 지체를 죽이라, 곧 음란과 부정과 사욕과 악한 정욕과 탐심이니 탐심은 우상 숭배니라." (골로새서 3:1-6)

"_______가 이 어두운 세상의 빛과 소금이 되게 하시며 _______가 모든 일을 원망과 시비가 없이 하고 흠이 없고 순전하여 어그러지고 거스리는 세대 가운데서 하나님의 흠 없는 자녀로 세상에서 그들 가운데 빛으로 나타내는 삶을 살도록 도와주세요." (빌립보서 2:13-15)

"_______는 하나님의 택하신 거룩하고 사랑하신 자처럼 긍휼과 자비와 겸손과 온유와 오래 참음을 옷입고 누가 뉘게 혐위가 있거든 서로 용납하여 피차 용서하되 주께서 너희를 용서하신 것과 같이 _______도 그리하고 이 모든 것 위에 사랑을 더하게 하시며 그리스도의 평강이 _______의 마음을 주장하게 하시고 또한 _______가 감사하는 자가 되게 하시며 그리스도의 말씀이 _______ 속에 풍성히 거하여 모든 지혜로 피차 가르치며 권면하고 시와 찬미와 신령한 노래를 부르며 마음에 감사함으로 하나님을 찬양하고 또 무엇을 하든지 말에나 일에

나 다 주 예수의 이름으로 하고 그를 힘입어 하나님 아버지께 감사하는 남편이 되게 해 주세요." (골로새서 3:12-17)

7. 돕는 배필의 사역 회복

마지막으로 아담에게는 돕는 배필의 사역이 회복되어야 합니다.

창세기 2장 18절을 보면 하나님은 "내가 그를 위하여 돕는 배필을 지으리라."고 말씀하셨습니다. 여인을 만드실 때 남편을 돕는 배필의 역할을 목적으로 이브를 창조하셨기 때문입니다. 이브를 향하신 소명과 그녀에게 주어진 가장 중요한 사명은 분명하고 정확합니다. 이러한 이유로 아내가 남편을 내조하는 것은 하늘로부터 내려주신 천직입니다. 창세기에 보면 여자가 엄마가 되기 전, 가정을 돌보기 전, 부모를 섬기기 전, 직장을 갖기 전 하나님께서는 아내에게 남편을 내조하라 선포하십니다. 이를 통하여 여인의 삶에 있어야 하는 정확한 우선순위를 정해 주셨고 창조주의 선명한 의도를 밝히셨기에 기쁜 마음으로 하는 순종이 요구되는 사명이 됩니다. 그리스도의 신부인 교회가 예수님의 뜻과 목적을 위하여 세워졌듯 말입니다.

그러나 사탄이 인간을 타락시키고자 하는 의도를 갖고 에덴 동산에 들어왔을 때 제일 처음 한 일은 바로 아내인 이브를 먼저 유혹한 것입니다. 지혜로워 보이는 뱀을 통하여 이브를 거짓말로 속이며 그녀가 받은 사명을 순종하기보다는 자신의 야망을 좇으라 부추깁니다. 아담을 돕는 역할보다는 자신의 갈망을 이루는 데 이브의 관심이 돌아가도록 그녀의 정체성에 대한 불안감을 조성합니다. 하나님이 먹지 말라 하신 선악과를 먹으면 하나님과 같이 된다는 속임수에 빠져 그녀는 돕는 배필의 사역을 악이용합니다. 자신의 욕망을 추구하는데 아담이 참여하도록 그를 설득하며 자신이 먹은 선악과를 남편도 먹도록 아내의 영향력을 사용합니다. 그 결과 아담이 하나님의 말씀에 순종하고 사명을 감당하도록 힘을 더하기보다는 도리어 그를 수렁으로 끌고 들어가는 역할을 함으로써 사탄의 도구로 이용당하고 맙니다. 뱀의 거짓말에 속은 것입니다. 이브는 이미 놀라운 정체성과 존재감을 소유한 여자였습니다. 하나님께서는 더할 것 없는 축복들을 그녀에게 넘치게 주셨기 때문입니다. 그러나 무엇이 부족하다는 거짓말에 넘어가 하나님의 말씀을 거역하고 불순종하면서 자기 계발에 최고의 관심을 보인 이브는 돕는 배필이라는 사명을 받은 아내로서 실패했습니다. 그녀는 자신에게 주어진 사명 때문에 얻게 된 영향력을 잘못 사용했습니다. 하나님의 말씀과 계명을 가볍게 여기는 아내는 아주 쉽게 마귀의 속임수에 넘어갈 수 있습니다. 아내가 영적으로 민감하지 못하고 변화된 생각과 마음을 소유하지 못했다면 사탄의 계략에 넘어가 남편을 허무는 도구로 이용당할 수 있습니다.

세월이 지난 후 지금까지도 뱀은 같은 거짓말을 통하여 수많은 여자들 생각 속에 부부관계나 가정보다 자아 성취와 성취감이 우선순위가 되어야 한다 속삭입니다. 하나님께서 아내에게 주신 사명을 그저 옵션 정도로 생각하는 것입니다. 그리고 돕는 배필의 사역을 저버리고 이 사명을 가볍게 여기는 여성상이 퍼지고 있습니다. 페미니스트의 영향 또한 수많은 아내들에게 가정과 자신의 야망 사이에서 갈등을 하도록 부채질합니다. 안타깝게도 더 이상 결혼, 남편, 자녀 그리고 가정에 큰 의미를 두지 않는 아내들도 있습니다. 그러나 만약 당신이 남편의 외도를 막고 부부관계를 불륜이라는 악으로부터 보호하기 원한다면, 현재 흐르는 사회적 흐름을 벗어나 하나님께서 정하신 돕는 배필의 사명을 순종하고자 하는 헌신의 마음이 아내의 삶 속에 다시 회복되어야 합니다. 특히 음행과 불륜의 유혹과 싸우는 남편을 돕고 보호하는 역할이 절실히 필요한 시기에 우리는 살고 있습니다. 아내에게 이미 주신 돕는 배필의 능력을 최대한으로 사용할 때가 바로 지금입니다. 수많은 남편들이 사탄의 공략에 무너지고 있기 때문입니다. 혹 어떤 아내는 묻기를, 남편을 내조해야 한다는 것은 아내의 중요한 역할임을 인정하지만 남편의 성적 보호자의 역할까지 해야 하나 불평할 수 있습니다. 남자들이 애들도 아니고 각자 자신을 지켜야 하는 것이 아닐까라고 반문할 수 있습니다. 그러나 이러한 생각은 남자들의 약점을 아직 잘 이해 못하거나, 아니면 남자가 아니기 때문에 할 수 있는 발언으로 들릴 수 있습니다. 물론 불륜이라는 죄악에서 남자 스스로가 자신을 지키는 것이 당연합니다. 그러나 남편 의지만으로는 특히 성적으로 경건한 삶을 유지하기 위하여 마음과 생각을 지키고 수많은 유혹과 싸우기란 현실적으로 점점 어려운 시대에 살고 있음을 인식하고 인정해야 합니다.

만약 당신이 결혼을 했다면….

성적 순결을 지키기 위해서, 불륜이라는 유혹에 빠지지 않기 위해서는 당신의 남편은 아내의 도움이 절실히 필요합니다. 아내만큼 남편을 도와야 하는 강력한 이유와 능력을 소유한 아군 없기 때문에 아내가 앞장을 서서 도와야 합니다. 지난 과거 역사만 보아도 많은 남자들에게 분명히 이 부분이 약점이라는 것을 부인할 수 없기에 이 취약한 부분을 보호할 수 있는 실질적인 방안이 필요합니다. 성적으로 연약할 수 있는 남자들의 약점과 갈등을 깨닫지 못한다면 이 부분에 대하여 남편을 돕는 일에 소홀히 할 수 있습니다. 만약 아내가 정체성에 대한 혼동으로 갈등하며 자존감이 낮다면 자신의 필요를 우선순위에 두게 되고 이 사역이 부담될 수 있습니다. 안타깝게도 현 시대는 이 사명이 무시되거나 중요성을 깨닫지 못하는 여성들의 생각과 태도가 점점 늘어나고 있습니다.

부부관계와 가정에 끼친 페미니스트의 악영향을 이야기 한 책《페미니즘의 이면(The Flipside of Feminism)》에 보면 변해 버린 현대 여성들의 사고방식을 이렇게 표현합니다.

> "언제부터 결혼과 결혼을 유지하는 것이 그렇게 힘들어졌는지 우리는 물어볼 수 있습니다. 당연히 1960년쯤 캐주얼 섹스가 유행함과 동시였습니다. 페미니스트들은 가족의 이익보다 개인을 강조하기 시작했습니다. 이러한 초점의 변화는 미국 여성들이 더 이상 신중하고 체계적이며 선견지명을 갖고 결혼을 계획하지 않는다는 것을 의미합니다. 오히려 여성들의 정체성과 캐리어에만 집중하도록 권장합니다. 여자가 자신의 꿈을 따라야 한다는 개념, 자신에게 진실해야 하고 남편과 자녀들에게 붙잡혀 살지 않아야 한다는 생각은 옳은 일이 되었습니다. 여성들은 언젠가는 결혼하고 정착하기를 원할 수 있습니다. 그러나, 결혼(그리고 모성애)은 마치 개인적으로 만족스러운 삶을 살 때 그저 좋은 동반자로 그냥 일어나는 일이라 생각합니다. 현대 여성에게

일은 자신의 삶에 고기처럼 여기고 남편은 샐러드 정도로 취급합니다."[25]

특히 현대 직장 여성들에게는 성공에 대한 유혹과 자신의 능력, 기술, 지식과 재능을 마음껏 펼칠 수 있는 여건이 주어졌다면, 이 부분까지 해야 하는 돕는 배필의 사역이 어렵다 생각될 수 있습니다. 독립심이 강하고 사회적 성취감에 대한 야망이 큰 아내는 이러한 남편의 약점 때문에 자신의 삶에 방해를 받는 것이 아닌가라고까지 생각할 수 있습니다. 그러나 다시 깊이 생각해 볼 필요가 있습니다. 사회적으로 성공을 이루고 성취를 했다 해도 자신의 결혼이 불륜이라는 문제로 무너진다면 진정 행복한 삶을 이루었다 할 수 있을까요? 개인적인 성취보다 부부간의 성취에 더 가치를 두는 것이 더 지혜로운 선택이 될 수 있습니다.

25 The Flipside of Feminism by Suzanne Venker and Phyllis Schlafly-Published by WorldNetDaily books, p. 75.
"현대 여성에게 일이란 삶의 고기처럼 여기고 남편은 그저 샐러드 정도로 취급한다."
"To the modern woman, work is the meat of her life. A husband is the salad."
The Flipside of Feminism by Suzanne Venker and Phyllis Schlafly-Published by WorldNetDaily books, p. 75.

현대 여성에게 일은 자신의 삶에 고기처럼
여기고 남편은 샐러드 정도로 취급합니다.

위기의 문 #4. 포르노에 빠진 남자

성적인 쾌락에 중독이 된 남자들이 있습니다. 이로 인하여 그들은 불륜에 쉽게 넘어갑니다. 그리고 가정을 파괴하고 아내의 마음을 아프게 합니다. 현재 우리가 사는 세상에서는 약물 중독, 일 중독, 알코올 중독, 드라마 중독, 음식 중독, 게임 중독, 도박 중독 등 수많은 중독으로 인해 사회적으로 가정적으로 심각한 문제가 나타나지만 특히 포르노를 통한 성적 중독으로 인하여 부부관계에 큰 악영향을 미치고 있습니다. 이 문제는 현대 문명을 통한 사탄의 지능적인 계략으로 볼 수 있는데, 포르노에 중독된 남편들이 아내와의 성관계를 피하는 현상이 점점 늘고 있다고 합니다. 미국에서 가정 사역을 담당하는 크리스천 단체의 "포커스 온 더 패밀리(Focus On the Family)"라는 라디오 프로그램에서 사역하시는 줄리 슬래터디 박사님의 통계를 통하여 과거에는 상담을 받으러 오는 아내들 중에 남편이 성관계를 원하지 않는 문제로 오는 경우가 약 20% 정도였지만, 지금 우리가 사는 사회에서는 아내와의 성관계를 피하는 문제가 점점 더 늘어가고 있다 합니다. 물론 사람마다 생김새도 다르고, 개인적인 성향과 성격이 다양하듯 남자들의 성적인 욕구에도 개인적인 차이가 있을 수 있습니다. 그러나 줄리 박사님은 이 변화의 원인이 좀 다른 이유 때문에 생긴 것이라고 지적했습니다. 이 문제는 남자들이 포르노를 접하면서 생기는 후유증으로서 결혼을 향한 사탄의 지능적인 공격이라고 말입니다. 부부관계를 위협하는 새로운 적군이 나타났다는 것입니다. 아니 오래전부터 있던 적군의 공격이 좀 더 강력하고 보편화되었다고 강조하셨습니다.[26]

---

26 이 내용은 저자가 갈보리 채플 치노 힐스 교회에서 한 여성 사역의 날에서 특별 연사로 방문하신 박사님의 강의 내용을 인용하였습니다.

이러한 이야기를 들을 때 두려운 마음과 함께 무력감이 올 수 있고 경건한 결혼 생활을 지키기가 점점 더 어렵고 힘든 세상에 살고 있다는 생각도 들 수 있습니다. 부부관계가 하나님의 도우심과 보호하심을 얻지 못한다면 어찌 될까 하는 생각에 더더욱 성령의 능력을 사모하게 됩니다. 주님께서 "능히 마귀의 계략과 수법을 물리치시고 우리에게 승리를 주시겠다."고 약속하셨기 때문입니다. "세상에서는 너희가 환난을 당하나 담대하라 내가 세상을 이기었느라."고 요한복음 16장 33절에도 말씀하십니다.

그렇다면 왜 이런 일이 생기는 것일까요? 그분의 표현으로는 'hijacked appetite'가 원인이라고 하셨는데 한국말로 번역하면 '약탈당해 손상된 욕구, 즉 오염된 성적인 욕망'을 의미합니다. 남자들의 성적 입맛이 오염되었다는 의미입니다. 조미료가 많이 첨가된 자극적인 음식을 계속 먹게 되면 건강한 음식에 대한 입맛을 잃어버리고 건강식에 대한 욕구 자체가 없어진다는 것과 같은 원리입니다. 도대체 이게 무슨 해괴망측한 말인가 할 수도 있습니다. 그러나 지금 우리가 사는 시대에는 성관계를 전혀 안 하거나 등한시하는 문제가 부부간의 갈등을 악화시키는 주요인이 된다고 합니다. 특히 젊은 세대에게 많이 나타나는 현상이라는데 대체 왜 이런 문제가 생긴 걸까요?

포르노의 유혹

대부분의 남자들이 시각적으로 성적인 자극을 받는다는 점은 부인할 수 없는 사실입니다. 사탄은 이런 남자들의 성향을 이용해서 이 세상이 성적으로 문란해지도록 역사합니다. 요즘에는 남자들 사이에서 '야동을 본다'는 것은 흠이 아니고 남자로서 당연한 일이라는 거짓이 거침없이 방송을 통해 자연스럽게 전해지고 별일 아닌 듯 용납되고 있는 실정입니다. 과거에는 야한 잡지를 보거나 야한 동영상을 보는 남자들의 행위를 경건

《성에 대한 재고》를 쓴 작가 쥴리 슬래러티 박사는 성경적 진리와 섹슈얼리티의 통합 분야에서 인정받는 전문가입니다. 그녀는 25년 이상 여성을 상담하고 제자화하고 가르치는 경험을 가진 임상 심리학자, 작가 및 연사입니다.

치 않은 죄의 행실로 여겨 부끄럽게 느꼈지만, 더 이상은 죄라 여기지도 않고 진리를 거부하는 타협의 파도가 이미 사회적인 통념까지 뒤엎어 놓았습니다. 이것이 사탄의 계획된 올무이고, 함정인지를 인식하지 못하고 부지불식 중에 그만 발을 들여놓고 덫에 빠져 버린 것입니다. 남자들은 쉽게 접할 수 있는 야동이 앞으로 아내와의 성관계에 얼마나 나쁜 영향을 끼치게 되는지, 창조주께서 부부관계를 통해 경험하도록 의도하신 축복을 상실할 수 있다는 것을 모르기에 야동에 너그러운 풍조를 괜찮다고 여깁니다.

'포르노'란 단어는 영어 '포르노그래피, pornography'라는 단어의 약자인데 원어인 '포르네, porne'는 '매춘녀'란 뜻이고 'graphein'은 '글을 쓰다'라는 의미로 '매춘녀의 쓴 글'이라 해석합니다. '포르노'를 가리키는 'porne'라는 단어는 성경에 여러 번 나오는데 대표적으로 갈라디아서 5장 19절에 "육체의 일은 현저하니 곧 음행과 더러운 것과 호색과"에서 '음행'이 원어로 'porneia'라 쓰여 있고, '포르노'라는 말이 여기서 유래했다고 합니다. 성경은 하나님께서 세워 주신 결혼이라는 울타리 밖에서 얻는 성적인 경험은 다 죄라고 말합니다.[27]

급속도로 발전한 컴퓨터와 인터넷의 보급으로 현대 남성들은 언제 어디서나 문란한 사진과 야동을 쉽게 접할 수 있는 거대한 유혹에 노출되어 있습니다. 안타까운 것은 보편화된 핸드폰의 발달로 사탄의 그물에 빠지는 나이가 점점 더 어려진다는 사실입니다. 이렇게 어려서부터 야한 이미지와 동영상을 많이 접한 후에 성에 대한 왜곡된 개념과 기대를 가지고 결혼을 하게 되면 문제가 생길 수밖에 없습니다. 예를 들어 결혼 전부터 몸에 해로운 군것질로 쉽게 배를 채우던 남자가 결혼한 후에는 건강한 음식을 먹기 위해 아내와 장을 보고, 요리를 하고 기다리는 번거로움을 감수해야 합니다. 또 음식을 준비하는 과정에서 생기는 의견차이나 감정적인 부분이 해결이 안 되고 갈등이 생긴다면 문제들을 해결하고 건강한 음식을 먹으려고 노력하기보다는 쉽게 포기하고 과거처럼 군것질을 집어 먹는 현상이 나타난다는 것입니다. 상상 속에 그리던 환상과 현실의

27 Pure Life Ministries by Jim Lewis (Jan. 4. 2018) "What does the Bible say about pornography?"
https://www.purelifeministries.org/blog/what-does-the-bible-say-about-pornography

차이로 기대가 어긋나면 쉬운 방법으로 허기짐을 채우는 것입니다. 최고급의 맛있고 영양분이 넘치는 건강한 음식을 얻기 위해서는 그만큼의 투자가 있어야 함을 모르거나 아직 최상의 맛을 보지 못한 상황이기에 이러한 유혹에 쉽게 빠지게 됩니다. 관계적인 면이 잘 발달되지 않은 남편은 갈등을 해결할 수 있는 능력이 부족하기에 몰라서 그럴 수도 있고, 소극적인 성격 때문에, 또는 게으른 마음에, 또는 이기적인 마음에 아내의 오묘하고 복잡한 감정적인 부분을 채우지 못하고 아내를 향한 성적인 욕구를 접는 것입니다. 아내 외에도 자신의 성적 욕구를 혼자서 해결할 수 있는 다른 통로가 있기 때문입니다. 그러나 이렇게 계속 군것질만 한다면 그의 몸과 영혼은 어떻게 될까요? 성경에서는 분명히 음행은 죄라고 규정하기에 죄악의 올무에 빠진 남편은 마음의 정죄를 받아 하나님과의 관계에도 영향을 받게 됩니다. 많은 남자들이 영적인 삶을 사는 것이 힘든 이유가 이러한 정죄함과 음행의 죄악에서 벗어나는 방법을 모르기에 사탄의 포로가 되어 빠져나오지 못하고 죄책감과 수치심에 억눌리고 결국 주님 앞에 나오지 못하게 됩니다. 부부간의 관계는 어떨까요? 성관계 없이도 건강한 관계로 살아남을 수 있을까요? 분명히 황폐해질 것입니다.

미국 청년사역연구서 미니스트리 조쉬 맥도웰 대표는 포르노의 위험을 알리는 말을 했습니다.

"술이나 마약에 중독된 것보다 포르노를 보게 되면 더 멈추기가 힘들다." "결혼하고 나서도 포르노를 보는 것을 멈추는 사람은 없다. 성행위보다 포르노를 보고 자위 행위하는 것을 좋아하기 때문"이라고 하였습니다. 그는 "포르노나 성 중독이 결혼 생활에 심각한 해를 끼친다는 사실을 강조했다. 사람에게는 기억력 호르몬이 있는데, 노르에피네프린이라는 화학물질이라는 것인데, 감정과 느낌을 찍어내기 때문에 종이집게라고도 한다. 어떤 일이 오감에 미칠 때 볼 수 있고, 말하고, 만지고, 냄새 맡을 때 그 충격이 세포까지 간다. 여러분의 뇌에서 노르에피네프린이 분출된다."고 설명하는 그는 결혼 전 포르노나 성 중독으로 인한 나쁜 일은 결혼 후에 아내와 섹스를 할 때도 계속 떠오르는 이물질이 된다고 말했다. "순결은 이물질이 끼이지 않는 것"이라고 강조한 그는 "'침소를 더럽히지 말라' 성경 말씀(히브리서 13:4)의 '침소'는 원어적 의미로 성교를 말한다. 모든 사람의 결혼은 귀히 여겨야 하고, 성교는 순결해야 한다는 것"이라며 "결혼 전에 이물질이 끼이게 하는 행동을 하지 말라는 것"이라고 설명했다. 그는 이어 "여러분이 성적으로 경험한 모든 것은 자신의 미래의 침소에 이물질을 끼어 넣지 말라는 것이다. 여러분이 젊었을 때 아내와 성교에 있어서 성경이 말하는 명령"이라며 "그런데 포르노가 문제"라고 말했습니다. 그는 "만일에 포르노 보는 남자는 절대로 결혼한 여자와 혼자서 섹스할 수 없다. 그리고 포르노에서 한 그대로 성교를 할 때 그대로 하기를 원할 것이다. 포르노가 여러분 침소의 이물질"이라고 포르노의 문제점을 지적하고 "기도한다고 포르노가 지워지지 않는다. 포르노를 보기 시작한 지 20초 안에 기억 호르몬이 분비되고 종이 집게로 찍어낸다."고 말했습니다.

"한국의 기독교 영성을 파괴시키는 것은 포르노다. 포르노는 사역까지 파괴시킨다. 그런데 여태까지 직면한 가장 큰 문제인데 아무도 이야기하지 않았다."고 지적했습니다. 나라별 포르노에 사용되는 비용을 소개했는데 안타깝게도 한국의 심각한 상황을 보여 줍니다.

> "조쉬 맥도웰에 따르면 한 사람이 포르노에 쓰는 돈은 중국은 남자, 여자, 애기까지 포함해서 42달러, 미국 47달러, 오스트리아 123달러, 일본 178달러이고, 한국은 565달러라고 밝혔다."[28]

이러한 조사 결과를 보면 한국 남자들에게 너무나 큰 결핍이 있다는 안타까운 문제를 드러냅니다. 우리가 사는 사회가 포르노같이 중독성이 강한 악으로 점점 오염되어 갑니다. 특히 포르노 같은 성 중독에 빠지기 쉬운 남자들에 대하여 다음과 같이 말합니다.

> "성적인 중독은 여러 가지 원인과 광범위한 결과로 인한 복잡한 문제입니다.

---

28 유기성, "이제는 성에 대하여 적극적으로 말해야 한다" 기사참고, October 20, 2015, 선한목자 젊은이교회. https://fr-fr.facebook.com/pastor.yookisung/posts/831576270273697
This quote will go into a quote box in this area

개인의 성취감을 얻기 위해 성적인 경험에 의존할 때 발생합니다. 인생이 만족스럽지 않은 사람, 친밀감을 얻지 못하고 실망을 경험한 사람, 희망을 잃은 사람, 자신감이 부족한 사람은 성 중독 유혹에 빠지기 쉬운 후보자가 됩니다. 그들을 홀리는 힘은 성적인 것 이상을 지나 마음속 깊은 곳을 건드립니다. 이 깊은 곳에 자리잡고 있는 허위성(deceitfulness)은 대부분 사람들의 생각으로는 이해하기 어렵습니다."[29]

부부관계의 면역체계를 강화시키지 않는다면 이러한 성 중독의 병균이 침투하여 병에 걸리는 것은 시간 문제입니다. 그렇다면 왜 포르노가 결혼 생활에 문제가 되는 것일까요? 무엇이 결핍되어 이러한 유혹을 받게 되는 근본적인 문제는 무엇일까요?

친밀함의 결핍

포르노가 부부관계에 침투하는 이유 중 하나는 친밀감의 결핍 때문이라 합니다.

성 중독에 대한 갈등을 이해하기 위한 책 《거짓 친밀감(False Intimacy)》을 쓰신 해리 샤움버그 박사님은 부부간의 친밀감을 세 가지로 나누어 말합니다.[30]

1. 완벽한 친밀감(Perfect Intimacy): 이것은 아담과 하와가 타락 전에 나누던 관계를 나타냅니다. 벌거벗었지만 부끄러워하지 않고 망설임이나 자아 의심 없이 성적, 관계적인 행복을 만끽했습니다.[31]

29 'False Intimacy' understanding the struggle of sexual addiction by Dr. Harry W. Schaumburg, NAVYPRESS Publishing 1997, p. 24.

30 위와 같음.

31 p. 18.

2. 진정한 친밀감(Real Intimacy): 이것은 헌신적이고 사랑스러운 결혼에서 한 부부가 성적, 관계적인 친밀함을 나눔을 말합니다. 자아 의심(self-doubt)은 존재하지만, 부부는 서로 의사 소통을 하며 관계 적으로나 성적으로 즐깁니다. 불완전한 관계의 현실을 감안할 때, 부부는 실망을 직면합니다. 진정한 친밀감을 즐기기 위해서는 부부가 서로에게 노출될 수 있다는 두려움, 버림받음에 대한 두려움, 통제력 상실에 대한 두려움, 각각의 성적 욕망에 대한 두려움이 있습니다. 성적 표현에서 둘은 서로에게 의존하고 또 다른 배우자가 무엇을 할 것인지에 대하여 열려 있습니다.[32]

3. 거짓 친밀감(False intimacy): 이것은 본질적으로 사람이 실제적인 친밀감에 내재하는 고통을 피하기 위해 도움이 되는 스스로가 만든 환상입니다.[33]

아내와 진정한 친밀감을 얻지 못한 남편은 거짓 친밀감을 제공하는 듯한 포르노 유혹에 취약해질 수 있습니다. 샤엄버그 박사님의 주장에 따르면 포르노는 남자들이 추구하는 거짓 친밀감 중의 하나로 사용되는데 중독성이 강하다는 것이 문제를 일으킵니다. 성 중독이란 한 사람이 성적 경험을 의지하여 자신의 개인적인 충족을 얻고자 하는 상태를 말합니다. 해리 샤엄버그 박사님은 성 중독에 대하여 다음과 같이 설명합니다.

> "우리는 성적 중독이 진정한 친밀감을 찾으려는 시도라고 생각해서는 안 됩니다. 실제로, 그것은 진정한 친밀감으로 인해 종종 야기되는 고통의 회피입니다. 실제로 성 중독자는 그림이나 비디오 화면의 배우 또는 매춘녀와 같이 통제할 수 있는 무엇 또는 사람과 가짜(pseudo) 관계를 만듭니다. 성적으로 중독성이 있는 행동의 주요 목적이 관계적인 고통을 피하는 것, 즉 삶을 통제하기 위한 것이라는 것을 이해하면 핵심 문제를 밝힐 수 있습니다.[34] …
> 우리 중 일부만이 지하 세계의 인간 마음에 들어갈 용기를 갖습니다. 표면

32 'False Intimacy' by Dr. Harry W. Schaumburg, p. 18.

33 p. 18.

34 p. 20.

> 아래 몇 층을 내려다보면 고통을 피하고 자기 충족을 경험할 권리를 요구하는 필수적인 힘이 퍼져 있습니다. 이 자기 중심적인 에너지의 핵심을 성경은 "죄"라고 합니다.[35] … 성 중독은 하나님께 의존하기보다는 채워지지 않은 절실한 결핍으로 인하여 생기는 충족에 대한 요구와 관계적인 고통을 스스로 통제하려 다 초래된 결과물입니다. 이러한 결핍과 요구는 성 중독의 내적, 외적 원동력을 조성합니다.[36] … 내 생각에는 성 중독의 근본 원인은 바로 인간의 죄성과 하나님을 의지하고 주와 열정적인 관계를 추구하지 않기 때문에 생깁니다."[37]

포르노와 딴짓하는 남편들의 문제는 근본적으로 하나님과 친밀한 관계를 얻지 못하여 생긴 결핍과 친밀한 부부관계를 유지하기 위하여 관계적으로 요구되는 희생은 원치 않고 또 올 수 있는 갈등은 피하려는 비겁한 생각이 원인이 된다는 것입니다. 관계적인 기술 부족, 과거의 상처, 시간 부족 등등 수많은 장애물을 넘고 아내와 친밀감을 키우려는 노력보다는 쉬운 길을 택하는 것입니다. 친밀한 관계를 형성하기 원한다면 그만큼 시간과 노력이 요구됩니다. 그러나 잘못된 방법을 통하여서라도 개인의 필요에 대한 만족을 얻고자 하는 이기주의적 자기 욕심이 유혹에 빠지게 한다는 것입니다. 이러한 성 중독은 한마디로 하나님과 또는 아내와 친밀한 관계를 통하여 얻게 되는 만족을 추구하기보다는 이기주의적인 자아가 스스로 자신의 필요를 채우겠다고 선포하는 독립적인 삶이 만들어 놓은 올무입니다. 그들은 스스로가 만들어 놓은 덫에 빠져 통제 불가한 상황에 빠집니다. 인간은 독립적으로 진정한 마음의 필요를 채울 수 없습니다. 하나님과 다른 사람과의 관계를 통하여서만 참만족을 얻도록 창조하셨기에 이러한 순리를 따르지 않는다면, 문제가 생기는 것은 당연한 이치가 됩니다. 데니스 클락 박사님은 이러한 상황을 한마디로 정의하십니다.

---

35 p. 24.

36 p. 25.

37 p. 23.

"친밀감은 만족감을 주지만, 엑스터시는 중독을 가져옵니다."

왜 이러한 결과가 나타날까요? 사람의 마음에 진정한 친밀감을 통하여서만 얻을 수 있는 만족감을 느끼지 못한다면 심한 갈증의 상태가 계속됩니다. 이렇게 거짓 친밀감은 꼭 바다물을 마심같이 또 갈증을 유발하기에 중독에 빠질 수밖에 없는 상황으로 빠지게 되는 것입니다. 그렇다면 인간은 왜 이토록 중독에 취약할까요?

중독의 근본적인 신체적 원인

불가피한 종의 역할

우리는 왜 그리도 쉽게 중독에 빠지고 취약해지는 것일까요? 그리스도인들도 성중독에 빠지는 경우가 허다합니다. 그렇다면 어떻게 이미 그리스도 안에서 구원받은 남자가 포르노 중독에 빠질 수가 있는지 궁금합니다. 과연 문제가 무엇일까요? 중독으로 인하여 갈등하는 사람들에게 하나님께서는 뇌 과학이 발달하기도 전에 이미 성경 말씀을 통하여 우리에게 경고하셨습니다. 로마서 6장 16절에 보면 "너희 자신을 종으로 내주어 누구에게 순종하든지 그 순종함을 받는 자의 종이 되는 줄을 너희가 알지 못하느냐? 혹은 죄의 종으로 사망에 이르고 혹은 순종의 종으로 의에 이르느니라."는 말씀이 있습니다. 무엇이든지, 누구든지, 순종하는 자의 종이 된다는 것이 핵심이 됩니다. 놀라운 것은 로마서 6장에 여러 번 반복되는 **의의 종과 죄의 종이라는 말씀을 통해 인간은 "종의 역할"이 불가피하다는 점을 강조하십니다.** 성서적인 해석으로 볼 때 중독이란 종(slavery)과 같은 의미입니다. 그렇다면 우리는 왜 의의 종이든지 죄의 종이든지 "종의 역할"을 피할 수 없는 처지가 된 것일까요? 이것이 창조주의 의도인가요? 그리스도께서는 우리를 자유하게 하시기 위하여 죽임을 당하셨는데 이 무슨 말일까요? 이 종의 역할이 불가피 하다는 진정한 의미와 사실을 깨닫지 못한다면 우리는 죄와의 싸움에서 실패의 악순환을 경험할 수 있습니다. 그러나 불가피한 종의 역할이 어떠한 이유 때문인지를 안다면 우리는 좀 더 지혜롭게 의의 종이 되고자 현명한 선택을 하려는 노력을 할 것입니다. 이러한 지식을 얻는 것은 포르노에 속박된 종의 삶에서 벗어나는 데 큰 도움이 됩니다.

의의 도구-몸을 만드신 목적

우리가 종의 역할이 불가피한 이유는 인간의 몸과 뇌를 창조하신 하나님의 디자인 때문입니다. 먼저 하나님께서 인간의 영, 혼, 육을 얼마나 오묘하고 놀랍게 창조하셨는지를 모른다면, 우리는 사탄의 거짓에 속아 넘어가고 그가 추천하는 잘못된 방식을 선택함으로 그의 노예가 되는 상황에 이릅니다. 다음의 구절들에서 하나님이 몸을 만드신 원래 의도와 기능은 무엇인지 알 수 있습니다.

> "또한 너희 지체를 불의의 무기로 죄에게 내주지 말고, 오직 너희 자신을 죽은 자 가운데서 다시 살아난 자 같이 하나님께 드리며 너희 지체를 **의의 무기**로 하나님께 드리라."(로마서 6:13)
>
> "너희 육신이 연약하므로 내가 사람의 예대로 말하노니 전에 너희가 너희 지체를 부정과 불법에 내주어 불법에 이른 것같이 이제는 너희 지체를 **의에게 종**으로 내주어 거룩함에 이르라." (로마서 6:19)
>
> "그러므로 형제들아, 내가 하나님의 모든 자비하심으로 너희를 권하노니 너희 몸을 하나님이 기뻐하시는 거룩한 **산 제물**로 드리라 이는 너희가 드릴 영적 예배니라." (로마서 12:1)
>
> "너희 몸은 너희가 하나님께로부터 받은 바 너희 가운데 계신 **성령의 전**인 줄을 알지 못하느냐? 너희는 너희 자신의 것이 아니라." (고린도전서 6:19)

인간의 몸은 하나님의 계명에 순종하여 의로운 행실을 행하는 의의 무기로 사용하도록 의도하셨습니다. 우리의 육신은 의의 무기, 의의 종, 산 제물, 성령의 전으로 사용되어 하나님을 섬기는 선한 목적을 두고 창조하셨지만 불순종으로 인하여 이러한 기능을 상실했습니다. 창조주의 의도와는 달리 죄의 도구로 사용되었고 죄를 용납함으로, 우리 몸은 의의 종이 아니라 도리어 죄의 종이 되었습니다. 사람의 인체를 공부한다면 종의 역할이 무슨 의미인지를 좀 더 확실히 알 수 있습니다. 현대 과학 문명의 발달로 인하여 인간의 뇌를 공부할 수 있는 조건들이 생겼고 이로 인하여 사람이 왜 죄를 짓고 중독에 빠지는가에 대한 신체적인 원인을 발견했습니다. 이러한 지식은 우리로 하여금 성경의 말씀을 해석하는 데 큰 도움을 줍니다. 이러한 과학적인 연구 결과를 통하여 그동안 미스터리로 여기던 죄의 행실을 좀 더 실질적이고 과학적인 측면에서 파악할 수 있는 언어와 이해력을 우리에게 줍니다.

사람의 몸

하나님께서는 우리가 하나님의 뜻을 순종하고자 하는 우리의 의지를 도울 수 있는 놀라운 기능을 소유한 인체를 창조하셨습니다. 바로 인간의 뇌 안에 보상 시스템(Reward Center)이라는 기능을 만드셨습니다. 이 보상 시스템은 긍정적인 피드백을 받음으로 동일한 활동을 반복하고 싶도록 동기를 부여하고 활력을 주고 영감을 주는 기능입니다. 우리는 어떤 것을 한 번 해 본 후에 즐거움을 느끼면 그걸 반복하고 싶어하면서 "이건 중독성이 있네!"라는 표현을 종종 사용합니다. 무엇을 통해 기분이 좋거나 뭘 먹었을 때 맛이 좋았다면, 우리는 대부분 같은 일을 반복하거나 같은 음식을 또 먹기를 원합니다. 인간은 즐거움(pleasure)을 추구하도록 창조되었고, 이 즐거움의 감정은 동기부여를 하여 목적을 성취하도록 돕는 힘의 역할을 합니다.

뇌의 보상 시스템

우리의 뇌는 엔도르핀, 도파민, 옥시토신, 세로토닌 등등 수많은 중요한 호르몬을 분비합니다. 엔도르핀은 기쁨을 주는 호르몬이고, 세로토닌은 마음을 평화롭게 합니다. 옥시토신은 친밀감을 돕는 호르몬이고 도파민은 쾌감을 주는 호르몬입니다. 뇌에서 분비되는 여러 가지 호르몬을 통해 희락과 기쁨, 만족과 희열을 느낄 수 있는 기능을 주셨습니다. 또한 하나님과의 사랑의 교제를 통해 영적인 삶으로 충만해진 마음이 몸에 신호를 보내면 만족과 행복감을 실질적으로 경험하고 느끼도록 만드셨습니다. 영적, 육적, 관계적, 성취적 등등을 통하여 수많은 기쁨과 행복감을 만끽할 수 있도록 하신 하나님의 놀라운 디자인입니다! 이는 창조주의 선물이자 그분의 형상을 닮은 증거입니다. 성경에 보면 하나님께서 기쁨과 희열을 누리신다는 구절들이 헤아릴 수없이 많습니다.

특히 도파민은 뇌에서 생물학적으로 자연히 분비되는 화학물질로 에너지를 공급하고 동기부여를 제공하는 호르몬입니다. 도파민은 종종 "쾌감 호르몬"이라고도 합니다. 이 호르몬은 뇌의 보상과 쾌락 중추를 조절하는 데 도움을 줍니다. 도파민은 우리에게 보상받는 것을 보여 줄 뿐 아니라 보상을 받도록 행동을 취할 수 있게 해 줍니다. 그래서 도파민은 모든 형태의 중독을 유발하는 호르몬이기도 합니다.

하나님은 이 호르몬이 육체적인 행동과 정신적인 사고, 그리고 인간적인 관계뿐 아니라 하나님과의 교제를 통해서도 생산되게 하셨습니다. 우리의 뇌에 있는 '보상 시스템'(Reward Center)을 통하여 어떤 목적을 성취하거나, 맛있는 음식을 먹을 때, 운동을 할 때, 꿈이 이루어질 때와 특히 성적 오르가즘을 경험할 때 많은 양의 도파민이라는 호르몬이 생성되고 뇌를 통해 몸속에 분비되어 흘러내립니다. 이 호르몬은 기분 좋은 느낌과, 에너지의 충전, 그리고 삶의 의욕을 주는 역할을 하여 적극적으로 삶을 대할 수 있도록 돕는 호르몬이기에 여인들뿐 아니라 남자들에게는 더욱 절실하게 필요한 호르몬이기도 합니다. 도파민은 우리가 좋은 활동을 했을 때 보상을 해 주고, 우리가 같은 활동을 더 많이 하도록 갈망하게 합니다. 즐거움을 주는 선한 활동을 계속 반복해서 행하면서 생산되는 도파민의 영향으로 새로운 습관 또한 생깁니다. 이것은 음식과 인간관계뿐 아니라 다른 기본적인 생존 활동에 대한 욕구를 통해 생명을 유지하도록 하나님께서 인간에게 주신 기능이기도 합니다. 만약 우리가 경건한 방법으로 행복한 마음을 경험했다면, 보상 시스템의 도움으로 우리는 그 행함을 다시 반복하게 되고 반복된 행실은 버릇이 되고 그 버릇은 우리의 인격을 형성해 줍니다. 이렇게 뇌에 있는 보상 시스템은 하나님의 말씀과 그분의 방법에 쉽게 순종하도록 우리를 돕는 역할을 합니다. 이 호르몬은 우리에게 동기를 부여하고 활력을 주도록 고안되었기 때문에, 우리가 쉽게 의를 반복하여 순종하도록 도와주는 역할을 합니다.

친구 아니면 원수?

그러나 이 보상 시스템은 오직 의에 순종할 때만 우리에게 유익이 되는 친구가 됩니다. 만약 악한 행동과 습관을 통해 쾌락을 보상받으면 이 또한 반복하고 싶은 충동을 느끼게 되고 죄악을 반복하는 죄의 성향으로 나타나 돕는 친구의 역할이 아닌, 우리를 넘어지게 만드는 적군이 됩니다. 히브리서 11장 25절에 보면 "잠시 죄악의 낙을 누리는 것보다"라고 말하며 죄의 행실을 통하여서도 쾌락을 경험한다는 점을 말합니다. 쾌락이 동반된 육에 속한 죄의 행실을 할 때 우리의 보상 시스템은 이러한 행위를 계속하라고 욕구와 갈망을 통해 신호를 보내기 시작합니다. 이러한 불경건한 요구에 계속적으로 순종한다면 죄의 종이 되어 중독자가 되는 것입니다. 사람의 뇌는 기계적인 부분이기에 도덕적으로 좋은 선택으로 얻는 즐거움인가 나쁜 선택으로 얻는 즐거움인가를 구분하지 못합니다. 뇌는 단지 어떤 자극에 대한 노출에 근거하여 화학 물질(호르몬)을 방출하는 기능만을 할 뿐입니다. 무엇을 하든, 그것이 즐거움을 주면, 우리의 뇌는 같은 행동을 반복하도록 기억한다고 합니다. 그렇기에 건강에 좋고 나쁨을 따지기보다는 몸에 나쁜 음식, 술, 마약이지만 이미 중독이 되었다면 보상 욕구에 통제를 받아 끊지 못하고 먹게 되는 것입니다. 이 보상 시스템은 도덕적 의식이 없고 오직 기계적으로 기능하여 몸을 돕기 때문에, 선에 속한 선택은 우리를 의의 종이 되게 하지만 악에 속한 선택은 죄의 종이 되게 하는 결과를 얻게 합니다. 의에 순종하든지 악에 순종하든지, 우리 몸은 그 자체에 법에 따라 움직이게 됩니다.

이 시스템은 우리가 의에 순종할 때만 우리의 '친구(편)'의 역할을 하기에 여러 방면에서 그리스도인의 영적인 삶에 큰 영향을 끼칩니다. 건강한 방법으로 도파민을 분비시키는 지혜를 터득하면 좋은 버릇을 형성하게 되고 나쁜 방법이 반복되어 강화되면 부정적인 결과를 초래합니다. 중독성이 강한 도파민의 영향으로 어떤 이는 경건한 것에 중독이 되고 또 어떤 이는 악에 속한 행위에 중독이 되기도 합니다. 성경에서는 잘못된 중독을 일컬어 '죄의 노예가 되었다'고 합니다. 여기서 '죄'란 하나님의 계명, 방식, 뜻, 하나님의 의도와 마음을 벗어난 생각, 태도, 행동 그리고 선택을 말합니다.

방법의 문제

> "사실, 도파민 호르몬 자체는 문제가 아니고, 도파민의 보상 시스템도 문제가 아닙니다. 도파민은 한마디로 건강한 삶을 계속 유지하기 위해 관계를 돌보는 것과 건강한 음식을 먹고, 성관계를 하고, 물을 마시는 것과 같은 생명 유지 활동에 보상을 주기 위해 고안된 보상 호르몬입니다. 문제는 우리가 어떻게 도파민의 통로를 자극하느냐입니다."[38]

도파민을 얻으려고 어떤 자극에 자신을 노출시키는지에 따라 상황이 달라진다는 것입니다. 우리가 도덕적으로 선한 방법으로 도파민 통로를 자극하느냐 아니면 악을 통한 자극에 더 관심을 보이든 상관없이 우리의 뇌는 기능을 충실히 하기에 우리가 하는 모든 선택은 아주 중요합니다. 우리 뇌에서 즐거움을 주는 호르몬을 생산하게 만드는 어떤 것이나, 장소, 사람이나 일에 본능적으로 끌리게 됩니다. 우리가 중독에 빠지고 죄의 노예가 되는 근본 문제는 쾌락을 얻는 방법과 과정이 하나님이 세워 주신 건강한 울

38 'Psychology Today' 오늘의 심리학에서 인용, "The Dopamine Reward System: Friend or Foe?" Getting dopamine from yor best connections not yor worst vices. BY Amy Banks (Wired for Love) posted July 12, 2015. https://www.psychologytoday.com/us/blog/wired-love/201507/the-dopamine-reward-system-friend-or-foe

타리 밖에서 죄를 범하는 길로 가기 때문입니다. 그 결과 원치 않는 후유증을 얻게 되고 이러한 후유증은 우리를 도리어 얽어매고 죄의 노예로 전락시켜 버립니다. 이러한 뇌의 기능을 소유한 인간이기에 사도바울은 고린도전서 6장 12절에 이렇게 말합니다.

> "모든 것이 내게 가하나 다 유익한 것은 아니요, 모든 것이 가하나 내가 무엇에든지 얽매이지 아니하리라."

세상이 점점 영적으로 가난한 사회로 변할수록 왜곡된 쾌락의 후유증은 강도가 심각해져 창조주가 의도하신 참인간의 모습이 아닌 비참한 지경에 이르게 됩니다. 하나님의 말씀을 거역하고 사는 사람일수록 악에 속한 방식으로 쾌락을 추구하는 경우가 많습니다. 의에 속한 방식을 순종하기보다는 악하고 추악한 방식을 선택한다면 죄의 종으로 살게 되는 것입니다. 세상은 점점 육에 속한 쾌락주의로 변해가고 있습니다. 디모데후서 3장 1-4절을 보면 "말세에 … 쾌락을 사랑하기를 하나님 사랑하는 것보다 더하며."라는 경고를 하십니다. 쾌락(pleasure)이란 삶이 유쾌하고 즐거운 상태를 말합니다. 인간은 보편적으로 쾌락을 추구합니다. 우리는 쾌락을 느낄 때 행복하다 생각합니다. 어떻게 보면 우리가 하는 모든 선택과 행위는 행복을 얻기 위한 갈망이라고 볼 수 있습니다. 미국 헌법에도 인간이 행복을 추구함은 창조주가 우리에게 주신 권리라 선포합니다. 쾌락을 추구하는 것을 무조건 나쁜 것으로 보는 경향이 있는데 쾌락에 대해서도 성경 말씀을 통한 새로운 해석이 필요합니다. 우리가 쾌락을 추구함은 인간에게 주신 하나의 성향입니다. 그러나 성경적인 해석을 이해하지 못하면 혼동을 겪을 수 있습니다. 그렇다면 왜 우리가 쾌락을 추구하고 또 쾌락에 노예가 되기도 하는지에 대한 원인을 알아야 합니다. 제대로 알지 못하면 어떻게 올바른 쾌락을 추구하는지 지혜를 얻지 못할 뿐 아니라 잘못된 얽매임에서 헤어날 방법을 찾지 못하기 때문입니다. 잘못된 일인지 알면서도 어쩔 수 없이 왜 자꾸 같은 악행위를 반복하게 되고 저항도 못 하고 그냥 힘없이 끌려가 죄악을 범하는지 원인을 안다면 속박에서 벗어날 수 있는 힘을 얻게 됩니다. 예수님은 우리에게 "진리를 알지니 진리가 너희를 자유케 하리라."고 약속하셨습니다. 우리가 무엇을 보고, 생각하고, 결정하고, 행하는 모든 것이 우리를 의의 종 아니면 죄의 종이 되는 삶으로 인도하기에 모든 면에 지혜로운 선택이 요구됩니다. 인간의 뇌에 있는 보상 시스템의 역할이 그리스도인의 삶에 어떠한 영향을 미치는지 모르면 우리는 혼동에 빠질 수 있습니다.

성적 중독과 도파민

인터넷 포르노의 중독이 도파민 중독과 연결된다는 연구 발표가 있습니다.[39] 이런 행위가 잘못되었고 죄악인지 알면서도 자꾸 빠져 들어가는 이유가 바로 도파민이라는 쾌락과 희열의 호르몬을 계속 경험하고 싶은 충동이 그들의 뇌를 자극하기 때문이라고 합니다. 바람기가 많은 남자의 근본 원인을 찾아보면 도파민 중독자가 아닌가 생각해 볼 수도 있습니다. 성관계를 통해서 얻게 되는 많은 양의 도파민이 필요한 것이 아닌가 짐작도 해 봅니다. 그렇기에 잘못인지 알면서 불륜에 자꾸 빠지는 것이 아닐까요?

많은 남성들은 어려서부터 포르노를 통한 성적 자극을 통하여 도파민이 분비됨을 경험해 왔기에 결혼한 후에도 뇌의 기억 속에 있는 쾌감은 계속해서 뇌에 신호를 보내며 같은 경험을 통해 도파민이 필요하다 요구합니다. 특히 성취감이 부족하고, 자존감이 낮고, 우울증에 시달리는 남자일수록 자신이 느끼는 무력감을 해결하려는 잘못된 방법으로 포르노를 이용하는 경우가 많다고 합니다. 통계에 의하면 우울증에 걸린 사람들은 도파민의 분비가 정상적인 사람에 비해 그 수치가 현저히 낮다고 합니다. 그러나 이러한 내면의 문제는 사랑하는 여자와 결혼했다고 한꺼번에 없어지지 않습니다. 도리어 부부간의 갈등이 있을 때 내면의 문제들은 더욱 크게 표면으로 나타날 수 있습니다. 이렇게 건강하고 경건한 방법으로 도파민을 얻는 훈련이 안 된 남자가 아내와의 성관계를

39 "The great porn experiment" Gary Wilson from TEDxGlasgow.

통해 얻을 수 있는 도파민을 정상적으로 얻지 못한다면 포르노를 보고 자극을 받아서라도 분비시켜야 하는 도파민에 대한 갈증이 야동을 계속 보게 만드는 문제를 야기합니다. 그렇다면 과연 포르노는 그들에게 무슨 역할을 하는 것일까요?

뇌의 거대한 거짓말

인간이 중독에 빠지는 원인 중에 하나는 뇌가 우리에게 거짓말을 한다는 것입니다. 스탠퍼드 대학교 심리학 교수이자 저자인 켈리 맥고니걸 박사의 책《의지력의 본능》에 보면 우리의 뇌가 하는 거대한 거짓말에 대하여 과학적인 실험을 통하여 설명합니다. 이 뇌가 하는 거짓말로 인하여 우리는 중독에 걸리기 쉬운 처지에 놓인다는 것입니다. 그렇다면 뇌가 거짓말을 한다는 말은 과연 무슨 의미일까요? 우리가 중독에 걸리는 이유는 도파민을 공급한 특정한 욕구를 통하여 어떠한 '만족'을 얻기 때문이라 오해할 수 있습니다. 그러나 도파민은 만족을 주는 역할보다는 욕구에 대한 '만족'을 얻을 것이라는 **'기대감'**을 주어 동기부여를 주는 역할로 끝난다는 것입니다. 보상에 대한 **'기대감'**이 반짝 흥분하게 만들고 삶의 의욕을 주는 것입니다.

뇌의 쾌락 충주

몬트리올의 Mc Gill 대학의 두 젊은 과학자는 1953년에 의도하지 않았던 놀라운 발견을 합니다.

> "당시 캐나다 맥길 대학 심리학과의 제임스 올즈와 피터 밀러는 쥐를 이용해 자극과 임무 수행에 관련된 실험을 하던 중 뇌의 특정 부분을 자극하면 쥐가 이를 쾌락으로 받아들인다는 사실을 알아냈다. 이들은 이 결과를 바탕으로 뇌 번연계 부위에 미소 전극을 삽입하고 우리 안에 이와 연결된 레버를 만들어 쥐가 레버를 눌러 스스로의 뇌에 자극을 가하는 장치를 만들었다. 결과는 놀라웠다. 쥐가 레버 누르기를 좋아하는 정도를 넘어서, 지독하게 집착하는 모습을 보여 준 것이다. 레버 누르기에 심취한 쥐는 먹는 것도 자는 것도 잊

은 채 탈진할 때까지 연속으로 26시간 동안 5만 번이나 레버를 눌러댔다."[40]

맥고니걸 박사는 자신이 쓴 책에 이 실험 과정과 결과를 자세히 설명합니다. 이 실험 쥐들은 이 부분의 뇌를 자극할 수만 있다면 자기 고문도 용납했고 발바닥이 전기 그리드(electrified grid)로 인하여 까맣게 타 버려 더 이상 상처 때문에 할 수 없게 될 때까지 집착을 하였습니다. 그로 인하여 과학자 들은 처음에는 쥐들의 행동을 보고 굉장한 행복감이나 쾌락을 경험하나 보다 생각을 했다고 합니다. 그리고 사람을 대상으로 같은 실험을 한 것입니다. 실험 대상들의 뇌의 쾌락 중추에 전극을 이식하고 스스로 자극할 수 있는 컨트롤 박스(control box)를 주었습니다. 놀랍게도 사람들 또한 쥐들과 같은 행동을 한 것입니다. 자유로이 스스로 자극하라는 허락을 받자 보통 일 분에 사십 회 정도 눌렀다고 합니다. 먹는 것보다 자극에 집착함을 보였고 어떤 사람은 실험이 끝나 전극이 끊어진 후에도 계속적으로 이백 번 이상을 누른 것입니다. 쥐들과는 달리 인간실험 대상자들은 자신들이 경험한 것들을 말로 표현하였고 인간의 뇌를 이해하는 데 도움을 줍니다. 어떤 실험자는 자극받는 순간 기분이 좋아졌고 만족을 줄 것 같았지만, 진정한 만족을 느끼지는 못하여 답답함을 느꼈다고 고백했습니다. 계속적인 자극에 대한 집착과 더 이상 자극을 받지 못할 때 불안 증세가 나타남을 볼 때 실험자들은 참만족이 아닌 다른 것을 경험한 것이 아닐까 하는 과정 아래 과학자들은 그것이 무엇일까 연구를 계속하였습니다.

스탠포드 신경 과학자 브라이언 넛슨은 도파민은 기대감을 줄 뿐 보상을 경험하도록 하는 역할을 하지 않는다는 확실한 연구 발표를 하였습니다.

"그의 연구에서, 넛슨은 인간 참가자들을 뇌 스캐너에 넣고 특별한 상징이 화면에 나타날 때 돈을 벌 수 있는 기회를 갖도록 그들을 조절(conditioned) 했습니다. 돈을 받으려면 버튼을 눌러 보상을 받아야 합니다. 상징이 나오자

40 시사저널, 2020. 5. 9. 1595호, "쾌락중추의 '집착'이 부르는 '중독'", 이은희(과학저술가). www.sisajournal.com/news/articleView.html?idxno=128539

> 마자 뇌의 도파민 방출 보상 센터가 켜지고 참가자들은 버튼을 눌러 보상을 받았습니다. 그러나 참가자들이 실제로 돈을 얻었을 때, 뇌의 이 영역은 조용해졌습니다. 승리의 기쁨은 두뇌의 다른 영역에 등록되었던 것입니다. 넛슨은 도파민이 행복 자체를 주는 것이 아니라 동기부여를 위한 것임을 입증했습니다. 보상 시스템이 켜졌을 때 그들이 느끼는 것은 즐거움이 아니라 기대였습니다."[41]

이러한 결과 발표를 보고 맥고니걸 박사는 실험 대상자들이 경험한 것은 놀라운 만족을 보상받은 것이 아니고 보상에 대한 기대감, 즉 행복을 경험할 것이라는 기대감이 주는 흥분을 경험한 것이다라고 주장합니다. 그러나 이 기대감이 만족으로 연결되지 않는다면 만족을 갈망하는 마음이 집착을 나타내고 중독성을 보이는 것입니다. 이로 인하여 어떤 신경 과학자는 말하기를 "중독되는 건 당신이 아니라 당신의 뇌다."라고 주장합니다. 이 뇌가 하는 기대감에 대한 약속 때문에 우리는 자꾸 같은 반복을 하고 매번 혹 하고 넘어 갑니다. 필요한 칼로리를 섭취했기에 음식을 더 이상 먹지 않아도 되는데 도파민의 중독이 된 뇌가 계속 당분이 높은 음식을 먹으라 충동합니다. 더 먹으면 진정한 만족감을 얻을 '것' 같은 기대감을 주지만 도리어 배탈이 나고 비만으로 이어집니다. 옷장이 차고 넘쳐 살 것이 없는 데도 쇼핑을 할 때 나오는 도파민에 중독된 뇌가 기분을 좋게 해 주는 쇼핑몰에 가자고 갈망합니다. 새로운 옷을 사면 진정한 만족을 얻을 '것' 같은 기대감을 주지만 잠시 짜릿한 기분만 경험하고 끝이 납니다.

남자들이 포르노에 집착하는 것도 그것을 통해 "짜릿한 쾌락"을 경험하며 사랑의 친밀감을 얻을 '것'이라는 기대감이 주는 흥분에 중독이 된 것이라 볼 수 있습니다. 아내와 진정한 친밀감을 얻고 싶지만 부부간의 복잡한 감정 싸움과 관계적 거리감이 있기에 다가가지 못하고 쉽고 방해꾼이 없어 보이는 방법에 끌리지만 진정한 만족을 얻지 못하게 됩니다. 안타깝게도 이렇게 강한 "짜릿한 경험"을 의존하는 성향이 높아진다면 웬만한

41 "The Willpower Instinct" by Kelly McGonigal, Ph.D. Published by the Penguin group4 2013, Kellymcgonigal.com twitter.com/kellyMcGonigal, p. 112-113.

성적 자극에는 쾌감을 느끼지 못하고 정상적인 방법으로 느낄 수 있는 만족과 행복이 더 이상 흥분을 주지 못하게 된다고 합니다. 마약 중독과 같은 상황이 되는 것입니다. 그리고 악순환이 반복됩니다.

그렇다면 진정한 만족을 얻을 '것' 같은 기대감에 속은 우리는 과연 어떻게 이러한 뇌의 거짓 신호로부터 벗어날 수 있을까요? 진정한 행복을 추구함에 있어 올바른 방향으로 가리키는 인도자의 역할로 자신의 뇌를 신뢰하지 말아야 한다 맥고니걸 박사는 주장합니다. 인간의 뇌는 복잡하고 오묘하지만 예측 또한 가능하기도 합니다. 뇌가 발출하는 충동, 갈증, 입맛에 다 순종한다면 우리는 스스로 뇌의 노예가 될 것입니다. 뇌는 사람을 돕는 도구이고 종의 역할을 하도록 만드셨습니다. 그러나 의식적으로 자유의지를 나타내며 뇌의 명령을 분별하고 통제하지 않는다면 주인과 종의 자리가 바뀔 것입니다. 만약 의식적인 자아가 주인의 자리에서 기계처럼 돌아가는 뇌를 통제하기 원한다면, 스스로가 자신의 뇌가 어떠한 상태이며, 중독이 있으며, 무의식적인 프로그램들이 작동되는지에 대한 인식이 필요합니다. 내가 어떠한 프로그램에 지배를 받는지를 깨닫고 의식적으로 싸운다면 종의 역할이 아닌 주인의 역할을 회복할 수 있습니다.

죄와 뇌의 보상 시스템

그렇다면 죄와 싸움에 있어 그리스도인의 삶은 믿지 않는 자들과 무엇이 다른 것일까요? 예수님을 영접할 때 새롭게 거듭나고 죄로부터 해방된 믿는 자들은 자동적으로 의의 종이 되는 것일까요? 더 이상 죄와 상관이 없는 삶을 살 수 있는 것일까요? 그러나 안타까운 것은 그리스도인도 죄를 계속하여 짓고 삽니다. 그리스도인으로 죄의 유혹에 넘어질 때마다 우리는 죄책감과 번민으로 스스로를 정죄하며 탄식합니다. 그렇다면 왜 이런 일이 생기는 것일까요?

이러한 상황을 로마서 7장 14-20절에서 사도 바울은 자신의 갈등을 통하여 고백합니다.

> "우리가 율법은 신령한 줄 알거니와 나는 육신에 속하여 죄 아래에 팔렸도다. 내가 행하는 것을 내가 알지 못하나니 곧 내가 원하는 것은 행하지 아니하고 도리어 미워하는 것을 행함이라. 만일 내가 원하지 아니하는 그것을 행하면 내가 이로써 율법이 선한 것을 시인하노니, 이제는 그것을 행하는 자가 내가 아니요 내 속에 거하는 죄니라. 내 속 곧 내 육신에 선한 것이 거하지 아니하는 줄을 아노니 원함은 내게 있으나 선을 행하는 것은 없노라. 내가 원하는 바 선은 행하지 아니하고 도리어 원하지 아니하는 바 악을 행하는도다. 만일 내가 원하지 아니하는 그것을 하면 이를 행하는 자는 내가 아니요, 내 속에 거하는 죄니라. 그러므로 내가 한 법을 깨달았노니 곧 선을 행하기 원하는 나에게 악이 함께 있는 것이로다. 내 속사람으로는 하나님의 법을 즐거워하되 **내 지체 속에서 한 다른 법이** 내 마음의 법과 싸워 내 지체 속에 있는 죄의 법으로 나를 사로잡는 것을 보는도다. 오호라 나는 곤고한 사람이로다! 이 **사망의 몸**에서 누가 나를 건져내랴? 우리 주 예수 그리스도로 말미암아 하나님께 감사하리로다. 그런즉 내 자신이 마음으로는 하나님의 법을, 육신으로는 죄의 법을 섬기노라."

사도 바울처럼 하나님께 삶을 철저히 헌신하고, 놀라운 은사를 많이 받은 그리스도인이 어떻게 죄의 문제로 고민하는지 이상하게 들릴 수도 있습니다. 마치 어떤 죄가 그의 삶에서 계속 행해지고 있다고 고백하는 것처럼 보입니다. 심지어 그가 원하지 않은 일인데도 말입니다. 그는 자신이 원하지 않음에도 불구하고 죄의 습성이 자기를 통제하고 자기를 끌고 다니는 걸 발견합니다. 옳은 일을 하고 싶지만, 계속해서 잘못된 일을 하면서 죄와 패배를 반복하는 악순환을 경험합니다. 위 구절들은 그 힘으로부터 자유를 누리고 싶은 한 사람의 간절한 고백으로 볼 수 있습니다. 놀라운 것은 로마서 6장 1-14절에서 사도 바울은 우리의 옛 사람(죄의 본성)이 그리스도와 함께 십자가에 못 박혔다고 분명히 말합니다. (그 외의 구절-갈 2:20; 5:24; 골 3:3; 벧전 2:24; 딤후 2:11) 그래서 이 싸움이 대체 뭔지 혼동하기가 쉽습니다. 우리의 옛 사람(죄의 본성)이 십자가에 못 박혀 죽었다면, 우리 안의 영의 사람이 원하지도 않고 죄가 잘못되었다는 것을 마음으로 인지하고 있음에도 왜 우리는 여전히 유혹에 빠질까요? 이 전쟁의 본질은 무엇일까요? 이 싸움의 진정한 적은 누구입니까? 우리가 이 전쟁의 본질을 이해하지 못하면, 사탄은 우리에게 이미 죽고, 존재하지 않는 죄의 본성이 아직도 살아 있고 도저히 이길 능력이 여전히 없다고 속일 것입니다. 그리고 기독교 신앙은 우리에게 아무 도움도 되지 않는다는 거짓으로 우리를 절망에 빠지게 할 것입니다. 그러나 사도 바울이 깨달은 것같이 인간의 뇌 안에는 보상 시스템이라는 기능이 작동되고 있고 우리의 습관에 또한 통제받고 있는 "내 지체 속에서 한 다른 법이" 있다는 것을 이해한다면 우리는 죄와 중독의 힘으로부터 벗어나는 데 큰 힘을 얻게 됩니다.

성경에서는 우리가 얻은 구원을 세 가지로 단계로 구분합니다. 먼저 예수님을 구주와 주님으로 믿음으로 죄의 형벌(penalty of sin)에서 구원받고(justification), 매일 성화(sanctification)의 과정을 통하여 죄의 세력(power of sin)으로부터 구원을 받고 있으며, 미래 우리가 죽어 육신의 장막을 벗거나 주님 재림하시면 우리는 죄의 존재(presence of sin)로부터 영원히 구원받고 영화로운 몸을 얻을 것입니다(glorification). 죄의 형벌에서는 자유하나 죄의 세력은 성화과정과 영적 훈련을 통하여 이기는 능력을 얻게 됩니다. 그런데 이 성화과정은 오직 성령님의 도움으로 가능합니다. 그래서 거듭난 사람들도 성령님의 도움을 의지하지 않으면 계속해서 죄의 유혹과 타락에 빠지는 경우가 많습니다. 우리 육신 안에 죄의 습관들이 아직도 저장된 프로그램처럼 작동하기 때문입니다. 이로 인하여 그리스도인으로서 죄의 본성과 죄의 습관의 다른 점을 아는 것은 아주 중요합니다.

죄의 본성과 죄의 습관

우리가 거듭날 때 우리의 옛 사람은 그리스도와 함께 십자가에서 죽었기에 죄의 본성으로부터 자유하지만 죄의 습관들은 뇌의 보상 시스템에 기록이 남아 있기에 우리의 육신은 여전히 옛 습관들의 영향을 받게 됩니다. 그리스도 안에 거하는 자에게는 죄의 본성이 문제가 아니고 뇌에 깊이 박혀 있는 옛 습관이 골칫덩이가 되어 우리를 죄악에 빠지게 하고 힘들게 합니다.

먼저 성경에서 말하는 죄의 본성(Sinful nature)과 죄의 습관(sinful habits) 혹은 타락한 육신(sinful flesh)의 다른 점을 정확히 이해한다면 죄와의 전쟁에서 승리하는 중요한 고리를 찾게 됩니다. 과연 죄의 본성과 타락한 육신의 다른 점은 무엇일까요?

이 세상에 있는 모든 사람들은 죄의 본성을 가지고 태어납니다. 이러한 죄의 본성은 배울 필요가 없습니다. 인간의 죄성은 죄에 대한 타고난 성향이고, 인간이 타락한 후 첫 아담으로부터 물려받은 것입니다. 그것은 죄에 대한 유전적 구성을 말해 줍니다. '육신'이라는 단어는 '몸'(육체)을 의미합니다. 하지만 성경에서 자주 언급하는 "육신"이라는 단어는 신체적인 몸 이상의 의미를 갖고 있는데, 우리의 몸은 육체와 정신과 영혼이 얽혀 있고 서로 영향을 미치고 있어서 따로 구분하기가 어렵습니다. 우리가 예수님을 우리 구주로 영접했을 때 우리의 유전적 죄의 본성이 죽었다 분명히 말씀하십니다. 그러나 구원받기 전까지 그 죄의 본성은 '육신의 행위'라 불리는 예전 생활로부터 온 수많은 죄의 습성과 버릇들은 우리 몸(육체)에 많은 흔적을 남기게 됩니다. 죄의 습성이 우리 뇌에 프로그램된 것을 성경은 이것을 타락한 육신의 정욕, 욕망, 욕구, 또는 갈망이라 말합니다.

우리는 건강에 해롭고 쾌락을 동반한 죄책감 외에는 다른 어떤 이득도 주지 않는 어떠한 것을 갈망한 적이 있음을 경험했을 것입니다. 우리가 어떤 종류의 음식을 먹어서는 안 된다는 것을 알고 있음에도 불구하고, 우리 몸은 그것을 갈망하고 요구하며, 그 욕구에 따르도록 우리에게 압력을 가합니다. 에베소서 2장 3절에 보면 우리가 그리스도를 믿기 전의 예전 생활방식이 어떠 하였는지 설명합니다.

"전에는 우리도 다 그 가운데서 우리 육체의 욕심을 따라 지내며 육체와 마음이 원하는 것을 하여 다른 이들과 같이 본질상 진노의 자녀이었더니."

우리의 영혼이 구원을 받은 후에도 계속적으로 과거에 즐거움을 가져다주었던 음식, 활동, 경험 그리고 관계에 대한 갈망을 다시 경험하라고 우리의 뇌는 신호와 충동을 보냅니다. 잘 프로그램된 똑똑한 AI가 스스로 판단을 하여 주인에게 필요한 서비스를 알아서 제공하듯 말입니다. 우리 몸과 뇌는 주인의 지시에 따라 순종하는 하인의 역할이지만, 시간이 흐르면서 어느덧 버릇이 나빠지면 주인을 통제하기 시작하고 주인의 의지와 상관없이 자신의 뜻을 강요하며 주인행세를 합니다. 이런 신체적 뇌의 기능은 강력한 힘으로서 우리가 거듭난 후에도 영을 따라 살고자 하는 속사람에게 대항하는 강력한 방해꾼의 역할을 하기도 합니다. 그렇기에 성령의 도우심으로 우리는 거룩하고 의로운 새 습관을 발전시킴으로 육신의 정욕을 죽이고 통제하는 것을 평생 배워야 합니다. 우리 안에서 역사하는 이 적군의 정체를 정확히 안다면, 죄와 중독과의 싸움에서 우리를 승리의 길로 인도하는 큰 힘이 될 것입니다.

또 다른 법-습관화된 죄의 행실의 힘

로마서 7장 23절에서 바울은 "죄와 패배"의 악순환을 일으키는 또 다른 적군이 있다고 말합니다. 이 적군은 사탄도 아니요, 세상도 아닌, 바로 우리 몸 안에서 역사하는 육신이었습니다.

"네 지체(몸) 속에서 한 **다른 법이** 내 마음의 법과 싸워 내 지체(몸) 속에 있는 죄의 법으로 나를 사로잡는 것을 보는도다."

바울은 비록 죄의 본성(sinful nature)로부터는 자유했지만, 그리스도인이 되기 이전에 그의 육체에 기록되어 있던 나쁜 습관들을 여전히 경험하고 있었습니다. 이 모든 것을 이해하기 위해 노력하고 씨름하면서, 바울은 그의 "몸" 속에서 일하며 그의 영적인 속 사람에게 대항하는 **'다른 법'**을 발견합니다. 바울은 죄가 생각과 마음에 영향을 줄 뿐만 아니라 그의 육체에도 미친다는 것을 알게 됩니다. 그는 자신의 몸속에서, 죄의 '습관'이라 불리는, 자체적 생명력을 지닌 강력한 다른 힘과 겨누며 싸우게 됩니다. 습관의 놀라운 힘이 죄의 행실에도 힘을 가한다는 사실을 깨닫게 됩니다.

습관의 중요성

사람의 인격은, 긍정적이고 유익한 방향이든, 부정적이고 해로운 방향이든, 반복적인 습관을 통해 만들어진다고 합니다. 습관은 우리에게 중요하고 필요한 일들을 쉽게 수행할 수 있도록 설계된 강력한 힘입니다. 한 연구에 따르면, 성공한 사람들은 자신의 목적에 도움이 되는 반복되는 패턴을 따라 몸을 훈련함으로써 목표를 달성하는 데 도움이 되는 좋은 습관을 개발했다고 합니다. 그러나 죄를 짓는 습성과 해로운 습관도 같은 방식으로 작용합니다. 이러한 이유로 우리의 속 사람이 죄의 본성으로부터 해방되었음에도 불구하고, 옛 죄의 습관이 몸에 스며든 상태로 인하여 여전히 죄의 행실에 대한 욕구, 충동, 입맛을 나타납니다. 우리가 구원받고 거듭났다고 해서, 육체에 남아 있는 죄의 습관이 자동적으로 우리의 삶에서 저절로 없어지지는 않는 이유이기도 합니다. 우리의 옛 사람은 이미 그리스도와 함께 십자가에서 죽었기에 죄의 힘으로부터 자유하지만 죄의 습관들은 아직도 뇌의 보상 시스템에 기록이 남아 있기에 우리의 육신은 여전히 옛 습관들의 영향을 받고 있기 때문입니다. 구원받은 후 우리의 식탐과 입맛이 자동적으로 없어지지 않듯 말입니다. 그리스도 안에 거하는 자에게는 죄의 힘이 문제가 아니고 뇌에 깊이 박혀 있는 나쁜 습관이 골칫덩이가 되어 우리를 힘들게 할 수 있습니다.

사람의 육체에 학습된 습관이란 선과 악을 구분하지 않고 놀라운 힘을 발휘합니다. 어떤 행실이 습관화되었다면 우리의 몸은 자동적으로 반응을 보이기 때문입니다. 뇌를 연구하는 한 과학자는 습관에 대하여 놀라운 말을 합니다.

> "습관이란 반복을 통해 얻게 된 자동적이고, 무의식적인 생각, 행동 및 감정을 말합니다. 습관은 여러 번 무언가를 반복함으로써 이제는 몸이 생각보다 더 잘할 수 있는 경지에 이른 상태를 말합니다. 습관은 일상이 되어 프로그램처럼 돌아갑니다. **그로 인하여 당신은 어느덧 어떠한 프로그램에게 자유의지를 빼앗기고 맙니다.** 보이지 않는 무엇인가가 행하는 것이 아닙니다. 변화가 필요할 때가 온다면 이미 반복적으로 순환되던 무의식 속에 저장된 프로그램과 맞서게 됩니다. 우리가 약 35세 정도에 이르면 95% 정도의 우리가 하는 모든 행동, 정서적 반응, 무의식적 습관, 감정적 흥분, 신념과 지각 등이 이미 암기된 프로그램처럼 작동합니다. 어떤 사람이 5% 정도밖에 남지 않은 의식적인 생각을 의지하여 '나는 건강하고 행복하게 되고 싶고 자유롭고 싶다' 말할 수는 있습니다. 그러나 몸은 전혀 다른 프로그램에 의하여 움직입니다."[42]

우리가 무의식적인 습관들에게 통제를 받아 자유의지까지 상실할 수 있다는 점은 의미심장한 말입니다. 이 과학자의 말을 통하여 우리의 선택에 따라 의의 습관 아니면, 악의 습관들의 종이 될 수 있다는 하나님 말씀을 다시금 확인시켜 주기 때문입니다. 우리가 의식적으로 생각하지 않고 산다면, 이미 저장된 사고방식과 습관들에게 통제받는 삶을 살게 되고 더 이상 자유롭지 않고 스스로 짜놓은 프로그램이 사람을 주장하게 되는 것입니다. 남자이기에 포르노를 보는 것이 당연하고 괜찮다고 타협한다면 아주 위험한 생각입니다.

연쇄 강간과 살인범의 고백

1974-1978년에 미국 전역을 한동안 공포에 빠지게 한 남자가 있었습니다. 그의 이름은 시어도어 로버트(테드) 번디입니다. 그는 똑똑한 법대생이었고 출중한 외모와 매

42 Joe Dispenza 박사의 말, "이것은 당신이 행복하지 않은 이유입니다."
https://www.youtube.com/watch?v=T2q100JipVM
https://www.youtube.com/results?search_query=%23joedispenza

력적인 매너로 여자들에게 쉽게 접근을 합니다. 그러나 그는 30명이 넘는 젊은 여성들을 강간한 후 살인했습니다. 그는 역대 강간범이며 살인마로 이름을 날리게 됩니다. 테드 번디의 정신 상태를 분석해 보았을 때, 그는 정신병과 나르시시즘, 높은 마키아벨리즘(Machiavellianism)[43]을 보였다고 합니다. 이 세 가지의 성향을 일컬어 "어둠의 삼총사"[44](Dark Triad)라 칭하는데, 연구 결과 아주 악한 범죄자들에게 공통적으로 나타난다는 것을 발견했습니다. 번디는 플로리다주 감옥 전기 의자에서 처형되었습니다.

이렇게 잔인하고 악마 같은 자의 삶에도 놀라운 반전이 있습니다. 그는 사형 집행을 기다리는 동안 감옥에서 거듭난 그리스도인이 되었습니다. 그는 자신의 범죄에 대해 깊이 부끄러움과 후회를 느낀다 시인합니다. 감옥에 있는 동안 예수 그리스도를 통한 죄 용서를 받았고 자신의 "죽음의 골짜기"에 직면하면서 평안함을 얻었다고 고백합니다. 또한 테드 번디는 죽기 전에 자진하여 미국에서 가장 존경받는 크리스천 심리학자 중 하나인 제임스 돕슨 박사와 마지막 인터뷰를 합니다. 그는 인터뷰를 하며 제임스 돕슨 박사에게 포르노의 위험성에 대하여 경고합니다. 번디는 자신이 청소년 시기부터 포르노를 접하였고 좀 더 강한 폭력적 포르노에 대한 갈증이 점점 커져 어떤 것도 더 이상 흥분을 주지 못하는 상황에 이르렀다고 자신의 정신 상태를 설명합니다. 번디는 자신이 어떻게 소프트 포르노에 대한 관심으로 시작하여 하드 코어 중독으로 번졌고, 더 나아가 폭력적 포르노에 이르기까지의 대한 과정을 설명하며 이러한 성적 판타지들이 끔찍한 성범죄와 살인으로 연결되도록 돕는 역할을 하였다고 고백했습니다.

그는 반복적으로 소프트 포르노에 노출된다면 하드 코어 포르노에 무디어지고 중독에 빠지게 될 수 있다고 경고합니다. 그는 또한 오늘날 성적으로 폭력적인 영화와 포르

---

43 마키아벨리즘이란 일반적으로 국가의 발전과 인민의 복리증진을 위해서는 어떠한 수단이나 방법도 허용된다는 국가 지상주의적인 정치 이념을 뜻합니다. 심리학에서는 이것을 개인적인 욕구의 충족을 위해 남을 속이거나 조종하려는 욕구를 가리키는 용어로 사용되기도 합니다. (위키미디어 정의)

44 어둠의 삼총사(다크 트라이어드): 심리학에서 "어둠의 삼총사"라는 용어가 있는데 나르시시즘, 마키아벨리즘 및 사이코패스의 성향을 가리킵니다. 이 성향들의 악한 특성 때문에 "어둠"이라고 불립니다. 그 용어는 비교적 새로운 개념으로서 위험한 사람들을 식별하기 위한 심리학적 용어입니다. 2012년에 심리학자 폴허스(Paulhus)와 윌리엄스(Williams)에 의해 이 이름이 붙여집니다. 그들은 연구를 통하여 위험하고 악한 범죄를 저지를 가능성이 높은 사람들에게 이 세 가지 성격의 특성이 나타남을 발견했습니다.

노에 노출된 남자들이 자기처럼 악영향을 받을 수 있다는 우려의 말을 했습니다. 테드 번디는 다음과 같이 말합니다.

> "사람들이 내가 하는 말을 믿어 주는 것이 나에게는 중요합니다. 나는 포르노를 탓하지 않습니다. 포르노 때문에 내가 범죄자가 되었다는 말이 아닙니다. 나는 내가 한 일에 대하여 전적으로 책임을 집니다. 내 말의 핵심은 그것이 아닙니다. 내 말의 핵심은 바로 이런 종류의 포르노가 폭력 행위를 형성하고 만드는 과정에서 어느정도 영향을 미쳤고 기여를 했다는 점입니다."

포르노의 영향을 받았다는 그의 죽기 직전의 고백은 큰 화제가 됩니다. 어떤 사람들은 테드 번디의 말에 거부감을 느끼고 핑계가 아니냐 주장합니다. 그의 악한 마음이 죄를 지은 것이라고 말합니다. 맞는 말입니다. 포르노를 보는 모든 남자들이 연쇄 살인마가 되지는 않기 때문입니다. 그러나 그가 말한 포르노의 무서운 영향을 무시할 수 없는 것도 사실입니다. 조사의 결과를 보아도 알 수 있습니다.

> "제임스 돕슨 박사는 하드 코어 폭력 포르노와 폭력적인 성적 행동 사이에 연관성이 있다는 수많은 연구에서 '정황 증거는 압도적'이라고 말합니다. 예를 들어, 36건의 유죄 판결을 받은 살인자와 관련된 FBI 연구에 따르면 81%(36명 중 29명)는 폭력적인 하드 코어 포르노에 대한 장기적인 관심이 있었다고 밝혔다."[45]

자신들의 욕구를 채우기 위하여 철저한 이기심과 악행으로 여자들을 성폭행하고 그저 성적 노리개 정도로 보는 왜곡된 사고방식을 갖게 되는 과정에서 포르노의 역할이

45 One serial killer's confession, Quote from SPCS article on "Dr. James Dobson interviews serial Rapist and murderer Ted Bundy hours before he is executed by electrocution". https://spcs.org.nz/dr-james-dobson-interviews-serial-rapist-murderer-ted-bundy-hours-before-he-is-executed-by-electrocution/

크게 영향을 끼치게 된다니 포르노가 만연한 시대에 사는 우리에게는 정말 가공할 현실입니다. 그렇다면 이 영혼의 갈증과 죄악성으로 발악하는 남자들을 구원할 방법은 과연 어디에 있을까요?

우리가 나쁜 습관을 벗어버리고 변화되기 원할 때 5%의 의식적인 노력으로 95%의 무의식적인 습관과 싸우려면 어려운 일이기에 작심삼일이라는 속담이 나온 것이 아닐까 생각합니다. 몸에 깊숙이 박힌 습관과 싸우는 것은 아주 어려운 전쟁이 될 것이라는 뜻입니다. 그러나 우리는 힘들다고 이 전쟁을 포기할 수는 없습니다. 로마서 8장 13절을 보면 이 잘못된 몸의 습관을 버려야 하는 심각한 이유를 말씀하십니다.

> "너희가 육신대로 살면 반드시 죽을 것이로되 영으로써 몸의 행실을 죽이면 살리니."

우리 안에 있는 악한 습관들은 우리의 영혼을 죽이는 역할을 한다는 의미입니다. 우리가 잘못된 습관에 붙잡혀 있는 한, 우리는 하나님이 우리를 위해 의도하신 사람으로 성장하고 삶을 얻되 더욱 풍성한 삶을 누리는 것을 방해하는 적의 역할을 하기 때문입니다. 감사하게도 모든 습관은 의도적으로 다른 행동과 사고를 반복 실행할 때 새로운 습관이 형성된다고 합니다. 뿐만 아니라 뇌에 있는 경건하지 못한 옛 습관의 기록들도 계속적으로 사용하지 않는다면 시간이 지나 희미해져서 힘을 잃게 된다고 합니다. 새로운 습관이 힘을 얻었기 때문입니다. 그렇기에 우리에게 새롭게 변하라는 성경 말씀이 가능한 요구를 하신다는 사실이 우리에게 희망을 줍니다. 우리 안에 거하시는 성령의 역사 중 하나는 우리가 죄의 행실이 보내는 '충동'과 '요구'를 거부하고 육신의 정욕을 절제하도록 우리를 훈련을 시키는 사역을 하십니다. 절제는 성령의 열매 중 하나입니다(갈 5:22-23). 성령님의 사역은 우리 안에 있는 새 사람에 초점을 맞추십니다. 우리로 하여금 의의 속한 새로운 습관들이 힘을 얻도록 훈련시키고 도우십니다. 그러나 성령께서 이러한 사역을 우리 안에 이루기 위해서는 주님께 우리의 삶을 양도해야 합니다.

변화의 시작

그렇다면 포르노를 보는 사람들을 다 성 중독자로 취급을 해야 할까요? 변화를 추구할 때 먼저 그 사람의 상태가 어느 정도인지 파악하는 것이 중요합니다. 성욕이 아주 큰 사람을 중독자라 오해할 수 있기 때문입니다. 남자들의 성적 갈등에 대한 책《모든 남자의 전쟁(Every Man's Battle)》을 쓰신 스티븐 아터번(Stephen Arterburn) 박사님과 프레드 스토커(Fred Stoeker) 박사님께서는 남자들의 성 중독자들의 특성을 다음과 같이 정의합니다.

성 중독의 정의

1. 중독성 섹스는 고립된 상태에서 이루어지며 관계와 관련없이 행해집니다. 그렇다고 해서 꼭 신체적으로 혼자서 한다는 의미는 아닙니다. 오히려 그것은 정신적으로나 감정적으로 중독자가 인간과의 관계 또는 접촉으로부터 분리되거나 고립되어 있음을 의미합니다. 중독성 섹스는 “단순한 섹스” 그 자체를 위한 섹스로서, 사람과의 진정한 상호작용과 분리된 섹스입니다. 이러한 것은 판타지, 포르노, 자위와 같은 행위에서 가장 잘 분명하게 드러납니다. 그러나 파트너와 함께 하는 성관계에서도 파트너는 실제로 “사람”이 아니라 암호이며 비인격적 과정에서 상호 교환할 수 있는 부분입니다. 인간의 가장 친밀한 행동이 완전히 비인격적 행위가 되어 버립니다.

2. 중독성 섹스는 비밀스럽습니다. 사실상 성 중독자들은 이중 생활을 하고, 자위 행위를 하고 포르노 샵과 마사지 가게에 가면서 자신이 하고 있는 일을 다른 사람에게 숨기고 어떤 의미에서는 자신에게도 숨깁니다.

3. 중독성 있는 섹스는 친밀감이 없습니다. 성 중독자는 완전히 자기중심적입니다. 자기 집착은 다른 사람에게 줄 여지를 남기지 않기 때문에 진정한 친밀감을 얻을 수 없습니다.

4. 중독성 있는 섹스는 희생자가 생깁니다. 자기만족에 대한 압도적인 집착은 자신의 행동이 타인과 자신에게 미치는 해로운 영향을 보지 못하게 합니다.

5. 중독성 섹스는 절망으로 끝납니다. 부부가 사랑을 나누면 더 만족스러워집니다. 중독성 있는 섹스는 참가자들에게 죄책감을 느끼게 하고 후회하게 만듭니다. 그들에게 만족감보다는 더 공허함을 느끼게 합니다.

6. 중독성 섹스는 고통과 어려움을 피하기 위해 사용됩니다. 중독성 섹스의 도피적 성향으로 볼 때 종종 중독자에게 고통과 어려움을 겪고 있다 보여 주는 가장 명확한 신호 중 하나입니다.[46]

> "다른 중독과 마찬가지로 성 중독은 점진적입니다. '마음의 무좀'같이 결코 사라지지 않습니다. 항상 긁힘을 요구하며 안도감을 약속합니다. 그러나 긁는 것은 통증을 유발하고 가려움증을 심화시키는 것입니다."[47]

성 중독의 3단계

또한 《모든 남자의 전쟁》에서는 남자들의 성 중독의 상태를 세 가지 단계로 나누어 진단합니다.

1단계: 남에게 피해 주지 않고 가능한 것으로 간주되는 행동을 포함합니다. 예를 들면, 자위 행위, 동성애, 매춘이 있습니다.

2단계: 명백히 다른 사람에게 피해를 입히고 법적 제재가 시행되는 행동입니다. 일반적으로 노출증이나 관음증과 같은 남에게 폐(nuisance offenses)가 되는 행위는 범죄로

---

46 1-6, 《모든 남자의 전쟁》, p. 28-29.

47 p. 29.

간주됩니다.

3단계: 근친상간, 아동 성추행 또는 강간과 같이 피해자에게 심각한 결과를 초래하고 중독자에게 법적 결과를 초래하는 행동입니다.[48]

우리는 뉴스를 통하여 멀쩡해 보이는 연예인들이 성범죄로 법적 문제를 일으키는 것을 보고 깜짝 놀랍니다. 어떻게 그런 행동들을 할 수 있었을까 의아해합니다. 그러나 성 중독에 빠지기까지 그들에게는 정신적으로 어둡고 복잡하며 뿌리 깊은 마음의 병과 원인, 악한 습관들이 있었음을 짐작해 봅니다. 자신들이 겪는 고통, 어려움과 갈등을 대체하는 방법으로 쾌락을 추구하다 자신도 모르게 성적 노예가 되어 버린 아주 안타까운 처지에 빠진 것입니다.

만약 남편에게 성적으로 심각한 중독이 있다면 전문가들의 도움을 청해야 할 것입니다. 전문가들의 지식, 경험과 도움으로 부부관계를 허물 수 있는 성 중독으로부터 자유함을 받을 수 있다 생각합니다.

보편적인 문제

그러나 이 책에서는 성 중독으로 갈등하는 특별한 경우가 아닌, 보편적으로 대부분 남자들이 겪는 성적 갈등에 대하여 이야기하고자 합니다. 이 시점에서 1단계를 보면 남자들이 하는 자위 행위를 동성애와 매춘과 같은 단계에 포함한 것에 대하여 우리는 좀 의아해할 수 있습니다. 그렇다면 동성애나 매춘과 같은 행위는 하지 않지만 가끔 또는 자주 포르노를 보며 자위 행위를 하는 남자들도 성 중독자로 보아야 하는 것인지 혼동스럽습니다. 이러한 혼동을 설명하기 위하여 이 책에서는 "부분적인 중독"(Fractional Addiction)에 대한 설명을 하며 대부분의 남자들은 부분적인 중독자 비율에 속할 것이다 주장합니다.

---

48 p. 29-30.

"나의 상담 경험으로 볼 때, 단계 1이하에 속하는 대부분의 남성들에게는 깊은 심리적 문제가 있으며 이 문제를 해결하는데 오랜 시간이 걸립니다. 그러나 상대적으로 소수의 남성이 여기에 속합니다. 우리의 주장은 성적인 죄로 갈등하는 대다수의 남성이 0과 1 사이에 살고 있다는 것입니다. 우리는 이것을 '부분적인 중독'이라고 부를 수 있습니다. 왜냐하면 그것은 0과 1 사이 수준의 삶을 나타내기 때문입니다. 그러나 부분적이라도 중독되었기에 확실히 중독성을 띄우지만 어떠한 고통을 무마시키기 위한 강압적 행동으로 생긴 중독은 아닙니다. **도리어 우리는 높은 화학 물질과 그것이 가져다주는 성적 만족감에 중독인 경우입니다.**"[49]

그리스도인으로서 성경에서 말씀하는 성적으로 온전히 거룩하고 순결한 상태를 0단계로 본다면 대부분의 그리스도인 남자들은 0단계와 1단계의 사이에 있을 것이다 그들은 가정합니다. 이것을 부분적(분수적)인 중독으로 말하는 것입니다. 이들은 정신적인 깊은 문제가 원인으로 작용하여 중독성을 형성하는 과거가 있는 사람들과는 달리 남자이기에 나쁜 습관으로 뇌에 영향을 끼침으로 중독성을 나타내는 정도라 보아야 한다는 것입니다. 그렇기에 그들에게는 다른 방식의 해결책이 주어집니다. 그렇다면 포르노와 같은 죄악에서 벗어나려면 어떠한 변화가 요구될까요? 변화의 시작은 두 부분으로부터 시작됩니다. 잘못된 몸의 행실을 버리고 새로운 습관을 훈련함과 동시에 생각의 변화를 통하여 마음에 새로운 프로그램으로 업그레이드하는 방식입니다.

남자의 취약한 눈

포르노가 남자들이게 유혹의 미끼가 되는 이유는 남자들의 눈의 역할이 크다고 합니다. 남자들은 왜 섹시한 여자만 보면 눈이 획하고 돌아가는지 여자들에게는 미스터리한 부분입니다. 야동을 보고 포르노를 보며 흥분하는 이유는 무엇인지 궁금합니다. 그러나 과학적인 면을 공부한다면 미스터리 하지 않고 그냥 호르몬의 영향으로 나타나는

---

49 《모든 남자의 전쟁》, p. 31.

현상임을 할 수 있습니다. 그들을 이해하려면 이 부분에 대한 지식도 필요합니다. 남자들의 성적 갈등에 대한 책《모든 남자의 전쟁(Every Man's Battle)》을 쓰신 스티븐 아터번(Stephen Arterburn) 박사님과 프레드 스토커(Fred Stoeker) 박사님께서는 그 이유를 다음과 같이 설명합니다.

> "남자들은 성적 자극을 주는 이미지를 볼 때 상당히 높은 수치의 화학적인 물질이 뇌에서 나오는데 바로 에피네프린이라는 호르몬이 혈류에 분비됩니다. 이렇게 감정적으로 흥분된 순간에 받은 자극은 뇌 기억 장치에 저장됩니다. 나는 그저 성에 대한 생각만으로도 감정과 성적인 자극을 받아 흥분하는 남자들을 상담했었습니다. 그의 자극은 그의 생각으로부터 시작하여 [다음] 신경계를 자극하였고 [그로 인해] 에피네프린을 혈류로 분비하게 됩니다."[50]

에피네프린(아드레날린의 다른 이름)이 분비되면 동기부여가 되고 활동적인 에너지가 생기며 기분이 좋아지고 살아 있음을 느끼게 한다고 합니다. 특히 심장 박동과 혈압을 높이거나, 폐가 공기를 보유할 수 있는 능력을 개선하거나, 동공을 확장시켜 더 많은 혈액을 팔과 다리 근육으로 이동시켜 신체가 100%의 에너지를 사용할 수 있게 해 준다고 합니다.[51]

포르노 보는 습관을 깨기 힘든 이유가 바로 그들이 경험하는 에피네프린(아드레날린)이라는 호르몬이 혈류로 분비되고 쾌락감을 느끼게 하는 화학 물질(Pleasure chemical)이 두뇌의 변연 센터(limbic pleasure center)를 적실 때 기분이 좋아지기 때문에 또다시 와 보고 싶어진다는 것입니다. 바로 마약 중독자처럼 말입니다. 그러나 이러한 상황은 지속되지 않습니다. 새로운 여자를 보면 많은 수량의 호르몬이 방출되며 살

50 《모든 남자의 전쟁》, "Every man's battle" by Stephen Arterburn and Fred Stoeker Published by Waterbrook Press 2000, p. 30-31.

51 《건강을 위한 발걸음》에서 인용, "아드레날린은 어떤 호르몬일까?". https://steptohealth.co.kr/about-adrenaline

아 있는 느낌을 얻지만, 시간이 지나면 더 이상 같은 양의 호르몬이 안 나옵니다. 그래서 금방 시시해지는 것입니다. 포르노가 성공적인 것은 이미지를 볼 때 오는 성적 흥분보다는 새롭고 다양한 여자를 보는 흥분이 더 큰 자극을 주기 때문이라 합니다. 같은 여자에게는 이전과 같은 효과가 나타나지 않기 때문입니다. 이것을 과학적으로 '쿨리지 효과'(Coolidge effect)라고 하는데 이 효과가 없다면 인터넷 포르노가 힘을 잃게 된다는 주장입니다. 남자들은 어려서부터 여자가 자신들에게 어떠한 존재이고 역할을 하는지 인식합니다. 특히 여자에게는 자신들을 놀라운 쾌락의 경험의 세상으로 안내할 수 있는 큰 성적 매력이 있다는 점을 알고 있습니다. 이러한 무의식적인 생각 때문에 지나가는 예쁜 여인들을 보면 휘파람을 불고, 관심을 보이며 느끼한 눈으로 찬사의 표현을 합니다. 자신을 만족시킬 수 있는 어떠한 가능성을 보는 것이 아닐까 하는 생각이 듭니다. 맛있는 비빔 냉면의 위력을 경험한 사람은 비빔 냉면 광고를 보면 입맛을 돋우게 되는 이치와 같은 것이 아닐까 짐작해 봅니다.

여자의 벌거벗은 몸은 남자들에게 성적 흥분을 준다는 점은 모든 남자들에게 공통적으로 나타나는 현상이니 분명히 하나님께서 디자인하신 부분이라 생각합니다. 결혼한 남자가 아내의 몸을 보고 성적 흥분을 받아 성관계가 있도록 하셨습니다. 그러나 이러한 디자인은 타락 전에는 안전했지만 타락 후에는 이야기가 달라집니다. 타락으로 얻게 된 죄악성으로 인하여 절제를 상실했기 때문입니다. 이러한 남자의 본능을 약점으로 이용하여 사탄은 그들이 죄에 빠질 만한 거미줄을 칩니다. 사방 곳곳 눈이 가는 데마다 자극적인 이미지와 영상물, 광고물을 아주 자연스럽고 세련되게 진열합니다. 그리고 포르노를 인터넷을 통하여 세상에 퍼지게 한 것입니다. 남자들의 눈을 자극하여 정신줄을 빼고 그들로 하여금 넘어지게 하고자 하는 사탄의 수작입니다. 그들을 영적, 정신적으로 혼미한 상태로 만들어 힘을 없애는 교활한 방법입니다. 어떤 이들은 지금 우리가 사는 세상을 일컬어 성적으로 과열된 사회(sexually charged society)라 부르며 염려합니다. 남자들이 이제는 더 이상 성적으로 제정신을 유지하며 살기 힘든 시대가 온 것입니다.

그렇다면 이러한 사회에서 남자들은 성적의 순결을 지키고 경건한 삶을 유지하고 과연 살아남을 수 있을까요? 길거리에 남자들의 관심을 염두에 두고 전시된 수많은 여자들의 거의 벌거벗은 모습을 보지 않기 위해서 눈을 감고 다닐 수도 없고 그들의 눈은 도대체 어떻게 해야 할까요? 예수님께서는 "네 오른 눈이 너로 하여금 죄를 짓게 하거든, 빼어 내버리라. 신체의 한 부분을 잃는 것이, 온 몸이 지옥에 던져지는 것보다 더 낫다."(마 5:29)라는 심각한 말씀까지 하십니다. 이 말씀대로라면 남녀 상관없이 온 세상의 사람들이 장님이 되어야 합니다. 모든 남녀노소 구분 없이 우리는 눈으로 수많은 죄를 짓기 때문입니다. 인간의 눈은 마음의 창입니다. 성경은 눈의 중요성을 이렇게 말합니다.

> "눈은 몸의 등불이다. 그러므로 네 눈이 성하면 온몸이 밝을 것이다." (마태복음 6:22)

눈을 어떻게 관리하나에 따라 경건하거나 불경건한 삶을 살게 된다는 이치를 말씀하십니다. 이렇게 위험한 눈과 생각을 가진 남자들의 근본문제를 해결하는 방법은 과연 무엇일까요?

과거의 보호망

인간의 역사를 보면, 범죄 후 절제의 힘을 상실한 남자들의 눈으로 인하여 잘못된 행동과 죄악을 막기 위한 방법으로 여자들의 몸을 꽁꽁 가리는 보호막을 사용했습니다. 지난 과거 세계 대부분의 나라의 풍습과 역사를 살피면 여자/남자들의 옷차림이 현시대와는 아주 다른 패션을 고집해 왔습니다. 여자 몸이 잘 드러나지 않는 옷을 입도록 하였습니다. 특히 남자의 연약함을 염두에 두고 지켜진 풍습이 아닌가 생각해 볼 수도 있습니다. 사회적으로, 도덕적으로 불륜과 성적인 타락을 방지하고 경건한 사회를 유지하려는 노력이 있음을 짐작해 봅니다. 그러나 불과 100년도 안 되어 오랜 세월 지켜오던 여자의 옷차림이 놀랍게 변했습니다. 새로운 패션이라는 이름 아래 점점 현대 여성들의 옷차림은 남자의 성적 자극을 최고의 수치로 높이는 데 초점을 둔 디자인이 늘고 있습니다. 요즘 시대는 여자들이 옷을 고를 때 섹시하게 보이는 옷을 선호합니다. 남자들이 눈으로 죄를 짓는 데에는 여자들에게도 한 부분 책임이 있는 것이 아닌가 물어봐야 합니다. 경건한 삶을 살도록 그들을 도와야 하는데 도리어 방해꾼의 역할을 하는 것이 아닌가 생각해 보아야 합니다. 남자들에게 받는 시선이 자신의 가치를 더하고 자존감을 높여준다는 생각에 타협을 하는 것은 아닌지 살펴야 합니다. 분명 우리가 살고 있는 사회는 남자들로 하여금 경건한 삶을 살도록 도움을 주기보다는 방해물이 많아졌습니다. 이제는 남자들 스스로가 경건함의 면역성을 강건히 해야 하는 시대에 살고 있습니다. 그렇지 못하면 육신의 정욕에 끌려 실패를 거듭하는 삶을 살게 되고 하나님이 그들에게 주신 꿈과 비전을 상실할 수 있습니다.

눈의 잘못된 습관

스티븐 아터번(Stephen Arterburn) 박사님과 프레드 스토커(Fred Stoeker) 박사님께서는 남자들이 눈으로 짓는 "성적 불순결은 습관이다."라고 말합니다. 두리번거리며 여자들의 몸을 훔쳐보는 남자들의 시선은 본능적인 눈의 문제가 아니고 타협하여 발달된 습관이라는 의미입니다.

> "성적인 불결은 습관이며 습관처럼 행해집니다. 어떤 사람들은 불순결이 눈의 색깔처럼 유전적이라고 생각할 수도 있습니다. 나는 남자이고, 그래서 나는 불순한 눈과 불결한 마음을 가질 것이다라고 말입니다. 그러나 우리가 여성보다 시각적으로 예민하기에 우리의 돌아가는 눈을 유전적인 문제라는 변명으로 정당화할 수 없습니다. 어떤 남자들은 스스로가 불순한 눈과 생각의 희생자라 여기며 모든 책임으로부터 회피하려 합니다."[52]

> "성적 불순결은 대부분의 남성에게 '병' 또는 '불균형'이 아닙니다. 우리의 눈은 성적인 것을 사랑하며, 우리의 나쁜 습관은 우리가 남자이기에 비롯됩니다. 우리는 우리가 지나가는 어떤 어두운 구석에서도 '싸구려 홍분'(cheap

52 From "Everyman's battle" by Stephen Arterburn & Fred Stoeker with Mike Yorkey, p. 105.

thrill)을 얻고자 하는 습관이 있습니다. 우리는 습관적으로 잘못된 길을 선택했으며, 이제는 습관적으로 올바른 길을 선택해야 합니다."[53]

남자들이 눈으로 범하는 불순결은 습관이라는 것은 놀라운 사실입니다. "남자들은 당연히 선천적으로 다 그런 거야."라는 통념이 주장되는 사회에서 한 줄기 희망의 진리가 보입니다. 다 그런 것이 아니고 잘못 용납되고, 인정하고, 습관처럼 살았기에 허락된 죄악이라는 점입니다. 남자들이 갈등하는 성적 불순결은 바로 고전적 조건 형성의 이론같이 생긴 잘못된 습관이란 말입니다. 파블로프의 개는 종소리만 듣고도 침을 분비하는 반응을 보였듯이 남자들도 여자에게 얻을 수 있는 호르몬과 성적 자극에 같은 반응을 보이는 것이다 짐작해 봅니다. 그러나 이러한 조건 형성을 거절하고 새로운 습관을 키운다면 경건한 삶을 사는 데 남자의 시각적인 면이 더 이상 약점으로 사용되지 않아도 된다는 말이기도 합니다.

가치관의 변화

이러한 악습관이 생긴 원인 중에 하나는 사회적인 변화에 있습니다. 지난 과거 우리의 조상들은 (소수의 남자들을 빼고는) 공동 장소에서 성적 자극을 일으키는 여자들의 야한 옷차림과 모습을 볼 때 "이런 흉측한 모습이 있나!" 말하며 그들을 섹시미의 상징이라 여기지 않았습니다. 도리어 부도덕한 매춘녀의 모습으로 간주될까 염려하여 자신들의 딸들이 입는 옷에 대한 기준을 세워줍니다. 육의 눈으로 판단하기보다는 도덕적인 생각으로 보고 거부한 것입니다. 그러나 지금은 여자들의 야한 옷차림을 사회적으로 더 이상 흉측한 모습으로 보지 않고 도리어 '눈의 캔디'로 착각하고 눈을 정화시켜 주는 섹시미라 여깁니다. 오히려 남자들에게 성적 자극을 주는 여자들의 옷차림을 선호하는 치

53 위의 책, p. 106.

세입니다. 남자이기에 본능적으로 돌아가는 눈으로 감상하는 것이 죄악이라 여기지 않는 것입니다.

그러나 창조주께서는 죄악이라 하십니다. 육체적인 행위가 포함되었을 때 간음이라 여기는 사람들에게 예수님께서는 하나님의 기준을 말씀하십니다. "나는 너희에게 이르노니 음욕을 품고 여자를 보는 자마다 마음에 이미 간음을 하였느니라."(마 5:28) 남자들의 본능을 그렇게 만드시고 이러한 책망을 하신다면 하나님의 판결이 불공정하다 여길수 있지만 그렇지 않기에 기준을 더욱 높이시며 스스로 속이는 인간의 마음을 꼭 집어 드러내십니다. 더 이상 본능적인 욕구 때문이라는 핑계를 벗어나 죄악된 마음이 있음을 인정하고 회개해야 합니다. 회개란 하나님의 기준에 맞추어 나의 가치관을 바꾸는 것입니다. 그리고 믿어야 합니다. 이러한 기준을 요구하신다는 의도는 나에게 좋은 것을 빼앗는 것이 아니고, 유익하다는 진리를 말입니다. 눈으로 간음하는 사람의 마음에 악의 독이 퍼짐을 보지 못한다면 눈으로 잠시 잠깐 즐긴다고 뭐 해가 될까 이해가 되지 않을 것입니다.

프레드 스토커 박사님의 고백

"초창기 결혼 생활에서 나는 브랜다에게 감정적으로 내 전부를 주지 못했습니다. 나는 이것을 나의 성격적 특성 때문에 나타나는 결과라 생각했습니다. 그러나 알고 보니 나에게 있는 성적인 죄 때문임을 알게 되었습니다. 이제는 내 자신을 브랜다에게 온전히 주게 되었고 또한 내 눈과 생각으로 즐기던 '개인적인' 성생활에 대한 나의 권리를 버린 후부터 서로를 신뢰함이 이제는 자연스럽게 되었습니다. 또 하나의 이득은 브랜다가 더 이상 내가 다른 여인과 불륜에 빠질까 하는 두려움에서 벗어날 수 있게 되었다는 점입니다. 우리는 성적 순결에 대한 나의 헌신에 대해 수없이 털어놓고 대화를 나누었기에 그녀의 마음은 완전히 편안해졌습니다. 나는 더 이상 다른 여성의 아름다움에 감탄하지 않고 다른 여성에 대해서는 이야기하지 않습니다. 나는 아내를 제외하고 눈을 통한 모든 관능적인 것을 끊어 버린 이후부터 내 아내가 아주 매력적으로 보이고 그녀도 이 점을 알고 있습니다."[54]

남자이기 때문에 적당히 눈으로 훔쳐보는 것 정도는 괜찮다 생각한다면 잘못된 눈의 습관으로 인하여 부부관계를 허물 수 있다는 위험을 보지 못하게 됩니다. 절제하지 않는 눈 때문에 아내를 통해 얻어야 할 진정한 만족을 상실할 수 있습니다. 눈으로 그저 살짝 보는 것으로 끝나지 않기 때문입니다. 인간이 하는 모든 행동은 뇌에 영향을 끼치고 그의 따른 결과가 따르기 때문입니다.

눈의 빨대 빨기 습관

성경에 보면 부부간의 성적 욕구의 대한 갈증을 물을 마시는 것과 비교하여 표현하십니다. 하나님께서는 남편들에게 아내에게 얻는 물만을 마시라고 하십니다(잠 5:15-20). 이 말씀은 성적 순결을 지키기 위해서 아내 외의 다른 여자들을 통하여 성적 쾌감을 여기저기서 얻고자 하는 육체의 성향과 싸우라는 말씀이기도 합니다. 포르노에 빠지지 않고 성 중독의 문제가 없는 남자들에게도 이 싸움은 해당됩니다. 많은 남자들은 눈에 보이지 않는 빨대를 끼고 여기저기 훔쳐보며 빨대질을 하기 때문입니다. 여기서 조금 "쪽쪽", 저기서 조금 "쪽쪽" 하며 찔끔찔끔 보이는 대로 성적 쾌감을 주는 여인들을 보며 물을 마십니다. 그리고 남자이기에 당연하다 생각합니다. 아내 외의 다른 여자들을 통하여 탈취한 성적 자극은 남자에게 활력소가 된다는 착각을 용납했다면 거부해야 합니다. 나 혼자 힐끔 보기에 다른 이에게 해가 될 것이 없다 생각한다면 이 또한 다시 생각해야 합니다. 작은 일이라 여긴다면 이 또한 오산입니다. 혼자 보는 당신은 죄악에 물든 마음을 소유하게 되고 그 마음은 당신의 모든 삶을 병들게 합니다. 나쁜 음식을 먹으면 나쁜 성분들이 몸에 독으로 퍼지듯이 말입니다.

---

54 From "Everyman's battle" by Stephen Arterburn & Fred Stoeker with Mike Yorkey, Published by WATERBROOK PRESS 2000, p. 95.

첫째로 나타나는 증세는 군것질을 많이 하면 식사 때 입맛이 별로 없게 되는 것과 같은 상황이 됩니다. 자신의 눈과 생각을 보호하지 않고 정신없이 남의 떡이 더 커 보인다는 속담처럼 다른 여인들이 아내보다 더 매력적이고 섹시하다 생각하고 본다면, 아내에 대한 성적 입맛을 상실하게 됩니다. 자신이 누리고 느낄 수 있는 아내와의 최고의 성적 경험에 손해를 입히게 됩니다. 그러나 눈으로 얻을 수 있는 불경건한 성적 쾌감을 거부하고 아내를 통하여서만 얻을 수 있는 물을 마시기 위하여 자신의 성적 식욕을 보호한다면 아내와 더욱 만족감이 넘치는 관계를 기대할 수 있습니다. 배고플 때 먹는 음식은 맛이 증가하기 때문입니다. 지혜로운 자가 이러한 선택을 합니다.

두 번째로 남편의 불경건한 눈은 부부관계의 친밀감을 무너뜨리고 아내의 성적 자존감에 상처를 입히게 됩니다. 성적 자존감에 상처 난 아내는 마음의 큰 고통을 느낍니다. 아내들은 시선이 포르노와 같은 다른 곳으로 향하는 남편의 눈을 보며 질투심과 불안감을 얻게 되고 그를 존경할 마음이 사라지게 되며 남편에 대한 신뢰감도 떨어집니다. 곁눈질하는 남편을 이해할 수 있지만 존경하기는 아주 어렵기 때문입니다. 살짝 곁눈질하는 남자의 눈은 사소한 일인 것 같지만 이러한 상황이 계속된다면, 아내의 불안감을 조성하고 자존심을 상하게 합니다. 이로 인하여 짜증과 불안 증세를 나타내는 아내의 부정적인 감정들은 눈사람처럼 커져가 부부간의 치명적인 문제를 키우게 됩니다. 사탄은 자존심 상한 아내의 자아를 자극하고 괴롭히기 때문입니다. 성적 관심을 받을 때 아내들은 남편에게 사랑받는다는 느낌을 받지만, 남편에게 이러한 사랑을 받지 못한다면 아내는 불행해지고 큰 고통을 겪게 됩니다. 불행한 아내는 남편을 불행하게 만드는 도미노 효과가 나타납니다. 남편 자신도 인식하지 못하는 행동으로 이러한 악효과가 나타남을 보지 못한다면 부부관계는 원치 않는 수렁으로 빠질 수 있습니다.

마지막으로, 이러한 타협으로 나타나는 결과는 영적 상실로서 하나님과의 교제에 문제가 생길 것입니다. 이 상실은 가장 심각하고 위험한 것이기도 합니다. 히브리서 12장 14절에 보면 이렇게 말씀하십니다.

"거룩함을 따르라. 이것이 없이는 아무도 주를 보지 못하리라."

성적 불순결은 하나님과의 교제에 큰 문제가 됩니다. 우리가 경건한 삶을 사는 것은 거룩하고 의로우신 하나님을 만날 수 있는 중요한 조건이자 원칙이기 때문입니다. 하나님과의 관계를 통하여 영혼에 필요한 생수를 얻게 됩니다. 그러나 작은 죄와의 타협도 거룩하신 하나님과 교제하는 삶에 걸림돌이 됨을 인식하지 못한다면 성적으로 순결하고 경건한 삶을 추구하지 않을 것입니다. 이렇게 영혼의 생수를 얻을 수 있는 하나님과의 가장 중요한 관계가 무너진다면 영적 공허와 갈증이 더더욱 강해지니 잘못된 가짜 대처 방법에 대한 유혹이 더 크게 오게 됩니다. 영적 분별력과 경건한 삶의 능력을 경험하지 못했다면 이러한 습관을 포기하고 깨끗한 물만 마시는 것에 대한 갈등이 올 수 있습니다. 그리고 이러한 악순환이 반복된다면 영혼이 더욱 곤고한 삶을 살게 되니 계속적으로 눈을 통해 얻을 수 있는 쾌감들을 의존하게 되고 살피게 됩니다. 그리고 악순환이 계속됩니다. 성경은 훔쳐보는 성적 쾌감이 맛있다는 잘못된 사고방식을 소유한 자들에게 경고의 말씀하십니다.

"어리석은 자는 이리로 돌이키라. 또 지혜 없는 자에게 이르기를 도둑질한 물이 달고 몰래 먹는 떡이 맛이 있다 하는도다. 오직 그 어리석은 자는 죽은 자들이 거기 있는 것과 그의 객들이 스올 깊은 곳에 있는 것을 알지 못하느니라." (잠언 9:16-18)

이러한 경고를 어리석게도 무시한다면 하나님과의 친밀한 교제가 죽게 되고, 아내를 향한 남편의 성욕이 죽게 되고, 아내의 성적 자존심이 죽게 되고, 더 나아가 부부관계와 가정까지 깨질 수 있다는 의미입니다. 잠시 시선을 좀 관리 안 한다고 결혼이 죽을 수 있다는 경고에 거부 반응이 생긴다면 다시 생각해야 합니다. 인간의 타락은 먹으면 안 된다는 과일을 먹음으로 시작되었습니다. 먹는 행위는 자연스러운 것이라 생각할 수 있지만 금지된 것을 먹었기에 큰 문제가 된 것입니다. 그 결과 현재까지도 인간의 삶이 고통과 아픔을 경험하며 살게 되었습니다. 죄를 간단하게 생각한다면 큰 낭패를 가져올 수 있다는 경고이기도 합니다. 그와 마찬가지로 보지 말아야 하는 것을 본다면 이 또한 불행한 결과를 얻게 될 수 있습니다. 모든 행위에는 결과가 따르기에 남자의 시선을 지키는 훈련은 아주 중요합니다. 왜 그럴까요? 눈과 불륜은 연관이 있기 때문입니다.

눈과 불륜의 연관성

눈을 경건하게 보호하는 것은 성공적인 부부관계를 유지하는 데 아주 중요한 역할을 한다는 조사 결과가 있습니다. 불륜을 어떻게 예측할 수 있을까 우리는 궁금해합니다. 예측이 가능하다면 예방 가능성이 높기 때문입니다. 이러한 답을 주는 부부간의 장기적인 관계를 유지하도록 돕는 연구 발표가 있습니다.

> "플로리다 주립 대학(Florida State University)은 사랑을 유지하는 방법을 강조하고 실패한 관계에 대한 명확한 예측자를 식별할 수 있는 새로운 연구를 하였다. FSU 심리학 연구원 짐 맥 널티(Jim McNulty), 안드레 멜처(Andrea Meltzer), 아나스타시아 맥하노바(Anastasia Makhanova) 및 존 매너(Jon Maner)는 '성격의 일지와 오늘의 사회적 심리'(Journal of Personality and Social Psychology)에 발표된 연구에서 불륜을 초래할 뿐 아니라 이를 예방하는 요인을 밝혀냈다. 그들의 연구는 이별을 일으키는 가장 확실한 방법 중 하나인 불륜을 피하고 장기적인 관계를 유지하는 데 도움이 되는 심리적 반응의 증거를 찾은 첫 번째 사례이다. FSU 연구팀은 최대 3년 반 동안 233명의 새로 결혼한 부부를 대상으로 결혼 생활 만족도, 장기적인 헌신, 불륜을 범하였는지에 대한 여부, 그리고 여전히 함께 있는지 여부 등 관계에 대한 자세한 내용을 기록했다. 이 팀은 신혼 부부들에게 매우 매력적인 남성과 여성의 사진뿐만 아니라 평균적인 남성과 여성의 사진을 보여 줌으로써 이 과정을 시험했다.
>
> 맥 널티, 멜쩌, 맥하노바 및 매너는 모든 사람이 다양한 수준에서 공유하는

두 가지 심리적 과정, 즉 로맨틱 파트너 가능성이 보이는 사람에 대한 **관심 분리**(Attentional Disengagement) 및 **평가 절하**(Evaluative Devaluation) 테스트를 했다. **관심 분리**란 이미 결혼한 후 로맨틱한 상대로 간주되는 다른 매력적인 사람에게 대한 관심을 멀리할 수 있는 능력을 말한다. 평가 절하는, 아무리 멋있는 사람이라도, 자신의 배우자가 아닌 다른 사람의 매력을 정신적으로 저하시키는 경향을 말한다. 연구자들은 배우자가 아닌 다른 매력적인 사람으로부터 관심을 빨리 끊은 참가자들이 불륜에 빠질 가능성이 적다는 것을 발견했다. 그 반응의 시간은 주목할 만하다. 평균보다 수백 밀리초 정도 빨리 관심을 멀리 한 사람들은 혼외 성관계를 가질 확률이 거의 50%나 적었다. 반대로 로맨틱한 상대로 간주되는 사람을 멀리하는 데 훨씬 더 오래 걸린 파트너는 불륜의 위험이 높았고 결혼 생활이 실패했을 가능성이 더 컸다.

이미 결혼한 사람이 낭만적인 파트너로의 가능성을 보이는 다른 사람의 매력을 평가 절하하거나 저하시키는 경향은 또한 불륜의 위험을 낮추고 관계를 유지할 가능성을 높였다. 신실한 사람들은 혼외정사를 훨씬 더 부정적으로 평가했다. 주의 분리와 평가 절하 두 반응 모두 불륜의 위험을 최소화했으며 결과적으로 성공 가능성이 높은 관계의 예측 인자였다. FSU 연구팀은 이러한 결과가 정신 건강 전문가에게 사람들이 파트너에게 헌신할 수 있도록 실질적인 제안을 제공할 수 있다고 생각한다. 맥 널티 교수는 이러한 과정이 어느 정도 이미 베어 있는 습관성일 수 있지만, 사람들이 유혹을 접할 때 관심 분리와 평가 절하를 할 수 있는 심리적 능력을 향상시킬 수 있다는 연구가 늘어나고 있다고 말했다."[55]

이 조사 결과를 통하여 배우자 외 매력적인 다른 사람들을 접할 때 우리의 눈과 생각

55 "Predictors for infidelity and divorce highlight in new research" by Florida State University, February 12, 2018. https://news.fsu.edu/news/education-society/2018/02/12/lead-us-not-temptation-predictors-infidelity-divorce-highlighted-new-fsu-research/

이 나타내는 반응을 통하여 불륜의 가능성을 높이거나 낮추는 결과를 얻게 된다는 사실을 알 수 있습니다. 인간의 눈은 사람의 생각 안에 욕구가 생기도록 하는 통로로 사용되기 때문에 이 눈을 잘 간수할 수 있는 마음의 능력을 키운다면 불륜을 미리 방지하는 보호망을 얻게 됩니다.

실질적인 방법

그렇다면 실질적으로 이러한 악습관에 물든 눈을 어떻게 변화시킬 수 있을까요? 스티븐 아터번(Stephen Arterburn) 박사님과 프레드 스토커(Fred Stoeker) 박사님께서는 세 가지 실질적인 방법을 제시합니다.

1. 눈과 언약 맺기

첫 번째로 스스로 눈과 언약을 맺어야 합니다. 구약성경 욥기에 보면, 욥이라는 사람이 나옵니다. 욥은 하나님께서 인정하신 세 명의 의인(노아, 다니엘, 욥) 중 한 사람이었습니다(겔 14:14). 그는 경건한 삶을 추구하고 하나님과의 관계를 항상 최우선순위에 둔 사람이었습니다. 그러한 욥은 성적 순결을 다짐하며 이러한 결정을 내립니다. 자신의 성적 순결이 하나님과의 관계에 영향을 끼친다는 것을 잘 알고 있기 때문입니다.

> "내가 내 눈과 서약하였으니 어찌 처녀를 정욕의 눈으로 볼 수 있겠는가? 내가 만일 그렇게 한다면 위에 계신 전능하신 하나님에게 무엇을 기대할 수 있겠는가? 의롭지 못하고 악을 행하는 자에게는 하나님이 재앙을 내려 벌하실 것이 아니겠는가?" (욥기 31:1-3)

욥기는 성경 중에 가장 오래전에 쓰인 책입니다. 이미 수천 년 전에도 남자들의 시각적인 부분으로 죄를 범할까 염려하여 자신의 눈과 언약을 하며 스스로와의 전쟁을 선포하는 한 남자의 모습을 볼 수 있습니다. 욥과 같이 모든 남자들도 자신의 눈과 서약을 맺고 성적 순결을 추구하기로 마음의 결정을 내려야 합니다. 눈으로 죄 짓기를 거부한다는 결정 말입니다. 이런저런 핑계를 대며 적당히 타협하고자 하는 마음을 버려야 합니다. 하나님이 세우신 기준에 자신의 기준을 맞추는 겸손과 순종이 요구됩니다.[56]

2. 시선 바꾸기

두 번째로 눈의 시선을 급히 바꾸는 훈련이 필요합니다. 남자들의 눈이 자동적으로 성적 자극에 휙 돌아가듯이 이제는 그 반대로 성적 자극을 주는 어떤 한 이미지나 여자들을 포착하는 순간 빠른 속도로 시선을 돌리는 것입니다. 눈을 성적 자극으로부터 굶주리는 훈련이기도 합니다. 란제리 광고, 조깅복을 입고 운동하는 여자의 모습, 비키니 입은 여자, 영화 속에 나오는 여자들 등등 야한 이미지로부터 눈을 빨리 돌리는 것입니다. 빠르면 빠를수록 좋습니다. 성적인 죄악은 중독성 성질이 있어 쾌락을 포기하는 것을 원치 않는 자신의 육신과 싸워야 합니다. 어떤 유명한 목사님은 자신이 남자로서 여름에 해변가를 더 이상 가지 않기로 결정했다고 고백합니다. 이 악한 세대에서 경건한 삶을 살기 위해서는 스스로의 선택이 필요함을 아시기 때문입니다. 어떤 한 부부는 케이블 T.V.를 보지 않기로 결정을 내렸답니다. 죄악과 싸우는 것은 전쟁이기 때문입니다. 혹 어떤 남자들은 살짝 본다고 음흉한 마음을 품는 것이 아니라고 따질 수 있습니다. 그렇다면 무엇이 성적 순결에 대한 정의를 내리는 기준이 될까요? 성적 순결이란 아내 아닌 어떤 무엇으로부터 성적 쾌감을 얻어 뇌에서 화학 물질이 생산되는 것을 기준에 두는 것이라 정의합니다.[57] 과연 이런 기준을 통하여 경건한 눈을 소유함이 가능할까요? 눈과 언약을 맺고 시선 바꾸기의 훈련을 통하여 성적 자극을 거부하는 습관을 키운 후 이러한 죄악에서 승리를 얻게 된 많은 남자들이 있다고 스티븐 아터번(Stephen

---

56 위의 책, p. 155.

57 From "Everyman's battle" by Stephen Arterburn & Fred Stoeker with Mike Yorkey, Published by WATERBROOK PRESS 2000, p. 133.

Arterburn) 박사님과 프레드 스토커(Fred Stoeker) 박사님께서 주장하십니다.[58]

3. 검과 방패

세 번째로 이러한 전쟁에 사용할 성령의 검인 말씀이 필요합니다. 사탄이 주는 유혹과 맞서기 위해서는 실질적으로 눈의 시선을 돌리는 방법도 중요하지만, 생각을 지키기 위해서는 말씀을 방패 삼아 그의 거짓말을 대적하는 영적 훈련이 더욱 중요합니다. 성적 순결에 합당한 구절들을 외워 마음에 간직한다면 유혹이 오는 순간 진리의 검으로 왜 이러한 죄악을 피해야 하는지 상기시켜 줍니다. 하나님의 기준과 원칙을 믿고, 경외하기에 순종해야 하는 동기를 부여합니다.[59]

생각의 변화

잘못 습관화된 눈의 시선을 돌리는 새로운 훈련을 하는 것과 동시에 마음의 눈의 변화 또한 요구됩니다. 시선만 돌린다고 문제가 다 해결되는 것은 아닙니다. 우리가 어떠한 중독으로부터 자유함을 추구하는 과정에서 기억해야 하는 부분은 바로 모든 습관은 암기된 프로그램의 열매이기에 습관을 바꾸려고 노력하는 동시에 우리 안에서 작동하고 있는 프로그램을 새롭게 바꾸는 사역에 힘을 쓰는 것이 더 중요한 일이 될 것입니다.

《거짓 친밀감(False Intimacy)》을 쓰신 해리 샤엄버그 박사님은 다음과 같이 말합니다.

> "이제 포르노와 같은 외력이 성적 중독의 원인이라고 가정한다면 이 생각이 크게 잘못되었음을 분명히 볼 수 있습니다. 포르노는 악이지만 섹스 중독자

58 위의 책, p. 125-132.

59 From "Everyman's battle" by Stephen Arterburn & Fred Stoeker with Mike Yorkey, Published by WATERBROOK PRESS 2000, p. 141-142.

에게 무력감을 주는 것은 이것이 아닙니다. 포르노는 섹스 중독자를 포로로 잡는 힘으로 작용하지 않습니다. 도리어 마음에 있는 악이 음란물을 만들어 냅니다. 마음에 있는 악이 사람을 포르노에 끌어들이는 것입니다. 그리고 마음에 있는 악이 섹스 중독자들을 포르노에 빠지게 하는 것입니다."[60]

남자들이 포르노를 통한 성 중독으로 겪는 갈등은 그들의 마음의 문제라는 말입니다. 포르노 자체에는 힘이 없지만 한 사람이 그것에 힘을 허락한다면 포로가 됩니다. 모든 죄악은 생각으로부터 시작되기 때문입니다. 창세기 3장 6절에 보면 "여자가 그 나무를 '본즉' 먹음직도 하고 보암직도 하고 지혜롭게 할 만큼 탐스럽기도 한 나무인지라."라 합니다. 하나님의 말씀과 반대되는 뱀의 말을 듣고 생각을 바꾸고 보니 눈에 다르게 보인 것입니다. 잘못된 제안의 힘은 인간의 생각에 잘못된 선택을 하도록 유혹하였고 악한 것이 좋아 보이도록 하는 착각을 일으켜 죄의 노예가 되는 결과를 초래합니다. 눈을 보호하기 위해서는 먼저 마음의 눈의 변화가 필요합니다. 마음을 변화시켜야 경건한 눈을 소유하기 위한 싸움에서 승리할 수 있기 때문입니다. 그럼 마음의 눈의 변화란 무엇을 의미할까요?

마음의 저울 바꾸기

사람의 마음은 시각적으로 판단하는 눈과는 달리 많은 것을 가치가 있나 없나 로 판단합니다. 마음에는 각자가 사용하는 마음의 저울이 있기 때문입니다. 내 마음이 중요하다 생각하면 중요한 가치를 두고 아니다 생각하면 별로다 판단합니다. 이러한 마음의 눈에 따라 시각적인 가치도 변할 수 있습니다. 예를 들어, 첫눈에 반한 여인이 시간이 지나니 별 볼일 없는 여자였다 마음으로 판단했다면 그 여인의 가치가 마음에서 사라지고 더 이상은 첫눈에 반했던 감정이 다시 살아나지 않습니다. 마음의 저울이 가치를 저하시켰기 때문입니다. 마음의 눈은 보이지 않지만 더 귀하고 소중한 것들을 발견하고

60 'False Intimacy' Understanding the struggle of sexual addiction by Dr. Harry W. Schaumburg, Navi Press 1997, p. 139.

인식할 수 있도록 우리를 창조하셨습니다. 만약 한 남자가 눈으로 인하여 죄를 범하고 그로 인하여 고민한다면, 마음의 저울을 바꿔야 합니다. 눈의 관점은 마음이 통제하기 때문입니다. 세상의 소리를 버리고 진리를 용납해야 합니다. 하나님께서 사용하시는 진리의 저울을 받아들여야 사탄의 거짓말을 거부할 수 있습니다. 하나님의 진리의 말씀을 통해 세워 주신 내 아내 아닌, 어느 누구에게 성적 자극을 받는 것을 죄라고 믿지 않는다면 타협의 구멍이 생깁니다.

포르노를 보는 마음의 눈의 관점이 변해야 이 전쟁에서 승리를 할 수 있습니다. 남자들의 관심을 얻기 위하여 공공 장소, 남성 잡지, 포르노를 통하여 자신의 몸을 내세우며 타협하는 그들의 연약한 자아상을 도리어 불쌍히 여겨야지 그들을 이용하여 도리어 성적 쾌감을 얻으려는 비겁함과 야비함을 물리쳐야 합니다. 그러한 모습이 아름다운 것이 아니라 추악한 것이라 생각을 바꾸어야 합니다. 마음으로는 너무 아름다운데 보면 안 된다고 생각한다면 이 전쟁에서 실패합니다. 진정한 아름다운 여인의 모습이 무엇인지를 볼 수 있는 새로운 영안 또한 요구됩니다. 마음을 바꾸고 새로운 가치관을 소유해야 그곳을 향하는 충동과 갈증을 잠재울 수 있습니다. 포르노 모델로 자신들의 몸을 내어준 여자들의 실질적인 삶을 본다면, 그들에게는 이미 큰 마음의 상처와 성적 학대를 당한 경험들이 많다고 합니다. 그러한 약점을 통하여 사탄은 그들로 하여금 잘못된 길로 가도록 유혹을 한 것입니다. 그들은 진정한 사랑과 치유함이 필요한 다른 사람의 딸, 여동생, 누나, 아내임을 스스로에게 상기시켜야 합니다. 진실을 가로막는 허망한 판타지에서 깨어나야 합니다. 영안을 뜨고 본다면 사탄의 속임수를 보게 될 것입니다. 유혹의 대상의 가치를 마음에서 떨어트린다면 더 이상은 매력적으로 보이기 않기에 갈등이 사라질 것입니다. 맛있게 보이는 음식 앞에서 입맛을 다시다가도 그 음식에 독이 들어 있다는 말을 듣는다면 더 이상 먹고 싶은 생각이 사라지듯 말입니다. 의식적으로 먼저 생각을 하고 거부하지 않는다면 순결을 추구하는 전쟁에서 계속 패배하게 됩니다. 눈의 노예가 되어 인생이 고달파지는 삶을 살 수 있기 때문입니다.

그러나 변화된 마음의 능력이란 놀라운 효과를 나타냅니다. 겉보기에는 눈의 절제가 안 돼서 화를 부른다 생각할 수 있습니다. 그러나 눈은 힘이 없습니다. 진짜 힘은 마음에서 눈을 조정하기 때문에 마음을 바꾸어야 합니다. 마음에서는 너무 맛있다고 생각을 하면서 먹으면 안 된다고 눈만 절제하려 할 때 어려운 싸움에 휘말립니다. 마음의 생각과 기준을 먼저 바꾸어야 승리의 길로 갈 수 있습니다. 하나님께서 보시는 관점으로 생각을 바꾼다면 시각적인 부분 또한 변할 것입니다. 과거 사탄의 거짓말을 용납한 결과 뇌에 저장된 기억이 잘못되었음을 인정하고 바르게 업그레이드된 새로운 정보를 입력해야 합니다. 그리고 맛있다고 여기던 눈요기의 가치를 떨어뜨려야 합니다. 앞으로 나타날 수 있는 악한 결과에 대한 의식적인 생각을 하지 않는다면, 타협해도 별 문제없다는 사탄의 거짓말에 놀아납니다. 지난 과거 아름답다 생각한 것을 이제는 패역하고 추악한 것이다라고 생각을 바꾸어야 합니다. 건강을 해치는 음식은 더 이상 먹지 말아야 한다는 점을 스스로 의식적으로 따지고 피하듯, 잘못된 눈의 습관을 거부해야 합니다.

의지력의 문제인가?

그러나 포르노와 같은 나쁜 습관과의 싸움은 그리 쉽지만은 않습니다. 여러 종류의 중독과 씨름하면서 실패하는 사람을 보고 의지력이 약해서 그렇다고 쉽게 판단하는 경우가 있습니다. 그러나 이 싸움에서 의지력 만으로는 해결이 안 된다는 점을 이해하는 것은 중요합니다. 몸에 이미 암기된 프로그램이 작동하기에 의지력을 발휘하여 무작정 한 번에 끊으라는 요구를 한다면 힘든 싸움이 됩니다. 중독은 뇌에 있는 기억들과 연결되었기에 기억들이 사라질 때까지 인내가 필요합니다. 한 심리학자는 중독에서 벗어나는 과정을 이렇게 설명합니다.

> "그게 저를 얼마나 아프게 하는지 알면서도 왜 그는(그녀는) 그걸 멈추지 않는 걸까요? 이것은 무엇인가에 중독된 누군가를 사랑하는 사람들이 물어보는 가장 흔한 질문 중 하나입니다. 원하고 소망한다 해서 멈출 수 있는 것도 아니고, 나로 인해 다른 사람에게 고통을 초래할 수 있다는 것을 알고 있다

해서 단순히 멈출 수 있는 것이 아닌 것을 그 사랑하는 사람들이 이해한다면 도움이 될 수 있습니다. 연구에 따르면, '그냥 끊는' 것은 쉬운 일이 아닙니다. 그 중요한 이유들 중 하나는 도파민 때문입니다. 뇌에 대한 연구에 따르면, 중독은 강력한 기억들과 연결되었기에, 회복은 그런 기억들의 영향을 감소시켜야 하기에 시간이 걸리는 과정이라는 것을 보여 줍니다. 중독과 싸우는 것은 단순히 의지의 문제가 아니라는 의미입니다. 이 투쟁은 개인의 몸, 마음, 삶을 변화시키고 즐겁고 중요한 새로운 경험들을 만들어서 뇌에 입력시켜야 하는 것입니다. 또한 인내가 요구되고 치유가 필요하며, 혹 재발하더라도 너무 민감하게 반응하지 말아야 하며 기억들이 사라질 수 있는 기간이 필요합니다."[61]

중독으로부터 자유를 원하는 사람들에게 다음과 같은 충고를 합니다.

"치유가 가능합니다. 그러나 1980년대 슬로건처럼 "노(NO)!"라고 말하는 것만으로는 충분하지 않습니다. 대신 다른 것에 "예(Yes)!"라고 말함으로써 중독으로부터 자신을 보호하고 치료할 수 있습니다. 당신의 삶에 의미를 부여하는 다양한 관심사를 키우세요. 당신의 문제가 보통 일시적이며, 아마도 가장 중요한 것은 인생이란 항상 즐겁지만은 않다는 것을 인정하는 것입니다."[62]

무조건 어떠한 나쁜 습관이나 중독을 더 이상 행하지 않겠다는 헌신과 의지만으로는 이 싸움에서 승리하기 어렵습니다. 중독을 일으키던 결핍을 채우기 위하여 선하고 경건한 방법을 터득하는 것으로 습관이 교체가 되어야 합니다. 그러나 이 또한 쉬운 일이 아닙니다.

---

61 《오늘의 심리학(Article from Psychology Today)》에서 발췌.

62 "Understanding Addiction" New Insights into the Causes of Addiction-A Harvard Health article-HelpGuide Your trusted guide to mental health and welleness.
https://www.helpguide.org/harvard/how-addiction-hijacks-the-brain.htm

잘못된 우선순위

우리는 죄와의 싸움에서 행동을 수정하고, 억누르고, 엄격한 육체적인 훈련을 통해 죄악된 행위를 극복하려고 노력하며 부정적인 습관을 고치려는 노력을 합니다. 이러한 방법을 통해 죄를 지으려는 욕구를 잠시 없앨 수 있습니다. 이러한 방법들은 한동안 변화된 모습을 나타낼 수 있습니다. 그러나 근본적인 해결책은 아닙니다. 골로새서 2장 20-23절에 보면 우리의 옛 습관들을 없애기 위한 잘못된 방법들에 대하여 말씀하시며 이러한 사고방식은 세상에 속한 것이라고 말씀하십니다.

> "너희가 세상의 초등학문에서 그리스도와 함께 죽었거든 어찌하여 세상에 사는 것과 같이 규례에 순종하느냐? 곧 붙잡지도 말고 맛보지도 말고 만지지도 말라 하는 것이니 이 모든 것은 한때 쓰이고는 없어지리라. 사람의 명령과 가르침을 따르느냐? 이런 것들은 자의적 숭배와 겸손과 몸을 괴롭게 하는 데는 지혜 있는 모양이나 오직 육체 따르는 것을 금하는 데는 조금도 유익이 없느니라."

모든 습관은 뇌에 이미 암기된 프로그램의 열매이기에 악습관을 없애려고 노력하지 말고 프로그램을 먼저 새롭게 바꾸어야 합니다. 생각 속에 짜인 프로그램을 바꾸는 일에 우선순위를 두지 않고 겉으로 나타나는 행실에 집중하여 치고 박고 싸운다면 쉽게 지치는 잘못된 싸움이 됩니다. 우리가 하는 대부분의 행동은 무의식 속에 저장된 가치관과 자아상(self-image)과 같은 나무가 자라나 맺게 된 열매입니다. 사람의 생각은 선과 악 상관없이 씨로 마음에 심어져 나무로 장성하여 때가 되면 열매를 맺습니다. 잘못된 행동을 하는 이유는 잘못된 생각(씨)이 심겨진 결과입니다. 악의 열매가 나타나는 잘못된 나무들을 뽑기 전에 먼저 선에 속한 바른 생각(씨)을 심어야 한다 말씀하십니다. 우선순위의 중요성을 말합니다.

이러한 이치를 컴퓨터 프로그램에 비유한다면, 잘못된 프로그램을 지우는 것에 집중하기보다 먼저 새로운 정보를 입력함이 우선순위가 되는 것입니다. 새로운 정보가 입력되어 자주 사용된다면 낡은 정보들은 저절로 밀려나가 힘을 잃게 됩니다. 사람의 생각은 현재 사용하는 정보가 강한 힘을 얻기 때문입니다. 그렇기에 하나님께서는 아침 저녁으로 주의 말씀을 묵상하고 말하고 내 입(시인함을 말함)에서 떠나지 말라고 하신 이유입니다. 진리의 말씀이 항상, 매일매일 현재 우리의 생각을 주장하도록 하라는 권면이십니다.

골로새서 3장 1-4절을 통해 육신의 정욕을 자제하기 위해 우리가 먼저 해야 되는 것을 말씀하십니다.

> "그러므로 너희가 그리스도와 함께 살리심을 받았으면 위의 것을 찾으라. 거기는 그리스도께서 하나님 우편에 앉아 계시니라. 위의 것을 생각하고 땅의 것을 생각하지 말라. 이는 너희가 죽었고 너희 생명이 그리스도와 함께 하나님 안에 감추어졌음이라. 우리 생명이신 그리스도께서 나타나실 그 때에 너희도 그와 함께 영광 중에 나타나리라."

"먼저 위의 것을 찾으라. … 위의 것을 생각하고…."라고 하시며 생각의 변화가 우선순위에 있음을 강조하십니다. 생각이 바뀌면 행동이 바뀌는 것은 당연한 결과이기 때문입니다. 이 구절들을 통하여 그리스도 안에서 구원받은 우리의 참모습을 상기시켜 주십니다. 이 땅에 있는 현실적인 삶보다는 보이지 않는 영적인 현실에 초점을 맞추어 생각하고, 보고, 판단하라는 명령이십니다. 그래야 땅에 있는 육신의 정욕을 죽일 수 있는 힘을 얻게 됩니다.

> "음란과 부정과 사욕과 악한 정욕과 탐심이니 탐심은 우상 숭배니라." (골로새서 3:5)

다음과 같은 행실은 그리스도인으로 우리가 진정으로 어떠한 존재이고, 무엇을 소유했으며, 어떠한 장래가 약속되었음을 인식하지 못하기에 빠지는 죄악입니다. 열등감, 자격지심, 피해의식과 낮은 자존감을 소유했기에 아내의 말에 쉽게 자존심이 무너져 아내와의 친밀감을 이루지 못한다면 진리의 말씀으로 남편 자신의 새로운 피조물로서 진정한 모습을 스스로 상기시키는 훈련을 해야 합니다. 내 자신을 진리 안에서 볼 수 있는 영안을 소유해야 사탄의 거짓말에 속지 않습니다. 세상의 잣대로 위협하며 주눅이 들도록 하는 상황이 생긴다면 오직 진리의 잣대로 보고, 믿고, 시인하는 사람만이 사탄의 압력을 이길 수 있기 때문입니다.

처방전

로마서 7장을 통하여 사도 바울은 우리가 죄와의 싸움에서 왜 실패할 수밖에 없는지를 보여 줍니다. 로마서 7장 7-25절을 읽으면 "나/내가"라는 단어가 수없이 나옵니다. 바울은 자신의 오랜 죄의 습관들을 없애기 위해 의지력과 육신의 방법으로 열심히 노력해서 죄의 습관을 극복하려고 애쓰며 죄의 습관과 싸웠습니다. 그는 많은 노력을 하였지만 실패를 거듭했고 포기해야 했습니다. 인간의 의지만으로는 이길 수 없다는 것을 깨닫게 됩니다. 인간적인 생각과 '나의 힘' 만으로는 역부족입니다. 우리는 하나님의 도움이 절대적으로 필요합니다. 로마서 8장을 보면 죄와 싸움에서 어떻게 승리를 얻는지에 대한 비결과 처방전을 주십니다. 먼저 8장에는 성령이라는 단어가 수없이 나옵니다. 오랜 죄의 습관에 대해 승리하기 위해서는 인간적인 노력보다는 훌륭한 상담자이신 성령님을 의지해야 합니다. 로마서 8장 13절에 보면 이렇게 말씀하십니다.

> "너희가 육신대로 살면 반드시 죽을 것이로되 영(성령)으로써 몸의 행실을 죽이면 살리니."

불경건한 몸의 행실을 죽이는 힘은 바로 성령의 능력으로 가능하다 하십니다. 매 순간 연약함을 인식할 때, 유혹을 받을 때, 힘이 부족할 때, 이 모든 때에 성령의 도우심을 간구해야 합니다. 성령을 따라 산다는 것은 매 순간 그를 의지하고, 도움을 청하고, 성령께 양도하는 삶을 말합니다. 성령께서는 진리와 의의 영이시기에 항상 우리를 의의 길로 인도하시고 의의 속한 열매를 맺고 추수하여 우리가 진정으로 행복한 삶과 그리스도의 생명이 넘치는 생활을 하도록 도우십니다.

성령을 의지하는 삶

우리가 옛 습관으로 갈등하며 번민할 때 성령께서는 우리를 도우시기 원하십니다. 유혹을 느끼는 순간순간 성령께 우리의 잘못된 옛 방식을 양도하고 주께서 제시하시는 새로운 제안에 순종해야 합니다. 새로운 습관에 익숙해질 때까지 계속 순종한다면 어떠한 악습관을 벗어 버리는 데 승리를 얻게 됩니다. 성령을 따라 행하고 주와 동행하는 삶은 우리가 배우고 있는 새로운 삶의 방식입니다. 우리는 옛 사람이 아닌 우리 안에 있는 새 사람에게 주의를 기울이고 집중해야 합니다. 옛 습관을 없애기 위해 우리의 에너지와 노력을 낭비하는 대신에, 새로운 습관을 형성하는 것에 초점을 두라 하십니다. 갈라디아서 5장 16절에 죄를 이기는 우선순위에 대한 말씀을 강조하십니다.

> "내가 이르노니 너희는 성령을 따라 행하라. **그리하면** 육체의 욕심을 이루지 아니하리라."

먼저 성령을 따라 행하면 죄를 이길 힘을 얻기 때문입니다. 그리스도를 모를 때 내가 원하는 대로 'A'라는 길을 걸어왔다고 생각해 봅시다. 그리스도께서 나를 구원하신 후, 이제는 주님과 함께 'B'라는 다른 길을 가는 것을 배우는 중입니다. 우리는 종종 A(옛 습관)이라는 길을 여전히 걸으며 싸우고, 싸우고 또 싸우면서, 승리를 제대로 거두지 못한 채 그저 우리의 의지만으로 오랜 습관을 제거하려고 노력합니다. 하지만 우리는 B(새로운 습관)라는 길을 걸어야 하고, 그 길에 힘을 실어 줄 필요가 있습니다. 그것은 새로운 삶 안에서 성령을 따라가는 것입니다.

한 사례를 들어 봅시다. 한 남자가 스트레스를 해소하려고 술을 마시는 옛 습관 때문에 시달리고 있습니다. 그는 압박감, 두려움, 불안 및 걱정에 대처하는 방법으로 술에 의존했습니다. 그의 습관은 반복해서 술을 마시는 행동에 중독이 되었고, 그의 몸도 술을 마시는 동안 뇌에서 생성되는 화학 물질에 중독되었습니다. 술의 도움을 조금 받으려고 시작한 것이 이제는 본격적인 의존이 되고 말았습니다. 그가 이 습관에 계속 순종할 때, 그의 생각과 몸 사이에 강한 결합을 만들었고 그는 그 힘의 종이 되었습니다. 마음은 더 이상 술을 먹지 말아야 한다 다짐하지만, 이미 마음(Mind)은 육체의 요구에 굴복하게 되는 체제가 형성된 것입니다. 술이 몸을 상하기에 멈추려 해도 계속하여 술을 마시게 되는 중독성 의존까지 이른 것입니다.

그는 어떻게 이 종살이를 극복할 수 있을까요? 인간적인 방법으로 술을 마시지 않기 위하여 결심합니다. 술을 멀리하고 술 친구들과도 한동안은 피합니다. 운동도 하며 여러 가지 다른 방법을 통하여 이기려고 노력하지만, 근본적인 문제가 해결되지 않았기에 오래 못 가고 또 술에 굴복합니다. 그리고 의지가 약한 자로 인식됩니다. 이 방법은 'A'라는 길을 가며 죄와 싸우는 길이 됩니다. 실패할 확률이 높습니다.

그렇다면 'B'라는 길은 무엇을 의미할까요? 술을 마시고 싶은 충동을 이기기 위해 먼저 근본 문제가 해결되어야 합니다. 하나님의 약속을 믿고 신뢰함이 부족하기에 두려움과 걱정에 시달립니다. 빌립보서 4장 6-7과 이사야 26장 3-4절을 통하여 그의 옛 습관을 극복하기 위해 훈련시켜야 하는 새로운 습관에 대하여 처방전을 주십니다.

> "아무것도 염려하지 말고 다만 모든 일에 기도와 간구로, 너희 구할 것을 감사함으로 하나님께 아뢰라. 그리하면 지각에 뛰어난 하나님의 평강이 그리스도 예수 안에서 너희 마음과 생각을 지키시리라." (빌립보서 4:6-7)

> "주께서 심지가 견고한 자를 평강하고 평강하도록 지키시리니 이는 그가 주를 신뢰함이니이다. 너희는 여호와를 영원히 신뢰하라. 주 여호와는 영원한 반석이심이로다." (이사야 26:3-4)

이 두 구절은 하나님을 의존할 때 주어지는 주의 평강을 누리는 비결에 대한 말씀입니다.

술 중독을 없애는 근본적인 문제 해결을 얻기 위해서는 하나님과 교제하는 영적 훈련이 절실하다는 의미입니다. 하나님을 신뢰하도록 믿음을 세워 줄 말씀을 묵상하는 새로운 습관을 키우는 것이 우선순위가 되어야 합니다. 그러나 새로운 습관이 뇌에 프로그램으로 짜이고 몸에 자리를 잡기까지 의지하던 술을 단숨에 끊지 못하고 하나님과 술 사이를 의존하며 갈등을 겪을 수 있습니다. 하나님을 신뢰하고 마음에 평강을 소유하고 지키는 훈련이 되기까지 성장하는 과정은 시간이 걸립니다. 하나님과의 친밀한 관계를 통하여 얻는 지각에 뛰어난 평강을 경험하는 훈련에 집중하기보다 쉽게 접할 수 있는 술병에 대한 유혹이 올 수 있습니다. 혹 유혹에 넘어지더라도 다시 일어나 포기하지 않고 새로운 습관 훈련을 계속한다면 술에 대한 유혹은 점점 힘을 잃어 갈 것입니다. 하나님께 받은 놀라운 위로와 평강이 기억 속에 계속 저장된다면 큰 힘을 발휘합니다. 술 외에도 더욱 강력하고 확실한 대처 방법과 습관 또한 성립되었기 때문입니다. 하나님께서 우리의 안전하고 새 힘을 주는 피난처가 되신다면 술을 의존하던 습관이 필요 없는 시기가 꼭 올 것입니다.

정죄는 이제 그만!

어떠한 중독과의 싸움에서 우리는 세 걸음 앞으로 전진한 후에 두 걸음 뒤로 물러설 수 있습니다. 기대했던 것보다 더 느린 변화와 여전히 우리를 괴롭히는 옛 습관 때문에 계속 씨름을 할 수도 있습니다. 이러한 싸움에서 오는 피로감, 탈진이나 좌절은 우리를 낙담시키거나 스스로를 정죄하고 비난할 수 있습니다. 그러나 하나님은 우리에게 이 사고방식을 우리의 생각과 마음 속에 굳게 세우라고 말씀하십니다. 바로 로마서 7장과 8장 사이에 우리를 격려하는 구절입니다. 실패로 인하여 번민하던 삶에서 승리로 가는 길에 쓰여 있는 로마서 8장 1-2절의 말씀을 꼭 잡고 의지해야 합니다.

"그러므로 이제 그리스도 예수 안에 있는 자에게는 결코 정죄함이 없나니 이

는 그리스도 예수 안에 있는 생명의 성령의 법이 죄와 사망의 법에서 너를 해방하였음이라." (2절)

우리가 죄와 싸우고 잘못된 습관과 씨름하다가 넘어지고 또는 당장은 그것을 극복하지 못하더라도 하나님께서는 우리를 정죄하지 않는다 말씀하십니다. 그분의 율법에 따라, 예수님이 우리를 대신하여 이미 심판을 받으시고 우리의 죄를 위해 벌을 받으셨기 때문에 의로우신 하나님은 우리를 법적으로 두 번 정죄할 수 없습니다. 만약 사탄이 하는 정죄를 용납하여 그와 동의한다면 우리 주님이 받으신 고통을 의미 없게 하는 행위입니다. 그리스도 안에서 철저한 용서를 받았다면 스스로를 정죄하지 말라 하십니다. 다시 죄의 습관에 져서 실패를 경험했다 해도 스스로를 정죄하고 수치심에 빠진다면 사단의 공격을 받을 수 있습니다. 사단은 우리가 정죄함과 수치심이란 올무에 갇혀 살기를 원하기 때문입니다. 그러나 사단의 거짓말을 무시하고 다시 일어나 죄의 습관과 싸워야 합니다.

'될 대로 되라'의 효과

나쁜 습관과 싸우는 중 사람의 의지력에 가장 위협을 주는 것은 다름 아닌 "될 대로 되라"는 태도인데, 다이어트에 대한 연구를 하던 쟈넷 폴리비와 피터 허르만의 의하여 이 명칭이 붙여졌습니다. 그들은 많은 사람들을 상대로 의지력에 대한 연구를 하던 중에 다이어트를 하던 사람이 한순간 유혹을 이기지 못하고 피자 한쪽을 먹었다면 죄책감에 이미 패배하였다는 생각으로 될 대로 되라는 심정으로 그냥 포기하고 피자 한판을 다 먹는다는 점을 발견했습니다.[63] 이러한 현상은 음식 다이어트뿐 아니라 담배, 술, 쇼핑과 성 중독에 빠진 사람들에게도 나타났다고 합니다. 순간 유혹을 이기지 못함에 대한

63 "WillPower Instinct" by Kelly McGonigal, Ph.D. Published by the Penguin Group, 2012, p. 144.

절망감과 자책은 기분을 상하게 하였고 나쁜 감정을 해결하는 빠른 방법으로 악습관이 반복됩니다. 그러는 반면 실수를 했지만 스스로를 용서할 줄 알고 자신에 대한 연민의 마음을 갖는 사람은 '될 대로 돼라'라는 태도보다는 절제의 능력이 증가했다고 합니다.

스탠포드 대학 교수이자 《의지력의 본능》이라는 책을 쓴 저자 켈리 맥고니걸은 자신의 책에 이러한 말을 기록했습니다.

> "의지력을 더욱 강화하는 데 스스로를 비판하는 것이 좋은 방법이라 믿는다면 이러한 생각하는 당신은 혼자가 아닙니다. 그러나 당신은 틀렸습니다. 수많은 연구 결과에 따르면 자기 비판은 도리어 동기부여를 저하하고 통제력을 떨어지게 하는 것과 관련이 있다는 것이 나타났습니다. 또한 우울증을 예측하는 가장 큰 이유가 되어 '나는 할 것이다'와 '나는 원한다'라는 자유의지의 힘을 약하게 했습니다. 그러는 반면, 스트레스를 받거나 혹 실패를 했더라도 스스로에 대한 지지와 친절함과 같은 자기 동정심을 보인다면, 동기부여와 통제력을 더욱 향상하는 것과 관련이 있다는 것이 나타났습니다. 놀랍게도 죄책감이 아닌 용서는 책임감을 증가시킵니다. 연구원들은 자기 비판적 관점보다 개인적인 실패에 대한 자기 동정적 관점을 취하는 것이 사람들이 실패에 대한 스스로 책임을 지기 쉽다는 것을 발견했습니다."[64]

켈리 맥고니갤 교수가 보여 준 연구 결과를 보면, 왜 하나님께서 죄와 씨름하며 악의 습관과 싸우는 그리스도인들에게 정죄함이 없다고 선포하신 이유를 알 수 있습니다. 하나님께선 결코 포기하지 말고 다시 일어나 꾸준하게 소망하고 경건한 습관을 키우고 마음을 새롭게 하라 말씀하십니다. 만약 순간적으로 유혹에 빠져 넘어졌다면 스스로를 정죄하고 비판하지 말아야 합니다. 정죄 의식은 죄책감과 수치심을 가져옵니다. 인간의 마음은 무의식적으로 죄책감과 수치심을 피하려는 본능이 있기에 아직 경건한 습관이

---

64 위의 책, p. 147-148.

자동적으로 나타나기도 전에 다시금 악습관이 반복될 수 있습니다. 잠언 24장 16절에 "대저 의인은 일곱 번 넘어질지라도 다시 일어나려니와"라고 말씀하십니다. 만약 자신에 대한 기대가 너무 커서 넘어질 때마다 스스로에게 실망스럽다면 자만하지 말고 겸손히 육신의 연약함을 인정해야 합니다.

의지력에 대한 조사를 하였는데 예상 밖의 결과가 나왔습니다. 스스로 의지력이 강하다고 믿는 사람이 그렇지 않은 사람보다 실패 확률이 더 크다고 합니다. 스스로의 의지력이 약하다 인정하는 사람은 도리어 만만의 준비와 조심성을 더욱 강화하는 태도를 갖고 있기 때문입니다. 자신의 약점과 약한 부분을 정확히 알고 위험한 사람과의 만남, 장소, 물건, 기억, 환경, 음식, 태도, 대화, 감정은 피하는 지혜와 하나님의 도우심을 구하는 기도는 유혹을 물리칠 때 중요한 역할을 합니다.

시편 37편 24절에 다시 말씀하십니다. "그는 넘어지나 아주 엎드러지지 아니함은 여호와께서 그의 손으로 붙드심이로다." 우리가 주께 부르짖을 때 우리를 도우시겠다는 약속의 말씀입니다. 이것은 우리의 갈등을 이해하시고 고통을 아시는 하나님 아버지로부터 오는 소망과 사랑의 메시지입니다. 우리가 승리를 얻을 때까지 도우시고 능력을 주실 것입니다.

진정한 보상자

어떤 중독에 빠진 사람들의 근본적 문제는 바로 영적인 결핍입니다. 인간은 본질적으로 먼저 하나님과 친밀한 관계를 통해서 기쁨과 행복을 누리도록 창조되었습니다. 그러나 하나님과의 관계없이 다른 방식으로만 쾌감을 얻으려 하면 진정한 만족을 얻지 못합니다. 예를 들어, 약물중독에 걸린 사람은 입이나 코로 마약을 흡입하고 곧장 뇌에 있는 보상 시스템에 신호를 보내 쾌감을 느낍니다. 이렇게 마약의 영향을 받는 순간만큼은 희열을 느낍니다. 그러나 안타깝게도 그의 마음과 영은 채워지지 못한 채 잠깐의 짜릿한 쾌락으로 그냥 지나쳤기에 마약을 하기 전의 상태보다 더 허기를 느끼며 공허함과 우울함, 불만족스러운 상태가 계속 유지가 됩니다. 그래서 또 마약을 하게 되고 점점 중독자로 전락하고 맙니다. 이러한 일을 방지하기 위해서는 해로운 후유증이 없고 좀 더 확실하고 진정한 만족을 주는 보상을 추구해야 합니다.

하나님께서는 아브라함에게 놀라운 약속을 주십니다. 그를 통하여 한 민족을 세우시고 그의 이름을 빛나게 하시며 땅 위의 모든 백성이 그를 통해 복을 받을 것이다고 하시며 그를 향하신 하나님의 놀라운 뜻과 계획을 말씀하십니다. 한 인간으로서 누릴 수 있는 최고의 축복이요, 보상이 그의 유업이 된 것입니다. 그러나 그가 이 놀라운 축복과 보상을 얻기 전에 창세기 15장 1절에 보면 하나님께서는 당신 자신이 그에게 필요한 지극히 큰 보상이다고 말씀하십니다.

> "이 후에 여호와의 말씀이 환상 중에 아브람에게 임하여 이르시되 '아브람아, 두려워하지 말라. 나는 네 방패요, 너의 지극히 큰 상급이니라'."

축복, 성공, 존재감, 생산성 등등 인간으로서 추구하는 많은 것들이 있습니다. 그러나 무엇보다 먼저 하나님께서 우리의 큰 상급이 되셔야 합니다. 주와의 만남이 가장 큰 기쁨이 되고 주와 동행하는 삶이 우리가 추구하는 모든 것보다 더 큰 만족을 주어야 합니다. 하나님과의 관계를 통해서 공급받는 생수가 우리의 영으로 흘러내릴 때 경험하는 풍성함과 마음에서 뿜어져 나오는 사랑, 기쁨, 희열, 소망 같은 성령의 열매들이 우리 영혼에 채워지고 이것이 뇌로 전달될 때 진정한 만족과 쾌감을 경험합니다. 이러한 보상은 우리로 하여금 진정한 자유함을 얻게 합니다. 다른 대처 방식에 노예가 되지 않아도 되기 때문입니다. 이미 배가 부르기에 몸에 나쁜 군것질에 관심이 가지 않는 이치와 같습니다. 하지만 경건한 방식을 훈련을 통해 터득하지 못했다면, 이 영적 결핍을 채우고자 불경건한 삶의 방식이 우리의 삶을 주장하게 됩니다. 우리가 하나님의 형상대로 창조되었기에 하나님과 친밀한 관계를 얻어야 진정으로 만족스러운 삶을 경험하게 됩니다. 하나님의 사랑이 우리의 영과 마음에 채워지고 넘칠 때 우리 뇌의 보상 시스템까지 자극을 주어 진정한 행복감을 느끼도록 우리를 만드셨습니다.

놀라운 것은 예수님께서 우리에게 당신의 평강을 이미 주셨다 말씀하십니다.

> "평안을 너희에게 끼치노니 곧 나의 평안을 너희에게 주노라. 내가 너희에게 주는 것은 세상이 주는 것과 같지 아니하니라. 너희는 마음에 근심하지도 말고 두려워하지도 말라." (요한복음 14:27)

그러나 우리에게 이미 주신 주님의 평안을 상실할 수 있습니다. 환경에 밀려, 두려움에 밀려, 부정적인 감정에 밀려, 현실에 밀려, 죄에 밀려, 사탄의 역사의 밀려 이 놀라운 평안의 마음을 도둑맞게 됩니다. 이 평안을 지키고 유지하기 위해서는 꾸준한 기도의 훈련이 필요합니다.

드라마 중독

배우자를 통해 행복한 성생활 누리지 못하는 이유가 남자에게만 국한된 문제는 아닙니다. 남편과 원만한 성생활을 못하는 여인들의 상당수가 다른 데서 결핍을 해결하기 때문입니다. 우리 여인들은 시각적 자극을 강하게 받는 남자들과는 달리 생각을 통해 성적인 자극을 받는다고 합니다. 그렇기에 로맨틱한 영화를 본 후 사랑에 대한 감정이 생산되고 성적인 관심을 보입니다. 대부분의 여인에게는 시각적인 면보다는 생각이 가장 성적인 자극을 주는 부분이라 할 수 있습니다. 드라마가 여인들의 마음을 사로잡는 이유도 우리의 생각과 상상력을 자극하기 때문이라고 생각합니다. 남자들이 보는 야동과 마찬가지로 드라마는 아내들에게 조미료가 많이 첨가된 군것질의 역할을 합니다. 여인들은 드라마에서 멋진 역할을 하는 남자 주인공을 보며 남자에 대한 환상을 갖습니다. 멋있게 생긴 남자 주인공이 하는 말과 행동이 여인의 마음과 생각을 자극하면 우리는 그 순간 간접적으로 사랑에 빠지는 착각을 하게 되고 마음이 설레는 것을 느낍니다. 드라마를 보는 동안 내가 바로 그 여주인공이 되어 멋있는 남자의 사랑을 받고 있다는 상상의 날개를 펼치며 대리만족을 합니다. 사람의 뇌는 직접 경험하는 사건과 우리 상상 속에서 일어나는 생각의 차이를 구분하지 못하고 똑같은 반응을 나타낸다고 합니다.

그렇기에 생각만으로 어떤 이는 공포에 질리기도 하고 실제 상황처럼 느끼고 반응하는 것입니다. 드라마뿐 아니라 로맨스 소설도 여인의 생각을 자극하여 간접적으로 성적인 쾌감을 주는 수단이 됩니다. 현실보다 상상 속에 있는 로맨스가 더 짜릿하고 자극을 주기에 매력적으로 보입니다. 뇌가 우리로 하여금 착각을 하게 만듭니다. 이러한 효과 때문인지 드라마 중독과 소설 중독에 빠지는 여인들이 늘고 있습니다. 왜 이러한 현상이 늘고 있을까요? 채워지지 않는 갈증 때문입니다. 여인들이 드라마에 중독되고 소설에 빠지는 것 역시 남자들이 받는 야동의 유혹과 같은 의미로 보아야 합니다.

속은 후 느끼는 공허함

야동이나 드라마 같은 대용물들은 우리에게 참만족을 주지 못합니다. 목이 마를 때는 시원한 냉수를 마셔야 갈증이 해소된다는 것을 알면서도 사이다나 콜라 같은 음료수에 길들여져 있으면 물보다는 시원한 소다가 마시고 싶어집니다. 이러한 대용물들은 짠 바닷물을 마시고 난 후처럼 더 심한 갈증을 일으키게 됩니다. 그렇기에 남자들은 끊임없이 새롭게 업데이트 되는 야한 이미지나 야동을 추구하고, 여인들은 새로운 드라마에 몰입하며 새로운 환상에 대한 기대감으로 흥분합니다. 여인들은 로맨틱한 사랑을 꿈꾸고 남자들은 성적으로 뜨거운 사랑을 기대합니다. 부부간의 친밀하고 만족스러운 성관계에 대한 결핍이 크면 클수록 대용물을 의지하는 성향이 더 강하게 나타나게 됩니다. 로맨틱한 드라마를 보는 순간만큼은 뇌에서 달콤한 맛을 느끼지만, 현실적으로 이러한 사랑이 결핍된 부부관계로 인하여 실망을 하게 되고 곧 배에서는 쓴맛이 올라와 허탈해집니다. 뇌를 잠시 자극하여 대리만족을 했더라도 마음으로 진정한 관계를 통한 사랑의 경험을 얻지 못한다면 허무함과 공허함 만 남습니다. 사탄의 거짓말에 속은 것입니다.

그뿐 아니라 대용물에 익숙해진 입맛 때문에 하나님께서 의도하신 부부간의 뜨거운 사랑의 관계가 진짜 좋고 맛이 깊은 건지 의심이 들기도 합니다. 아무리 남편의 눈과 아내의 생각을 자극하여 다른 데서 만족을 얻고자 해도 살과 살을 맞대고, 마음과 마음이 합하여, 영이 하나가 되는 연합을 통하여 생산되는 사랑을 얻도록 디자인하신 창조주의 방법과는 비교도 안 되고 그 결과 역시 천지 차이입니다. 조미료만 넣고 끓인 국물과 좋은 재료들을 많이 넣고 푹 고아 만든 국물과의 엄청난 차이와 같은 이치입니다. 상상 속에 그리던 맛있는 케익을 눈으로 직접 본다 해도 먹어 보지 않으면 참만족을 얻지 못하니 이것은 그저 '그림의 떡'이기 때문입니다. 그러나 손으로 케익을 입에 넣어 혀로 직접 맛을 음미하며 달콤함과 부드러운 촉감의 커스터드를 꿀꺽 삼키고 그로 인해 배가 부르고, 기분까지 좋아지는 방법을 터득한다면 누구도 더 이상은 그림의 떡으로 만족할 수 없습니다. 잘 차려진 진수성찬을 맛본 사람은 입맛의 요구가 변하게 되고, 건강한 음식을 먹어 버릇하면 몸의 요구가 점점 변하게 됩니다. 이와 같이 아내와 남편은 영 혼 육에 필요한 재료들을 가지고 맛있고 건강한 최상의 만찬을 차려 먹을 수 있는 인내와 기술을 터득하는 지혜를 구하여 해롭고 영양가 없는 군것질의 유혹을 물리칠 수 있는 힘을 길러야 합니다.

결혼 후 남편에게 기대했던 만큼 성적 만족을 얻지 못한다면 큰 실망을 할 수 있습니다. 소설, 드라마, 영화 같은 데서 나오는 아주 세련되고 로맨틱한 남자 주인공들에 비하여 자신의 남편은 그렇지 못하다면 그들이 한심해 보일 수 있습니다. 그러나 대부분의 부부들은 서로의 성적 만족을 시키는 기술을 터득하는 데 시간이 필요합니다. 부부가 서로 성적 만족을 주기 위해서는 같이 배우고 노력하는 과정을 지나야 하기 때문입니다. 이 부분 또한 소유해야 하는 약속의 땅이라 여기고 장애물과 싸워 쟁취해야 합니다.

부지런함의 요구

포르노와 드라마 중독에 빠진 사람들의 해결책은 과연 무엇일까요? 로보트 웨이스 박사는 중독에서 해방받고자 하는 부부들에게 이렇게 말합니다.

> "중독의 반대는 관계입니다. 사람들은 흔히 생각하기에 중독은 화학적인 것을 의존하여 쾌락을 추구하는 것이라 생각합니다. 그러나 중독을 일으키는 원인에 대하여 조사를 한 결과 이러한 생각이 잘못된 것임을 알 수 있습니다. 중독의 반대는 맑은 정신이 아니고 관계이기 때문입니다. 중독자들은 다른 사람과 건강한 관계를 맺는 능력의 결핍이 있기에 사회적 장애로 보아야

합니다."[65]

포르노와 드라마 중독 같은 죄악에서 결혼을 지키기 원한다면 부부관계를 더욱 친밀한 사이로 성장시키는 것이 중요함을 의미합니다. 남편이나 아내에게 있는 중독을 해결하는 방법은 부부간의 성적, 정서적 친밀감을 형성하고 더욱 가까이, 깊이, 자주 갖도록 하는 노력이 필요합니다. 대용물에 대한 큰 유혹은 바로 쉽고 빠르고 큰 노력 없이도 남편과 아내 개인적으로 어느 정도의 효과를 본다는 것입니다. 이러한 것에 익숙하다면 부부간의 성적 친밀감을 형성하기 위하여 요구되는 시간, 자원, 에너지 투자함에 게으름과 귀찮다는 생각이 들 수 있습니다. 그러나 긴 안목을 갖고 변화를 시도해야 합니다. 혹 어떤 사람은 이렇게 바쁜 삶을 살면서 만찬을 차려 먹는 것이 쉽지 않고 부담스럽다고 여길 수 있습니다. 그러나 모든 것에 지혜롭고 융통성이 있어야 합니다. 매번 만찬을 차릴 수는 없습니다. 간단하게 국밥을 먹는 날도 있고 빵에 잼만 발라 먹어야 하는 때도 있습니다. 무엇보다 중요한 것은 어떤 방식으로 먹든지 함께 자주 먹는 습관이 들도록 이 부분에 초점을 두고 신경을 쓴다면 게으름을 없앨 수 있습니다. 만찬을 차릴 때도 하루에 모든 것을 준비하지 않고 매일매일 조금씩 마음을 나타내는 애정 표현으로 준비를 하는 방법도 있습니다. 일상에서 계속적인 스킨십을 나누도록 버릇을 들인다면 가능할 것입니다. 서로 간의 상냥한 태도 역시 부부관계에 없어서는 안 되는 훌륭한 재료입니다. 태도가 공손하지 못하면 스킨십의 효과는 덜하기 때문입니다. 그리고 평상시에 진심 어린 사랑, 친절함, 배려, 존경, 따뜻한 말, 인정과 같은 재료들을 계속 넣어 요리를 준비하고 만찬을 먹을 때가 되면 맛있는 양념을 뿌려서 완성합니다. 남편의 후각을 자극하는 향기로운 냄새와 시각을 자극할 수 있는 란제리, 그리고 그의 청각까지도 만족시킬 수 있는 아내의 사랑스러운 목소리를 들려준다면 사랑하는 내 아내가 차려준 집밥이 최고라 여기며 만족할 수 있습니다. 의도적으로 기회가 생길 때마다 진한 국물이 나

---

65 "The Opposite of Addiction is Connection"-New addiction research brings surprising discoveries. By Robert Weiss Ph. D., MSW.
https://www.psychologytoday.com/us/blog/love-and-sex-in-the-digital-age/201509/the-opposite-addiction-is-connection-Posted Sep 30, 2015 https://www.psychologytoday.com/us/experts/robert-weiss-phd-msw

오도록 이 재료와 저 재료를 계속 집어넣는 버릇을 키운다면 그리 어려운 일도 아닙니다. 의도적으로 부지런함을 보여야 합니다. 좋은 관계를 경험하고 싶다면 그만큼의 투자를 하는 것은 당연한 이치입니다.

튼튼한 보호막

부부관계를 집으로 표현한다면 튼튼한 보호막이 필요함이 이해됩니다.

튼튼한 보호막이란 틈새가 없는 울타리를 말합니다. 물이 한쪽에서 새는 구멍이 없어야 합니다. 문이 잘 잠긴 상태를 말합니다. 벽이 높이 쌓인 성벽을 의미합니다.

친밀함의 필요

우리의 연약함을 공격하는 사탄의 치밀한 계략과 악한 의도로부터 결혼을 보호하는 방법은 무엇일까요? 어긋난 성적인 유혹을 이기고 잘못된 입맛을 고치는 비법은 무엇일까요? 어떻게 하면 남편과 아내가 신혼 때보다 더 뜨겁고 친밀하고 깊은 육체적 연합을 경험할 수 있을까요? 성경에 우리가 찾는 답이 있을까요? 분명히 하나님께서는 해결책을 갖고 계십니다. 창세기 2장 24-25절을 보면 말씀으로 답을 주십니다.

> "이러므로 남자가 부모를 떠나 그 아내와 합하여 둘이 한 몸을 이룰지로다.
> 아담과 그 아내 두 사람이 **벌거벗었으나 부끄러워 아니하니라**."

이 구절 마지막의 '벌거벗었으나 부끄러워 아니하니라'는 말씀을 통해 비밀을 알려 주십니다. 타락하기 전, 에덴 동산에서 아담과 이브가 누리던 관계는 남편과 아내로서 아무 부끄러움도 느끼지 않았기에 온전히 한 몸을 이루었습니다. 한 몸이 되었다는 것은 서로가 아주 친밀할 뿐 아니라 서로 잘 알고, 서로를 있는 그대로 용납하고 사랑할 때 이루어지는 관계를 의미합니다. 이와 같이 우리의 부부관계도 서로를 속속들이 잘 알면서도 부끄러움을 느끼지 않는 친밀감이 형성되어야 하고, 그로 인해 뜨겁고 깊은 성적인 교류가 있을 때 세상의 유혹을 이기고 결혼을 지키는 보호막을 소유하게 됩니다.

아담과 이브의 불순종으로 인하여 타락한 이후 우리는 죄인이 되었고 모든 것이 달라졌습니다. 우리의 양심이 스스로 정죄하고 수치심과 부끄러움을 느끼게 할 뿐 아니라 서로의 부족한 점을 지적하기도 합니다. 우리가 느끼는 수치심과 부끄러움은 부부간의 친밀함을 방해하는 원인이 될 수 있습니다. 하나님의 완전하신 기준에 미치지 못함을 알기에 남편과 아내는 자신의 부족한 모습이 배우자에게 드러나면 어떡하나, 혹시라도 눈치챌까 전전긍긍하며 감추려고 노력하기 때문에 서로에게 거리감을 두고 관계를 유지합니다. 만약 아내가 남편의 부족한 모습에만 초점을 두고 그에게 수치심과 부끄러움을 자주 느끼게 한다면, 남편은 두려움을 느낄 뿐 아니라 아내와 거리를 두게 되고, 있는 그대로의 모습으로 대면하지 못하고 마치 숨바꼭질을 하듯 숨어 버립니다. 아내가 계속해서 남편의 부끄러운 모습을 들춰낸다면 이를 피해 숨어 다니는 남편과 과연 친밀함을 이룰 수가 있을까요?

안전한 관계 만들기

친밀한 관계를 형성하기 위해서는 먼저 서로에게 안전한 관계를 만들어야 합니다. 우리는 여러 가지 이유로 배우자에게 속마음을 숨길 때가 많습니다. 자신의 진짜 모습을 보고 실망할까 봐 혹은 거부를 당할까 봐 속마음 보이기를 두려워합니다. 마음을 열었을 때 비판과 정죄를 당할까 봐 불안하기 때문입니다. 그러나 관계의 거리를 좁히고 더욱 가까이 다가가서 친밀한 관계를 맺고 하나가 되는 비밀을 경험하고 싶다면 '감추려고' 하는 장벽을 없애야 합니다. 열린 마음으로 대화를 나누며 서로에 대한 이해와 연민의 반응을 보이도록 노력하고 자신이 갈등하는 부분들을 솔직히 이야기할 수 있는 '안전함을 느끼는' 관계로 성숙하도록 시간을 투자하고 인내로 기다려야 합니다. 이 세상에 수많은 사람들과 관계를 맺고 살지만 적어도 한 사람에게는 나의 모든 것을 다 보여 주고 난 후에도 사랑, 용납, 인정을 얻게 되는 관계로 성장한다면 이제껏 그 누구와도 경험하지 못한 특별하고 친밀한 관계를 소유하게 됩니다. 그렇다고 이미 하나님께 용서받은 자신의 과거 죄와 어리석었던 행동들을 다 펴놓고 보여 준다는 의미는 아닙니다. 부부관계에서 어떠한 부분은 모르는 게 약이 될 수 있기에 지혜와 분별력이 요구됩니다. 이렇게 마음과 마음이 하나 되고, 자신들의 형상을 닮은 자녀를 같이 생산하는 기쁨을 공유하고, 삶의 여러 가지 여정과 역경을 같이 지나온 동반자로서의 역사를 이루고 오직 그 한 사람과 성적인 깊은 관계까지 나눈다면, 어떠한 유혹의 압력에도 끊을 수 없는 단단한 밧줄 같은 사랑과 신뢰의 힘을 얻게 됩니다.

인내의 중요성

친밀함을 형성하는 데는 시간이 걸리니 인내심이 필요합니다. 《신성한 결혼》의 저자 '게리 토마스'의 말에 의하면 부부관계가 '나'에서 '우리'라는 개념으로 성장하는 데는 대략 9년에서 14년의 시간이 걸린다고 합니다. 우리 뇌에 '나'라는 이기주의를 넘어선 '우리'라는 프로그램이 새롭게 짜이고 마음에까지 저장되는 시간을 말합니다. 그러나 안타깝게도 수많은 커플들이 그 전에 포기하고 이혼을 하는 상황이 이어집니다. 인격과 인격이 만나 서로를 알아가며 친밀한 관계로 발전하기 위해서는 오랜 시간이 걸리는데, 우리가 소망 중에 인내함으로 기다리지 못하면 열매가 생기기도 전에 나무를 자르는 실수를 할 수 있습니다. 두 영혼이 만나 아름다운 사랑의 노래를 연주할 수 있는 기술은 저절로 생기는 것이 아니고 수많은 연습과 인내의 시간이 필요한 것입니다.[66]

솔직한 대화를 통해 배우자에게 감추고 싶었던 부분들과 창피하고 두려운 부분들을 서로에게 다 열어 보여 주었지만, 그럼에도 불구하고 서로의 연약함을 감싸고 위로하며 사랑과 연민의 마음으로 안아 주고, 용납하고, 인정할 때, 남편과 아내의 관계는 에덴동산의 상태로 회복되어 '벌거벗었으나 부끄러워하지 않는' 안전한 환경이 만들어지고 깊은 영혼의 동반자가 되어 친밀한 부부관계로 성장하게 됩니다. 남편이 자신의 모든 부족함과 벌거벗은 모습을 다 알면서도 사랑하고 인정해 주는 아내의 마음을 느낀다면 아

---

66 게리 토마스(Gary Thomas), 《신성한 결혼(Sacred Marriage)》에서 인용.

내 앞에서 부끄러운 모습을 모두 벗어 버리고 아내와 더 가까이하고 싶은 마음이 생기고 함께 있는 시간이 즐거운 만남으로 변하게 될 것입니다. 남편이 아내에게 충분한 사랑과 인정을 받고 육체적인 성적 욕구까지 모두 채워져 배가 부르다면 사탄의 유혹을 넉넉히 이길 힘이 생기는 것은 당연한 결과입니다.

성적 자신감의 회복

성적 친밀감을 얻기 위해서는 아내는 성적 자신감을 소유해야 합니다. 아내들은 자신이 성적인 매력이 없다 생각되어 주눅이 들 수 있습니다. 아내는 남편에게 성적으로 매력적인 여인으로 인정받고 싶어합니다. 그러나 거울을 보면 자신감이 없어지고 불만스러운 마음이 생깁니다. 외모에도 열등감이 있는 데다 점점 나이가 들고 늙어 가는 모습을 보면 더더욱 불안한 마음이 듭니다. 아무리 아름다운 여인도 시간이 지나면 어쩔 수 없이 팽팽하던 몸매도 매력적인 자태도 싱싱하던 모습도 스멀스멀 사라집니다. 요즘 들어 성형수술과 온갖 시술이 많은 인기를 얻는 이유도 여자의 불안한 마음 때문입니다. 세상적인 잣대로 비교하며 부족하다고 느끼기 때문입니다. 남자들이 젊고 섹시한 여자의 모습을 선호한다는 생각들이 미디어를 통해 계속해서 우리에게 주입되고 있는 현실 속에 살고 있습니다. 미디어에서 보여 주는 예쁘고 섹시한 여인의 기준 또한 우리가 닿을 수 없게 높습니다. 그러나 세상에서 인정하는 기준에 맞는 여인이 얼마나 될까요? 그리고 이러한 기준이 창조주께서 의도하신 것이라면 이 또한 '하나님의 실수가 아닐까' 하는 생각이 듭니다. 이 기준에 맞는 여인들보다 기준 미달이 더 많기 때문입니다.

위축된 여인

어떤 토크쇼에 남편과의 성관계를 거부하고, 자기에게 전혀 관심을 안 보이는 아내에게 불평을 하는 남편이 나왔습니다. 카운슬러가 아내에게 이유를 묻자 그녀는 남편 핸드폰에 저장된 아름다운 여자들의 사진을 보여 주며 이런 남자와는 잠자리를 하기 싫다고 했습니다. 남편은 어리둥절한 표정을 지으며 이해를 못 하고 아내를 쳐다보기만 했습니다. 나이가 어려서인지 그 남자는 여인의 마음을 몰랐습니다. 그녀가 남편에게 서운했던 이유는 무엇일까요? 아내는 남편이 자신을 세상에서 가장 예쁘고 섹시한 여인의 모습으로 봐주기를 원합니다. 비록 세상에서 요구하는 기준에는 미달일지언정 남편만큼은 나를 최고라고 생각하고 바라봐 주기를 원합니다. 이런 마음 때문에 나보다 더 예쁘고, 매력적이고, 섹시해 보이는 여자들이 남편 앞을 지나가면 짜증스럽고 불안한 마음이 스며듭니다. 남편의 시선이 다른 여자에게 향할까 질투도 나고 아름다운 모습에 위협까지 느낍니다. 그러나 남편에게 표현은 못하고 괜히 짜증을 내고 마음이 착잡해지며 자신감이 쭉 빠집니다. 비록 아내들이 여인의 아름다움을 눈에 보이는 육체적인 잣대로만 비교하며 기준 미달이라고 지적하는 세상의 공격을 받더라도 나를 사랑한다는 내 남편만큼은 나에게 힘이 되어 주고 괜찮다고 말해 주기를 기대합니다. 남편이 아내에게 인정받고 존경받기를 원하는 마음과 같은 겁니다. 능력도 부족하고 돈을 많이 못 벌어도 "당신이 나에게는 최고의 남편이고 가장 멋진 남자."라는 말을 간절히 듣고 싶어 하는 것같이 말입니다. 그런데 남편이 자기 핸드폰에 다른 아름다운 여자들의 사진을 저장해 놓고 늘 보고 있다는 것을 알고 나니 실망스러운 데다 자신감도 없어지고 남편에게 화가 난 겁니다. 남편의 행동을 보며 자신은 남편이 원하는 이상형이 아니라고 오해를 할 수도 있습니다. 그러니 원망스러운 마음에 몸과 마음을 모두 닫아 버리게 됩니다. 이런 아내의 심정을 남편이 알 수 있을까요? 아마 잘 모를 겁니다. 그러니 예쁜 여자가 지나가면 자기도 모르게 눈이 휙 하고 돌아갑니다. 자신의 눈을 절제하지 못함이 아내에게 상처가 된다는 점을 짐작조차 못 하기에 아내는 속이 상하고 기분이 나쁩니다. 대체 아내는 누구에게 어떻게 인정받고 사랑을 확인받아야 할까요? 당신은 충분히 성적인 매력이 있다는 말을 듣고 싶지만 과연 누가 여인의 마음을 이해하고 원하는 대답을 해 줄 수 있을까요? 그거야 당연히 남편뿐입니다. 하지만 남편의 대답은 우리의 갈증을 시원하게 해결해 주지 못합니다.

어떤 여인의 갈등

어떤 여인이 어느 날인가 쇼핑몰에 갔다 올 때마다 우울한 마음이 생긴다는 것을 감지하게 되었습니다. 그리고 그날 어떤 생각이 스쳐가던 순간 하나님의 음성이 들렸습니다. "너의 성적인 매력은 창조주께서 주신 선물이니라."라는 음성이었습니다. 그 여인이 도대체 무슨 생각을 했기에 주님이 이런 말씀을 하셨을까 생각해 보았다고 합니다. 바로 전날 쇼핑몰에 있는 유명한 란제리 가게에 속옷을 사러 갔다가 본 광경이 그녀에게 영향을 미쳤고 그로 인해 우울한 마음이 들었던 것을 깨달았습니다. 필요한 물건들을 사고 계산대 앞에 줄을 서서 기다리는 동안 앞에 있는 큰 스크린을 통해 속옷만 입은 모델들이 아름다운 육체를 드러내고 찰랑거리는 머리를 휘날리며 워킹하는 모습을 틀어놓은 걸 한참 동안 본 것입니다. 그러다 자신도 모르게 자신을 모델들과 비교하며 초라한 생각이 들었고 주눅이 든 상태에서 어떻게든 부정적인 생각에서 벗어나려는 노력을 했습니다. 그러나 부정적인 생각을 물리칠 진리의 답을 찾지 못하고 헤매고 있었던 것입니다. 이러한 올무에 빠져 헤어나오지 못하고 허우적거리는 딸의 모습을 보며 주님은 그녀에게 사탄의 거짓말을 밀어내고 일어나 주님 앞에 서서 창조주의 형상을 반영하는 창조물로서 오묘하고 신묘불측하게 여인을 만드셨다는(시 139:14) 진리를 믿어야 한다 말씀하셨습니다. 겉으로 나타나는 생김새와 상관없이 여인의 성적인 매력은 창조주께서 여자를 만드실 때 주신 선물로 모든 여인 안에는 남편을 성적으로 만족시킬 만한 모든 것을 포함시키셨다는 말씀입니다. 혹 어떤 부분은 아직 발달이 덜되었거나 내재된 것을 발굴하지 못했을 뿐 분명히 모든 아내들의 유전자에는 여자로서 필요한 모든 것을 이미 주셨기에, 창조주의 말씀을 믿어야 한다는 말씀이었습니다. 그리고 성적인 문제도 다른 부분들과 마찬가지로 키우고 발달시켜 성적인 면에도 점점 더 성숙한 여인의 모습으로 변해야 한다는 지혜가 필요함을 말씀하셨습니다. 그러나 이 진리를 모른다면 아내는 불안한 마음과 낮은 자존감으로 인해 몸과 마음이 위축되어 남편과 성관계를 할 때 기쁨을 누리지 못하고 어색해할 수 있습니다.

요즘같이 여인의 육체적인 미를 중요시하는 시대에 살면서 우리는 간혹 '창조주께서 우리에게 장난을 하시는 건가?' 하고 불만을 품을 수도 있습니다. '타고난 생김새를 나보고 어쩌란 말입니까? 이렇게 만드시고 기준 미달이라니 너무하신 것 아닙니까?' 하고 속으로 끙끙거리며 속상한 마음을 표현하기도 하고 자신보다 더 예쁘다 생각하는 여인들을 보면서 시기와 질투를 할 때도 있습니다. “너 지금 나하고 장난하냐?”라고 따지는 한국식 표현이 있습니다. 말도 안 되는 주장을 할 때 반문하는 질문으로 사용됩니다. 우리 안에 혹 이런 식의 질문이 생긴다면 도리어 ‘너 나하고 장난하냐?’라는 질문을 창조주께 하지 말고 이런 기준을 만들어 내는 사회적인 통념과 방송매체, 그리고 그 뒤에 숨어서 조종하는 사탄에게 소리쳐야 합니다. “야! 너 지금 장난하냐?” “네가 이렇게 미의 기준을 말도 안 되게 강조하는 의도는 도대체 뭐야?”라고 따져야 합니다. 그리고 거부해야 합니다. 이런 악을 사회에 퍼뜨리는 일에 종사하는 사람들은 돈과 이익이 되는 것이라면 사회적으로 문란해지고 가정이 무너지고 그로 인해 자녀들이 고통 가운데 처하게 된다 해도 상관치 않고 악한 일들을 하며 사탄의 종으로 이용당합니다. 그러나 사탄에게는 돈과 이익을 얻는 이유 말고 다른 분명한 의도가 있기 때문에 이러한 현상이 나타나도록 역사합니다. 사단은 반항아이자 적그리스도입니다. 항상 하나님의 뜻과 의도에 반대되는 일을 하는 자입니다. 이런 관점에서 볼 때 사탄이 여인의 육체적인 부분을 강조하는 계략을 쓴다는 건 무엇인가를 감추려고 하는 노력이 아닐까 생각해 봐야 합니다. 창조주께서 의도하신 것들이 드러나면 자신에게 해가 될 부분들이 나타날까 미리 손을 쓰는 것으로 간주해 봅니다.

그가 가정을 무너뜨리려고 여러 겹으로 포장한 음모는 과연 무엇일까요? 전쟁을 할 때 중요한 요지를 점령하기 위해 적군의 관심을 다른 데로 유인하는 계략을 쓰는데, 사탄도 이와 같이 우리의 관심이 다른 곳에 가도록 유인하고 우리에게서 소중한 것들을 빼앗으려는 음모를 꾸밉니다. 그렇다면 사탄의 목적은 무엇일까요? 그가 공격하려는 요새는 무엇일까요? 시각적으로 예민한 남편을 포르노로 공격하여 아내를 무너뜨리려는 계략입니다. 여인의 자존감에 상처를 내고 우리의 자존심을 자극하는 것입니다. 우리 안에 자격지심과 질투를 일으켜 좀 더 육체를 가꿔서 예뻐지고 섹시한 여자가 된다면 남자의 사랑을 얻을 것이라는 자신의 생각을 믿도록 정신없이 계속적인 공격과 압력을 가합니다. 아름다운 여인이 되고 싶어하는 우리의 본능을 역이용해서 우리의 생각을 분산시키는 일을 합니다. 이러한 생각이 어느 정도는 일리가 있는 말이기에 우리는 부정하지 못합니다. 분명히 젊은 싱글 남자들에게는 시각적인 자극은 중요하지만 이미 결혼을 한 남자에게는 그저 한 부분에 불과하다는 점을 속이는 것입니다. 이 부분이 가장 중요한 척, 전부인 척 강조하는 것이 그의 계략이고 생각입니다. 그러나 남편에게 가장 필요한 건 육체적인 시각의 자극 이상의 것으로 그의 마음을 어루만져 줄 수 있는 아내의 온유하고 따뜻한 말, 부드러운 태도와 마음입니다. 아내를 사랑하는 남편의 가장 강한 성감대는 그의 마음이고 귀라는 의미입니다. 아내의 존중과 인정의 말을 귀로 듣고 마음으로 느낄 때 그의 몸은 시동이 걸려 뜨거워지게 됩니다. 이것이야말로 부부가 같은 배우자와 몇십 년 동안 계속 성관계를 해도 지겹지 않은 비결입니다. 보는 것에는 싫증을 쉽게 느끼지만 마음의 자극은 받으면 받을수록 새롭고, 달콤하고, 깊어지는 맛을 내기에 더 먹고 싶은 갈증을 일으킵니다. 한국 가요에 "사랑하는 마음보다 더 좋은 건 없을 걸. 사랑받는 그 순간보다 짜릿한 건 없을 걸. 백만 번 들어봐도 기분 좋은 말 사랑해!"라는 노래가 있는데 가사에 담긴 내용이 비중 있게 다가옵니다. 사탄은 이렇게 중요한 마음의 필요를 깨닫지 못하게 하고 아내의 생각에 혼동을 주고 외모만 가꾸느라 남편의 마음을 채우는 것에 소홀하게 합니다. 사탄은 여인의 내면적인 아름다움이 얼마나 놀라운 능력을 가지고 있는지 돕는 배필로서의 아내의 역할이 하나님의 도구로서 얼마나 귀한 존재인지 깨닫지 못하게 하고 다른 곳에 집중하게 만들 뿐 아니라 내면의 아름다움을 가꾸지 못하게 방해합니다.

부부가 성적인 만족을 얻는 과정에서 육체가 가장 중요하고 절대적으로 필요한 전부였다면 사랑의 창조주께서는 태어나는 모든 여인이 같은 모형의 육체를 갖도록 DNA를 조작하셨을 겁니다. 사람에게 꼭 필요하고 없어서는 안 되는 오장육부를 주시고 모든 사람에게 평등하게 눈, 코, 입, 귀, 손, 발 등을 주심 같이 말입니다. 그러나 도리어 창조주께서는 여러 모양의 꽃을 만드셨고 각자만의 아름다움을 허락하셨습니다. 사람의 영혼을 담는 그릇의 모양보다는 속에 있는 인격이 더 소중하고 치명적으로 중요한 역할을 한다는 걸 아시기 때문입니다. 사탄의 목적은 우리가 하나님께서 소중히 여기시는 것들을 소홀히 여기고 중요하지 않은 부분들이 부각되도록 세상을 조종합니다. 이러한 계략을 모르는 사람들은 '이것이 유행이다' 하면 우르르 몰려 다니며 이것을 사고 '저것이 좋은 거다' 하면 저것을 향해 달려갑니다.

어떤 엄마가 고등학생이 된 아들과 쇼핑몰에 간 적이 있는데 노출이 심한 여학생들의 모습을 본 엄마가 아들에게 물었다고 합니다. "아들아, 저런 여자를 보면 어떤 생각이 드니?"라고 묻자 아들이 이렇게 말했습니다. "엄마, 저런 여자들은 나의 남성성을 순간적으로 자극하지만 남자의 마음은 흔들지 못해요."라고 대답했다고 합니다. '예쁜 외모를 가진 여인은 남자의 눈을 사로잡지만 예쁜 마음을 소유한 여인은 남자의 마음을 사로잡는다.'는 말이 맞구나 하는 생각이 듭니다. 나이는 어리지만 마음이 성숙한 남자의 안목입니다. '이 엄마는 아들을 잘 키웠구나.' 하는 마음이 들게 됩니다. 남편의 마음을 사로잡기 위해서는 내면적인 성숙함과 지혜가 필요한데 이것 또한 하루아침에 이룰 수 있는 일은 아닙니다. 우리 생각을 진리 가운데 있도록 훈련하려면 의도적인 노력과 집중력이 필요합니다. 거짓된 가치관과 싸워야 하기 때문입니다.

요엘 2장 29절에 보면 마지막 때에 하나님께서는 남종과 여종에게 성령의 충만함을 부어 주시고 당신의 귀한 도구로 사용하신다고 약속하셨습니다. 구약에서는 대부분 남자들에게 기름을 붓고 남자를 사용하셨지만, 지금 우리가 사는 마지막 시대에는 여인들까지도 사용하사 당신의 뜻을 위하여 부르시겠다는 말씀입니다. 하나님이 창조하실 때부터 영적으로 민감하고 주님을 향한 갈증을 느끼도록 만드신 여인에게 성령의 충만함을 부어 주신다면 과연 우리는 어떤 능력을 가진 여인들로 변화될까요? 이런 하나님의 의도를 잘 아는 사탄은 남자들의 연약함을 이용하여 그들을 무너뜨리고 여인의 정체성에 상처를 입혀 일어나지 못하도록 역사합니다. 사람들이 영적인 성장에 시간을 투자하기보다 육적인 것에 관심을 갖도록 방해공작을 합니다. 남편에게 사랑받고 남편의 관심을 통해 여인의 성적 매력을 확인받고 싶어 하는 우리의 갈증을 공격하는 것입니다.

비뚤어진 저울과 가치관

그러면 사탄의 의도를 발견할 때 우리는 어떻게 대처해야 할까요? 무엇으로 사탄의 거짓말을 대적할 수 있을까요? 하나님께서는 우리의 성적인 자존감을 남편에게 얻고자 하거나, 다른 남자들의 관심을 통해 오는 것에 의존하지 말고 창조주의 형상대로 만드시고 의도하시고 품어 주신 디자인을 믿고 시인할 때 사탄의 공격과 음모를 이길 힘을 얻게 된다고 말씀하십니다.

어떤 아내는 남편에게 물어봅니다. "나 어때?" 남편이 답합니다. "아주 매력 있어!" 그러나 아무리 남편이 섹시하고 멋있다는 말을 해 주어도 만약 여인 스스로가 자신의 이미지를 생각할 때 매력 없고 초라하다 생각한다면, 마음의 전쟁에서 실패합니다. 사탄의 거짓을 거부하고 진리의 말씀을 마음 안에 용납하고 믿지 않는다면, 낮은 성적 자존감으로 용납된 악령들의 억눌림으로부터 벗어날 수 없습니다. 이 마음의 전쟁의 승리는 바로 자신이 하는 믿음의 고백에 달려 있기 때문입니다. 하나님의 진리를 믿고 창조주의 디자인과 동의할 것인지 아니면 사탄이 세상을 통하여 주장하는 인간적으로 합리적인 생각과 동의할 것인지 둘 중에 선택을 해야 합니다. 만약 내가 진리를 거절하고 합리적인 생각을 시인한다면 사탄이 역사하도록 문을 여는 역할을 하게 되며 우리의 열등감을 자극하는 악령들에게 괴롭힘을 당할 수 있는 말미를 줍니다. 그러나 진리를 통한 믿음의 고백과 입으로 시인할 때 악령들에게 열린 문이 닫힙니다. 우리가 입으로 하는 선포는 영적인 세계에서 법적인 효과가 나타나기에 더이상 우리를 괴롭힐 만한 법적 근거가 없어지는 것입니다.

먼저 하나님의 진리를 시인하는 믿음의 고백을 하기 위해서는 잘못된 세상적인 저울과 가치관을 용기 있게 쓰레기 통에 버려야 합니다. 합리적인 사고방식을 거부해야 합니다. 한 번 버렸다고 끝이 아닙니다. 매일매일 계속적으로 버리고 또 버려야 합니다. 온 세상이, 온 세계가, 온 미디어가, 온 사회가, 온 커뮤니티가 세상적인 저울과 가치관을 옹호하고 숭배하기 때문에 매일 거부하고 싸우지 않는다면 나도 모르게 가랑비에 젖듯 또 흡수되고 내 생각에 침투됩니다. 그리고 그들이 말하는 것들이 좋은 것 같아 보인다면 믿음의 전쟁에서 밀려나고 우울한 영에게 기쁨과 감사를 빼앗깁니다. 사탄의 주특기는 도둑질입니다. 예수님께서 사탄은 거짓의 아버지라 하였습니다. 말도 안 되는 사탄의 거짓을 거부하고 창조주께서 우리를 부족함 없이 만드셨다는 것을 믿어야 합니다. 여인의 성적인 매력은 육체 이상의 것으로 더 신비하고 깊은 영역에 속해 있음을 알아야 합니다.

어떤 남자가 친구에게 자기 아내가 얼마나 성적으로 매력이 있는지 엄청 자랑을 했습니다. 이 말을 들은 친구는 속으로 '대체 얼마나 아름다운 여인이길래 자랑을 할까?' 속으로 궁금했습니다. 그러다 곧 친구의 아내를 만날 기회가 생겨 실물을 보게 되었는데 실망을 했답니다. 친구의 아내는 자신이 상상하던 모습과는 전혀 달랐고 세상적인 기준으로 봐도 지극히 평범한 여자에 불과했습니다. 그러나 다행히도 그 남편 눈에는 자기 아내가 '뜨거운 여인'이었습니다. 자신의 성적 필요를 다 만족시키는 아내였기 때문입니다.

감정은 마음의 표현이라고 말합니다. 생각 속에 들어온 정보가 용납되고 믿어질 때 그 정보가 마음에 저장됩니다. 계속해서 자신을 비판하고 지적하는 아내의 말과 행동은 남편의 마음에 '아내는 나에게 실망했고 나를 존중하지 않는다'고 저장됩니다. 이렇게 저장된 마음에는 아내에 대한 원망과 서운한 감정이 나타나며 사랑의 감정이 점차 식어갑니다. 그러나 아내의 따뜻한 말과 온유한 심령이 전달되고, 아내에게 인정받을 때 남편은 마음에서부터 아내에 대한 사랑의 감정이 뿜어져 나옵니다. 그리고 이 사랑의 감정은 아내의 모든 면이 예뻐 보이고 사랑스러워 보이게 하는 능력을 발휘합니다. 마음이 가진 능력이 정말 놀랍지 않나요? 처음 사랑의 콩깍지가 쓰여 모든 것이 좋아 보였을 때같이 말입니다. 부부는 첫사랑의 감정을 유지하도록 처음 가졌던 마음가짐과 행동들을 기억해야 합니다. 요한계시록 2장 4장의 말씀은 "그러나 너를 책망할 것이 있나니 너의 처음 사랑을 버렸느니라. 그러므로 어디서 떨어진 것을 생각하고 회개하여 처음 행위를 가지라."고 하십니다. 이 말씀은 하나님과의 관계뿐 아니라 부부간에도 적용할 수 있는 귀한 말씀입니다.

아내의 도움

어떠한 중독으로부터 자유함이 필요한 남편을 돕는 아내의 사역은 중요한 역할을 합니다.

아내에게 뇌의 보상 시스템에 대한 이해가 부족하다면 매일 술을 먹는 남편을 볼 때 한심하고 의지가 약한 남자로 취급할 수도 있습니다. 포르노에 중독된 남편이 변태로만 보입니다. 항상성의 법칙이 인식하든 못하든 적용되고 있음을 깨닫지 못한다면, 우리는 돕는 배필의 사역을 효과적으로 할 수 없습니다. 왜 그 사람이 어떠한 행동을 하는지 이해가 안 됩니다. 인간이 하는 행동은 오묘하고 아주 복잡한 과정을 지나 나타납니다. 쉽게 생각하면 사탄의 속임수에 넘어갑니다. 모르기에 무시하게 되고, 보이지 않기에 함부로 빈정거립니다. 보이는 것이 다가 아니고 보이지 않는 것들의 상실이 얼마나 큰 영향을 끼치는 지를 인정하지 않는다면, 겉으로 나타나는 열매만 보고 남자에 대한 실망과 한심한 생각을 하게 됩니다. 이런 생각은 남편을 대하는 아내의 말과 태도를 통해 남편에게 전달될 뿐 아니라 빈정대고 무시하는 아내의 말은 남편의 자존심을 건드리고 마음에 상처를 남기게 됩니다. 하지만 아내가 남편을 바라볼 때, 이러한 지식과 이해를 갖고 돕는 배필로서 인내하며 새로운 의의 습관이 몸과 뇌에 깊이 새겨질 때까지 기도와 권면의 말로 남편을 세우려고 한다면 어떨까요? 놀라운 변화를 기대할 수 있지 않을까요?

그리스도인으로서, 특히 남자로서 성적으로 경건한 삶을 살기 아주 어려운 시대에 살고 있습니다. 죄로 인하여 마음이 악해진 사람들을 이용하여 사탄은 온 세상이 성적으로 문란한 사회가 되도록 조성하였고 너무도 쉽게 성적 유혹의 거미줄에 걸릴 수 있는 위험한 환경이 많아졌습니다. 핸드폰의 작은 한 버튼만 눌러도 포르노를 접할 수 있는 악조건들이 인간사회에 주어진 것입니다. 인터넷의 발달은 우리에게 많은 도움을 주는 동시에 수많은 악영향을 줄 수 있는 도구입니다.

포르노와 같은 음행은 파괴적이고 부부관계를 허물 수 있는 심각한 결과를 가져옵니다. 그렇기 때문에 부부관계를 보호하기 위해서는 이러한 성적 유혹에 강한 아내가 남편이 유혹을 받고 넘어지지 않도록 남편을 도와야 합니다. 부부관계의 면역체계를 강화시키지 않는다면, 경건의 성벽을 높게 세우지 않은 다면, 외도의 병균이 부부관계에 침투하여 병에 걸리는 것은 시간 문제일 수 있다 염려됩니다. 부부의 튼튼한 면역체를 형성하는 것은 옵션이 아니고 절대적으로 요구되는 상황입니다. 이러한 절대적으로 요구되는 면역체와 보호막을 만드는 데 아내의 내조는 큰 역할을 하게 됩니다. 성적 유혹에 약한 남편을 보호하는 최고의 방어책은 바로 아내, 자신임을 깨달아야 합니다. 전능하신 하나님께서 아내에게 이러한 힘과 능력을 주셨다고 믿습니다. 이것은 우리의 권리이자 의무이고 책임입니다. 아내는 남편의 필요를 채우고 지지하는 가장 든든한 지원병이기도 합니다. 남편이 어려움을 겪을 때 힘을 주고 적절히 도울 수 있는 오른팔의 역할을 감당하기 위해서는 남편에 대한 지식과 이해가 필요합니다. 남편 육신의 연약함을 알고 그들의 진정한 갈증이 무엇인지를 이해하게 될 때 아내는 부부관계를 불륜으로부터 방지할 수 있는 지혜와 힘을 얻게 됩니다. 우리는 먼저 하나님이 주시는 지혜를 사모하고 순종해야 합니다.

그리고 남편을 이해해야 합니다. 왜 또 그런 짓을 하고, 그런 사람들과 어울리고, 그런 곳에 가고, 그런 상황에 빠지는지를 알고 이해해야 그를 돕는 배필의 사역을 감당할 수 있습니다. 이해한다는 말은 그저 불쌍히 여겨 봐주는 감정을 말하는 것이 아닙니다. 남편을 이해한다는 것은 예를 들어 차가 고장 났을 때 어디가 어떻게 고장이 나서 문제가 생겼는지 차 정비사의 지식적인 감각으로 들여다보고 고치고자 하는 마음으로 이해함을 말합니다. 그러지 않으면 이미 죄악에 빠져 헤매는 남자를 보고 우리는 여러 가지 판단을 하고 정죄합니다. 우리의 무지함 때문에, 이해력이 부족하여, 나는 그렇지 않기 때문에, 연민과 위로보다는 무심한 말을 퍼붓습니다. “아이고 이 한심한 인간아! 정신 차려! 왜 이래! 좀 잘하지! 그렇게 의지가 약해서 어떻게 해!”라고 말입니다. 이러한 말을 듣는 남자는 속으로 스스로를 무너뜨립니다. “그래, 나는 한심한 인간이다. 나는 별 볼일 없는 남자다. 나는 너무 의지가 약해 도저히 이 수렁에서 헤어날 수가 없어, 이제는 끝이다. 더 이상은 노력을 해도 소용없어. 될 대로 되라.” 이러한 부정적인 감정을 수긍하고 자존감이 낮아진다면 사탄의 올무에서 벗어나기를 포기할 수 있습니다.

아내들은 자신의 남편을 잘 안다 생각합니다. “내가 당신에 대하여 모르는 게 어디 있어! 다 알지! 이 세상에 내가 모르면 누가 알아!”라고 장담하고 자만합니다. 왜 이럴까요? 남편을 보았고, 그와 같이 살아 보고, 경험했기 때문입니다. 그에 대한 수많은 과거에 대한 정보들이 뇌에 저장되었기 때문입니다. 그러나 아내는 남편의 마음속 깊은 갈등과 번민을 다 모를 수 있습니다. 본질적인 자신의 결핍을 남편 자신까지도 모를 수 있습니다. 남편을 돕기 원한다면 포르노와 같은 성중독에 빠지는 남자들 마음을 다 아시는 성령님의 지혜가 간절히 필요합니다. 사탄은 남편을 무너뜨리고자 매일 새로운 무기를 생산하고 그를 노리고 있다는 점을 기억해야 합니다. 우리가 남편과 사는 동안에는 계속적으로 돕는 배필의 사역을 감당해야 하는데 우리의 정보는 과거의 것들만으로는 부족합니다. 매일 배우는 자세로 하나님의 지혜를 사모하고 또 사모해야 합니다. 우리에게 맡기신 사명을 순종하기 위해서 말입니다.

위기의 문 #5. 나르시시즘과 바람둥이

부부관계가 불륜이라는 위기에 빠지는 이유 중에 또 하나는 해결되지 않은 과거의 상처를 가지고 결혼한 배우자가 나타내는 악행 때문입니다. 이미 영혼에 암적인 요소를 갖고 결혼을 했다면 증상이 나타나는 것은 시간 문제가 됩니다. 이들은 부부간의 있어야 할 친밀감의 결핍으로 인하여 다른 사람과 관계 중독에 빠진 이들과는 달리 치유받지 못한 내면의 문제 때문에 자신의 결혼을 위기로 몰며 파멸을 초래합니다. 아픈 사람들은 다른 이를 아프게 한다고 합니다. 치유받지 못한 아픔과 그로 인하여 생긴 왜곡된 사고방식은 부부관계에 큰 위협을 줍니다.

심리학자들의 연구에 따르면, 한 가지 성격 특성이 불륜과 큰 연관이 있다고 합니다. 이들은 아주 특이한 이유로 인하여 불륜을 범합니다. 이 특이한 성향은 바로 나르시시즘입니다. 나르시시즘이란 자기애성 인격장애를 소유함을 의미합니다. 자기애성 인격장애란 자기 자신을 도가 지나치게 평가하고 사랑하는 심리를 말합니다. 나르시시즘이라는 마음의 병을 소유한 사람들은 불륜에 빠질 확률이 높다는 것입니다. 이러한 인격장애는 여자보다 남자에게 더 많이 나타난다고 합니다. 심리학적으로 볼 때 나르시시즘 성향을 부분적으로 나타내는 사람들과 나르시시즘 인격장애에는 분명한 차이가 있습니다. 보통 사람들은 자신의 매력에 빠져 자신감을 과도하게 나타내는 사람들을 대할 때 나르시시즘 증상이 보인다고 말합니다. 자신감과 나르시시즘은 겉으로 구분하기가 어렵기 때문입니다. 자신감의 근원과 동기가 어디로부터 오는지를 정확히 분별하지 않는다면 자신감 넘치는 모든 사람들을 자기애성 인격장애자로 오해를 할 수 있습니다. 나르스시시트인가를 알아보기 위해서는 정신과 의사의 도움을 통하여 정확한 진단이 필요합니다. 선불리 한두 가지 비슷한 증상을 보고 위험한 판단을 하지 말아야 합니다.

인간은 모두 기본적으로 자기애(self-love)를 소유하고 있으며 자신을 사랑하는 것을 통하여 건강한 자아상을 소유하도록 돕는 역할을 하기에 자기애란 당연한 현상입니다. 이 또한 하나님께서 인간을 창조하실 때 우리에게 품어 주신 마음이라 여깁니다. 성경을 보면 우리의 이웃을 사랑할 때 자신을 사랑함 같이 그들도 사랑하라 명하십니다(마 22:39). 자신을 사랑하지 않고 귀하게 여기지 않는다면 스스로를 함부로 대하고 위험에 쉽게 처하는 상황에 빠져 생존까지 거부할 수 있기 때문입니다. 자신을 사랑하기에 우리 안에 있는 생존 본능이라는 메커니즘이 일을 합니다. 그러나 자기애성 인격장애는 이러한 정상적인 범위를 벗어나 지나친 자기도취, 과도한 자기 사랑 같은 비정상적인 상태가 되어 마음의 병으로 전환된 사람을 가리킵니다. 이러한 장애를 가진 사람들에게는 여러 가지 특징과 다양한 원인들이 있는데 내면 깊이 파고들지 않으면 잘 보이지 않는 본질적인 어떠한 상처와 결핍으로 인한 그들만의 왜곡된 방어체제가 형성된 것이라 볼 수 있습니다. 이러한 상태에 이를 수밖에 없었던 그들의 연약함과 아픔에 대한 깊은 이해가 없다면 그들의 겉모습만 보고 비판과 정죄를 하는 실수를 하게 됩니다. 인간의 타락은 우리 모두에게 각자만의 장애를 얻게 하지만 강도에 따라 어떤 이들에게는 더 깊은 상처를 얻게 되고 심각한 상태에 빠지기도 합니다. 이러한 사람들을 대할 때 혹 어떤 이들은 비호감이라 지적하고 왕따시킨다면, 그들의 상처에 또 하나의 칼집을 내는 일이 됩니다.

현대인의 병

지금 우리가 사는 시대에는 나르시시즘이란 인격장애에 빠지는 사람들이 점점 늘어나고 있다고 합니다. 이는 성경에 말씀하신 말세가 되면 나타날 것이다 예언하신 현상 중에 하나입니다. 디모데후서 3장 1-5절에 보면 이렇게 말씀하십니다.

"너는 이것을 알라. 말세에 고통하는 때가 이르러 **사람들은 자기를 사랑하며** 돈을 사랑하며 자랑하며 교만하며 비방하며 부모를 거역하며 감사하지 아니하며 거룩하지 아니하며 무정하며 원통함을 풀지 아니하며 모함하며 절제하지 못하며 사나우며 선한 것을 좋아하지 아니하며 배신하며 조급하며 자만하며 쾌락을 사랑하기를 하나님 사랑하는 것보다 더하며 경건의 모양은 있으나 경건의 능력은 부인하니 이같은 자들에게서 네가 돌아서라."

나르시시즘에도 넓은 스펙트럼 선상이 있는데 상태가 약함으로 시작되어 아주 심각한 수준까지도 나타납니다. 심리학에서는 여러 가지 원인 중에 드러나는 두 가지의 원인에 초점을 둡니다. 상태가 양호하다 볼 수 있는 나르시시즘의 문제는 어린 시기에 과잉 칭찬으로 생긴 인격장애라고 합니다. 상태가 아주 심각한 경우 과도한 비난을 받은 경우가 있습니다. 이들은 어려서 매우 극단적인 칭찬이나 비난을 받았다는 것이 초점이 됩니다.

원인

과잉 칭찬

첫째로 어린 자녀에게 부모가 과도의 칭찬과 애지중지, 우상화, 어리광을 많이 받아주는 양육환경에서 과보호를 받았을 경우 이러한 장애가 생긴다고 합니다. 자기밖에 모르는 안하무인처럼 자신이 세상의 중심이라는 사고방식을 소유하도록 부모가 자극하고 또는 방치했다면 심리학에서는 이러한 양육 환경을 비건강한 방식으로 자녀 학대로 여깁니다. 이러한 판단을 하는 이유는 자녀의 인품, 인성, 인격, 존엄성, 존재에 대한 내면에 속한 본질적인 확신을 주기보다는 그들의 외모, 성취, 학업, 성적, 능력과 같은 외면적인 것들에 초점을 두고 칭찬을 하기에 자아를 성취하고 어른이 되는 과정에서 스스로의 바운더리를 설립하는 데 위반(breach of boundary)을 하게 된다고 합니다. 자신의 가치가 존재성에 있지 않고 생산성에 초점을 둔다면 정체성이 혼란을 가져오기에 건강한 자아를 소유하는 데 큰 장애물이 되는 것입니다.

> "연구 결과에 따르면 자녀를 칭찬하는 방법이 자녀의 발달에 큰 영향을 미칩니다. Columbia University의 연구원인 Claudia Mueller와 Carol Dweck은 자녀들의 노력보다는 그들의 지능에 대한 찬사를 받은 어린이들이 결과에 지나치게 집중되어 있음을 발견했습니다. 실패를 겪은 후, 이 같은 아이들은 지속함이 부족했고, 즐거움이 적었고, 능력이 부족하여 실패했다 여겼으며 (실제로 변할 수 없다고 생각함), 미래의 성취를 얻기 위한 노력을 제대로 수행하지 못했습니다. Dweck는 다음과 같이 말합니다. '지능 때문에 자녀를 칭찬한다면 어려움에 대한 두려움이 생깁니다. 그들은 실패를 어리석음과 동일시하기 때문입니다.'"[67]

타락으로 인하여 모든 인간에게는 선한 면과 악한 면이 존재합니다. 이러한 이중성을 인식하고 자신에게 양면성이 있음을 인정하여야 올바른 자아(ego)를 소유하게 됩니다. 타락한 인간이기에 자신에게 있는 나쁜 부분, 연약함과 더 나아가 악한 면도 있음을 깨닫지 못하고 이상적인 모습에 대한 과잉 칭찬과 찬사를 통하여 좋은 것만 보고 인정하고 믿고자 한다면 다른 사람들이 자신의 부족한 면을 지적할 때 부인을 하게 됩니다. 그들은 눈뜬 장님처럼 자신의 허물을 직시할 수 있는 능력이 발달되었지 않기 때문입니다. 우리 안에 악한 면이 있다는 점을 인정할 때 우리는 선함을 갈망하며 추구합니다. 우리 안에 어떠한 약한 부분이 있음을 볼 때 우리는 변화를 얻기 위해 노력을 합니다.

---

67 Quote from Psychology Today titled: "Parenting: Don't Praise your children!" "Good job" is the worst kind of praise. Posted on Sept. 2009 by Jim Taylor Ph. D., 《오늘의 심리학에서》 인용, "부모: 자녀를 칭찬하지 마십시오!" "좋은 직업"은 최악의 칭찬입니다., 2009년 9월 Jim Taylor Ph. D.에 의해 게시됨.
https://www.psychologytoday.com/us/blog/the-power-prime/200909/parenting-dont-praise-your-children

내 자신의 부족함을 통하여 겸손함을 배우고 다른 사람을 이해할 수 있는 공감 능력 또한 얻게 됩니다. 이상적인 모습을 추구하지만 현실에 나타나는 실질적인 실패, 실수, 부족함 또한 수긍할 수 있는 능력은 건강한 정서를 유지하기 위하여 우리에게 필요한 부분입니다. 자신이 생각하는 이상적인 자아(super ego)와 실질적인(real) 모습에 차이가 너무 크다면 혼동을 겪게 됩니다. 너무 거름을 많이 주는 식물이 타 죽듯이 과한 칭찬과 애지중지를 받으며 자란 인격에는 장애가 올 수 있다는 경고이기도 합니다.

자신의 행복과 만족을 항상 우선순위로 여기며 자신의 필요가 가장 중요하다고 생각한다면 모든 관계에 문제가 됩니다. 자신을 사랑한다면 그다음은 내 이웃을 같은 방식으로 사랑함으로 관심의 대상이 넓어져야 건강한 삶을 소유하게 됩니다. 하지만, 이 사람들은 자신들이 소유한 정신적인 에너지와 삶의 초점을 자신을 사랑함에 투자하게 됩니다. 이기주의 성향이 과하게 발달되고 자기 중심적인 사고방식이 견고한 성처럼 세워졌다면 부부관계에 갈등이 생기고 결핍을 느낄 때 불륜의 유혹에 쉽게 넘어지는 상황이 온다는 것입니다. 자신의 필요를 채우는 것이 배우자보다, 결혼보다 중요시하는 이기심이 문제가 됩니다. 인간이 경험하는 수많은 중독 중에 가장 위험하고 위협적인 것은 바로 '나(self)'입니다. 우리는 '나'에게 중독이 들어 있습니다. '나'가 원하는 모든 것을 충족하기 위하여 우리는 분주한 삶을 삽니다. '나'가 원하는 음식, 오락, 쾌락, 장소, 돈, 명예, 지식을 얻기 위하여 '나'의 노예가 되기도 합니다. 이 인간의 '나'를 자극하여 사탄은 아담과 하와가 하나님을 명을 거역하고 타락의 길로 가는 선택을 하도록 이용했습니다. '나'는 하나님의 영에 의하여 통제되어야 만족을 경험하고 우리를 선한 길로 인도합니다. 그렇지 못하면 타락한 '나'는 끝없이 육신의 정욕이라는 신(god)에 통제받아 노예의 삶을 살게 됩니다.

과거의 상처

두 번째 원인은 과거의 상처로 생긴다 합니다. 과거의 상처로 인해 생긴 이 장애는 심리학의 고전적인(classical) 해석으로 볼 때 어린 나이에(4살 정도에 시작) 심하고 과도

한 신체적, 성적, 언어적, 심리적, 감정적, 등등 학대로 인한 깊은 상처와 트라우마가 있는 사람들에게 이러한 장애가 생긴다고 합니다.[68] 어린 나이에 정체성이 설립되지 않은 상태에서 스스로를 보호할 수 있는 정서적인 보호막이 없는 상태에서 무력하게 자신보다 힘이 세고 강한 어른들에게 당했을 때, 그들만의 방어 기제로써 자신을 보호하고자 하는 심리가 작용하여 왜곡된 사고방식이 습관화된 것입니다. 심한 학대를 통하여 인간의 기본적인 존엄성(dignity)이 무시되고 배척(rejection)을 당하고 심각한 비난(criticism)을 받는 상황에 계속적으로 노출되었다면 그들은 그들 나름대로 자신들이 느끼는 고통과 아픔을 해결하는 대처법으로 이러한 상태에 이른 것이라 해석합니다. 그러나 병리적 나르시시즘은 아주 드문 현상이며 심한 학대를 받은 모든 사람들에게 무조건 나타나지는 않는다고 합니다. 여러 자녀가 같은 악조건의 환경에 살았지만 이러한 장애가 모든 자녀에게 다 나타내는 않는다는 점을 감안할 때 타고난 어떠한 성향(Predisposition)의 영향과 환경적인 요인이 더해졌을 경우에 그들이 선택하는 반응으로 인하여 소수의 사람들에게 이러한 증상이 보인다고 합니다.

가짜 자아

어린 나이에 자신의 약점, 부족함, 불완전한 부분들이 계속적으로 비난받고 무시받았다면 내면의 초점이 자신의 단점에 몰려 스스로를 혐오하는 마음이 생기고 그로 인하여 낮은 자존감, 열등감으로 시달리게 됩니다. 이러한 정서적인 박탈, 불안감을 감추기 위한 방어 기제로 자기애 성격장애를 가진 사람들은 가짜 자아(pseudo self or false self)를 만들고 자아상을 부풀게 된다고 합니다.

《악성 나르시스트(Malignant Self Love: Narcissism Revisited)》란 책을 쓴 작가 샘 배크닌(Sam Vaknin)는 악성 나르시스트의 정신세계를 이렇게 표현합니다. (이 다음 내용들은 그가 유투브를 통하여 강의한 여러 가지 내용들을 종합하여 한국어로 번역하였습

68 "On Nacissitists and Narcissism: (Sam Vaknin) Oct 26, 2017.
https://www.youtube.com/watch?v=xd9KwpL7U_I

니다.)

"심리학의 고전적인 해석으로 볼 때 가짜의 자아는 상처받은 어린아이의 피난처가 되기도 하며 또는 개인적 종교가 된다. 이 아이는 자신의 진짜 모습을 가짜라는 신 앞에 희생 제물로 바치게 된다. 이 가짜의 자아는 진짜의 모습이 소유하지 못한 모든 것을 갖게 된다. 진짜 아이는 무력하지만 가짜는 전지전능하다. 진짜 아이는 장래를 예고하지 못하지만 가짜는 전지하다. 진짜 아이는 계속적인 학대로 아픔을 경험하지만 가짜 아이는 감정을 느끼지 못하고, 취약하지 않고, 침투(impermeable)당하지 않고, 무감각하다. 이 모든 것들을 포함할 때 병리학 나르시시즘에서는 가짜 자아가 자신의 신으로 등장한다. 이렇게 생긴 개인적인 종교이기에 없애기가 어려운 상태가 된다."[69]

"건강한 인격을 소유하기 위하여 필요한 핵심적인 자아가 없어졌기에 내면의 자존감의 결핍을 외향적인 것들을 통하여 얻고자 하는 도구로 사람을 이용하는 것입니다. 나르시스트들은 자신이 섬기는 전지 전능하고, 똑똑한, 능력을 소유한 가짜 자아가 자신의 참모습이라 설득하며 다른 이들에게도 숭배하기를 요구하게 됩니다. 그러나 만약 다른 사람들이 자신의 생각을 거부하고 비난하는 태도를 보인다면, 위협적으로 보고 과도한 분노를 내고 폭력도 보인다고 합니다. 작고 사소한 말에도 생존의 위협을 느끼며 과도한 감정 표현을 하게 되는 이유는 가짜 자신을 지키고자 하는 무의식적인 행동에서 나온다고 합니다. 그로 인하여 이들은 항상 긴장하며 자신을 우습게 보는 사람과 말들이 들리는지 살핀다고 합니다."[70]

69 위와 같음.

70 위와 같음.

"나르시스트들은 자신이 믿는 가짜 자아가 사실임을 다른 사람들의 인정을 통하여 재확인받고자 하기에 주위의 지인들을 자신의 자존감을 높여줄 상대로 여깁니다.[71] 이들에게 다른 사람들은 친밀함과 관계를 형성하는 인격체로 보기보다는 자신의 정신세계안에 존재하는 과장된 자존감을 확인시켜 줄 수 있는 나르시스트의 공급처(Narcissistic supply)로 여기며 원료를 얻기 위해 이용합니다. 이 공급처는 나르시스트에게 아주 중요한 삶의 목적이 됩니다."

"이러한 공급처를 포섭하기 위해서 포착된 사람에게 먼저 지나치게 잘해 주고 관심을 보이고 호감을 얻기 위한 수많은 노력을 한다고 합니다. 그들이 노리는 사람은 특정인이 아닌 누구든지 자신의 공급처가 될 수 있다 여기는 사람이면 관심을 보이며 일시적으로 그들의 값어치를 높게 사고 자신의 존재감을 높여줄 찬양과 칭찬을 해 줄 수 있는 공급처로 기대하는 것입니다. 과거 자신이 수없이 들었던 내면의 부정적인 소리를 잠재우기 위해, 혹 다른 이들이 자신의 부족한 진짜의 모습을 눈치챌까 전전긍긍하며 다른 이들이게 먼저 선수 치며 스스로 자신을 과대 평가하며 관심과 칭찬과 숭배를 받으려는 노력을 합니다. 그러나 자신의 좋은 점, 강한 점을 강조하며 가짜의 자아를 유지하려는 노력이 다른 사람들 눈에는 거슬리게 됩니다. 이러한 상황에 만약 어떠한 사람이 자신의 뜻과 기대에 어긋난 반응을 보이며 자신을 비판하고 자신의 약점을 지적한다면 순식간에 매우 공격적인 태세를 보이며 비판하는 사람의 가치를 저하하고 그전과는 반대되는 태도를 취한다고 합니다."[72]

"이러한 정신세계를 소유한 사람이 결혼을 했을 경우 부부관계에서 배우자를 의존하게 되는데, 칭찬과 찬양을 받는 한 관계가 잘 유지되지만 그렇지

71 위와 같음.

72 위와 같음.

못할 경우 갈등이 생깁니다. 나르시스트를 정서적 뱀파이어라고 칭하는데, 자신의 필요를 얻기 위하여 다른 이들을 힘들게 하고 상처를 줍니다. 배우자의 작은 잔소리와 비난에도 과민반응을 보이며 모든 것을 자신의 자존감을 위협하는 공격이라 여기며 자존심 상하고 화를 내고 심할 경우 폭행도 감행합니다. 비난의 소리가 아직 치유받지 못한 아픈 상처를 건드리기 때문입니다. 아픈 상처가 있는 사람의 마음은 불안정하게 되며 마음속 깊은 곳에 분노가 용암이 끓듯 부글부글거리니 화산 폭발하듯이 터지기 직전입니다. 다른 사람들 눈에는 과하고, 지나친 반응이라 여기지만 아픈 사람에게는 정당한 반응일 수 있습니다. 이렇게 그들은 자신 내면의 연약한 자존감과 존엄성을 타인을 통하여, 성취를 통하여, 성공을 통하여 얻고자 하기에 끝없는 새로운 공급처를 추구하게 됩니다. 돈, 명예, 성공, 여자, 능력, 외모 등등은 그들의 자존감을 높여줄 원료(source)로 사용됩니다. 이들에게는 이 공급처가 마약 같은 존재로 자신 내면의 공허함을 채워 주는 역할을 하기에 이 공급처를 얻기 위한다면 수단과 방법을 마다하지 않고 도덕과 윤리도 무시하는 일과 행동을 취하게 됩니다. 이들에게 있는 강한 의존적인 성향 때문에 필요에 따라 타협을 하고 비겁해지기도 한다고 합니다. 마약에 중독된 아이가 마약을 사기 위하여 엄마의 지갑에서 돈을 훔치는 것같이 말입니다. 이들은 사이코패스처럼 악하지는 않습니다. 그러나 다른 사람들에게 무관심을 보이면서도 그들에게 자신의 필요를 얻기 위해 의존합니다. 이러한 정서적인 중독은 육체적인 중독보다 강하다고 합니다."[73]

73 위와 같음.

자존감의 도구

심한 비난과 배신, 실망을 통하여 그들의 자아상에 상처가 크게 생겼다면 자신이 소유한 뛰어난 어떠한 부분을 통하여 과장되고 왜곡된 자아상을 만들고 스스로를 위로하는 형태를 취하게 됩니다. 그들에게 있는 지능, 능력, 외모 등등은 그들의 큰 도구로 사용되어 자존감을 확인시켜 주는 공급처가 됩니다. 나르시스트는 대부분이 지능이 높은 경우가 있다고 합니다. 그들만의 이러한 정신세계를 만들고, 유지하기 위해서는 창의력, 자발성(initiative), 기술, 기동적, 교묘함 등등 여러 가지 조건이 필요하기 때문입니다. 아주 높은 지능을 소유한 나르시스트는 자신의 지적 성취를 도구로 사용하여 자존감을 드러내는 반면 자신의 외모에 좀 더 자신이 있다면 몸을 만들고 도구로 사용하여 성적 정복을 통하여 자신의 자존감을 확인받는 방식을 택한다고 합니다. 성적 정복을 도구 삼아 공급처를 얻고자 하는 이 후자의 나르시스트의 모형이 바로 결혼을 허무는 불륜의 원인됩니다.

성적 나르시시즘

심리학자들은 바람둥이와 나르시시즘이 연관되어 있다고 합니다. 그러나 나르시시즘이라는 인격장애를 가졌다고 다 불륜을 범하지는 않습니다. 불륜은 그중에 특히 성적 나르시시즘을 소유한 사람들에게 나타나는 취약한 부분이 된다고 합니다. 부부관계와 상관없이 성적 나르시시즘을 소유한 사람들은 외도할 가능성이 높다는 것입니다. 이들은 육체적인 성관계와 정서적인 결합을 연결시키지 않기에 감정적인 교류가 없어도 가능한 캐주얼 성관계를 추구한다고 합니다. 나르시시즘의 성격장애를 가진 사람들은 대화 능력 기술이 부족하고 스트레스를 대항하는 능력도 부족하니 이러한 방식으로 스트레스를 풀고 삶의 어려운 시기를 대처하는 방법으로도 성관계를 이용합니다.

저자 샘 배크닌은 나르시스트들을 소마틱(Somatic)과 세리버럴(Cerebral) 두 가지 종류로 구분합니다. Somatic은 몸이라는 뜻이고 Cerebral은 대뇌를 말합니다. 육체적인 매력을 사용하여 자신의 우수함을 과시하여 다른 이들로부터 찬미를 얻고자 하는 사람과 지능적인 능력을 이용하여 자신의 자존감을 부각시키는 나르시스트로 나눠집니다.

지능적인 능력을 소유한 세리브럴 나르시스트

세리브럴 나르시스트 중에는 중요한 임무를 책임지는 높은 지위와 권력을 소유한 자들이 많다고 합니다. 이들은 자아가 강하고 지능이 높으며 성취욕이 강하지만 그와 반면 성욕은 없다고 합니다. 성적 욕구에 별로 관심이 없을 뿐 아니라 이들 생각에는 성적 욕구를 그저 동물적 본능과 같은 행위라 취급하여 하찮게 여긴다고 합니다. 인간의 지능과 사고를 우수하게 여기기 때문에 자신들은 육체적 성적 욕구를 넘어선 진화된 인간이다 스스로 여깁니다. 그렇지만 어쩔 수 없는 육체적인 성적 필요를 채우기 위해서는 부부관계보다는 감정 없이 해결할 수 있는 자위 행위를 기계적으로 행하는 방법을 선호한다고 합니다. 이러한 사고방식을 소유한 남자와 결혼한 아내는 남편의 보이지 않는 성욕 때문에 속앓이를 할 수 있습니다. 일년에 겨우 한두 번 성관계를 시도하는 남편 때문에 자존심에 상처가 날 수 있습니다. 자신을 진정 사랑하는지 의심이 들기 때문입니다.

미국 사회에서 1998-2004년 사이에 큰 화제가 되며 방영하던 미국 드라마 〈섹스 앤 더 시티〉에 보면 샬롯(Charlotte)이라는 인물이 나옵니다. 이 여자와 결혼한 의사가 바로 이 세리버럴 나르시스트의 모습을 보입니다. 아주 성공적이고 능력이 있는 남자이지만 성욕에 문제가 있습니다. 샬롯은 굉장히 아름답고 사랑스러운 여자이기에 이 의사는 첫눈에 반하여 훌륭한 아냇감으로 보고 결혼까지 합니다. 그러나 신혼여행 때부터 시작하여 성관계가 이루어지지 않습니다. 그의 남성이 발기가 되지 않는 것입니다. 자신이 선택한 아내는 자신의 어머니같이 고귀하고 경건한 여자이기에 아내로서 만족스럽지만 성적 욕구가 생기지 않는 것입니다. 성욕은 더럽고 추한 것이라는 생각이 있기에 귀한 아내로부터 그런 욕구가 생기지 않아 갈등을 합니다. 그리고 아내인 샬롯이 자는 밤중에 화장실에서 남성 잡지를 보며 자위 행위를 행하다 깬 아내에게 들킵니다. 이러한 갈등이 문제의 원인이 되어 해결하지 못하고 결국 이 부부는 이혼을 하게 됩니다.

이렇게 잘못된 남자들의 심리적 상황을 심리학에서는 "마돈나-창녀 컴플렉스"(Madonna-prostitute complex)라고 말합니다. 자신들이 경험한 여러 가지 이유로 그들은 여성을 두 가지로 분류로 나누는데 순결한 성자가 아니면 매춘녀, 남자를 잡는 사냥꾼 아니면 남자에게 의지하는 기생충, 귀중한 창조물 아니면 성적 만족을 주는 정도의 노리개로 본다고 합니다. 일부 나르시스트는 여성 혐오적인 경향을 보인다고 합니다. 이러한 심리 때문에 나르시스트 대부분은 여성을 그저 쾌감을 주는 대상물 정도 표현하는 포르노의 중독이 된다고 합니다. 이들은 자신의 어머니와 같은 정숙한 아내와 결혼을 하지만 성적 감정은 아내에게 느끼지 못합니다. 도리어 아내의 성적인 모습에 거부 반응을 보이기까지도 한다고 합니다. 그리고 섹스는 매춘부 같은 다른 여성과 하게 되는 혼동스러운 정신세계를 소유하였다고 합니다. 이러한 정신 세계를 얻게 된 원인 중에 하나는 남자들이 어린 나이에 부모나 학교에서 정상적인 성교육을 받기보다는 성인용 잡지와 포르노 동영상을 통해 성적 경험을 얻는 과정에서 인간의 성을 수치스럽고, 죄책감을 느끼게 하는 행위라는 인식이 박힌 경우 왜곡된 시각이 생기게 된다는 것입니다. 매춘부를 혐오하면서도 그녀들에게 성적 흥분을 느끼는 것 때문에 갈등을 하는 것입니다.[74]

육체적인 매력을 소유한 소마틱 나르시스트

그러는 반면 소마틱 나르시스트는 자신의 외모와 성적 매력을 통하여 나르시스트의 공급처를 추구하게 됩니다. 저자 샘 바키닌은 이미 결혼을 한 이후에도 그들이 불륜을 저지르는 이유에 대한 설명을 크게 세 가지로 나눕니다.

1. 나르시스트 공급처

74 Adulterous, Unfaithful Narcissists: Why cheat and have Extramarital affairs?"
https://www.youtube.com/watch?v=QNxWewDtP70&list=PL9BC9C29E7F04ACAA&index=51

첫 번째로, 성적 나르시시즘을 소유한 이들은 마약을 찾는 것같이 성적 정복이 나르시스트에게 필요한 존재감을 확인시켜 줄 공급자가 된다 여깁니다.[75] 돈, 명예, 능력, 성공과 같은 목적의 도구로 자신에게 있다 믿는 성적 기술을 이용하여 자신의 존재감을 부각시키는 것입니다. 성적 정복은 자신의 결핍을 채워 줄 방도로 고안된 도구로 사용됩니다. 지적, 경제적 능력과 같은 방법으로 관심을 얻을 수 없다면 성적 정복을 의지하여 성적 관계를 맺을 때 상대방에게로부터 받는 찬미, 감탄, 숭배의 반응을 통하여 자기의 불안감을 잠시 잠깐 잠재우는 것이기도 합니다. 그러나 이 마약의 약발이 떨어진다면 또 하나의 희생양을 찾게 되고 자신에게 성적 반응을 보이는 사람에게 다가갑니다. 이러한 상태에 빠진 사람들을 바람둥이 또는 호색가라고 말합니다. 이들은 구애 기술을 하나의 예술로 표현하며 최고로 발달시킵니다. 매번 다른 파트너에게 자신의 성적 매력을 최고로 뽐내며 자신을 존경의 눈으로 바라보는 상대로부터 자신의 나르시시즘의 욕구를 충족시키는 공급처를 얻기 위해 불륜 또한 마다하지 않게 됩니다. 그리고 성적 착취를 하기까지 많은 투자를 합니다. 성관계는 즉시적인 효과를 얻게 하고, 파트너는 자주 바꿀 수 있고, 본능적이고, 모험적이고, 쾌락이 동반되기에 나르시스트에게는 필요한 모든 것이 포함된 가장 적당한 종류의 나르시스트 공급처가 됩니다. 삶의 위기가 오거나 어려운 상황이 온다면 이러한 성적인 활동이 더욱 활성화된다고 합니다. 이러한 정신 세계를 소유한 나르시스트들은 결혼한 후에도, 불륜을 부도덕하거나 배우자와의 언약을 위반한다 간주하지 않는다고 합니다. 불륜을 범한 후 그들은 불륜 상대가 아무 의미 없는 상대라 주장하며 단지 성적 도구였다는 핑계와 함께 배우자가 위협을 받을 상대가 아니라는 점을 강조한다고 합니다.

일부 나르시스트들은 처녀, 미혼녀, 넘기 힘든 상대 등등 "복잡한" 상황을 선호합니

---

75 "Adulterous, Unfaithful Narcissists: Why cheat and have Extramarital affairs?"
https://www.youtube.com/watch?v=QNxWewDtP70&list=PL9BC9C29E7F04ACAA&index=51
"Cope with Somatic Narcissist's infidelity" by Sam Vaknin
https://www.youtube.com/watch?v=IMDFkCNF-ws&list=PL9BC9C29E7F04ACAA&index=29

Quotes from Ph. D. Sam Vaknin an Israeli writer
Shmuel "Sam" Vaknin is an Israeli writer. He is the author of Malignant Self Love: Narcissism Revisited, was editor-in-chief of political news website Global Politician, and runs a private website about narcissistic personality disorder.

다. 목표가 어려울수록 성취감이 크기 때문입니다. 특히 매력적인 여성을 성적 정복함으로 자신의 자존감의 원료를 공급받으려 합니다. 그들은 여성을 정복하는 것을 좋아하는데 정복된 여성들은 자신의 자아를 확인시켜 주는 서비스 정도의 차원의 도구로 본다는 것입니다. 이러한 사람들은 자신이 얼마나 많은 사람들과 잠자리를 했다는 자랑을 하며 숫자에 연연합니다. 숫자가 많을수록 자신의 자존감이 높아진다는 착각을 하기 때문입니다. 그러나 깊이 생각한다면 이들은 한 사람과 친밀한 관계를 성립시킬 능력이 부족한 정서적 장애자로 볼 수 있습니다. 관계에서 오는 문제들을 해결할 수 있는 능력과 기술이 부족하여 도망하는 사람이기 때문입니다. 그들은 친밀감을 두려워하며 정서적인 접근을 회피하며 관계에 헌신하기를 원치 않고 그저 육체에 속한 기계적인 성관계를 합니다. 이들에게 불륜이야말로 친밀감을 피하고 덜 위협적인 관계에 의존하려는 시도에서 볼 때 훌륭한 피난처가 됩니다.

2. 못 견디는 평범함

두 번째 이유로 그들은 평범함을 못 견뎌 한다고 합니다. 이들의 생각에는 자신의 아내는 안식처이고 안정감을 주는 항구이기에 필요한 존재로 여기지만, 결혼은 속박이고 덫이라 여깁니다. 결혼, 일부일처제, 육아 및 양육은 보통 사람을 특징 짓는 일반적인 활동으로 보기에 결혼 후 이러한 상황에 처한다면 자신의 독창성을 강탈당한 사람처럼 존재감에 상처를 입게 된다고 합니다. 나르시스트는 일반적인 사람들보다 자신이 더 우월하고 중요하다 여깁니다. 그렇기에 아버지, 남편과 같은 역할은 너무 평범하다 여기기에 한 여자에게 헌신하여 결혼하고 산다는 것 자체가 그들에게는 견디기 힘든 상황이 됩니다. 결혼 후 존재감의 흠집을 해결하는 방법으로 불륜을 통하여 자신이 우수하고 특별함을 재확인받고자 한다고 합니다. 나르시스트는 모든 것을 통제하려는 성향이 있습니다. 결혼은 타협을 요구하고 자신이 절대적으로 통제를 할 수 없는 관계이기에 불륜을 통하여 자신이 통제할 수 있는 새로운 관계를 만들어 우월감을 회복하고자 한다는 것입니다. 그들에게 타협은 통제함을 상실한다 여기기 때문입니다. 그들은 특별함, 우수함과 특정 권리가 있다고 믿기에 자신이 법 위에 있고 사회적으로나 도덕적으로 용납되지 않는 행동도 서슴지 않고 합니다. 도리어 배우자가 요구하는 제안과 조건을 격렬히 원망하고 사회적인 요구에 수긍하지 않고 자신들의 충동과 욕망에 따라 행동합니다.[76]

3. 따분함의 문제

나르시스트는 또한 따분함을 견디는 능력이 심히 부족하여 쉽게 지루함을 느낀다고 합니다. 이로 인하여 불륜으로 얻는 성적 다양함과 관계를 통하여 짜증스럽고 흥분이 부족함으로 오는 불만족스러움을 해결하려는 경향이 보인다고 합니다.[77] 어떤 이는 꾸준히 한 직장을 다니면서 올 수 있는 따분함을 불륜을 통하여 해결하려는 것입니다.[78]

중복된 모습

이들의 모습이 소마틱과 세리브럴한 나르시스트들로 정확히 나누어지는 것은 아닙니다. 때와 시기에 따라 다른 성향이 서로 겹치기도 한다고 합니다. 소마틱 나르시스트가 세리브럴한 성향을 나타내고 세리브럴이 소마틱한 나르시스트의 모습을 드러내기도 한다는 것입니다. 이로 인하여 나르시스트들은 이 성향을 모두 갖고 있지만 어느 한 쪽에 통제를 받고 살다가 특별한 계기를 통하여 잠재되었던 부분이 튀어나오는 것입니다.

예를 들자면, 저자 샘 배크닌은 세리브럴 나르시스트였습니다. 그는 높은 지능과 능력의 소유자로서 수많은 학력과 재력도 겸비하였던 사람이었습니다. 그는 자신의 삶에 대한 이야기를 이렇게 합니다.

76 위와 같음.

77 위와 같음.

78 위와 같음.

"저는 세리브럴(뇌성 자기애자) 나르시스트입니다. 나는 내 두뇌력을 과시하고, 지적 성과를 내며, 내 마음과 제품에 대한 관심을 쏟았습니다. 나는 내 몸을 싫어하고 소홀히 합니다. 나에게 몸은 성가시고, 부담되고, 위임된 부록이고, 불편하며, 형벌입니다. 내가 거의 성관계를 갖지 않는다는 것은 말할 필요도 없습니다. 나는 수족관의 물을 바꾸듯이 매우 기계적으로 정기적으로 자위합니다. 나는 여자들을 멀리합니다. 그들은 나와 내가 가진 것들은 소비하려는 무자비한 표식자들로 보이기 때문입니다. 나는 여러 번 중요한 삶의 위기를 겪었습니다. 나는 이혼당했고, 수십억을 잃었고, 세계에서 가장 최악의 감옥에서 시간을 보냈으며, 정치 난민으로 도망 다녔으며, 강력한 사람들과 집단에 의해 위협을 받고 괴롭힘을 당했습니다. 나는 평가절하하고 배신당하고 부인당하고 모욕당했습니다.

삶의 위기가 올 때마다 내 안에 잠재해 있던 소마틱(Somatic) 나르시스트 성향들이 나를 통재했습니다. 나는 여자를 밝히는 음탕한 색마로 변하였습니다. 이런 일이 발생했을 때 나는 수없이 많은 중독성 있는 성관계를 하였고 한 번에 여러 명과 관계를 동시에 가졌습니다. 나는 그룹 섹스와 집단 난교에 참여하였고 주도했습니다. 나는 운동을 하고 체중을 줄였으며 거부하기 어렵게 아주 매력적인 몸매를 만들었습니다.

그러나 이 억제되지 않은 원시적인 정욕의 폭발은 몇 달 만에 풀이 죽었고 나는 다시 대뇌 방식으로 정착했습니다. 더 이상 섹스도 없고 여자도 없고 몸도 없습니다. 이러한 성격의 반전은 나의 애인들을 놀라게 했습니다. 저의 여자 친구들과 배우자는 이러한 변화를 받아들이기 힘들어했습니다. 사교적이고, 잘생기고, 근육이 있고, 강한 성적 욕구가 있던 사람에게 반하였지만, 책 벌레 같은 은둔자가 되고 성욕이 전혀 없고 다른 육체적인 즐거움을 추구하지 않는 변한 나에게 적응하지 못했습니다. 나는 소마틱한 나르시스트의 성향이 그립습니다. 소마틱한 부분과 세리브럴한 성향들이 잘 합쳐져 균형이 생겼으면 좋겠습니다. 그러나 그럴 수 없다는 것을 압니다. 이 성적 짐승은 세리브럴한 샘 바크닌의 지적 케이지(intellectual cage)에 영원히 갇히게 될 것입니다."[79]

이 사람의 고백은 완전 지킬 박사와 하이드 씨의 이중인격의 모습을 표현하고 있습니다.

혹 바람둥이로 불리는 남자들을 볼 때 우리는 도대체 어떤 능력이 있을까 궁금해합니다. 수많은 여성을 매혹하기 위해 발달시킨 외모, 매너, 언어, 눈짓, 태도, 정력 등을 볼 때 매력적이다 볼 수 있습니다. 그러나 다시 생각하고 바람둥이의 실체를 깊이 살피면 그들은 아주 연약한 정체성을 소유한 남자(혹은 여자)들이라 볼 수 있습니다. 이들에게는 겉으로 보이지 않는 아픈 상처와 결핍이 있을 수 있다는 것입니다. 도덕적인 기준, 양심의 소리, 사회적인 비판, 심판에 대한 두려움 등등을 무시하면서까지 성적 정복을 추구했던 한 시대의 카사노바로 불린 바람둥이 돈환과 같은 남자들의 심리에 대하여 심리학자들은 자신의 남성을 여러 여성과의 관계를 통하여 재확인을 받아야 하는 자존감의 문제가 있는 남자들이라 말합니다.

마음의 벽

나르시시즘 성격장애를 가진 사람은 부부간의 친밀감을 두려워합니다. 사람들이 자신과 가까워지려는 노력을 할 때 부담스럽고 거리감을 둡니다. 상처, 배제받을 수 있다는 가능성을 항상 염려에 두기에 불안한 마음이 피하라는 위험 신호를 보냅니다. 나르시스트들은 겁쟁이라고 합니다. 학대를 받으며 생긴 마음의 상처 때문에 어린 나이에

79 "Cope with Somatic Narcissist's Infidelity" by Sam Vaknin https://www.youtube.com/watch?v=IMDFkCNF-ws&list=PL9BC9C29E7F04ACAA&index=2
(https://www.healthyplace.com/personality-disorders/malignant-self-love/dr-jackal-and-mr-hide-somatic-vs-cerebral-narcissists)--for below quote

마음의 문을 닫게 됩니다. 어려서 받은 고통의 기억이 크게 확대가 계속적으로 된다면 친밀감을 피하는 상황이 익숙해집니다. 샘 배크닌은 그들의 정신세계를 말할 때 어떤 한순간 얼어 버린 진짜의 아이는 외딴곳에 갇혀 왕따당하고 자라지 못하게 된다 표현합니다.[80] 고통과 아픔을 느낄 수 있는 진짜의 자아를 꾹꾹 마음속에 가두어 놓았기에 작아진 자아 주위에는 공허함과 비난의 말들이 메아리처럼 쉴 새 없이 그들 생각 속에 맴돈다고 합니다. 대부분의 나르시스트의 진짜 자아가 대략 다섯에서 여섯 살에 이미 없어졌기에 정서적인 나이 또한 그 시기에 멈추게 된다고 합니다. 혹 어떤 여인들이 말하기를 "남자는 다섯 된 어린 사내 아이처럼 조심스럽게 대하여 칭찬을 자주 해 주어야 한다."고 합니다. 이러한 속담이 생긴 이유가 아마도 이러한 정신적인 상태인 남자들을 대하면서 오는 갈등을 해결하기 위한 대처법이 아니었을까 생각도 해 봅니다. 나르시스트가 어른이 된 후에도 무의식적으로 과거 고통의 기억에 계속적으로 통제받고 있다면 친밀감을 피하는 행동은 자신도 모르게 하게 됩니다. 이러한 상황이 계속된다면 안타깝게도 그들의 마음은 진정한 기쁨과 환희도 경험하지 못하게 됩니다. 나르시스트들은 심한 우울증을 겪는다고 합니다. 마음의 문을 닫으니 감정을 느끼지 못하여 아픔을 느끼지 않아도 되지만 자신이 느끼지 못하는 감정 때문에 다른 이들을 이해하는 공감 능력도 발달이 되지 못하게 됩니다.[81]

성적 나르시시즘의 인격장애자로 인하여 습관성 외도를 하는 배우자는 근본적인 마음의 치유가 필요합니다. 사람의 마음은 고통과 아픔을 경험하며 성장하고 성숙하는 과정을 지나지만 마음의 문이 닫혀 있는 상태로 어떠한 작고 큰 고통을 느끼기를 거부하고 밀어내는 습관이 생겼다면 마음에 보호막 같은 두꺼운 벽이 생깁니다. 이러한 상태에서는 배우자뿐 아니라 하나님께서도 그들의 마음의 문을 강제로 열고 들어가실 수가 없습니다. 그들이 스스로 문을 열지 않는 한 배우자뿐 아니라 하나님과의 친밀한 관계도 경험하지 못하게 됩니다. 아무리 좋은 생명의 씨를 뿌려도 마음으로 받아들일 능력

80 "Adulterous, Unfaithful Narcissists: Why cheat and have Extramarital affairs?"
https://www.youtube.com/watch?v=QNxWewDtP70&list=PL9BC9C29E7F04ACAA&index=51
81 위와 같음.

이 없다면 심령의 변화를 받지 못하기 때문입니다. 성경에서는 이러한 상태의 마음을 길가에 있는 밭이라 비유하십니다. 그렇기에 심리학적인 관점에서는 이들의 왜곡된 사고방식을 고치기 위한 치유가 불가능하거나 아주 힘들다고 합니다. 이러한 성품은 한 부분 나타나는 왜곡된 생각을 넘어 반복된 사고방식과 습관성 성향으로 인하여 한 사람의 인격으로 굳건히 자리를 잡은 경우가 많기 때문입니다. 땅이 굳으면 쟁기질을 하여 갈아엎어야 하듯 굳은 사람의 마음 또한 쟁기질이 필요합니다. 보통 사람들과는 달리 나르시스트들이 변화받기 위해서는 강력한 계기가 필요합니다. 예레미야 4장 3-4절에 보면 마음이 죄악으로 굳어진 상태에 있는 사람들에게 이런 말씀을 하십니다.

> "너희 **묵은 땅을 갈고**, 가시덤불에 파종하지 말라. 유다인과 예루살렘 주민들아, 너희는 스스로 할례를 행하여 너희 **마음 가죽을 베고** 나 여호와께 속하라."

과거 상처와 원망으로 굳어진 마음도 큰 계기를 통하여 묵은 땅이 옥토가 되듯 변할 수 있습니다. 암적인 존재를 없애는 방법이 몸의 가죽을 베는 고통이 수반된 수술밖에 없듯이 어떠한 계기는 그들에게 삶의 방향을 바꿀 수 있는 기회를 주게 됩니다. 안타까운 것은 이러한 계기는 고통과 어려움이 함께 올 수 있습니다. 《악성 나르시스트》를 쓴 저자 샘 배크닌은 자신이 다섯 살부터 십 몇 년 동안 심한 육체적 폭력과 언어적 학대를 받았다고 고백합니다. 그에게 그러한 트라우마가 있었다는 사실이 우리의 마음을 뭉클하게 합니다. 그리고 그의 삶에 세 번의 큰 위기를 경험합니다. 두 번째 위기를 접할 때 그는 아내에게 이혼을 당합니다. 세 번째에는 감옥을 가게 됩니다. 그때야 그는 감옥에 간 후에 자신을 돌아보게 됩니다. 두 번째와 세 번째 위기에 접했을 때 법정에서 요구한 성격 조사를 통하여 자신의 근본 문제가 나르시스트라는 성향 때문에 삶의 위기들이 생긴다는 점을 심리학 조사를 통하여 발견하게 됩니다. 그리고 그는 자신의 삶을 돌아보면서 모든 것의 장애물이 된 자신의 문제점을 자세히 살피게 됩니다. 그러는 과정에서 그는 《악성 나르시스트》라는 책을 쓰게 되었고 지금은 나르시스트에 대한 심리학적 부분에서 인정을 받는 사람이 되었습니다.

치유의 사역을 하시는 데니스 클락(Dennis Clark) 목사/박사님은 사람의 마음에 어떻게 쓴 뿌리가 생기는가에 대하여 이렇게 설명합니다.

> "독한 감정이 마음에 심어지면 쓴 뿌리가 형성됩니다. 불쾌한 상황에 처했을 때 우리가 만약 악에 속한 반응을 나타낸다면 독한 감정이 생깁니다. 이것들은 우리가 하나님, 우리 자신 또는 다른 사람들에 대한 판단(judgment)을 하는 것에서 비롯됩니다. 이러한 독한 감정들은 영적인 법칙에 따라 악순환을 만들어 내는 원인이 됩니다. 어린 시절에 뿌리가 형성되어 성인이 된 후 생각에서 잊힐 수 있습니다. 그것들은 종종 숨겨져 있지만 감정, 생각, 행동에 표현되는 열매가 나타난다는 증거를 통하여 존재한다는 것을 알 수 있습니다. 시간이 지나며 내려진 판단은 자체의 생명력을 갖고 자라 뿌리를 내리게 됩니다. 쓴 뿌리는 우리의 지각(perception)을 왜곡하고 우리의 행동에 영향을 끼치고 문제를 일으키는 악순환의 원인이 됩니다. 용서함으로 악순환을 끝낼 수 있습니다."[82]

우리 마음속에 존재하는 쓴 뿌리의 실체를 인식하는 방법은 우리가 원치 않지만 매번 똑같은 반응과 상황에 빠진다면 의심을 해 볼 수 있습니다. 다른 부분들은 다 잘하고 있는데 어떠한 한 부분에서 매번 가벼운 자극에도 과민반응을 보인다면 독한 감정의 뿌리가 있다는 증거가 되기도 합니다. 하나님의 은혜를 통하여 과거 자신에게 상처와 아픔을 준 자들을 용서할 때 치유가 시작되고 이러한 악의 씨들을 마음에서 뿌리째 뽑을 수 있다고 하십니다.

---

82 "Got Roots?" By Dr. Dennis Clark From Full Status Ministries.
https://www.youtube.com/watch?v=mGMk94BpBsg

인정

용서함과 더불어 자신에게 문제가 있음을 인정해야 합니다. 이미 왜곡된 생각과 자아가 형성이 되었기에 자기 반성 능력이 요구됩니다. 자기 반성은 자신의 속을 들여다보아야 하는데 그곳에는 너무도 큰 아픔이 있기에 보기를 꺼려 하는 생각에 상처가 건드려지는 상황이 된다면 그냥 넘어가려 할 수 있습니다. 그러나 상처가 치유되고 변화받기 원한다면 마음에 아픈 부분이 있다는 것을 인정해야 합니다. 근본적인 문제와 뿌리가 해결되어야 마음이 닫히고 굳어지는 현상을 막을 수 있습니다. 마음이 닫히고 굳어지는 것을 막지 못한다면 죄의 대한 감각이 무뎌짐 또한 막지 못합니다. 죄에 무디어진다면 방탕한 삶에 대한 유혹에 쉽게 빠지게 됩니다. 악습관은 그들의 결핍을 채우고자 하는 갈증이 만들어 낸 대용물이기에 근본적인 결핍을 채우지 않는다면 바람기 같은 열매는 때가 되면 또 맺게 됩니다. 건강하고 경건한 방식으로 갈증을 만족시키는 새로운 습관을 습득해야 바람기를 잠재우는 능력을 얻게 됩니다. 그러나 먼저 본인 스스로가 변화와 치유받기를 간절이 원해야 하고 자신들의 잘못을 깨달아야 치유의 시작이 됩니다. 자신의 죄악성과 문제를 인정하고 하나님께 회개하고 주의 도우심을 얻고자 한다면 은혜의 하나님께서는 모든 죄를 용서하시고 영혼 구원뿐 아니라, 모든 것을 회복해 주십니다.

놀라운 용서를 받은 므낫세의 이야기

우리는 사람이 죄에 대한 용서를 받는 한계가 어디까지 인가를 궁금해합니다. 아주 사악하고 악한 자가 하나님의 용서를 받고 새로운 삶을 살 수 있을까 궁금해합니다. 하나님께서는 악한 자의 죄를 어디까지 용서하시고 은혜를 베푸실까 알기 원합니다. 이에 대한 궁금증을 풀어 주십니다. 구약성경에 보면 하나님의 엄청난 은혜를 경험한 왕이 있습니다. 이 왕의 이야기를 통하여 우리에게 놀라운 교훈을 주십니다. 이 교훈을 통하여 나르시스트도 변화를 받을 수 있고 새로운 삶을 살 수 있다는 소망을 줍니다. 구약성경 열왕기하에 보면 므낫세라는 왕의 이야기가 나옵니다.

"므낫세가 위에 나아갈 때에 나이 십 이세라. 예루살렘에서 오십오년을 치리하니라. 그 모친의 이름은 헵시바더라. 므낫세가 여호와 보시기에 악을 행하여 여호와께서 이스라엘 자손 앞에서 쫓아내신 이방 사람의 가증한 일을 본받아서 그 부친 히스기야의 헐어버린 산당을 다시 세우며 이스라엘 왕 아합의 소위를 본받아 바알을 위하여 단을 쌓으며 아세라 목상을 만들며 하늘의 일월성신을 숭배하며 섬기며, 여호와께서 전에 이르시기를 내가 내 이름을 예루살렘에 두리라 하신 여호와의 전의 단들을 쌓고 또 여호와의 전 두 마당에 하늘의 일월성신을 위하여 단들을 쌓고 또 그 아들을 불 가운데로 지나게 하며 점치며 사술을 행하며 신접한 자와 박수를 신임하여 여호와 보시기에 악을 많이 행하여 그 진노를 격발하였으며 또 자기가 만든 아로 새긴 아세라 목상을 전에 세웠더라." (열왕기하 21:1-7)

므낫세는 아주 드라마틱한 삶을 산 왕입니다. 므낫세의 아버지 히스기야 왕은 병을 앓고 있었고 그의 생이 다했다는 선지자의 말을 듣고 그는 하나님께 간절히 자신의 병이 낫기를 기도합니다(열하 20:1-11). 히스기야 왕의 기도를 통하여 하나님께서는 그의 병을 고치시고 그의 생명이 15년 연장되도록 은혜를 베푸시는데 그 연장된 시기에 태어난 아들이 바로 므낫세입니다. 므낫세가 12살에 왕이 되었다는 기록을 통하여 아마도 히스기 왕의 병이 치유받고 목숨이 연장된 3년 정도 후에 태어난 것으로 짐작이 됩니다. 므낫세는 경건한 아버지였던 히스기 왕으로부터 의의 길을 배울 수 있는 기회가 있었습니다. 안타깝게도 그는 자신의 아버지 히스기야 왕이 행한 의의 길보다는 할아버지였던 아하스 왕(역대하 28장)의 악의 길을 택하고 이스라엘 왕 중에 가장 악했던 왕으로 기록됩니다. 아버지가 경건했다고 자녀들 또한 자동적으로 경건한 삶을 사는 것이 아니기에 우리 자녀들에게 하나님의 말씀을 통한 철저한 신앙교육이 필요함을 교훈하십니다. 그는 수많은 우상을 숭배하고, 바알 신을 위하여 단을 쌓고 자신의 자녀들까지도 희생하며 우상에게 바칩니다. 그는 악과 선에 대한 경계선이 아주 낮고 정확하지 않았습니다. 자신의 육신의 정욕대로 행하는 위험한 왕이었습니다. 자신 아버지 히스기야 왕의 선한 행적을 없애고 자신이 다스리던 온 백성까지 죄악에 빠지게 하여 하나님의 진노를 자극합니다. 하나님께서는 선지자들을 보내사 그에게 경고를 하십니다. 그러나 그는 듣지 않고 계속 거부합니다. 이 당시 이사야 선지자가 그의 악행에 대하여 경고를 하자 므낫세가 이사야 선지자를 톱으로 썰어서 두 동강 내어서 죽였다고 하는 이야기도 있습니다. 므낫세 왕은 경고를 듣기를 거부했고 드디어 그는 하나님의 징계로 인하여 바벨론 노예로 끌려갑니다. 성경에 보면 그가 어떠한 모습으로 바빌론으로 가게 되는지에 대한 설명이 나옵니다.

> "여호와께서 므낫세와 그의 백성에게 이르셨으나 그들이 듣지 아니하므로, 여호와께서 앗수르 왕의 군대 지휘관들이 와서 치게 하시매 그들이 므낫세를 사로잡고 쇠사슬로 결박하여 바벨론으로 끌고 간지라." (역대하 33:10-11)

영어 성경(NIV, NLT, ESV, Berean Study Bible, CEV, GNT, Holman Christian standard Bible, 등등)은 11절을 이렇게 번역합니다.

> "So the LORD brought against the army commanders of the king of Assyria, who took Manasseh prisoner, **put a hook in his nose, bound him with bronze shackles** and took to Babylon."

"put a hook in his nose, bound him with bronze shackles…"를 번역하면 "그의 코에 고리를 걸고 쇠사슬로 결박하여" 바벨론으로 끌려갔다는 것입니다. 구약시대의 바벨론은 우상 숭배의 결정체로서 최악의 환경을 의미하며 바벨론으로 끌려갔다 함은 그가 섬기던 우상들에게 철저히 중독되어 코가 꿰어 헤어나오지 못하듯이 죄의 노예로 완전히 전락된 상태를 말합니다. 돈, 명예, 물질, 마약, 성적 중독, 관계 중독, 자기애 중독 등등 므낫세의 이야기를 통하여 악한 습관에 통제받고 악에 꼼짝 못 하고 속박된 사람의 모형을 보여 주십니다. 그가 수많은 우상들을 섬겼다 함은 그에게 선과 악을 구분하는 정확한 경계선이 없거나 타협의 폭이 넓었다는 것을 말합니다. 자신에게 필요하다 생각되는 모든 것들은 악이라도 용납하는 사고방식을 소유한 결과 악의 종이 된 안타까운 삶을 의미합니다. 그는 지도자로서 다른 이들에게 큰 영향력을 끼치는 위치에 있었지만, 안타깝게 자신에게 주어진 축복들을 악 이용하여 다른 이들까지 죄악에 빠지게 하고 맙니다. 그가 한 잘못된 선택들과 타협으로 미친 악영향은 온 나라를 죄악으로 물들게 하고 왕의 업적으로 남게 됩니다.

그러나 그의 이야기에는 반전이 있습니다. 그가 최악의 상태에 빠져 감옥에 있을 때 그는 진정한 마음으로 자신의 잘못을 깨닫고 하나님께 간절하고 진정한 회개의 기도를 합니다. 그의 기도를 통하여 하나님께서는 그를 용서하시고 그의 모든 것을 회복시켜 주십니다. 역대하 33장에 나오는 이 구절은 하나님이 어떠하신 분인가를 우리에게 나타내 주십니다. 과연 하나님의 자비와 용서는 어디까지일까 하는 질문에 정확한 답을 주십니다.

> "그(므낫세)가 환난을 당하여 그의 하나님 여호와께 간구하고 그의 조상들의 하나님 앞에 크게 겸손하여 기도하였음으로 하나님이 그의 기도를 받으시며 그의 간구를 들으시사 그가 예루살렘에 돌아와서 다시 왕위에 앉게 하시매, 므낫세가 그제서야 여호와께서 하나님이신 줄을 알았더라." (역대하 33:12-13)

자비가 풍성한 하나님은 므낫세를 용서하셨을 뿐만 아니라 자신의 궁으로 돌아와서 왕으로서의 역할을 재개하도록 허락하셨습니다. 돌아온 후 므낫세는 진정한 변화를 추구합니다. 다음 구절에 보면 자세한 내용이 나옵니다.

> "그 후에 다윗 성 밖 기혼 서쪽 골짜기 안에 **외성을 쌓되 어문 어귀까지 이르러** 오벨을 둘러 **매우 높이 쌓고** 또 유다 모든 견고한 성읍에 군대 지휘관을 두며 **이방 신들과 여호와의 전의 우상을 제거하며** 여호와의 전을 건축한 산

에와 예루살렘에 쌓은 **모든 제단들을 다 성 밖에 던지고** 여호와의 제단을 보수하고 화목제와 감사제를 그 제단 위에 드리고 유다를 명령하여 이스라엘 하나님 여호와를 섬기라 하매." (역대하 33:14-16)

먼저 14절에 보면, "외성을 쌓되 어문 어귀까지 이르러… 매우 높이 쌓고"라는 표현이 있습니다. 그는 경건함과 의로운 삶에 대한 경계선이 낮은 자였기에 죄와 쉽게 타협하고 악행을 저질렀던 사람이었습니다. 하나님의 계명, 원칙, 법과 말씀을 순종함으로 생기는 보호벽이 낮았기에 사탄의 역사가 쉽게 침투할 수 있는 취약한 상태에 있었지만, 포로 생활에서 돌아온 후 가장 먼저 벽 쌓기에 집중합니다. "매우 높이 쌓아" 더 이상 타협의 기회가 생기지 않도록 경건에 속한 보호막을 과거 자신의 생각이 주장하는 기준이 아닌 하나님의 수준에 맞게 쌓게 됩니다. 그리고 자신이 의지하던 우상과 세상 사람들이 섬기는 신들을 없애며 번제를 드리던 제단들을 성(마음) 밖으로 던집니다.

므낫세의 삶을 통하여 하나님은 은혜와 자비가 풍성하신 분이심을 보여 주십니다. 아무리 악했어도 회개하고 진심으로 용서를 갈망하는 자에게 놀라운 사랑을 베푸십니다. 사도 요한은 요한일서 1장 9절에 "만일 우리가 우리의 죄를 자백하면 그는 미쁘시고 의로우사 우리 죄를 사하시며 우리를 모든 불의에서 깨끗하게 하실 것이요."라고 하며 용서의 능력에 대하여 말합니다. 므낫세 왕이 저지른 잔학 행위까지 기꺼이 용서해 주시는 하나님의 은혜를 볼 때 이 세상에서 용서받지 못할 사람은 없습니다. 자신의 죄로 인하여 정죄함에 억눌리고 슬퍼하는 사람들에게 므낫세의 변화는 소망과 권면을 얻게 합니다. 주의 도움을 청한다면 악의 종이 되었던 마음을 씻기시고 의의 열매 맺는 마음으로 변화시켜 주실 것입니다.

진정한 치유제

사람의 방법과 지혜를 통하여 상처받은 마음을 치유하는 데에는 한계가 있습니다. 그러나 하나님의 말씀을 보면 치유가 가능하다 하십니다. 디도서 3장 3-7절에 보면 심각한 죄악에 빠진 사람도 하나님의 능력으로 변할 수 있다는 소망의 말씀을 하십니다.

> "우리도 전에는 어리석은 자요, 순종하지 아니한 자요, 속은 자요, 여러 가지 정욕과 행락에 종 노릇 한 자요, 악독과 투기를 일삼은 자요, 가증스러운 자요, 피차 미워한 자였으나, 우리 구주 하나님의 자비와 사람 사랑하심이 나타날 때에 우리를 구원하시되, 우리가 행한 바 의로운 행위로 말미암지 아니하고 오직 그의 긍휼하심을 따라 중생의 씻음과 성령의 새롭게 하심으로 하셨나니 우리 구주 예수 그리스도로 말미암아 우리에게 그 성령을 풍성히 부어주사 우리로 그의 은혜를 힘입어 의롭다 하심을 얻어 영생의 소망을 따라 상속자가 되게 하여 하심이라."

그리스도를 통한 영혼의 구원을 받고, 중생의 씻음, 성령의 새롭게 하심, 성령의 충만함, 의롭다 칭하심을 받음, 영생의 소망을 얻고, 수많은 유업을 받을 상속자가 되는 과정을 거친다면 가능하다 하십니다. 하루아침에 변하지 못하지만 꾸준히 영적인 삶을 추구하고 하나님과의 관계를 우선시하는 훈련을 한다면 놀라운 결과가 올 것입니다. 디도서 2장 11-12절에 또한 말씀하십니다. "모든 사람에게 구원을 주시는 하나님의 은혜가 나타나 우리를 양육하시되 경건하지 않은 것과 이 세상 정욕을 다 버리고 신중함과 의로움으로 이 세상에 살고" 이 구절에서 "양육하시고"를 영어 성경에서는 깨닫게 하심, 가르치심 또는 훈련하심으로 번역하기도 합니다.[83]

성령께서 직접 우리를 가르치시고 훈련하사 죄의 유혹이 올 때 '안 돼'라고 거부할 수 있는 능력을 키우도록 도우신다는 약속입니다. 전능하신 하나님께는 불가능한 것이 없으시기 때문에 죄에 물들어 철저히 타락한 어떤 사람이라도 회복시키시고 변화시키는 사역을 하십니다. 시편 139편 23절에 보면 "하나님이여, 나를 살피사 내 마음을 아시며

---

83 "it teaches(깨닫게 하심) us to say "No" to ungodliness and worldly passions" (NIV)
"instructing(가르치심) us to deny ungodliness and worldly desires" (NASB)
"Training(훈련) us to renounce ungodliness and worldly passions" (ESV)

나를 시험하사 내 뜻을 아옵소서. 내게 무슨 악한 행위가 있나 보시고 나를 영원한 길로 인도하소서."라고 다윗은 고백합니다. 하나님께서는 우리 스스로 파악하지 못하는 마음의 깊은 상처를 아시며 살피실 수 있는 오직 한 분이시기도 합니다. 시편 19편 12절에 또 보면 "자기 허물을 능히 깨닫을 자 누구리요? 나를 숨은 허물에서 벗어나게 하소서." 라는 기도를 통하여 죄를 깨닫고 자신의 잘못을 인식할 수 있는 능력조차도 하나님의 도우심이 필요하다는 진리를 우리에게 말해 줍니다.

성령의 사역과 트라우마

나르시스트들은 자신들이 소유한 사고방식과 정신이 정상의 범위를 넘었지만 그것을 알지 못합니다. 대부분 사람들은 이런 사람들을 볼 때 이해가 가지 않고 경악을 하기도 합니다. 어떻게 저런 생각과 행동을 할 수 있는지 의아해하며 정죄하거나 혀를 찹니다. 그러나 이러한 정신 세계를 가진 사람들을 볼 때, 도리어 정신적 핸디캡을 가진 사람들로서 아픈 상처와 깊은 치유가 필요한 사람들임을 기억해야 합니다. 심한 트라우마를 겪은 자들이기 때문입니다.

《상처 난 영혼의 치유》라는 책의 저자이며 내면의 치유 사역을 하시는 데일 엠. 사이즈(Dale M. Sides)는 인간의 영혼에 있는 트라우마와 인격장애를 치유하시는 성령의 사역에 대하여 이렇게 말합니다.

> "무의식적인 행동은 바로 오래된 습관이나 기억들의 근본적인 영향으로부터 나옵니다. 어떤 사람이 특정한 생각 방식을 오랫동안 지속하여 왔다면 더 이상 생각하지 않아도 자동적으로 같은 행동이 나옵니다. 이것은 성격 기능 장애를 다룰 때 이해해야 할 주요 사항입니다. 이 특정한 방식이 너무 익숙하여 더 이상 왜 그렇게 하는지를 잊게 됩니다. 그들이 생각하는 방식은 초기 트라우마(외상)나 기억과 관련이 있습니다."[84]
>
> "우리는 과거에 구속되어 우리를 괴롭힌 기억의 노예가 될 수 있습니다. 이

84 Mending cracks in the soul(The role of the Holy Spirit in healing wounds of the past) by Dale M. Sides, p. 39.

> 세상은 진정제, 대처 메커니즘 및 최면의 형태로 치유하는 방법을 제공합니다. '과거를 뒤로하자'는 말을 쉽게 하지만 과거가 의식적으로 또는 무의식적으로도 계속 살아난다면 과거는 실제로 과거가 되지 않았습니다. 하나님은 과거에 대한 아픈 기억들을 치유하기 원하십니다. 우리 안에 계시는 성령께서는 우리의 기억을 치유하고 깨어진 영혼을 고칠 수 있는 능력을 소유하셨고 또 치유하시기 원한다는 사실을 알기 원하십니다."[85]

요한복음 14장 26-27절에 보면 인간의 기억을 도우시는 성령의 역사에 대한 말씀이 있습니다.

> "보혜사 곧 아버지께서 내 이름으로 보내실 성령 그가 너희에게 모든 것을 가르치고 내가 너희에게 말한 모든 것을 **생각나게**(remembrance) 하니라."

이 구절을 통하여 성령의 사역은 인간 스스로도 기억하지 못하는 과거의 사건들과 트라우마들을 끄집어내사 상처난 마음을 치유하시는 능력을 나타내십니다. 누가복음 4장 18절에 보면, 메시야로 오신 예수 그리스도의 사역에 대한 말씀이 나옵니다.

> "주의 성령이 내게 임하셨으니, 이는 가난한 자에게 복음을 전하게 하시려고 내게 부으시고, 나를 보내사 **포로 된 자에게 자유를**, 눈 먼 자에게 다시 보게 함을 전파하며 눌린 자를 자유롭게 하고."

이 구절을 킹 제임스 버전으로 보면, **"포로 된 자에게 자유를"**가 **"to heal the brokenhearted(상처 입은 마음을 치유하고)"**라고 번역이 되어 있습니다. 구약 이사야 61장 1절에도 메시야가 오시면 보여 주실 사역이 무엇인지를 예언하는 구절이 나옵니다.

---

85 "Mending Cracks in the Soul" p. 7-9, The Role of the Holy Spirit in the healing wounds of the past-by Dale M. Sides: Wagner Publication 2002.

> "주 여호와의 영이 내게 내리셨으니, 이는 여호와께서 내게 기름을 부으사 가난한 자에게 아름다운 소식을 전하게 하려 하심이라. 나를 보내사 **마음이 상한 자를 고치며** 포로된 자에게 자유를, 갇힌 자에게 놓임을 선포하며, 여호와의 은혜의 해와 우리 하나님의 보복의 날을 선포하여 모든 슬픈 자를 위로하되."

이 구절을 보면 "마음이 상한 자를 고치며"라고 쓰여 있는 말씀을 통하여 인간의 깨어진 심령을 치유하심이 하나님의 중요한 우선순위가 됨을 알 수 있습니다.

> "괴롭히는 과거 기억에 대한 세상적인 해결 방식은 진정제를 먹거나, 여러 가지 대처방식을 의지하거나, 그룹 치유를 사용합니다. 이것들은 세상이 제공하는 해결책이지만 성령의 사역은 어떤 누구도, 어떤 것도 침투할 수 없는 깊은 부분까지도 헤아릴 수 있는 분이십니다. 아무리 깊은 마음과 생각 속에 숨어 있는 상처의 근본 뿌리까지도 해결하실 수 있습니다. 성령께서는 인간의 마음속으로 들어가서 하나님이 원하시는 것을 찾으십니다. '마음을 살피시는 이가 성령의 생각을 아시나니'(롬 8:27) '오직 하나님이 성령으로 이것을 우리에게 보이셨으니 성령은 모든 것 곧 하나님의 깊은 것까지도 통달하시느니라.'(고전 2:10) 이 구절들을 통하여 성령께서는 우리의 마음과 생각을 통찰하시고 우리의 상처받은 부분을 치유하시고 돕기 위하여 하나님께서 보내셨다 말씀하십니다."[86]

이러한 인격장애를 가진 자들은 오직 하나님의 능력과 사랑의 손길로 완전한 치유가 가능하다는 말씀입니다. 이 말씀은 우리에게 놀라운 소망과 장래에 대한 새로운 비전을 주십니다.

---

86 "Mending Cracks in the Soul", The Role of the Holy Spirit in the healing wounds of the past, by Dale M. Sides: Wagner Publication 2002, p. 16.

위기의 문 #6. 지루한 남자

'지루한 남자'는 '위험한 남자'라는 이야기가 있습니다. 남자는 지루함을 느낄 때 유혹에 빠질 수 있는 가능성이 높다는 말입니다. 한 조사에서 남자들이 외도를 한 이유 중에 하나로 지루한 부부의 성관계가 71%[87](여성은 49%)를 차지했다는 통계가 나왔습니다. 남자들이 외도에 빠지는 이유 중에 하나가 자신들이 느끼는 지루함을 경건한 방법으로 해결하지 못하고 잘못된 선택을 한다는 것입니다. 인간적인 방법으로 해결하려고 불륜이라는 유혹에 빠지게 됩니다. 간혹 "아휴! 어떻게 지겹게 한 사람과 평생을 살 수 있어!"라고 말하는 사람들을 봅니다. 왜 이런 고백을 아무 거리낌도 없이 하는 걸까요? 매일 똑같은 밥과 반찬만 먹는다면 우리도 싫증을 느끼게 됩니다. 영어 속담에도 "Familiarity breeds contempt."란 말이 있는데 친해지고, 익숙해지면 존경심이 없어지고 도리어 무시와 경멸함이 생긴다는 뜻입니다. 너무 익숙하면 고맙고 귀한 줄을 모르는 마음은 인간의 타락으로 온 부정적인 성향이라 볼 수 있습니다. 따분함 때문에 불륜에 빠지는 남자들은 인간이기에 어쩔 수 없었다는 자신만의 갈등과 핑계가 있습니다. 인간의 타락한 성향과 통계를 볼 때, 현실적으로 따분한 부부관계에 문제가 생길 수 있음을 부인할 수 없습니다. 이러한 부부간의 갈등을 이용하여 사탄은 사람들 생각 속에 이 지루함을 해결할 방법들을 제안합니다. 지루함을 없애고 더 짜릿한 관계를 원한다면 더 자극적이고 흥분되는 것들에 눈을 돌리라고 유혹합니다. '입맛이 없다면 밥에 이것저것을 더 첨가하여 입맛을 돋구면 된다.'고 하면서, 이것저것이 독성물질을 담고 있어 몸을 해롭게 한다는 부분은 감춥니다. 그의 제안을 받아들이면, 지루함을 해결하는 게 아니

87 Huffpost Divorce, "Why people Cheat: 'The Normal Bar' Reveals Infidelity Cause", Jan. 31, 2013.

라 결국에는 병을 덤으로 얻게 된다는 것을 속입니다.

그렇다면 우리는 왜 지루함을 참지 못하는 것일까요? 한 남자와 한 여자로 부부관계를 맺어 주신 것이 창조주의 실수인가요? '똑같은 사람과 평생 잠자리를 같이 하라.'는 명령은 솔직히 가능한 것일까요? 따분함을 느낄 수 있는 관계 안에 우리를 묶어 두신 창조주의 오산이었을까요? 수많은 불륜에 대한 통계를 보며 처음부터 잘못된 디자인이 아닌가라는 의심이 들 수 있습니다. 그러나 분명히 아닙니다. 그렇다면 우리의 근본적인 문제는 무엇인가요? 우리는 왜 지루함에 때문에 불륜에 빠질 수밖에 없었다는 변명을 하는 현실에 시달리는 것일까요?

첫 번째로 부부관계가 따분함에 시달리는 원인은 먼저 부부관계가 성장하는 과정에 대한 이해가 부족하기 때문에 생긴 잘못된 기대감 때문이라 여깁니다. 두 번째는 영적인 결핍과 지루함이 연결됩니다.

흥분의 중독

현재 우리가 사는 시대는 인간의 오감이 극도로 자극받는 환경에 살고 있습니다. 미디어, 광고, 핸드폰, 인터넷, 라디오 등등 스스로 통제하고 거부하지 않는다면 24시간 흥분과 자극적인 것으로 우리를 유혹하고 길들이기 때문입니다. 우리의 모든 삶이 과거의 비하여 외향적인 방법으로 쾌락의 호르몬인 도파민을 얻는 것에 더욱 익숙하고 발달되어 가고 있습니다. 자극성 있는 맛집들, 영화들, 드라마, 방송들, 야동, 게임들, 술, 마약, 커피, 모임들, 소셜미디어 등등 우리는 계속적으로 뇌를 자극하는 환경과, 일, 만남을 선호합니다. 핸드폰 중독 또한 현대 문명이 빚어낸 후유증입니다. 뇌신경학자 맥고니걸 박사는 아이폰을 스스로를 자극(self-stimulating device)하는 기계로 지적합니다. 아이폰을 통하여 따분함을 없애는 방법으로 우리 스스로가 계속적으로 뇌에 자극을 주기 때문입니다. 유튜브라는 블랙홀에 한 번 빠지면 시간 가는 줄 모르고 줄줄이 연결되는 재미있는 방송들이 우리의 눈과 귀를 계속적으로 매혹합니다. 과학 문명에 철저히 의존하는 삶을 살기에 나타나는 역효과로 볼 수 있습니다. 이로 인하여 인간사회가 영적이고 관계적인 내면의 삶보다는 점점 육에 속한 삶에 초점을 두고 살게 됩니다.

안타깝게도 생각과 육체만을 자극하여 얻는 쾌락과 흥분은 끝없이 중독성을 나타냅니다. 아무리 채워도 깨진 독에 물 붓듯이 계속 기대감을 얻지만 참만족은 맛보지 못합니다. 뇌에서 호르몬만 자극하는 행위는 마음과 영혼에 필요한 영양분을 주지 못하기 때문입니다. 현대인이 영양가 없는 인스턴트 음식을 많이 먹어 비만해지지만, 영양 부족으로 수많은 병에 걸리는 이유와 같습니다. 따분함을 견디지 못하고 들로 강으로 나갈 때 드디어 살아 있다는 감정을 느낀다면 문제가 있다 생각해야 합니다. 조용한 것을 참지 못해 쇼핑몰로 다니며 이것저것 사며 흥분의 감정을 얻는다면 이 또한 위험한 신호입니다. 외향적인 자극에 의지하는 성향이 크고 육체적인 흥분에 너무 집중되어 추구하는 삶을 산다면, 인간의 영혼은 피곤하고 곤고해질 것입니다. 영혼이 곤고하여 메마른 경우 나타나는 증상 중에 하나가 바로 새로운 것에 대한 환상이 생기는 것입니다. 우리가 아직 먹어 보지 못한 음식, 입어 보지 못한 옷, 가 보지 못한 장소, 해 보지 못한 일, 만나 보지 못한 사람들 등에 대한 호기심을 보입니다. 채워지지 않은 갈증으로 인하여 현실에 만족하지 못하기 때문입니다. 따분한 현실에 만족할 수 없기 때문에 '새로운 것이라면 혹시 만족을 줄 수 있지 않을까.' 하는 막연한 기대감을 갖게 됩니다. 예를 들어 음식은 그저 몸에 필요한 영양분을 제공하는 수단일 뿐인데, 우리는 음식을 통해 위로와 만족을 얻으려고 합니다. 미국 사회에서는 어떤 음식들을 칭할 때 'comfort food'라는 이름을 붙이기도 합니다. '위로의 음식'이라는 의미입니다. 기분이 나쁠 때 이런 음식을 먹음으로 위로를 받고자 합니다. 어떤 때는 옷이 필요 없는데도 새 옷을 삽니다. 그리고 새로운 것을 얻은 후 한동안은 만족을 얻지만, 그것도 잠시 잠깐이고 새로운 것도 곧 낡은 것이 됩니다. 그리고 '어디 더 좋은 것은 없을까?' 또 살핍니다. 새로운 것이 반드시 나쁜 것도 아니고 마냥 좋은 것도 아니지만 경우에 따라서는 그 의미가 달라질 수 있습니다. 만약 이러한 사고방식이 결혼한 부부 사이에 침투한다면 갈등의 고리가 될 수 있습니다. 따분함을 해결하는 대처 방법을 모른 다면 위기가 올 수 있고 외도의 문이 열릴 수 있는 가능성이 높아집니다.

설렘을 추구하는 남자

남녀 관계에서 흥분과 설렘은 중요한 역할을 합니다. 남녀가 처음 만나 마음이 '들뜸', '흥분함', '열정'이라는 강한 감정이 동기가 되어 행복한 삶을 기대하며 우리는 서로에게 헌신하고 결혼이라는 관계를 추구하게 됩니다. 우리는 사랑에 미쳤다라는 하는 말을 합니다. 연인들이 사랑에 빠져 서로를 바라볼 때 자극을 받아 빛나는 뇌 부분은 마약 코카인에 의해 활성화되는 동일한 뇌 영역인 보상 센터라고 합니다. 이로 인하여 뇌 연구자들은 사랑은 마약하는 것과 같기에 사랑에 빠졌을 때 마약에 빠진 것이라 합니다. 우리가 경험하는 초기 사랑의 화학 물질은 테스토스테론, 도파민, 옥시토신으로서 아주 강력한 호르몬이 많이 분비되기 때문입니다. 테스토스테론은 남성/여성의 성욕을 촉진하고 이성에 대한 매력을 느끼게 합니다. 도파민은 즐거움, 흥분, 기대감을 갖게 하는 호르몬입니다. 옥시토신은 사랑이란 감정을 느끼게 하며 연인간의 결합을 확인시켜 줍니다.

그러나 강렬한 것은 일시적인 상태일 뿐 오래 가지 않습니다. 강력한 상태로 두면 우리의 심장이 감당할 수 없기 때문이라 혹 어떤 의사들은 우스갯소리를 하듯 말합니다. 신혼의 시기가 끝나고 부부간의 안정된 관계가 형성되며 남녀 간의 강렬한 느낌과 설렘도 한 풀 줄어듭니다. 그러나 이러한 시기에 잘못된 생각을 한다면 설렘이 사라진 상황을 힘들어하는 경우가 있습니다. 이러한 기대감을 주는 원인 중에 하나는 미디어의 영향과 관계적인 성장 과정에 대한 무지로 인하여 오는 이유가 크다고 심리학자들은 말합니다. 남녀 간의 사랑을 이야기하는 드라마나 영화를 보면, 안정된 친밀감보다 흥분과 열정과 같은 연예를 시작할 때 느끼는 처음 감정에 초점을 맞추어 이야기가 진행되기에 위험할 수 있다는 점을 지적합니다. 풋풋한 사랑, 뜨거운 열정, 흥분된 마음 등이 묘사되며 관객들의 감정을 자극합니다. 가끔 보는 이러한 영화나 드라마는 부부간의 애정을 회복하는 계기가 되기도 합니다. 문제는 이러한 자극이 항상 계속적으로 미디어를 통하여 더 자극적이고 흥분되는 새로운 버전으로 나온다는 점입니다. 그뿐 아닙니다. 결혼 후 정서적으로 안정된 친밀감을 소유한 부부관계를 따분함이라 표현을 하기도 하고 도리어 불륜을 하는 남녀들이 열정이 넘치고 흥분된 성관계를 경험한다는 왜곡된 생각을 보여 주는 미디어가 문제가 될 수 있다는 점을 경고합니다.

이러한 왜곡된 영향을 통하여 사람들 마음속에 오해와 혼동을 일으키는 것은 사탄의 계략입니다. 연예 시절 설렘, 흥분, 짜릿함 같은 일시적인 감정을 더욱 중요시하며 이러한 감정이 살아 있다는 자극을 준다는 생각과 다시 경험하고 싶은 유혹 때문에 불륜이라는 죄와 타협을 한다면 다시 생각해야 합니다. 그 처음 감정에 머물지 말고 더욱 깊은 관계를 추구하며 성장시켜야 합니다. 처음에 경험했던 흥분을 그리며 그때 느끼던 감정들을 되새김질하며 그리워한다면 더 좋은 장래를 상실하게 됩니다. 쾌락의 호르몬인 도파민의 초점을 맞추지 않고, 친밀감을 형성할 때 필요한 옥시토신이라는 호르몬을 많이 만드는 기술을 터득해야 한다고 전문가들은 말합니다. 안정된 친밀감은 따분함이 아니고 부부관계가 소유해야 하는 중요한 장성한 모습이자 싸워 쟁취해야 하는 중요한 부분이기 때문입니다. 친밀감은 또한 부부간의 단단한 보호막을 만들어 줍니다. 친밀감을 형성하기 위해 모든 틈새를 없애기 위해서는 부부간의 마음과 생각이 합하고 하나가 되는 놀랍고 신비한 과정을 겪어야 하기 때문입니다. 친밀감의 형성이야말로 한 부부가 진정한 만족과 행복을 경험할 수 있는 관계이고 또한 외도라는 병균이 들어올 수 없는 단단한 면역력을 키우는 일이기도 합니다. 설렘, 흥분, 짜릿함 같은 초기적인 감정에 연연하지 말고 성숙한 사랑의 관계로 장성해야 합니다. 남녀 간의 사랑을 계발하고 숙성시키는 과정을 세 가지 단계로 나눈다고 합니다.

육체적인 사랑

첫 번째 단계로 육체적인 연합을 의미하는데 남녀 간의 사랑은 강한 정욕(desire)으로부터 시작합니다. 정욕은 육에 속한 것으로 오감, 특히 시각적인 자극을 통한 흥분이 생기며 육체적인 것에 초점을 두게 됩니다. 먼저 자신의 눈에 예쁘고 멋있어 보이는 상대방에게 호감을 보이기 때문입니다. 이 육체적인 단계는 본능적인 단계라 볼 수 있습니다. 그러나 외향적인 자극은 한계가 있고 육체적인 연합에 초점을 두며 섹스를 재미와 즐거움을 얻는 방법으로 여긴다면 권태기가 오게 됩니다. 섹스를 쾌락의 호르몬을 얻기 위한 도구로 사용한다면 문제가 될 수 있습니다. 아무리 재미있는 놀이도 자주 하면 싫증이 나기 때문입니다. 육체적인 자극과 흥분도 한계가 옵니다. 서로를 흥분시키기 위하여 육체만을 자극하고 성적 기술에 초점을 둔다면, 그 순간에는 만족하는 것 같은 기분은 느끼지만 시간이 지나면서 더 이상 양이 차지 않습니다.

기본적으로 본능적인 부분이 채워진 상태라면 더 깊은 곳에 있는 마음의 결핍이 갈증을 일으키며 채움을 요구하게 됩니다. 마음의 결핍을 채우기 위해서는 서로에게 있는 상처를 만져 주고 합당한 위로를 해 줄 수 있는 성숙한 관계로 성장함이 요구됩니다. 이러한 과정을 아직 지나지 못하여 관계적으로 미성숙한 남자들이 우스갯소리로 하는 말이 남자들이 선호하는 여자는 새로운 여자라고 합니다. 같은 이미지의 육체를 볼 때 처음 에피네피린의 큰 효과가 더 이상 나지 않기 때문입니다. 자신들의 눈과 마음이 변하고 성장해야 한다는 점을 심각히 생각하기보다는 파트너가 바뀌면 어떨까 하는 착각을 합니다. 이 이유로 남자들은 새로운 여자의 대한 환상을 갖습니다. 부부간의 일상적인 성관계가 따분해질 때 처음 느꼈던 감정을 그리워하는 것이 아닐까 생각합니다. 새로움 때문에 일어나는 욕구와 흥분이 그들에게 기대감을 주기 때문입니다. 그러나 어떤 여자를 만나도 똑같은 과정을 겪게 되니 지혜로운 마음으로 현재 부부 관계에 투자하는 것이 현명한 선택이 될 것입니다. 만약 옥시토신의 효과를 통한 친밀감을 추구하기보다는 흥분된 감정만 자꾸 경험하고 싶은 갈망을 한다면 아직도 첫 단계에 머물러 있다는 신호입니다. 마음이 하나가 되지 않은 상태에서 경험하는 성관계는 사정 위주의 섹스를 하게 되는 수준에 머물게 되고 권태기가 쉽게 오기에 부부 관계가 그다음 관계로 발전하도록 힘씀이 요구됩니다.

혼전 성경험의 후유증

그러나 이미 결혼 전에 수많은 파트너와 성관계를 경험했다면, 그다음 단계로 성장하는 과정에서 어려움을 겪을 수 있다 심리학자들은 경고합니다. 혹 어떤 싱글들은 가정하길 여러 파트너와 혼전 성관계를 갖음으로써 성적 취향이 잘 맞는 사람과 결혼을 하기 위하여 테스트를 하는 것도 괜찮다는 생각을 합니다. 자동차를 사기 전에 시범운전을 하듯 말입니다. 성적 궁합(sexual chemistry)이 잘 맞는지를 미리 알아본다면 장래의 결혼에 도움이 될 것이라 단순히 여깁니다. 이러한 사고방식 때문에 지금 사회에서는 남자 여자 할 것 없이 결혼 전 많은 혼전 성경험을 추구하는 태도를 보입니다. 속궁합을 테스트하는 것입니다. 그러나 이러한 경험은 결혼 후 나쁜 결과를 주게 됩니다. 한 조사에 따르면 혼전 성관계는 불안정한 부부관계와 이혼 가능성을 높일 수 있는 부정적인 결과를 초래한다고 발표합니다. BYU Wheatley institution에서 이러한 문제를 조사한 결과를 다음과 같이 설명합니다.

> "최근까지 '혼전 성관계'의 효과에 대한 연구는 제한적이었습니다. 그러나 최근의 여러 연구에 따르면 결혼 전에 여러 성 파트너가 있으면 건강한 관계 형성이 방해되고 이혼율이 높아진다는 증거가 있습니다. 최근 완성된 연구에 따르면 2,700 명의 결혼한 개인들을 광범위하게 변수가 될 수 있는 그들의 교육 수준, 종교, 및 관계 기간까지 통제하며 조사한 결과, 결혼하기 전에 여러 명의 성 파트너를 가진 배우자는 현 결혼에서 그들의 성적 수준, 의사소통 및 관계적 안정성이 낮은 것으로 나타났습니다. 이 결과는 남편과 아내

모두 비슷했습니다. 우리는 결혼하기 전에 성적 파트너의 수가 증가하면 나중에 결혼 생활에 도움이 된다는 증거를 찾지 못했습니다."

왜 이러한 결과가 나온 것일까요?

첫 번째로, 속궁합이 맞는지를 찾는다는 이름 아래 타협하는 시험적 과정에서 성적 경험과 정서적 친밀감을 분리하는 왜곡된 태도가 형성이 될 수 있다는 점입니다.[88] 행복한 결혼을 경험하는 부부들에게 성적 친밀감이란 정서적 친밀감을 표현하는 행함입니다. 그러나 "하룻밤의 파트너"(One night stand)를 수없이 경험하는 과정에서 알게 모르게 왜곡된 태도가 뇌에 입력되어 습관이 된다면, 첫 단계에서 경험하는 육체에 속한 성적 자극, 흥분, 설렘, 짜릿함에 중독이 되어 결혼 후 신혼의 시기가 지나서 안정된 관계로 성장할 때 문제가 될 수 있다는 점을 의미합니다. 성적인 관계를 헌신과 관계적인 친밀감과 연결시키지 않고 또 다른 쾌락의 도구로 보게 되는 사고방식이 뇌에 강하게 박혀 있다면 헌신된 관계를 유지하는 것이 힘들어지고 이혼 확률이 높아진다고 합니다.[89]

두 번째로, 성 순결을 중요시하지 않고 데이트를 시작하자마자 먼저 성관계로 관계를 연결한다면 호르몬의 영향으로 오는 혼미한 상태로 봐야 할 것들을 제대로 보지 못하는 상황에 빠질 수 있습니다. 부부관계에서 더욱 중요한 다른 부분들이 맞지 않는 것을 보면서도 감정과 호르몬에 끌려 잘못된 배우자를 선택을 할 수 있습니다. 성공적인 결혼을 유지하는 비결은 속궁합뿐 아니라 남자 여자 각자의 건강한 영적, 정신적인 세계, 경제적 능력, 신체적 건강미와 성적 만족이 다 요구되기 때문입니다.[90] 그로 인하여 성 호르몬에 영향을 받지 않은 상태에서는 배우자를 선택할 때 좀 더 지혜로운 선택을 하게 된다면 건강한 부부관계를 소유하는 중요한 요소들을 얻게 됩니다.

만약 커플이 마음의 교류를 통한 의사 소통과 헌신을 전제로 하는 관계적인 기초를 단단히 세우게 된다면, 성적 매력과 만족을 우선순위로 한 관계보다는 다른 기반을 소

---

88 article quote from BYU WHeately institution, "Sowing Wild Oats: Is it helping or hurting Later marriage?" by Jason S. Carroll May 14, 2014 (https://wheatley.byu.edu/helping-or-hurting-later-marriage/).

89 위와 같음.

90 위와 같음.

유한 부부관계를 얻게 됩니다. 이 다른 점이 주는 혜택은 허니문 시기가 지나 육체적인 자극과 흥분이 가라앉고 한계가 왔을 때, 혹 성적 권태기가 왔어도 관계의 기반이 동반자와 정서적 친밀감을 중요시하는 부부관계로 시작했기에 다음 과정으로 자연스럽게 성장하는 데 과정이 훨씬 쉬운 길이 됩니다.[91] 이미 복잡하고 힘든 부부관계의 성장 난이도를 낮출 수 있게 된다는 의미입니다.

정신적인 사랑

두 번째 단계는 혼적인 연합을 의미하는데 먼저 마음으로 서로의 매력(Attraction)에 빠지게 됩니다. 상대방의 말, 표정, 태도, 생각, 능력, 행동, 마음 씀씀이, 충성심, 신실함, 헌신 등등 내면의 것들이 좋아 보이고 서로의 마음이 드러날 때 잔잔한 흥분과 만족을 줍니다. 외향적인 매력을 지나 내면의 아름다움을 보고 흥분과 열정이 마음으로부터 생산되는 성숙함에 이른 관계를 말합니다. 인간에게는 내면의 아름다움을 포착할 수 있는 마음의 눈이 있기에 외향적으로 예쁜 단장을 하지 않더라도 아내의 진정한 내면의 아름다움에 더 큰 매력을 느낍니다. 존경의 눈길, 따뜻한 말, 공손한 태도, 배려하는 마음, 올바른 생각, 밝은 유머감각 등등의 놀라운 매력을 발사할 때 오는 마음의 매력을 통하여 성적 흥분에 빠진다면 한계가 올 수 있는 시각적인 자극 이상의 뜨거운 감정을 느끼게 합니다. 그러나 혼적인 연합은 자기중심적인 단계입니다. 배우자의 매력은 나를 기분 좋게 해 주고, 나를 흥분시키고, 나의 감정을 위로하고 상처를 만져 주는 도구로 보는 경향이 있기 때문입니다. 나에게 좋은 이익을 끼치는 한 상대방의 매력이 좋아 보이는 단점이 있습니다. 그러나 배우자의 매력이 나의 필요를 더 이상 채워 주지 못할 때 성적 매력도 감소합니다. 자신이 느끼는 정서적 갈증을 해결해 주기를 기대하지만 꾸준히 얻지 못한다면 다른 곳을 찾게 됩니다. 왜 이런 상황이 올까요?

---

91 위와 같음.

신약성경에 나오는 씨 뿌리는 자의 비유(막 4:1-9)를 보면 하나님께서는 인간의 마음을 밭으로 비유하십니다. 구약에도 보면 '땅'에 대한 비유를 통하여 사람들이 소유한 메마른 마음의 상태를 마른 땅, 황폐한 땅이라 표현하여 말씀하십니다.

> "나는 목마른 자에게 물을 주며 마른 땅에 시내가 흐르게 하며 나의 영을 네 자손에게, 나의 복을 네 후손에게 부어 주리니." (이사야 44:3)

> "하나님이여, 주는 나의 하나님이시라. 내가 간절히 주를 찾되 물이 없어 마르고 황폐한 땅에서 내 영혼이 주를 갈망하며 내 육체가 주를 앙모하나이다." (시편 63:1)

> "또 광야가 변하여 못이 되게 하시며 마른 땅이 변하여 샘물이 되게 하시고." (시편 107:35)

죄로 인하여 타락하고 하나님과의 단절된 삶을 사는 사람들의 마음의 밭이 메말라 있는 경우가 허다합니다. 사람의 신체가 70% 수분으로 채워진 것같이 우리의 영혼 또한 영혼에 적합한 물이 절실히 필요합니다. 메말랐다는 것은 인간에게 기본적으로 필요한 사랑, 인정, 자존감, 보살핌, 이해와 연민 등등의 결핍을 의미합니다. 그렇기에 자신의 메마른 마음에 필요한 물을 뿌려 주는 사람에게 당연히 매력을 느끼게 됩니다. 잘한다는 말 한마디에 마음이 솔깃하고 기분이 상승하기도 합니다. 칭찬의 물을 마셨기 때문입니다. 이렇게 정서적인 결핍을 적셔 줄 물이 있는 곳에 자동적으로 끌리는 것입니다. 자신을 사랑하고, 인정하며, 자존감을 높여 주고, 보살피고, 이해와 연민의 눈으로 바라보는 배우자에게 마음이 적셔질 때 마음이 자극받아 사랑하는 마음이 흥분하는 경지에 이른다면 만족한 성관계를 경험하게 됩니다. 그렇지 못한다면 섹스는 그저 육체에 속한 동물적인 교미와 다르지 않게 되고 흥분과 열정은 맛보지만 마음의 만족은 채우지 못합니다. 장경동 목사님의 표현을 인용하자면, 육체적인 사랑은 찌릿찌릿한 감정을 주지만 마음으로 하는 사랑은 사람의 마음을 찡하게 하는 것이라 표현하십니다. 찡한 마음의 효과는 사람만이 경험하는 특별한 감정이라고 합니다. 같은 인간으로서 서로를 불쌍히 여기는 마음으로, 서로의 잘못을 용서하고, 허물을 감싸며, 열등감을 이해하며 부족한 부분들을 채워 주려는 노력을 할 때 부부간의 사랑은 찌릿한 감정을 지나 마음이 찡해지는 연민의 마음, 동지 의식, 그리고 삶의 동반자가 된 헌신된 마음을 서로에게 선사하게 됩니다. '나'라는 개념에서 '우리'라는 의미가 더 커진 관계를 의미합니다. 이러한 부부관계를 얻기 위해서는 서로의 상처를 어루만져 주고, 서로를 마음으로부터 용서하며, 마음이 활짝 열린 상태가 되어야 가능합니다. 육체적인 자극과는 달리 사랑하는 마음을 통하여 받는 성적 자극은 항상 새롭고 무한합니다. 남편의 마음을 자극하는 아내, 아내의 생각을 흥분시키는 남편이야말로 좀 더 성숙한 부부관계가 성립된 장성한 모습입니다.

예레미야애가 3장 22-23절에 "여호와의 인자와 긍휼이 무궁하시므로 우리가 진멸되지 아니함이니이다. 이것들이 아침마다 새로우니 주의 성실하심이 크시도소이다."라는 말씀이 있습니다. 이 구절을 통하여 우리에게 놀라운 관계적인 비밀을 말씀하십니다. 하나님과 인간과의 관계가 어떻게 계속 유지되고 새로움을 경험하는지에 대한 비법을 말입니다. 매일 아침마다 새롭게 여호와의 인자와 긍휼을 무궁하게 우리 삶에 넘치게 부어 주시기 때문이라 하십니다. 이와 같이 부부관계가 매일 새롭게 유지되는 비결 또한 인자와 긍휼을 서로에게 보인다면 가능하다는 의미이기도 합니다.

영적 연합의 사랑

세 번째 단계는 영이 하나가 되며 서로에게 애착(attachment)을 보이게 됩니다. 애착은 부부간의 정서적 친밀감이 형성되고 성령 안에서 영적으로도 하나의 연합이 성립된 관계를 말합니다. 눈에 보이지 않는 아내와 남편의 영이 하나가 된다는 것은 결혼의 미스터리한 부분입니다. 하나가 된다는 것은 신체적, 정신적, 영적인 부분뿐 아니라 마음과 생각, 의미와 목적, 열정과 꿈과 같은 삶의 중요한 요소들이 하나님의 진리와 뜻에 순종하여 같은 방향으로 모아짐을 말하며 그로 인하여 형성된 동질감 때문에 생기는 친밀감을 말합니다. '우리'라는 개념에서 '그리스도가 우리 부부관계에 주가 되시고 주와 함께 '삼각관계'가 성립된 관계를 의미합니다. 각자의 관심보다는 주의 말씀과 진리에 따라 부부관계가 변화받고 하나님의 왕국이 가정에 세워지도록 성령의 능력을 의지하는 부부관계를 의미합니다. 자기중심적 이기적인 옛 사람을 벗어 버리고 서로를 향한 희생정신이 바탕이 된 장성한 모습입니다. 서로에게 기대하기보다는 그리스도가 제공하시는 생수를 각자 추구하는 모습이 보입니다. 자신의 필요보다는 배우자의 필요를 먼저 채우기 위한 행동들이 자연스럽게 나오는 부부가 된다면 외도를 막는 강력한 보호막을 만들게 됩니다.

우리는 하나님의 형상을 닮아 영혼을 통하여 다른 인격체와 깊은 친밀감을 형성하고 그로 인하여 진정한 만족을 얻게 창조하셨습니다. 짜릿한 흥분을 지나, 찡한 마음을 품에 안고 영이 하나가 되는 연합으로 인하여 오는 놀라운 만족을 주는 부부간의 성관계는 무엇과도 바꿀 수 없는 경험이 됩니다. 영과 마음이 하나가 되어 오는 안정된 관계에서 육체적인 쾌락의 호르몬인 도파민까지 경험한다면 이보다 더 좋은 관계는 없게 됩니다. 이러한 자극은 몸과 눈을 자극하여 오는 흥분 이상으로 강력하고 놀라운 성적 만족감을 주는 효과를 나타내며 마음까지 꽉 채워 줍니다. 이러한 비밀로 인하여 아내 남편 모두 늙어 가지만 한 남자와 여자가 평생을 함께 살며 성관계를 하여도 실증이 나지 않는 비결이 됩니다. 우리는 개, 닭, 소 같은 동물과는 달리 창조주 하나님의 형상을 닮은 영적 존재이기에 이러한 깊은 관계가 가능하도록 우리를 만드셨고 또 우리 결혼을 통하여 경험하기를 원하십니다.

하나님과의 연합

이러한 과정은 하나님과 인간이 만나는 여정에서도 볼 수 있습니다. 애굽 땅에서 하나님께서는 이스라엘 백성들에게 당신의 능력을 나타내시며 수많은 기적과 역사를 통하여 최고의 흥분을 경험하도록 허락하십니다. 그러나 백성들을 광야로 이끄신 이후부터는 좀 더 깊이 있는 관계를 추구하시며 그들의 내면을 성화시키시는 역사에 초점을 두십니다. 매일 아침 꾸준히 만나를 내려 주시는 일상적인 기적이 있었지만 애굽 땅에서 본 놀라운 기적들은 보이지 않습니다. 그러나 이스라엘 백성들은 애굽 땅에서 이미 수많은 시각적인 자극과 중독성이 강한 신들을 섬기는 사회에서 익숙한 삶을 살았기에 그들은 광야에서 힘들어합니다. 육신에 자극을 줄 만한 것들이 부족한 광야에서 그들은 불평과 불만을 품고 애굽에서 노예로 살던 삶을 도리어 그리워합니다. 영에 속한 삶을 통해 하나님과 일대 일의 친밀감이 주는 놀라운 만족을 아직 체험하지 못했기에 때문입니다. 진정한 인간의 모습으로, 진정한 관계를 통한 삶의 의미를 맛보지 못했기에 물질적인 것들에 연연합니다.

애굽 땅에서 구원하신 후 광야의 여정을 지나, 그들을 가나안 땅에 이르도록 역사하십니다. 마지막 단계인 가나안 땅을 안식의 땅이라 칭하십니다. 가나안 땅은 영, 혼, 육의 안식뿐 아니라 관계적인 안식도 누리는 삶을 상징합니다. 관계가 좀 더 깊어지고 성숙될수록 안식과 안정을 누리는 것이 창조주께서 의도하신 관계적인 이치를 보여 주십니다. 부부간의 친밀함이 깊어질수록 배신당할까 의심하는 생각, 거부당할까 불안한 마음, 버림받을까 두려운 마음, 실망시킬까 불안정한 마음 등등과 같은 부정적인 마음의 전쟁으로부터 해방을 받게 되고 마음에 평안을 소유하게 됩니다. 이러한 안식을 누리는 삶은 범사가 형통하고 몸의 질병까지도 치유하는 능력을 발휘합니다. 시편 46편 10절에 보면 "너는 잠잠히 너희 하나님을 알라."라고 하시면서 다른 인격체를 알기 위한 과정에서 중요한 요소가 무엇인지를 말씀하십니다. 하나님을 알기 위해서는 흥분을 가라앉히고, 마음을 진정시키고 잠잠할 때, 주의 음성을 들을 수 있고 주의 임재하심을 깨닫게 됩니다. 우리 심령에 흐르는 생수를 인식하기 위해서도 마음을 잠잠히 하는 훈련이 필요합니다. 흥분이 아닌 안정감이야말로 성숙한 인격과의 관계를 나타냅니다.

평안의 매는 줄

에베소서는 안정감을 소유함으로 얻게 되는 평화로운 부부관계가 얼마나 놀라운 보호막을 얻을 수 있는지 말씀하십니다.

> "모든 겸손과 온유로 하고 오래 참음으로 사랑 가운데서 서로 용납하고 **평안의 매는 줄로** 성령이 하나 되게 하신 것을 **힘써 지키라**." (에베소서 4:2-6)

부부가 하나가 되는 비결은 서로에게 겸손, 온유, 참음, 사랑, 용납이라 하십니다. 이렇게 그리스도의 성품이 부부관계에 나타나고 성령의 사역을 통하여 연합된 관계는 "평안의 매는 줄"을 소유하게 되어 부부관계를 튼튼히 묶어 주는 역할을 하게 됩니다. 그러나 그 평안의 줄이 끊어지도록 역사하는 사탄의 역사가 있기에 또한 힘써 지키라 경고하십니다.

끊임 없는 사랑의 공급자

시편 133편에 보면 그리스도 안에서 형제 자매가 연합함으로 오는 축복에 대한 말씀이 있습니다. 이 말씀은 부부관계에도 적용이 됩니다.

> "보라, 형제가 연합하여 동거함이 어찌 그리 선하고 아름다운고! 머리에 있

는 보배로운 기름이 수염 곧 아론의 수염에 흘러서 그의 옷깃까지 내림 같고 헐몬의 이슬이 시온의 산들에 내림 같도다. 거기서 여호와께서 복을 명령하셨나니, 곧 영생이로다."

부부의 영혼이 하나로 연합할 때, 하나님의 영이신 성령께서 능력의 기름을 부어 주시고 생명이 충만한 복스러운 부부관계를 소유하게 된다는 약속입니다. 결혼은 결코 부부 두 사람만으로 유지할 수 없는 관계입니다. 하나님께서 한 남자와 한 여자를 한 짝으로 주시며 당신과의 관계를 통하여 행복한 부부관계가 가능하도록 디자인하셨기 때문입니다. 부부관계야말로 하나님과의 영적인 삼각관계가 성립되고 주께로부터 필요한 모든 것이 제공되어야 진정한 행복을 경험할 수 있는 만남입니다. 그렇지 못하기에 실증을 내고 서로에게 권태기를 느끼고 인간적인 힘만 가지고는 해결 불가능한 상황에 빠지기에 졸혼을 생각하게 되고 이혼을 하고 불륜에 빠지는 안타까운 처지에 빠집니다. 사람 마음에 매일 샘물처럼 샘솟는 아가페적인 사랑의 능력이 없다면 부부관계는 어려운 상황에 빠질 수밖에 없습니다. 골로새서 1장 8절에 보면 "성령 안에서 너희 사랑을 우리에게 알린 자니라." 이런 말씀이 있습니다. 이 구절을 한 영어 버전은 이렇게 번역합니다.

"He has told us about the love for others that the Holy Spirit has given you." (NLT)

이 구절에 나오는 "성령 안에서 너희 사랑을" 이렇게 해석합니다.

"그는 성령께서 당신에게 주신 다른 사람들에 대한 사랑에 관해 우리에게 말씀하셨습니다." (NLT)

우리가 다른 사람을 사랑할 수 있는 것은 사랑의 영이신 성령께서 사랑하는 마음을 제공하시기에 가능하다는 말씀입니다. 성령의 열매에 제일 처음 나타나는 것 또한 사랑입니다.

> "오직 성령의 열매는 '**사랑**'과 희락과 화평과 오래 참음과 자비와 양선과 충성과 온유와 절제니 이 같은 것을 금지할 법이 없느니라." (갈라디아서 5:22)

성령께서 하시는 사역에 대한 책 《성령의 코드(The Code of the Holy Spirit)》를 쓰신 패리 스톤 목사님은 인간의 마음에 사랑의 감정을 부여하시는 성령의 사역에 대한 부분에 대하여 이렇게 말하십니다.

> "성령과의 친밀감은 배우자와의 친밀감에 도움이 됩니다. 이것은 다소 이상하게 보일 수도 있지만, 성령이 우리를 하나님과 더욱 친밀한 관계로 인도하심과 동시에 성령으로 충만한 그리스도인은 그렇지 않은 다른 사람들보다 주관적이고 친밀한 방식으로 동정심, 애정, 사랑을 표현하는 경향이 있습니다. 우리와 가까운 사역자 부부 중 한 명이 이 점을 증명하는 간증이 있습니다. 사역하기 전에 남편은 심각하고 위험한 마약 중독 때문에 아내를 떠났습니다. 시간이 지난 후에 그는 그리스도를 영접하였고 사역자의 부르심에 순종하였습니다. 그의 아내는 그의 회심이 진심이라는 것을 믿지 못했습니다. 어느 날 밤 이 아내는 남편이 메시지를 주는 부흥회에 참석하기로 결정했습니다. 그의 메시지가 끝날 무렵 성령의 역사로 인한 방언의 은사와 통역이 교회에 주어졌습니다. 그 순간, 초자연적으로, 하나님은 이 아내의 모든 상처와 고통을 제거하셨고, 남편을 용서할 수 있는 능력을 주셨습니다. 그들은 재혼을 하였고 여러 해 동안 함께 사역했습니다. 사랑, 동정심, 애정의 속성은 모두 성령에 의해 부여되며 그분을 영접하는 사람들에게 긍정적인 영향을 미칩니다. 바리새인들은 정결하지만 비열할 수 있음을 보여 주었고, 외적으로는 종교적이지만 내면에서 무례하다는 것을 증명했습니다(마 23:27). 그들은

그리스도와 그분의 제자들을 통한 성령의 역사를 거절했습니다. 그러나 영접하는 자들은 성령 안에서 의와 평안과 기쁨을 찾았습니다(롬 14:17). 하나님의 말씀과 성령은 견줄 상대가 없는 강력한 팀입니다. 하나님의 말씀에는 능력이 있습니다. 그것은 인간 정신의 합리적이고 추리적인 부분에 영향을 미칩니다. 우리는 맹목적인 믿음으로 살지 않고 도리어 지적 대화에서 추리되고 설명될 수 있는 진리의 기초를 가지고 있습니다. 그러나 성령은 인간의 정신의 감정적인 부분과 접촉합니다. 죄인의 영혼이 영적 책망을 경험할 때 회개의 눈물을 흘리기 시작하기도 합니다. 그리스도인들의 모임에서 충만한 예배와 찬양이 흐르며 성령의 임재하심이 느껴질 때 종종 손이 들립니다. 순복음적인(charismatic congregation) 회중에서는 넘치는 기쁨으로 인하여 어떤 이들은 뛰기도 합니다. 교회들이 그리스도를 따르는 사람들 가운데서 성령과의 정서적 연결을 중요하지 않다 하는 것은 좋지 않습니다. 감정은 각 인간의 신체, 영혼 및 정신 구성의 일부이며 감정이 없다면 동기 또한 없습니다. 그리스도께서 교회를 사랑하심 같이 남편도 아내를 사랑해야 합니다. 우리가 표현하는 사랑의 일부는 친밀감이고, 친밀감이란 단어 자체는 사랑과 애정과 연결됩니다. 하나님의 사랑이 넘칠 때 다른 사람들을 사랑하고자 하는 소원을 품어 주십니다. 성령님과 가까운 관계로 인해 친밀감이 생길 때 우리의 배우자와의 관계도 좋아지고 애정도 커질 것입니다."[92]

부부간의 지루함과 권태기를 해결하는 방법은 바로 성령의 사역이 있어야 가능합니다. 남편과 아내 스스로 이 문제를 해소할 수 있는 능력이 우리 안에는 없기 때문입니다. 결혼은 결코 두 사람의 열정과 사랑만 가지고는 유지가 되지 않는다는 진리를 우리가 깨닫기 원하십니다. 이러한 사실을 빨리 깨닫는다면 더 이상 서로에게 불평하고 부부관계에 부담을 주는 일을 하지 않을 수 있습니다. 그리고 돌이켜 모든 것에 원천이 되시는 주께 나아와 도움을 청하는 겸손함을 배우게 될 것입니다.

---

92 페리 스톤, 《성령의 코드(The Code of the Holy Spirit)》, p. 194-195.

위기의 문 #7. 영적으로 가난한 남자

영적으로 가난한 남자는 불륜에 취약해집니다. 지루함을 경험하기 때문입니다. 지루함의 문제는 똑같은 밥을 먹고, 같은 옷을 입고, 같은 배우자와 성관계를 반복하기 때문에 생기는 문제가 아니고 근본적으로 우리 심령에 그리스도의 생명이 없거나 또는 이 생명이 있어도 풍성한 생명을 누리지 못하기 때문에 나타나는 현상입니다. 부족함 없이 모든 것을 다 갖춘 남자가 지루함을 해소하는 방법으로 불륜에 빠졌다면 영적인 결핍으로 오는 문제일 수도 있습니다. 영적인 허기를 채우기 위해서, 관계적으로 오는 사랑을 얻기 위해서 하나님이 하면 안 된다고 경고하신 불법을 행하는 것입니다. 남편이나 아내가 외도를 했다면, 진정한 관계를 통해서 얻도록 하신 사랑과 만족을 얻지 못한 결과로 허기를 채우려고 대용물을 추구한 것으로 생각해 볼 수 있습니다.

생존과 생명의 차이

사람들은 먹고, 마시고, 자고, 자녀를 낳고, 키우고, 일을 하고, 돈을 벌고 재산을 늘리면서 살아가지만, 기쁨과 만족이 없고 삶이 공허하고 우울하다고 고백하는 경우를 많이 봅니다. 우울할 만한 이유가 없고 물질적으로나 모든 면에서 부족함이 없어 보이는데도 행복하지 않다고 느끼는 건 왜일까요? 미국 사회는 어느 시대와 어떤 나라보다 더 물질적으로 풍족한 나라입니다. 그러나 이렇게 많은 것을 소유한 사람들이 가장 많이 먹는 약 중 하나가 우울증 치료제라는 사실을 보면 무엇인가 잘못되어 가고 있음을 감지할 수 있습니다.

사람에게는 영, 혼, 육의 세 영역의 삶이 있습니다. 육체를 보존하고 생육하고 유지하기 위해서 하는 모든 일은 생존을 위한 삶입니다. 자신의 영토를 넓히는 싸움을 하고 먹고살기 위해 약자를 밟고 서야 합니다. 약육강식의 삶은 동물들과 마찬가지로 생존을 위해 이어 가는 삶입니다. 이러한 육신에 속한 삶은 인간의 삶 중에 가장 최하의 삶이라 생각할 수 있습니다. 하지만 사람은 생각하고, 공부하고, 사랑하고, 대화를 나누고, 감정을 표현하며 정신적인 자극을 통한 혼적인 삶 또한 경험합니다. 그러나 영이신 하나님의 형상대로 창조된 인간에게는 이러한 삶 외에도 또 다른 삶의 영역이 있습니다. 바로 그리스도의 생명을 누리는 영적인 삶입니다. 이 땅에서 물질적인 모든 것을 소유하고 살더라도 하나님께로부터 오는 이 생명의 흐름이 우리의 영혼을 적시고 차고 넘치게 흐르지 않는다면 우리의 영은 갈증을 느끼게 됩니다. 사람의 영의 갈증이 해결되지 않는다면 혼과 육의 삶은 수많은 결핍을 경험하게 됩니다. 그리스도의 생명과 단절된 삶 때문에 경험하는 영적인 결핍은 우리 안에 외로움, 따분함, 우울함, 무력감을 느끼게 하기 때문입니다.

흔히 사람들은 어떤 사람은 생기가 있고 혹은 생기가 없다는 표현을 합니다. '생기가 없다'는 말은 살아 있어도 삶의 향기가 풍성히 나타나지 않고 삶에 대한 의욕이 없는 사람을 일컫는 말입니다. 살아 있는 사람은 생명이 있기에 움직이고 자라고 반응하지만, 죽은 사람에게는 생명이 없고, 모든 것이 정지되어 생기가 사라집니다. 미국 사람들이 자주 사용하는 말에도 비슷한 표현이 있습니다. "I am just living, but I have no life." 이것을 번역하면 "나는 그저 생존할 뿐 진정한 삶을 누리지 못하고 있어요."라는 뜻이지만 좀 더 정확한 한국말 표현을 찾는다면 "정말 사는 게 사는 게 아니야."라는 말입니다. 그저 생존하는 삶과 생명을 누리는 삶이 정확히 어떻게 다른지 잘 모르면서도 그 둘 사이에는 분명한 차이가 있음을 우리는 알게 모르게 고백하며 살아갑니다. "나도 정말 사는 것처럼 살고 싶다!" 사람들의 마음 깊은 곳에서 이런 외침이 들려옵니다. 그럼에도 안타까운 사실은 정확히 생존과 생명의 차이가 무엇이고 또 나 자신은 어떤 삶을 살고 있는지 돌아보지 못한 채 다람쥐 쳇바퀴 같은 일상에 밀려 그저 세월을 먹으며 나이만 들어가고 있다는 점입니다.

이렇게 생존을 위한 삶만 경험하고 있다면 우리는 지루할 수밖에 없습니다. 먹는 것이 지루하고, 보는 것이 지루하고, 일하는 것이 지루하고, 남편도 지루하고, 아내도 지루할 수 있습니다. 하나님이 주시는 생명이 없기 때문에 지루한 것입니다. 이 지루함을 달래기 위해 자기가 찾은 방법으로 이것도 해 보고 저것도 하고, 새로운 것을 먹고, 입고, 만나고, 나름대로 노력을 합니다. 생명을 누리는 삶이 주는 진정한 맛은 느껴 보지 못하고 수박 겉만 핥듯 왜 사는지 모르지만 태어났으니까, 살아야 하기에, 죽지 못해서 사는 사람도 있습니다. 살기는 사는데 속이 허하고 텅 빈 것 같고 무엇인가 빠진 것 같은 마음 때문에는 한숨이 나옵니다. "인생이 정말 이게 다야?"라고 물으며 씁쓸해합니다. 살아 숨쉬고 움직이고 있는데도 "생명이 없다."는 말은 과연 무슨 뜻일까요?

생명을 누리는 삶

예수님께서는 생존하고 있는 사람들에게 오셔서 "내가 온 것은 양으로 생명을 얻게 하고 더 풍성히 얻게 하려는 것이라."(요 10:10)고 말씀하셨습니다. 예수님께서는 우리의 죄 문제를 해결하시려 오신 것뿐 아니라 우리에게 진정한 생명을 누리는 삶을 회복시켜 주시기 위해 오셨습니다. 이 구절에서 말씀하신 '생명'은 원어로 'Zoe(조이)'라는 단어로 신이 누리는 삶을 가리킵니다. 신약에서는 이 '조이'가 '생명' 또는 '영생'이라고 번역되어 있습니다. 예수님을 구세주로 믿는 자들에게 주시는 생명이란, 영생, 즉 죽지 않고 영원히 하나님과 사는 것뿐 아니라 하나님께서 누리시는 생명이 넘치는 삶을 우리에게 회복시켜 주시기 위해서 예수님이 오셨다 말씀하십니다. 창세기 2장 7절에 보면 이렇게 말씀하십니다.

> "여호와 하나님이 흙으로 사람을 지으시고 생기(Zoe)를 그 코에 불어 넣으시니 사람이 생령(living soul)이 된지라."

창조주께서는 당신이 누리는 '생명(Zoe)'을 아담에게 불어넣어 주셨습니다. 창조주께서 누리시는 삶을 아담도 누리게 하신 것입니다. 그러나 사탄은 이 축복을 도적질했습니다. 요한복음 10장 10절에 "도적이 온 것은 도적질하고 죽이고 멸망시키려는 것뿐이요."라고 하십니다. 에덴 동산에서 사탄은 자신의 거짓말로 이 '생명'을 아담과 이브에게서 빼앗아 갔습니다. 하나님께서는 당신의 명령을 거역하고 선악과를 먹는 날에는 정녕 죽으리라고 선포하셨는데, 이 선포의 진정한 의미는 하나님께로부터 오는 생명을 상실하는 것으로부터 시작됩니다. 그 경고를 무시한 아담은 사망을 경험합니다. 불순종하는 그 순간부터 그의 육신은 계속 생존하고는 있지만 하나님께로 온 생명(Zoe)과 단절된 삶을 살게 된 것입니다. 에덴 동산에서 아담과 교통하시던 하나님의 영을 거두어 가셨기 때문입니다. 오직 그리스도의 보혈 사역과 죄사함을 통해서 영이 새롭게 거듭나는 과정을 거쳐야만 하나님의 생명(Zoe)과 다시 연결이 되게 됩니다. 다시 회복하는 과정을 성경 신구약 말씀을 통하여 자세히 설명해 주십니다. 그리스도의 십자가 사역과 성령의 사역의 초점은 하나님의 형상을 닮고 태어난 모든 인간들이 다시금 이 생명을 얻어 풍성한 삶을 누릴 수 있도록 도우시는 일을 하십니다. 이 일을 방해하는 사탄의 계략은 바로 하나님의 생명이 다시 우리 안에 회복되어 풍성한 삶을 누리지 못하도록 가로막고 도둑질하는 일을 합니다. 그러나 우리에게 약속의 말씀을 주셨습니다. 요한일서 3장 8절에 "하나님의 아들이 나타나신 것은 마귀의 일을 멸하게 하심이니라."고 선포하셨습니다. 우리가 사탄의 방해공작을 벗어나서 풍성한 생명을 누리는 삶을 살게 하시려고 오늘도 하나님께서는 역사하고 계십니다.

구분법

우리는 활동적인 삶을 살 때 잘 산다는 착각을 합니다. 여행을 하고, 많은 것을 보고, 배우고, 일하고, 경험하고, 즐길 때 제대로 살고 있다고 생각합니다. 그러나 제대로 사는 것과 생명을 누리는 삶은 다릅니다. 만약 전기를 얻고자 한다면 발전소에서 만드는 전기를 끌어와야 하듯이, 우리는 스스로 생명을 창조하거나 생산해 낼 수는 없습니다. 이 생명의 삶은 오직 생명의 근원이신 하나님과 연결이 되어야만 소유하고 경험할 수 있는 삶입니다. 그리스도인이라고 다 이 생명의 흐름을 누리고 사는 것은 아닙니다. 참 생명과 연결된 그리스도인이 생명을 누리지 못하고 사는 이유는 무엇일까요? 생명의 흐름이 막혀 있기 때문입니다.

내가 그저 생존만 하고 있는지, 아니면 생명을 소유하고, 누리며 살고 있는지는 어떻게 알 수 있고 또 그것을 구분하는 방법은 무엇일까요?

첫 번째로 그리스도 예수를 구세주로 영접한 모든 사람들은 이 생명을 소유한 자들이라 하십니다. 요한복음 3장 16절에도 "하나님이 세상을 이처럼 사랑하사 독생자를 주셨으니 이는 그를 믿는 자마다 멸망하지 않고 영생(Zoe)을 얻게 하려 하심이라." 말씀하시며 영생, 즉 하나님이 누리는 '생명' 즉 'Zoe(조이)'를 주시기 위해 독생자를 보내셨다고 하십니다. 요한일서 5장 12절에 "아들(예수님)이 있는 자에게는 생명(Zoe)이 있고 하나님의 아들이 없는 자에게는 생명(Zoe)이 없느니라."라고 하시며 생존하는 자와 생명을 소유한 자를 어떻게 구분하는가 정확히 말씀하십니다. 예수의 피로 구원을 얻게 되면 이 생명을 소유하게 되고 구원을 얻지 못했다면 이 생명을 소유할 수 없습니다. 하나님께로 오는 이 생명은 행함으로 얻거나 노력한다고 얻어지는 것이 아니고, 오직 하나님의 아들로 오신 예수님을 구세주로 영접하는 모든 이에게 이 '생명'을 값없이 선물로 주십니다. 누구든지 예수 그리스도를 구세주로 영접하는 믿음으로 이 생명을 얻고 믿음으로 이 생명을 유지하고 또한 믿음으로 이 생명을 누리는 축복이 모든 이에게 주어집니다. 구원받는 순간 죽었던 사람의 영이 하나님의 생명과 연결되어 생명의 흐름이 전달될 때 그는 살아 있음을 인식하며 진정한 삶을 살게 됩니다. 또한 이 생명은 우리 안에서 살아 역사하고 생동감이 넘치도록 채우시는 능력이 있어 끝없이 더 풍성한 생명을 누릴 수 있다 약속하십니다. 이 생명의 원천은 바로 영원하신 하나님의 생명이 우리의 영을 통하여 끊임없이 흘러내리도록 주시는 것이기 때문입니다.

두 번째로 우리가 하는 생각은 이 생명의 흐름이 어떠한지를 가늠하는 정확한 바로미터가 됩니다. 그리스도인으로서 이 생명이 우리 영혼에 잘 흐르고 있는지 아닌지를 구분하는 방법을 로마서 8장 6절을 통하여 말씀하십니다.

"육신의 생각(mind)은 사망이요 영의 생각(mind)은 생명과 평안이니라."

이 구절에 보면 우리가 하는 생각을 통하여 정확하게 비교되는 두 가지 삶의 열매가 나타난다고 말씀하십니다. 오감만을 의존하여 사는 삶에 초점을 두는 육신의 생각에 통제받는다면 사망이라는 증상이 나타납니다. 육신은 살아 있고 생존 본능으로 먹고 마시고 일하고 많은 활동을 하지만 하나님이 보시기에 그는 죽은 사람인 것입니다. 왜 살아 있는 사람에게 사망이라는 표현을 하실까요? 하나님께서 누리시는 생명(Zoe)이 나타나지 않기 때문입니다. 그러나 영의 생각에 통제를 받으며 하나님의 생명과 연결된 사람에게 나타나는 증거는 영혼에 이 생명이 흐르고 평안한 마음이 그의 생각을 주장한다고 말씀하십니다. 하나님의 생명이 주도하는 진정한 삶을 누리는 사람은 마음에 평안과 안식을 느끼고, 그리고 영혼의 만족과 충만함을 경험하게 됩니다. 하나님의 생명이 우리 안에 흐를 때 우리는 특별히 어떤 이유라고 손꼽지는 못해도 주 안에 거하는 것이 그냥 기쁘고 소망이 있습니다. 장래에 대한 긍정적인 태도가 속에서부터 뿜어져 나옵니다. 하나님의 생명이 흐르기에 삶의 의욕이 넘칩니다. 이 생명이 우리 안에 역사할 때 우리에게 주어진 환경을 초월할 수 있도록 능력 또한 발휘합니다. 사도 바울은 복음을 전하다가 감옥에 갇혀 살게 되어 오랜 시간 동안 활동적인 삶을 살지 못했지만 이 생명을 누렸기에 그는 풍성한 삶을 살았다 고백합니다. 사탄의 방해로 인하여 육체적으로는 한계에 부닥쳤지만, 그의 영은 영적인 세계와 연결되어 온 세계를 돌아다니며 문서 선교와 기도로 아주 효과적이고 생산적인 삶을 살았습니다. 바로 그리스도의 생명이 그 안에 흐르고 있었기 때문입니다. 하나님께서 우리에게 주시고자 하는 풍성한 삶을 경험하는 것은 육신의 긍정적인 생각과 노력으로 얻어진 결과가 아니고 주의 생명이 흐를 때 자연적으로 나타나는 현상입니다. 만약 남편이나 아내가 지루함과 무미건조한 삶으로 갈등을 겪는다면 이 생명의 사역이 부부관계에 절실하게 필요합니다. 하나님의 생명이 부부관계에 계속적으로 흐른다면 몇십 년을 같이 살고 성관계를 하여도 지겹지 않고 항상 새로워집니다. 살아 있는 생명이 아내와 남편 영혼에 흐르기 때문입니다.

우리의 마음

그리스도 안에서 구원받고 참생명을 이미 소유한 사람들이 무미건조한 삶과 부부관계 때문에 갈등을 겪고 있다면 그 원인은 무엇일까요? 바로 변화받지 못한 마음이 문제입니다. 왜 마음의 변화가 필요할까요? 사람의 마음은 하나님의 생명이 우리 영혼으로 흐르게 하는 통로로 사용되기 때문입니다. 우리가 그리스도 안에서 거듭날 때 하나님은 초자연적인 능력으로 우리 안에 새로운 심령(heart)과 새로운 영(spirit)을 회복시켜 주십니다(겔 36:26). 그러나 우리의 마음은 다릅니다. 구원이 필요한 우리의 마음(mind)은 다른 방식으로 회복이 되도록 역사하십니다. 만약 우리가 거듭나는 순간에 하나님께서 우리의 심령과 영을 새롭게 하심 같이 우리의 마음(mind)까지 새롭게 하셨다면, 구원받는 순간 기독교인들은 과거의 기억을 잃어버리는 경험을 하게 될 것입니다. 사람의 마음과 기억은 연결되어 있기 때문입니다. 그렇기에 하나님은 우리에게 '새로운 마음(mind)'을 주시는 것 대신에, 우리에게 회복 과정에 참여하라고 로마서 12장 2절을 통하여 명하십니다.

> "너희는 이 세대를 본받지 말고 오직 마음(mind)을 새롭게 함으로 변화를 받

아 하나님의 선하시고 기뻐하시고 온전하신 뜻이 무엇인지 분별하도록 하라."

새롭게 하라는 말씀은 사람의 마음(mind)이 프로그램 업그레이드가 가능한 기계적인 부분이기 때문입니다. 우리의 협력을 통해, 성령께서는 우리의 마음을 그리스도의 생각과 일치하도록 변화시키시고 새롭게 하도록 도우십니다. 진리에 근거하고 천국의 가치와 기준에 맞게 완전 업그레이드된 프로그램을 소유하도록 명하시는 것입니다. 우리의 영이 새롭게 거듭나듯이 우리의 마음 또한 변하지 않는다면 성령께서 보내시는 생명의 흐름을 경험하지 못하게 됩니다.

한 개의 통로

모든 인간은 갈증을 해결해 줄 물을 마셔야 합니다. 육체에 필요한 물, 정서적, 관계적인 물, 영혼에 필요한 물 또한 필요합니다. 하나님의 생명이 마음이라는 통로를 통하여 인간의 심령으로 흐르는 것을 성경에서는 생수라 표현하십니다. 하나님께로 오는 생수를 얻지 못한 사람들도 이 세상에서 제공하는 수많은 종류의 물을 마시며 갈증을 해결합니다. 그러나 이 영혼에 필요한 진정한 생수를 얻는 통로가 따로 있고 세상의 물을 얻는 통로가 따로 있는 것이 아니고, 생수를 얻든지 세상의 물을 얻든지 한 통로를 지나게 됩니다. 이 한 통로는 과연 무엇일까요? 로마서 8장에 답을 주십니다.

"육신의 **생각**은 사망이요 영의 **생각**은 생명과 평안이라." (로마서 8:6)

이 말씀을 통하여 바로 우리의 생각이 물을 전달하는 통로로 사용된다는 진리를 우리가 알기 원하십니다. 생명과 단절된 삶을 의미하는 사망을 경험하거나 생명을 경험하는 것은 우리가 하는 생각을 통하여 흐르게 된다는 사실을 말입니다. 이 생각이라는 통로를 통하여 생명이 우리 마음에 흘러야 우리가 진정한 삶을 누리게 됩니다. 그러나 이 통로가 육에 속한 생각들로 꽉 채워져 있다면 생수가 흐를 수 없게 됩니다. 생수이든 아니면 육에 속한 어떠한 다른 물이든 상관없이 통과하는 통로가 하나밖에 없기에 육에 속한 생각이든, 영에 속한 생각이든, 어느 한쪽이 길을 양보해야 합니다. 두 대의 차가 한 차선으로 달릴 수가 없듯이 말입니다. 영혼의 생수가 흐르기 위해서는 다른 물이 흐르지 않도록 막아야 한다는 의미입니다. 하나님의 생명은 놀라운 능력을 소유했지만 만약 우리 마음으로 가는 길에 방해물이 가려지고 막혀 있다면 전달을 받지 못하게 됩니다. 방송국에서 전파를 보내지만, 집에 있는 라디오의 채널이 잘못 맞춰 있다면 보내는 전파를 얻지 못하는 이치와 같은 것입니다.

하늘나라로부터 오는 방송을 듣기 원한다면 그에 맞는 채널로 바꾸어야 하듯, 하나님의 생명을 얻기 위한다면 생각이라는 통로를 막고 있는 장애물을 없애고 생명의 흐름이 심령 안으로 스며들도록 열어 놓아야 합니다. 진리의 말씀으로 마음을 새롭게 하는 과정은 생각이라는 통로가 생수의 원천지와 연결되도록 파이프를 연결시키는 작업으로 볼 수 있습니다. 하나님이 누리시는 생명을 주는 이 생수를 얻기 원한다면 영의 생각에 통로를 양보해 드려야 합니다. 세상적인 생각과 영향력이 우리의 생각과 마음을 주장하지 않도록 막아야 합니다.

> "육신을 따르는 자는 육신의 일을, 영을 따르는 자는 영의 일을 생각하나니."(로마서 5:5)

> "너희가 육신대로 살면 반드시 죽을 것이로되(생명을 경험하지 못할 것이로되) 영으로써 몸의 행실을 죽이면 살리니(하나님이 누리시는 생명을 나도 누리게 되나니)." (로마서 8:13)

이 생명의 흐름을 공급하는 영을 따라 살기 위해서는 의도적으로 육신의 생각과 요구를 거절해야 한다 말씀하십니다. 우리 육신의 생각은 죄의 습관이 살아 있어 세상적인 방식에 익숙한 옛 사람을 가리킵니다. 왜 육신의 생각을 거절해야 할까요? "육신의 생각은 하나님과 원수가 되나니 이는 하나님의 법에 굴복하지 아니할 뿐 아니라 할 수도 없음이라"(로마서 8:7)라고 하십니다. 왜 육신의 생각은 하나님과 원수 되고 하나님의 법과 어긋날까요? 육신의 생각은 우리를 죽이려고 시작된 사탄의 제안으로부터 시작되었기 때문입니다. 하나님이 누리시는 생명을 체험하도록 우리에게 주신 '생각'이라는 통로가 도리어 불순종으로 하여금 우리로 '죽음'을 체험하도록 하는 사탄의 도구가 된 것입니다. 하나님의 생각을 거부하고 사탄의 생각을 받아들인 결과입니다. 사탄의 생각은 우리에게 죽음을 맛보게 합니다. 이 '생각'이라는 통로는 영적인 승리와 실패를 가늠하고 풍성한 생명을 누리도록 돕는 중요한 역할을 합니다. 하지만 우리는 이 '생각'을 함부로 대하는 경향이 있습니다. 이 '생각' 안에 뭐가 들어가든 중요하게 여기지 않습니다. 무슨 음식이든 맛있으면 '가리지 않고' 다 잘 먹는다라고 어떤 사람들은 말합니다.

이런 사고방식은 영적인 관점에서 볼 때 아주 위험하고 어리석은 발언입니다. 우리 마음에 들어가는 모든 정보들은 도리어 철저히 가려서 먹어야 합니다. 고린도후서 10장 5절에 보면, "하나님 아는 것을 대적하여 높아진 것을 다 무너뜨리고 모든 생각을 사로잡아 그리스도에게 복종하게 하니"라고 하시며 모든 생각을 다 용납하지 말고 철저히 가려내야 한다 하십니다. 우리의 육체와 생각은 기계적인 기능을 하기 때문에 무엇을 넣는가에 따라 결과가 다르게 나오기 때문입니다.

씨 뿌리는 자의 비유를 통해 성경은 하나님의 말씀을 '생명을 주는 씨'라고 표현하십니다. 우리의 생각 속에 생명의 근원이신 하나님의 생각을 집어 넣어야 우리는 생명을 얻고 이 생명이 자라서 더욱 풍성함을 누리게 됩니다. 하나님의 생각과 말씀이 우리 생각을 주장하도록 해야 합니다.

현재 우리가 살고 있는 세상에서는 육신의 생각이 주장하고 왕 노릇 하고 있습니다. 아담과 하와가 하나님의 말씀이 아닌 사탄의 말을 인정하고 믿은 후부터, 사탄은 사람들의 생각 속에 자유롭게 들어가 그들이 하는 모든 결정에 영향을 끼치게 됩니다. 마음의 문을 사탄에게 열어 놓았기 때문입니다. 사탄에게 열린 마음의 문을 닫지 않는다면 인간의 마음은 선보다는 오히려 악의 도구로 사용됩니다. 인간의 마음에 사탄의 거짓말이 용납되고, 믿어진다면 하나님께 대한 왜곡된 생각이 자랄 것입니다. 그 결과 마음의 밭에 하나님과 그분의 본성, 계명에 대한 반항심과 불신앙의 열매가 맺히게 됩니다. 하나님에 대한 왜곡된 사고 체계가 들어와 마음속에 성장하도록 허용한 결과 사람의 마음은 점점 하나님의 생명과 단절되어 메마르며 황폐한 마음을 소유하게 됩니다.

안타깝게도 이 세상에 살고 있는 많은 그리스도인들까지도 육신의 생각에 통제받는 삶을 살 수 있습니다. 만약 하나님께서 당신의 자녀들에게 계시하신 계명, 원칙, 지혜, 지식을 무시하거나 거부하면 우리의 마음은 그 공허를 채우기 위해 우리에게 들리는 다른 정보들을 받아들일 것입니다. 그게 비록 하나님의 진리와 반대되는 거짓일지라도 말입니다. 사람의 마음은 우리의 행동에 영향을 미칠 사고체계를 형성하기 위해 지적인 정보를 필요로 합니다. 안타깝게도 하나님의 생명이 흐르도록 디자인된 마음은 죄와 잘못된 정보로 인하여 도리어 더럽고 불결한 물이 흐르게 됩니다.

영적 흉년

구약성경에 있는 룻기를 보면, 나오미와 엘리멜렉이라는 부부 사이에서 태어난 두 아들이 있습니다. 이 아들들의 이름의 뜻을 찾아보면 그들이 어떠한 삶을 살았는지 짐작하게 됩니다. 첫아들의 이름 '말론'인데 그 뜻은 '단조로움, 무미건조함 또는 죽음'이란 의미를 가진 이름이고, 둘째 아들 '기룐'은 '초췌함, 무기력하다'는 뜻으로 그들의 부부생활은 아주 지루함으로 죽어 가고 있었다는 힌트를 우리에게 줍니다. 두 아들에게 이토록 암담한 뜻을 가진 이름을 지어준 부부의 심정은 상상만 해도 우리의 마음이 답답합니다. 그들은 약속의 유업인 가나안 땅에 살았지만 안타깝게도 풍성한 생명의 삶을 경험하지 못했습니다. 가뭄 때문에 온 흉년으로 그들의 삶이 메마른 상태가 되었습니다. 이 흉년은 영적 가뭄을 의미하기도 합니다. 왜 가뭄이 든 것일까요? 나오미와 엘리멜렉은 사사 시대에 살았습니다. 사사기 2장 10-12절에 그때 상황을 보여 주십니다.

> "그 세대(여호수아와 그의 세대를 의미함)의 사람도 다 그 조상들에게로 돌아갔고 그 후에 일어난 다른 세대는 여호와를 알지 못하며 여호와께서 이스라엘을 위하여 행하신 일도 알지 못하였더라. 이스라엘 자손이 여호와의 목전에 악을 행하여 바알들을 섬기며 애굽 땅에서 그들을 인도하여 내신 그들의 조상들의 하나님 여호와를 버리고 다른 신들 곧 그들의 주위에 있는 백성의 신들을 따라 그들에게 절하여 여호와를 진노하시게 하였으되."

또한 사사기 마지막 장, 마지막 절에 보면 "그때에 이스라엘에 왕이 없었으므로 사람이 각각 그 소견에 옳은 대로 행하였더라."라고 기록하며 가뭄의 직접적인 원인을 지적하십니다. 사사 시대에는 이스라엘 백성을 다스리는 왕이 없었지만 하나님께서 그들의 왕으로서 그들을 인도하시고 역사하셨는데, 백성들은 우상을 섬기며 하나님의 말씀에 순종하지 않았고 각각 소견대로 삶의 방식을 선택하게 됩니다. 그 결과 그들의 삶은 흉년으로 어려움을 겪게 됩니다. 이스라엘 백성들은 하늘에서 내리는 비를 의지하는 삶을 살도록 의도하셨지만 가뭄이 온 것입니다.

> "네 하나님 여호와께서 너를 아름다운 땅에 이르게 하시니 그곳은 골짜기든지 산지든지 시내와 분천(힘 있게 솟아오르는 샘)과 샘이 흐르고 밀과 보리의 소산지요 포도와 무화과와 석류와 감람나무와 꿀의 소산지라." (신명기 8:7)

> "내가 오늘 너희에게 명하는 내 명령을 너희가 만일 청종하고 너희의 하나님 여호와를 사랑하여 마음을 다하고 뜻을 다하여 섬기면 여호와께서 너희 땅에 이른 비, 늦은 비를 적당한 때에 내리시리니 너희가 곡식과 포도주와 기름을 얻을 것이요, 또 가축을 위하여 들에 풀이 나게 하시리니 네가 먹고 배

부를 것이라." (신명기 11:13-15)

곡식과 포도주와 기름을 얻고 배부르게 먹는 것은 영 혼 육이 풍성한 삶을 가리킵니다. 이 모든 것은 하늘로부터 내리는 비, 이른 비와 늦은 비가 내려야 가능한 것입니다. 비는 성서적인 의미로 하나님의 축복을 상징하고 또 말씀을 상징합니다. 하나님의 백성이 풍성한 생명을 누리는 비결은 바로 '때를 따라 내리시는 비'입니다. 비가 내려야 곡식들이 자라듯이 우리의 결혼도, 부부관계도 남편과 아내의 영혼도 하늘로부터 내리는 비가 필요합니다. 그러나 불순종의 결과로 가나안 땅에는 하늘에서 비가 내리지 않았습니다. 그 결과 나오미와 엘리멜렉 부부는 모압 땅으로 이민을 갑니다. 성경에 보면 모압에 대한 말씀을 통하여 그곳이 어떠한 곳인지를 암시해 주십니다. 시편 60편 8절과 108편 9절에 "모압은 내 목욕통이라."라는 구절들을 통하여 사람이 목마를 때 마실 수 있는 깨끗한 물이 아니라는 것을 알 수 있습니다. 비를 멈추신 하나님의 의도와 뜻을 살피며 그들의 근본 원인을 찾아 문제해결을 하기보다 다른 물을 찾아 약속의 땅을 떠나게 됩니다. 모압 지방에 가면 그들이 추구하는 풍성한 삶을 살 것이라는 희망을 갖고 갔지만 바로 거기서 나오미의 남편과 두 아들이 죽게 됩니다. 모압에서 얻은 세상의 방법과 충고를 따라 성공적인 결혼 생활과 가정을 이루려고 했지만 실패합니다. 룻기에 나오는 이 부부의 이야기는 생명을 얻되 더욱 풍성한 생명을 계속 얻을 수 있는 생수의 원천과 연결되기 전까지 갈등하는 부부들의 삶과 결혼이 어떠한지 본보기로 보여 주십니다.

성령의 단비

그렇다면 이 생수를 얻는 실질적인 방법은 무엇일까요? 구약성경에서는 성령의 사역을 '비'에 비유합니다. '비가 오지 않았다' 함은 생수를 제공하시는 성령의 역사가 끊어지고 그들의 삶이 메마른 것을 의미합니다. 로마서 8장 2절에는 성령을 생명을 주시는 '생명의 영'이라 칭합니다. 그렇다면 비로 나타나시는 성령의 역사는 무엇을 의미할까요?

"이는 비와 눈이 하늘로부터 내려서 그리로 되돌아가지 아니하고 땅을 적셔

> 서 소출이 나게 하며 싹이 나게 하며 파종하는 자에게 종자를 주며 먹는 자에게는 양식을 줌과 같이 내 입에서 나가는 말도 이와 같이 헛되이 내게로 되돌아오지 아니하고 나의 기뻐하는 뜻을 이루며 내가 보낸 일에 형통함이니라." (이사야 55:10-11)

이 구절에서는 '말씀'을 '생명을 자라게 하는 비'로 비유하십니다.

> "내 교훈은 비처럼 내리고 내 말은 이슬처럼 맺히나니 연한 풀 위의 가는 비 같고 채소 위의 단비 같도다." (신명기 32:2)

이 구절을 통하여 성령의 역사를 내리는 비요, 맺히는 이슬이요, 가는 비요, 또는 단비라고 하시며 곡식이 자라기 위해서 꼭 필요한 물을 여러 가지 형태로 표현하고 있습니다. 하나님의 말씀이 우리 삶에 비처럼 내려 심령의 갈증을 해소하는 생수가 되고, 아침마다 내리는 이슬처럼 우리 심령을 은혜로 촉촉히 적시며, 가는 비로 우리의 심령을 새롭게 하시고, 단비도 내리사 우리 안에 생명이 자라고 열매 맺는 삶을 살도록 하십니다. 온라인 성경 사전에 보면 단비를 '꼭 필요한 때 알맞게 내리는 비'라고 말합니다. '비'의 역사는 생명의 말씀을 통하여 우리의 영혼을 살리시는 성령의 사역을 가리킵니다.

로고스와 레마의 사역

'비가 하늘로부터 내린다'는 비유는 하나님의 음성을 듣는 축복을 말합니다. 신약성경 원문에는 하나님의 말씀을 로고스와 레마로 나누어 번역이 되어 있습니다. 로고스는 전체적인 하나님의 말씀, 불변하시는 진리, 원칙, 법, 원리로써 쓰여진 신, 구약을 통틀어 가리킵니다. 성경 말씀을 읽을 때 우리는 하나님의 음성을 듣습니다. 매일매일 내려주시는 비를 받도록 우리의 생각을 열고 비가 내리는 곳에 우리 마음을 두어야 합니다. 매일 새롭게 주시는 은혜를 받기 위해서는 하나님 말씀을 읽고 묵상하는 것이 삶의 우선순위가 되게 하는 훈련이 필요합니다.

때를 따라 말씀을 통하여 '꼭 필요한 때에 알맞게 내리는 비'같이 성령께서 우리 삶에 어떠한 환경이나 처지에 꼭 맞고 필요한 말씀을 주시며 우리에게 "이리 가거라, 저리 가거라." 인도하시는 음성도 들어야 합니다(사 30:21). "주의 말씀은 내 발에 등이요, 내 길에 빛이니이다."(시 119:105)라고 하십니다.

수많은 원칙과 약속의 말씀들 중에 오늘, 지금, 이 순간 우리에게 적용되는 말씀을 듣는 것을 '레마'라 합니다. 이러한 체험을 할 때 우리는 "하나님의 음성을 직접 들었다."고 표현합니다. 성경에서 말하는 로고스와 레마의 차이점은 무엇일까요? 예를 들어 로고스는 아버지가 나에게 글로 써서 보낸 편지로 당신의 뜻과 생각을 모두 적어 주셨다고 생각해 봅시다. 그 안에는 우리에게 필요한 삶에 대한 원칙과 매뉴얼이 상세하게 설명되어 있습니다. 그러나 이 편지를 읽고 외우고 알고 있지만 막상 삶의 현장에서 일어나는 사건들을 접할 때 어떤 구절과 말씀을 적용해야 하는지 모를 때가 많습니다. 이러한 순간순간 만약 아버지가 직접 우리에게 전화를 하셔서 어떠한 구절을 인용하라는 음성을 직접 들려주신다면 이것은 레마의 사역으로 이해할 수 있습니다.

'레마'는 영어로 'living voice'라고 해석하기도 하는데 '살아 있는 음성'이란 의미입니다. 똑같이 생명을 주는 말씀인데도 직접 주님의 목소리로 들을 때 우리에게 더 큰 감동이 옵니다. 이렇게 로고스의 말씀이 레마로 다가와 우리 삶에 적용되어 역사할 때 하나님과의 친밀함을 새롭게 확인합니다. 우리가 갈등하는 문제의 초점과 번민을 너무도 잘 이해하시고 어쩌면 그렇게 족집게처럼 우리 상황에 딱 맞는 말씀을 골라서 상기시켜 주시는지 깜짝 놀라며, 우리 하나님이 진짜 살아 계신 전능한 신이심을 매번 인정하게 됩니다.

하나님의 음성을 들을 때 우리의 심령은 벅차고 놀라운 만족감을 얻습니다. 아버지의 위로를 들을 때면 마음이 따뜻해집니다. 우리의 모든 필요를 채워 주시겠다는 주의 음성을 직접 들을 때 놀라운 안식과 믿음이 우리를 주장합니다. 영적 전쟁 중에 우리에게 주시는 말씀은 힘과 능력을 발휘합니다. 주의 음성을 들을 때 우리를 향한 주님의 관심과 사랑이 확증되고 우리의 믿음과 주를 신뢰함이 두터워지는 것을 체험합니다. 하나님과의 관계가 더욱 친밀하게 자라게 됩니다. 이렇게 하나님의 말씀은 하늘로부터 내리는 단비가 되어 우리의 심령을 항상 촉촉하게 하시고 믿음, 소망, 사랑이 자라게 하십니다.

살아 역사하는 소통의 회복

우리가 구원받고 거듭난다는 것은 우리의 영이 살아나는 것뿐만 아니라 하나님과의 커뮤니케이션 채널이 다시 연결되고 하나님과의 교제를 통한 대화가 회복되는 것을 의미합니다. 대화는 모든 관계의 시작뿐 아니라 유지하는 데 아주 중요한 역할을 하기 때문입니다. 그렇기에 사도행전에 보면 오순절에 성령이 교회에 임하실 때 가장 먼저 하신 사역은 바로 영을 통한 기도의 능력인 방언의 은사를 하나님의 자녀들에게 주십니다. 새로 거듭난 우리의 영이 하나님의 영과 대화를 할 수 있도록 초자연적인 방법을 통하여 기도의 문을 열어 주신 것입니다. 우리는 영적인 존재이기에 생존하는 삶을 넘어 영적인 세계와 연결이 되어 살아 있고 생동감 넘치는 대화의 창이 열려야 합니다. 부모와 자식 사이에 오가는 의례적이고, 도덕적이고, 의무적인 대화가 아니고, 관심과 사랑으로 나누는 대화 말입니다. 우리는 하나님의 음성을 들으며 주님과의 관계를 확인하며 영적으로 성장합니다. 비가 내려야 식물이 자라는 것과 같은 이치입니다. 하나님의 음성은 생명을 주는 말씀이기 때문입니다.

그러나 하나님의 음성을 들어도 불신하거나, 그 말씀에 순종하지 않고 무시하고 살면 하늘로부터 내리는 비를 멈추십니다. 레마의 말씀이 더 이상 들리지 않습니다. 그 결과 우리 심령에 가뭄이 오게 되고, 삶이 지루하고 부부관계가 따분한 현상들이 나타납니다. 생명을 주시는 영의 사역이 단절되었기 때문입니다. 영적인 가뭄이 왔다는 것은 무엇인가 잘못되었거나 잘못 가고 있다는 신호입니다. 구약에서는 가뭄을 통하여 하나님의 백성들이 잘못을 깨닫고 회개하는 역사가 있도록 가뭄을 회개의 수단으로 사용하셨습니다.

터진 웅덩이

영적인 가뭄으로 인해 영혼의 갈증이 생길 때, 삶이 따분할 때, 부부관계가 지루할 때 주께 나아와 회개하고 주님께 순종하는 것으로 문제를 해결하지 않고, 스스로 웅덩이를 파고 물을 얻고자 했던 주의 백성을 깨우치시는 말씀이 있습니다.

> "내 백성이 두 가지 악을 행하였나니, 곧 그들이 생수의 근원되는 나를 버린 것과 스스로 웅덩이를 판 것인데 그것은 물을 가두지 못할 터진 웅덩이들이니라." (예레미야 2:13)

부부 사이의 지루함을 해결하는 방법으로 아내나 남편이 외도를 선택했다면 하나님의 도움을 바라는 대신 스스로 웅덩이를 파고 물을 얻으려 한 것입니다. 안타깝게도 가뭄을 허락하신 주님의 의도를 깨닫지 못하고 하나님의 백성인 남편과 아내마저 영적인 갈증을 육적인 방법으로 해결하려고 각자 방법을 찾아 웅덩이를 파며 인간적인 노력을 합니다. 삽을 들고 땀을 흘려가며 땅을 파지만, 갈증을 해결할 수 있는 물줄기는 찾지 못하고 몸과 영혼이 지쳐 삶에 대한 환멸을 느낍니다. 생명의 근원인 생수 없이 사는 게 너무 힘들기 때문입니다. 각자가 터진 웅덩이를 열심히 파고 물을 얻으려는 방법은 세상 사람들이 삶을 대하는 방식이라 말씀하십니다.

> "네가 들어가 차지하려 하는 땅은 **네가 나온 애굽 땅과 같지 아니하니 거기에서는 너희가 파종한 후에 발로 물 대기를 채소밭에 댐과 같이 하였거니와** 너희가 건너가서 차지할 땅은 산과 골짜기가 있어서 하늘에서 내리는 비를 흡수하는 땅이요, 네 하나님 여호와께서 돌보아 주시는 땅이라. 연초부터 연말까지 네 하나님 여호와의 눈이 항상 그 위에 있느니라." (신명기 11:10-11)

이 신명기 구절을 보면 애굽 땅에서 '발로 물대기'를 하던 수고롭게 힘든 삶을 벗어나게 하시려고 주의 백성들을 애굽에서 건져 내셨다 하십니다. 고달픈 노예로 살던 애굽의 삶과는 달리 그리스도 안에서 구원받은 자에게는 '하늘에서 내리는 비를 흡수하는 땅'을 얻는 초자연적인 축복의 삶을 누리도록 약속하셨습니다. 그러나 주님이 약속하신 풍성한 삶의 비밀을 모른다면, 자기 힘으로 땅을 파고 물을 끌어들이는 수고를 하며 가뭄을 해결해 보려고 하지만 터진 웅덩이를 판 까닭에 물을 얻지 못하니 절망감이 생기고 삶이 곤고해집니다. 소망이 없고 바랄 것이 없는 메마른 영적인 가뭄이 찾아오게 됩니다. 혹 육신적으로 원하던 남편, 집, 가구, 자녀, 직장, 돈, 명예 등등 수많은 구덩이를 팠지만, 그 어느 하나도 영혼의 깊은 갈증을 해결해 주지 못하고 만족이 없으니 삶이 따분하고 지겹다 느끼게 됩니다. 그렇다면 그리스도인 부부의 삶에 가뭄이 오면 어떻게 해야 될까요? 신명기 11장에 답을 주십니다.

> "내가 오늘 너희에게 명하는 내 명령을 너희가 만일 청종하고 너희의 하나님 여호와를 사랑하여 마음을 다하고 뜻을 다하여 섬기면, 여호와께서 너희의 땅에 이른 비, 늦은 비를 적당한 때에 내리시리니 너희가 곡식과 포도주와 기름을 얻을 것이요, 또 가축을 위하여 들에 풀이 나게 하시리니 네가 먹고 배부를 것이라." (신명기 11:13-15)

비가 멈춘 원인을 찾아 회개하고 돌이켜 여호와 하나님을 사랑하고 그의 말씀을 순종한다면 다시금 비가 내려올 것입니다. 부부간에 서로를 용서하고 용납하라 하셨지만 원망의 마음을 키웠다면, 그리스도의 사랑으로 다시 용서하기로 마음을 결정해야 합니다. 이 세상의 방법과 타협하는 생각, 태도, 행동을 버리라 하셨다면 순종해야 합니다. 그래야 다시 비를 내려 주십니다. 순종한 후 비를 구하는 기도를 하라 말씀하십니다.

> "봄비가 올 때에 여호와 곧 구름을 일게 하시는 여호와께 비를 구하라. 무리에게 소낙비를 내려서 밭의 채소를 각 사람에게 주시리라." (스가랴 10:1)

야고보서 5장 17-18절에 "엘리야가 간절히 기도함으로 하늘이 비를 주고 땅이 열매를 내었다."는 말씀도 있습니다. 하나님의 말씀을 순종하고 주를 사랑하며 섬기는 자들이 간절한 기도로 구하며 비를 사모하면 하늘에서 비를 내려 주신다는 약속입니다. 이렇게 하나님께서는 당신의 백성이 의의 자녀들의 모습으로 변하고 장성할 때까지 가뭄과 흉년의 시기를 적절히 징계와 훈련의 도구로 사용하십니다.

생명의 흐름과 생수

예수님께서는 이 생명의 흐름을 생수로 표현하셨습니다.

> "내가 주는 물을 마시는 자는 영원히 목마르지 아니하리니 내가 주는 물은 그 속에서 영생하도록 솟아나는 샘물이 되리라." (요한복음 4:14)

> "나를 믿는 자는 성경에 이름과 같이 그 배에서 생수의 강이 흘러 나오리라 하시니 이는 그를 믿는 자들이 받을 성령을 가리켜 말씀하신 것이라." (요한복음 7:38-39)

이 생수를 우리에게 주시는 분은 성령님이십니다. 수도국을 통해 전달되는 물을 얻으려면 집집마다 수도관을 연결하고 호스를 끼우는 것과 같이 영혼의 생수를 얻기 위해서도 생명의 원천 되시는 예수께 가까이 나와서 내 영혼의 호스를 주님께 연결시켜야 합니다. 그리고 연결된 호스를 통하여 흐르는 생수로 우리의 갈증을 해결해야 합니다. 이 생수가 흐를 때 우리는 주님이 주시는 놀라운 사랑과 기쁨, 소망과 능력을 누리게 되고 삶에 대한 의욕이 생깁니다. 아내도 남편도 이 생수의 흐름을 경험해야 생존하는 삶의 따분함과 지루함을 없앨 수 있습니다. 부부들의 권태기도 물리칠 수 있는 힘을 얻습니다. 이 생수가 부부관계에 넘쳐 흘러야 풍성한 결혼 생활을 누릴 수 있습니다.

한 여인의 고백

이 여인은 마음에 기쁨이 없고 우울하면 쇼핑을 하러 나갔다고 합니다. 딱히 살 것도 없는데 기분전환이나 하자는 생각으로 쇼핑을 한 것입니다. 그 당시에는 쇼핑을 다니는 증상이 생수에 대한 갈증 때문이라는 것을 인식하지 못했고 생수를 얻는 방법도 몰랐기에 세상 사람들과 마찬가지로 물질적인 것을 통해 만족감을 얻고 허전함을 채우는 방식이 익숙했습니다. 화려하고 반짝거리는 새로운 물건을 보면 마음에 좀 위로가 되는 것

같아서 이것저것 사 들고 집으로 돌아오지만 얼마 안 가서 돈만 낭비한 것을 깨닫고 후회를 하였답니다. 만족이 없고 갈증이 해결되지 않았기 때문입니다. 바로 그다음 날에는 어제 샀던 물건을 다시 싸 들고 나가 반품을 하는 수고를 했답니다. 물건을 사고, 반품하는 동안 수많은 시간과 에너지가 낭비되었으니 마음만 더욱 착잡해집니다. 쇼핑을 통해 위로받으려 한 것 역시 터진 웅덩이였습니다.

어떤 때는 남편을 바라보며 문제를 해결하려 했습니다. 자신을 힘들게 하는 문제는 다 남편이 부족해서 아내를 만족시켜 주지 못하고 능력이 없어서 문제가 생긴다는 착각을 하니 갑자기 남편에 대한 불만이 커지고 남편을 괴롭히며 갈증을 해결해 달라고 요구했습니다. 그 결과 부부관계가 악화되어 물을 얻기는커녕 마음이 더욱 곤고해지는 것을 깨닫습니다. 남편에게 매달린 것 또한 터진 웅덩이였습니다.

그렇게 한참 헤매다가 뒤늦게 깨닫고 주의 전에 나아가면 정말 놀랍게도 갈증이 사라지는 것을 경험합니다. 생수를 마셨기 때문입니다. 왜 더 빨리 알아차리지 못했을까 후회하며 그동안 부담을 준 남편에게 미안하기도 하고 남편과 어긋난 관계를 수습하느라 땀을 흘린 적도 많았다고 합니다. 주의 전에 나아가 생수를 마시고 나면 그토록 서운하게 보이던 남편이 다르게 보입니다. 남편의 부족한 점들이 하나도 눈에 거슬리지 않습니다. 그녀의 시선과 소망이 하나님을 향해 바뀌었기 때문입니다.

마음이 답답할 때 생수의 근원되시는 주님께 먼저 나아오라고 성령께서는 우리에게 말씀하십니다. 우리의 영혼의 호스를 주님께 연결해야 합니다. 주님께서 부어 주시는 생수는 우리가 원하는 만큼 값없이 주시겠다고 약속하셨습니다. 민수기 20장 8절에 보면 물이 없어 불평하는 백성들에게 모세를 통하여 갈증을 해결할 수 있는 방법을 주십니다. "너희는 반석에게 명령하여 물을 내라 하라. 네가 그 반석이 물을 내게 하여 마시게 할지니라." 여기서 "반석에게 명령하여"라는 부분이 영어 성경에는 "speak to that rock"이라고 쓰여 있습니다. 다른 데 가서 불평하지 말고 다른 구덩이를 파지 말고 반석이신 예수님께 나와 마실 물을 달라고 요청하면 주신다는 약속입니다. 이어지는 민수기 20장 11절을 보면 "물이 많이 솟아나므로"를 통해 목마른 주의 백성들에게 충분한 양의 물을 주셨음을 알 수 있습니다.

생수의 막힘

또 어떤 경우에는 흐르던 생수가 한순간 막히기도 하고 어떤 때는 막힘이 며칠 동안 계속됩니다. 우리 안에 생수가 흐를 때 가장 현저하게 나타나는 열매는 평강입니다. 평강의 주께서 우리의 마음을 주장하신다는 의미입니다. 그러나 얼마 전까지도 누리던 평강과 기쁨의 강물이 끊어지고 답답하고 불안한 마음이 들기 시작할 때가 있습니다. 생수의 흐름이 막힌 것입니다. 생수가 막힘을 경험할 때 잠잠하던 호수에 누가 돌을 던진 것같이 속이 시끄러워집니다. 생수가 흐를 때는 모든 지각에 뛰어난 놀라운 평강과 안식을 누리지만, 그 평강을 순간적으로 상실할 수 있습니다. 왜 잘 흐르던 생수가 막혔을까요? 왜 이런 현상이 일어날까요? 물이 흐르는 호스가 누르거나 밟힐 때 물길이 막히는 것같이 우리 자신이 성령의 흐름을 막을 수 있습니다. 성령의 흐름이란 성령의 열매 같은 주의 생명의 영향력이 우리 안에 나타남을 의미합니다.

그렇다면 우리 자신이 성령의 흐름을 막다니, 무엇이 잘못된 것일까요? 우리의 마음이 평강의 주가 아닌, 인간적인 다른 생각에 통제받는다는 증거이기도 합니다. 또한 우리가 불순종하거나, 죄를 범할 때, 하나님의 약속을 믿지 못하고 불신할 때, 성령의 인도하심을 의심할 때, 믿음으로 행하지 않고 보는 것으로 행할 때, 우리 안에 계신 성령께서 탄식하심을 인식할 수 있습니다. 에베소서 4장 30절은 "하나님의 성령을 근심하게 하지 말라."고 하십니다. 어느 날 이유 없이 슬픔을 느낄 때가 있다면, 혹 성령께서 탄식하고 계심을 우리에게 알리시는 것이 아닐까 기도하며 주님께 원인을 물으며 우리의 생각을 살피는 것도 생수의 흐름을 막는 장애물을 없애는 훈련이 됩니다. 불신의 생각을 했는지, 교만한 마음이 있었는지, 잘못된 생각을 용납했는지, 다른 사람을 정죄했는지, 등등 하나하나 짚어 가며 진리에 속하지 않은 씨가 뿌려졌는지 살펴보는 것입니다. 어떠한 생각이 분별되었을 때 생수의 흐름이 곧 회복되었다면, 아마도 그 생각이 걸림돌이었을 가능성이 있기에 성령께 여쭙고 잘못된 생각을 올바른 생각으로 고쳐야 합니다. 성령께서는 우리 마음 안에 파란불, 빨간불과 같은 신호등을 켜 주시며 우리의 생각을 분별할 수 있도록 도우십니다. 이러한 신호등을 분별하고 인식할 줄 아는 영안을 발달시키려면, 주의 음성에 민감함을 보여야 합니다.

성령이 탄식하신다는 것은 우리 스스로가 성령의 영향을 거부하는 것과 같습니다. 성령의 음성을 신뢰하기보다는 인간적인 생각을 인정하고 사탄의 거짓말을 믿을 때 우리 안에서 흐르는 생수의 흐름이, 즉 성령의 영향력과 능력이 역사할 수 없도록 거부합니다. 치열한 영적 전쟁 중에는 하루에도 몇 번씩 성령께서 제공하시는 생수의 흐름이 흐르다 막히곤 하는 반복을 경험할 수 있습니다. 믿음으로 행할 때는 평강의 생수가 흐르다가 갑자기 눈앞의 환경을 바라보니 두려움과 의심의 마음이 생길 때 부정적인 생각을 대적하지 않고 인정한다면 불신의 마음이 주장하여 우리 스스로가 생수가 흐르는 파이프를 막는 일을 합니다.

어떤 여인이 어느 날 알고 지내던 지인이 전화를 하여 그녀에게 비판적인 말을 했습니다. 기분이 나빴지만 혹시라도 자신이 정말 잘못했나 돌아보고 그분의 말을 겸손히 용납하며 인정했습니다. 혹시 하나님께서 그 자매를 통해 자신에게 책망을 하시는 줄로 여겼습니다. 그런데 곧 생수의 흐름이 막히며 심령이 답답해졌답니다. “내 마음이 왜 이렇게 답답한가요?” 주님께 묻자 이사야 54장 17절 말씀을 통하여 그 여인의 말을 대적하라는 말씀을 주셨답니다. “너를 치려고 제조된 모든 연장이 쓸모가 없을 것이라. 일어나 너를 대적하여 송사하는 모든 혀는 네게 정죄를 당하라니, 이는 여호와의 종들의 기업이요, 이는 그들이 내게서 얻은 공의니라. 여호와의 말씀이니라.” 그 여인을 통한 사탄의 공격이니 용납하지 말고 거부해야 한다는 깨달음이었습니다. 곧 그녀의 생각에서 거부하자마자 순식간에 기쁨과 안식을 되찾고 생명의 흐름이 회복되었습니다. 성령께서 분별력을 주시지 않았다면 자신 스스로 판단하는 게 어려웠을 것입니다. 사람들의 말 뒤에서 역사하는 영이 어디로부터 왔는지 분별해야 한다는 교훈이었습니다. 요한일서 4장 1절에는 “사랑하는 자들아, 영을 다 믿지 말고 오직 영들이 하나님께 속하였나 시험하라.”라고 경고하십니다. 이렇게 성령께서는 생명의 흐름과 멈춤의 현상을 통하여 “이 길이다, 저 길이다.” 가르쳐 주시며, “이 생각은 옳고 저 생각은 버리라.” 하시며 우리를 의의 자녀답게 행하도록 인도하십니다.

"너희가 우편으로 치우치든지 좌편으로 치우치든지 네 뒤에서 말 소리가 네 귀에 들려 이르기를 이것이 정로니 너희는 이리로 행하라 할 것이며"(이사야 30:21)라고 성령의 말씀에 귀 기우리는 자에게 인도하심을 약속하셨습니다.

성령님의 신호

내 안에 생수가 흐르고 있는지는 '내 안에 놀라운 평강과 안식이 있나 없나'에 따라 생수의 흐름 상태를 확인할 수 있습니다. 내 안에 평강의 강이 흐르지 않고 도리어 심령이 답답하고 어둡다면 성령님께서 나에게 전달하시려는 메시지가 있다는 것을 알아차리고 그 답답함을 우리에게 주시는 신호로 여기고 빨리 깨달아야 합니다. 왜 마음이 답답할까요? 우리의 영이 숨쉬기가 힘들기 때문입니다. 성령의 흐름은 우리 영에 필요한 산소 같은 역할을 합니다. 마음이 답답할 때 우리가 집중하여 성령의 음성을 듣고자 한다면 내 안의 잘못된 생각이나 태도를 싹부터 제거하도록 도와주십니다. 만약 성령께서 보내시는 이러한 신호를 알아차리지 못하면 심령이 답답하고 생명의 흐름을 느끼지 못함을 해결하는 방법으로 친구에게 전화를 걸어 신세 타령하거나 TV를 통한 엔터테이먼트에 의존하며 영적인 문제를 육적인 노력으로 해결해 보려 할 수도 있습니다. 그러나 우리 안에 답답함이 느껴질 때 무엇보다 먼저 성령님께 묻는 훈련을 해야 합니다. 그리스도인의 삶은 영적인 교제가 있고 초자연적인 대화를 체험하는 관계이기에 성령님께서 보내시는 신호를 읽을 수 있도록 민감함을 발달시키고 항상 성령의 음성에 귀를 기울여야 합니다. 성령님의 음성을 분별하려면 철저한 훈련과 시간이 필요합니다. 사람의 생각인지 세상의 소리인지, 사탄의 생각인지 올바로 구분하려면 내 생각이 먼저 진리의 말씀으로 변화받아야 하기 때문입니다. 성령님께서는 크게 소리치지 않으시고 조용하게 잠잠히 속삭이십니다. 성령의 음성을 집중해서 들으려면 다른 소리들을 줄여야 합니다. 전쟁에 나간 군인이 대장의 명령에 집중하지 않고 귀에 이어폰을 끼고 라디오를 듣고 있다면 적군이 몰려올 때 그는 어떻게 될까요? 아찔한 상황이 올 수 있습니다. 항상 그의 음성을 인식하고 주께 초점을 맞추고 살아야 지혜로운 내조를 할 수 있는 아내로 성장하게 됩니다. 그리스도인이 당면하고 있는 영적 전쟁, 즉 마음의 전쟁에서 승리하기 위해서는 성령님의 인도하심과 우리의 순종이 절대적으로 필요합니다.

가장 친한 친구

성령님께서 제공하시는 생수는 아주 귀하고 놀라운 효력이 있습니다. 게다가 찾고 두드리고 간절히 원하는 자들에게 값없이 원하는 만큼 주시는 생명수입니다. 그러나 생수의 가치를 모르고 낭비하는 자에게 자동적으로 또는 저절로 흐르는 물은 절대로 아닙니다. 물을 마시기 원하는 사람이 수도꼭지를 틀어야 물이 나오듯 예수님께서는 생수를 얻기 위한다면 주님께 직접 능동적으로 나오라고 우리를 초청하셨습니다. 우물가의 여인을 만나기 위해서 예수님께서는 그녀의 집으로 방문하지 않으시고 이 여인이 물을 얻기 위하여 무거운 물병을 들고 뜨거운 햇빛이 비추는 길을 스스로 걸어온 우물가에서 기다리셨습니다. 간절이 찾는 자에게 주시는 생수이기 때문입니다. 이 생수는 생명을 주는 어떠한 힘이나 전기와 같은 물질이 아니고 인격체이십니다. 이 생수는 바로 그리스도 예수의 영이신 성령입니다. 그리고 성령께서는 우리 안에 거하십니다. 진정으로 우리에게 필요한 것은 생명을 주시는 성령의 사역입니다. 사도 바울은 고린도후서 13장 13절에 다음과 같은 축복의 말을 합니다.

> "주 예수 그리스도의 은혜와 하나님의 사랑과 성령의 교통하심이 너희 무리와 함께 있을지어다."

이 구절에서 성령의 교통하심을 영어로는 "fellowship" 즉 사귐이라 표현하고 있습니다. 성령님과 친밀하고 가까운 사귐을 통해 우리는 하나님의 사랑과 그리스도의 은혜가 무엇인지를 깨닫게 됩니다. 성령은 곧 진리의 영이시기 때문입니다. 성령님께서 나와 가장 가까운 친구가 되셔야 남편을 돕는 배필의 사역을 감당할 수 있습니다. 성령을 상징하는 이 생수가 내 안에 흐르면 거짓과 어둠에 속한 것들을 밀어내시고 더러운 것은 씻어내시고 아픈 곳은 치유하시고 필요한 영양분을 공급하셔서 새롭게 태어난 우리의 영이 자라는 것을 돕습니다. 생수가 우리 안에 흐른다는 의미는 성령의 영향력이 우리의 생각과 의지, 마음, 언어, 결정, 그리고 행동을 주장하셔서 의의 속한 삶을 살도록 도와주시고 새 힘을 주시고 하나님의 원칙에 순종하도록 우리를 도우십니다. 하나님의 원칙은 우리를 살리는 법이요, 죄의 원칙은 우리를 죽이는 법입니다. 부부가 서로를 사랑하고, 용서하고, 불쌍히 여겨야 한다는 하나님의 원칙에 순종한다면 그 결혼은 살거니와 미워하고, 원망하고, 서로를 정죄한다면 그 결혼은 망하게 되는 것입니다. 성령의 사역은 살리시는 일을 하십니다.

물과 성령

왜 성령의 사역을 흐르는 물에 비교하셨을까요? 물의 역할과 기능을 생각해 보면 어느정도 짐작해 볼 수 있습니다. 먼저 물은 아무리 작고 섬세한 구멍이라도 스며듭니다. 성령께서도 우리의 심령에 박혀 있는 작고 섬세한 악의 줄기 속으로도 생수를 보내사 어둠을 몰아내고 죄를 씻어내는 사역을 하십니다. 물은 어떤 모양에도 구애받지 않고 물길을 내고 움직일 수 있는 유연성이 있습니다. 성령께서도 각양각색인 우리 마음과 상처의 아픔을 모두 아시기에 각자에게 맞춤형의 치유 사역을 하시고 그에 합당한 위로를 주십니다. 물은 온도에 따라 여러 가지 능력을 나타냅니다. 뜨거운 물은 우리의 몸을 덥혀 주고 찬물은 우리를 시원하게 해 줍니다. 성령의 사역도 그러합니다. 책망이 필요하면 우리를 책망하시고 권면과 위로가 필요하면 위로와 권면을 주십니다. 물에 있는 성분들은 생명체를 자라게 합니다. 성령이 흐르는 곳마다 생명들이 살아나고, 자라고 열매를 맺습니다. 마지막으로 물은 살아 있는 생명체에게 절대적으로 필요한 요소입니다. 물이 없이는 생명을 보존할 수 없도록 만드셨습니다. 그와 마찬가지로 성령의 역사가 우리 안에 흐르지 않는다면 우리가 사망을 경험하게 되는 것은 당연한 이치입니다. 결혼 생활이 실패하는 근본적인 이유도 생명을 주시는 성령의 흐름이 부부관계에 충분히 흐르고 있지 않거나 막혀 있기 때문입니다.

그리스도인에게 가장 중요한 부분 역시 성령과의 교제를 통한 삶의 회복이고 부부관계에 가장 중요한 것도 바로 성령의 사역입니다. 성령은 우리 안에서 사망으로 선포된 것들을 다시 살리는 사역을 하시기 때문입니다. 하나님의 생명이 흐를 때 우리 영의 갈증이 채워지고 삶에 만족함을 느끼게 합니다. 이 만족은 생명의 근원이신 하나님의 임재 속에 거할 때 주어지는 경험입니다. 만지거나 저장할 수 있는 물질적인 것이 아닙니다. 이 생명의 삶은 성령과의 친밀한 교제를 통하여 얻는 실질적이고, 체험적인 만남을 경험할 때 얻게 됩니다. 그리고 이 생명의 경험은 율법의 요구를 만족시켜 얻어지는 보상도 아니고 행함을 통하여 구할 수 있는 축복도 아닙니다. 가지가 포도나무에 붙어 있어야 열매를 맺듯 우리도 주님 안에 거하고 주님께 붙어 있을 때 오직 그분의 은혜와 풍성하심으로 생명을 얻고 경험하게 됩니다. 우리는 믿음으로 이 생수를 얻어야 하고 믿음으로 수도꼭지를 틀어 생수를 마셔야 합니다.

만남의 조건

인격과 인격이 진정으로 만나고 교제하기 위해서는 어떤 조건을 가지고 거래를 해서는 안 됩니다. 빚을 진 자는 항상 부담스러움을 갖게 되고 어쩔 수 없이 빚을 갚는다는 마음과 태도로 교제에 임하기 때문입니다. 그런 관계에서는 참사랑이 자랄 수가 없습니다. 성령께서는 우리를 진리로 가르치시고 행함이 아닌 오직 믿음으로 하나님의 임재하심을 경험할 수 있는 훈련을 시키십니다. 우리는 자꾸 무엇인가 해야 한다고 생각해서 행함으로 권리와 특권을 얻고자 노력하기 때문입니다. 성령은 우리 안에 암처럼 퍼져 있는 율법주의의 뿌리를 뽑기 위해 역사하십니다. 또한 수많은 병균처럼 우리 생각 속에 침투하는 세상의 왜곡된 소리를 뽑아내는 수술을 끊임없이 하십니다. 그리고 우리가 세워 놓은 하나님 아버지에 대한 잘못된 형상을 부수시고 하나님의 참모습을 우리 생각 속에 다시 심어 주십니다. 종교적인 압력이나 두려움이 아닌, 도리어 우리가 자원하고 사랑하는 마음으로 주님 앞에 나아가 수도꼭지를 틀 때까지 오래 참으시며 기다리십니다.

말씀을 통한 만남

눈에 보이지 않는 하나님을 어떻게 만날 수 있을까 어떤 이는 궁금해합니다. 하나님의 임재 안에 거한다는 것은 또 무슨 의미일까 알고 싶어 합니다. 우리 육신의 눈에는 보이지 않지만 우리는 말씀을 통해 하나님을 만나고, 하나님의 임재하심을 경험할 수 있습니다. 하나님은 영이시기 때문에 육체의 한계를 소유한 우리에게는 특별히 영안이 필요합니다. 아담의 범죄로 온 인류가 타락한 후 모든 사람은 태어날 때부터 영적으로 눈이 먼 상태가 되었습니다. 예수님은 눈먼 자의 눈을 열어 주시는 사역을 하십니다. 성경에서는 이것을 "영적인 세계를 인식하고 믿을 수 있는 영안이 열렸다."라고 표현합니다. 그리고 볼 수 없기에 이해하지 못했던 영적인 세계를 볼 수 있는 은혜를 선물로 주셨습니다.

바로 성경 말씀입니다. 성경 말씀은 그냥 글이 아니고 생명력 있고 살아서 움직이는 인격체로 이 땅에 오신 삼위일체 하나님을 우리가 이해할 수 있는 언어로 표현한 생명의 말씀입니다. 요한복음 1장에 보면, "말씀이 육신이 되어 우리 가운데 거하시매"라고 하십니다. 하나님이 약속하셨던 말씀이 육신이 되어 이 땅에 오셨습니다. 그 말씀이 바로 예수님이십니다. 성경 말씀은 예수님의 형상을 언어로 표현해 주신 것이기에 말씀이 곧 예수님이십니다. 하나님의 임재를 경험하려면 성경 말씀을 가까이해야 합니다. 예수님을 가까이하는 것은 말씀을 가까이하는 것과 같은 말입니다. 말씀을 읽고 묵상하고, 외우고, 믿고, 순종하고, 적용하고, 입으로 선포하는 생활을 할 때 하나님의 임재하심이 말씀을 통하여 우리 안에 거하십니다. 주의 임재하심이 처음에는 우리 안에 작은 영역으로 시작해서 점점 커지고 어느덧 우리 속 사람을 꽉 채워 주시는데, 이러한 현상은 하나님의 말씀으로 내 생각이 얼마나 새롭게 변화를 받았는지에 비례합니다. 내 생각과 삶의 방식과 잠재의식 깊은 곳까지 생명을 주시는 하나님의 말씀이 심기고 채워져 있다면 생명의 씨앗은 시간이 지남에 따라 자라고 열매를 맺습니다. 그리고 하나님께서 말씀을 통하여 내 안에 더욱 넓은 영토를 차지하며 거하실 때 속사람은 내 안에 충만한 하나님의 임재를 인식하게 됩니다. 하나님의 임재는 생명의 근원 그 자체이시기에 우리 영혼의 갈증을 채워 주십니다. 채워 주시는 것뿐 아니라 우리의 잔이 차고 넘치도록 부어 주사 우리를 만나는 사람들에게도 흘러가 이 생명을 맛보도록 하십니다.

과거를 돌아보면 우리는 세상이 주는 깨끗하지 않은 물을 마시며 갈증을 해결하려고 했지만, 생수를 얻게 되면 이제는 더 이상 더러운 물을 마실 필요가 없습니다. 생명을 주는 영원한 생수를 맛본 자는 더 이상 다른 것으로 만족할 수 없기 때문입니다. 생수를 마시면 마실수록 더 마시고 싶은 갈증을 느끼고 추구하게 됩니다. 이 세상 안에는 우리 영혼에 이보다 더 좋은 물이 없기에 다른 모든 것들이 시시해 보이게 됩니다. 이 생수는 우리를 정결하게 하고, 깨끗하게 씻어내고, 거룩하게 변화시키고, 지혜롭게 하시고, 자유하게 하시며, 초자연적인 삶을 살도록 능력을 부여합니다. 사탄과 죄에 얽매어 종 노릇 하는 모습이 아니고 하나님의 형상을 닮은 본래 인간의 모습이 회복되도록 변화시켜 주시기 때문입니다.

가장 쉬운 동기

내 안에 생수가 흐를 때 가장 현저하게 나타나는 열매는 또한 사랑입니다. 우리 안에 그리스도를 통한 하나님의 사랑이 더욱 커지고 사랑이 넘치게 흐른다면 우리 안에 있는 가장 중요한 결핍이 해결됩니다. 인간에게 기본적으로 필요한 사랑에 대한 배고픔이 없어진다면 마음이 부유해질 것입니다. 하나님의 크신 사랑과 놀라운 은혜를 발견하고, 깨닫고, 진정으로 매일 체험한다면 우리는 하나님과 사랑에 빠질 수밖에 없게 됩니다. 아주 놀랍고 끝없이 선하시고, 거룩하시고, 신실하신 창조주이시기 때문입니다. 이러한 관계를 얻고 경험하기 위하여 우리가 창조되었습니다. 하나님과의 교제를 통하여 경험하는 주의 사랑을 맛본다면 이보다 더 좋고 행복한 인간의 경험은 이 땅 어느 것과 비교할 수 없는 완전 만족스럽고 귀중한 것입니다. 그렇기에 과거 영혼이 심히 가난할 때는 혹 음식을 훔쳐 먹어서라도 허기짐을 채우고 싶은 유혹에 갈등을 할 수 있습니다. 그러나 생수의 사역을 통하여 배가 부르는 것뿐 아니라 음식이 풍성한 광까지 소유했다는 것을 알게 된다면 이러한 유혹을 이길 수 있는 동기가 생깁니다. 결핍이 채워지니 더 이상 훔쳐 먹을 이유나 필요가 없어지기 때문입니다. 나를 향하신 사랑 때문에 아내를 향한 사랑 때문에 간음하지 말라는 하나님의 계명을 지킬 수 있게 됩니다.

"너희가 나를 사랑하면 내 계명을 지키리라." 하신 예수님의 말씀은 우리를 유혹하는 죄와 사탄을 물리칠 수 있는 힘과 동기에 대한 말씀입니다. 육신의 정욕보다, 안목의 정욕보다, 이생의 자랑보다 하나님께서 베푸신 사랑 때문에 나도 주를 사랑하고 확신이 넘치는 관계로 장성한다면 우리는 승리할 수 있습니다. 사랑은 율법의 완성이라 하십니다. 하나님과의 개인적인 관계의 성립뿐 아니라 부부 사이가 진정한 사랑의 관계로 성장한다면 불륜을 막을 수 있는 가장 튼튼한 보호막을 소유하게 됩니다. 사랑의 동기보다 더 강하고 쉬운 것은 없기 때문입니다. 건강한 음식을 먹는 습관을 길들이면 군것질과 같은 입에는 달지만 몸을 상하게 하는 음식을 먹고 싶은 생각이 점점 없어지는 이치와 같습니다. 몸의 요구가 변하기 때문입니다. 이와 같이 우리의 영혼과 부부관계도 진정한 사랑의 관계를 만끽하고 산다면 세상적인 대용물이 필요 없어집니다. 성령께서는 로마서 6장 14절에 이렇게 말씀하십니다. "죄가 너희를 주장하지 못하리니 이는 너희가 법 아래에 있지 아니하고 은혜 아래에 있음이니라." 하나님의 은혜 아래 있는 사람은 성령의 도우심을 통하여 생수를 마시기에 죄를 이길 수 있는 힘을 얻게 됩니다. 만약 결혼 초기부터 한 부부가 이 생수를 얻는 것에 우선순위를 두고 추구한다면 불륜 또한 미리 막을 수 있다는 의미입니다. 행복하고 성공적인 결혼을 경험하기를 간절히 소원한다면, 부부간의 영적 성장에 힘쓰기 위하여 삶을 재정비하는 지혜가 간절히 요구됩니다.

위기의 문 #8. 마음을 지키지 못한 남자

불륜이라는 죄악에 빠지지 않기 위하여 스스로의 마음을 지키지 못한 남자들은 외도에 취약해질 수 있습니다. 그리스도안에서 구원을 받고 거듭난 남자들도 예외는 아닙니다. 그렇기에 크리스찬 아내들도 남편이 외도를 하면 어떡하나 불안한 마음을 가지고 사는 경우가 많습니다. 이 부분에 대한 남자들의 연약함을 알기 때문입니다. 성경에 나온 인물들 중에 하나님의 마음을 흡족하게 하고 주의 큰 은혜를 입었던 신실한 다윗 왕도 간음을 했으니 아내들의 걱정은 이만저만이 아닙니다. 다윗과 같은 영적인 거인도 넘어졌다면 우리 남편은 어떨까 하는 생각에 마음이 불안합니다. 하나님을 사랑하고 성실하게 섬기던 자가 어떻게 하루아침에 그토록 쉽게 넘어질 수 있는지 의아해하며 고개를 흔듭니다. 혹시 밧세바가 너무 아름다운 여인이었기에 유혹을 뿌리칠 수 없었던 것인가 궁금하기도 합니다. 남자들은 예쁘고 섹시한 여자들에게 약할 수 있다는 생각에 다윗 역시 별수 없는 남자였다는 생각이 들어 실망스럽기도 합니다. 남편의 바람기는 정말 어쩔 도리가 없는 남자의 고칠 수 없는 병인가 생각하며 두려움과 무력감에 마음이 먹먹합니다. 내 남편도 언젠가는 바람을 필 수 있다는 생각에 마음까지 조마조마합니다.

아름다운 여인의 유혹이 이처럼 강한 것이라면 남자들에게 도대체 희망이 있기는 할까요? 이런 두려움 때문에 수많은 아내들은 자신을 괴롭힙니다. 그러나 두려움은 무지함 때문에 생깁니다. 괜한 걱정과 두려움, 무력함, 불안한 마음 때문에 막막하고, 조마조마한 나날을 보내는 것이 하나님이 약속하신 풍성한 삶은 아니라고 믿습니다. 빛을 밝히면 어두움이 물러가듯 진리의 말씀을 통해 우리 마음에 빛을 비추고 주님의 지혜를 얻는다면 이러한 두려움에서도 벗어날 수 있습니다.

요셉과 다윗

구약을 보면 성적으로 유혹을 받은 두 남자에 대한 이야기가 나옵니다. 한 명은 요셉이고, 다른 한 명은 다윗입니다. 요셉은 유혹을 뿌리치고 승리를 얻지만 다윗은 실패했습니다. 이 두 사람의 승리와 실패를 통해 우리는 중요한 교훈을 받습니다. 남자들의 외도는 아무 이유 없이 어느 날 갑자기 나타나는 죄악도 아니요, 유혹이 너무 강해서 넘어지는 것 또한 아니라는 것을 말입니다.

요셉과 다윗이 대면한 유혹의 방식과 그들의 반응을 자세히 살펴보면 너무 대조적인 면이 많습니다. 먼저 요셉은 집 안에서 가까이 말과 행동으로 유혹하는 여인의 집요한 유혹을 수차례 받고도 뿌리칩니다. 창세기 39장에 보면 요셉이 보디발의 아내에게 유혹을 받는 장면들이 자세하게 나옵니다. 7절에 "그 주인의 처가 요셉에게 눈짓하다가 동침하기를 청하니" 10절에 "여인이 날마다 요셉에게 청하였으나 요셉이 듣지 아니하여 동침하지 아니할뿐더러 함께 있지도 아니하니라."라고 기록합니다. '날마다'라는 단어를 통하여 계속적인 유혹을 받았음을 강조하고 있습니다. 요셉의 거부에도 이 여인의 집념은 포기할 줄 모르고 더욱더 강하게 요셉을 유혹합니다. 11절에 보면 이 여인은 요셉과의 은밀한 공간을 만들기 위해 집에 있는 모든 사람들을 내보내기까지 합니다. 12절에는 "그 여인이 그 옷을 잡고 가로되 나와 동침하자."라며 매달립니다. 그러나 "요셉이 자기 옷을 그(여인) 손에 버리고 도망하여 나가매."라고 말합니다. 놀라운 일입니다! 타국 땅에서 부모와 형제 없이 혼자서 외롭고 처량한 신세로 남의 집에서 하인 취급받으며 사는 자신을 불쌍히 여기고 위로가 필요하다는 타협을 할 수도 있었습니다. 요셉은 다윗에 비하여 이 유혹을 정당화할 만한 여러 가지 조건들을 가지고 있었습니다. 그녀의 유혹을 거부했을 때 올 수 있는 위험 또한 알고 있었습니다. 그러나 요셉은 이렇게 강하고 계획적이고 집요한 유혹을 뿌리치고 승리를 얻었습니다.

그와 대조적으로, 다윗은 눈으로 목욕하는 여인의 모습을 멀리서 한 번 본 후 유혹에 빠져 죄를 범합니다. 이 여인에게 먼저 유혹받은 것이 아니고 도리어 다윗이 먼저 행동을 개시합니다. 그렇다면 도대체 두 사람의 다른 점은 무엇일까요? 요셉이 승리를 얻은 비결은 무엇이고, 다윗의 실패 원인은 무엇일까요? 유혹의 순간이 왔을 때 보인 그들의 반응을 살펴보면 해답을 찾을 수 있습니다.

요셉은 유혹의 순간이 왔을 때 처음부터 선을 긋습니다. 창세기 39장 9절에 "내가 어찌 이 큰 악을 행하여 하나님께 죄를 지으리이까?"라고 말하며 유혹을 거절하는 정확한 이유를 말합니다. 그뿐 아니라 요셉은 선을 정확히 긋고 난 후에도 계속적으로 그 여인과 같은 공간에 있기를 피하고 사태가 심각해지자 결국 도망치기까지 합니다. 요셉은 유혹을 물리쳐야 하는 정확한 이유가 있었기에 지혜롭게 행합니다. 요셉의 초점은 하나님께 죄를 범하지 않는 것이었습니다. 요셉은 이러한 죄악은 자신에게 해가 된다는 창조주의 의도를 믿고 신뢰하였기에 이 여인을 통한 사탄의 거짓말을 계속적으로 거절할 수 있는 힘과 영적인 안목을 소유하고 있었습니다. 우리가 접하는 모든 유혹의 본질은 내가 하나님의 말씀을 믿을 것인가 아니면 사탄의 거짓된 말을 믿을 것인가에 대한 선택으로 나눠집니다.

그러나 다윗은 선을 긋지 않았습니다. 그 여인이 누구인지 알아본 후에 이미 남편이 있는 기혼 여성임에도 불구하고 오히려 더 적극적으로 그녀를 왕궁으로 불러들이고 유혹을 뿌리치기 어려운 상황으로 자신을 몰고 갑니다. 그리고 그녀와 하룻밤을 보냅니다. 하나님의 기준을 따르고 말씀에 순종하기보다 자신의 정욕을 먼저 따라가고 죄를 범합니다. 다윗의 이러한 행동이 이해가 되지 않았습니다. 어떻게 그럴 수가 있을까 궁금했습니다. 하나님을 의지하고 신실했던 다윗이 왜 요셉과는 다른 반응을 보인 것일까요?

다윗의 간음은 어느 날 우연히 닥쳐온 유혹에 넘어진 것이 아니고 이미 다윗의 마음에 심겨진 타협의 씨가 자라난 결과입니다. 모든 죄에는 근본 원인이 있고 결과가 있습니다. 씨앗을 심으면 때가 되어 그에 속한 열매를 맺는다는 자연의 법칙이기도 합니다. 다윗에게 왜 이런 약점이 생겼는지 살펴보고 묵상함으로 성령의 지혜를 얻어 아내로서 남편의 약점을 보강할 수 있는 힘을 얻게 되고 중보자로서 남편을 위해 무엇을 기도해야 하는지 지혜를 얻게 되기를 바랍니다.

타협의 씨

다윗은 먼저 하나님의 명령을 무시했습니다. 신명기 17장 17절에 "왕은 또 아내를 많이 두어 그의 마음이 미혹되게 하지 말 것이며"라고 경고하시며 왕이 아내를 많이 두는 것을 금하셨습니다. 창조주의 관점에서 볼 때 특히 왕으로서 아내를 많이 얻는 것은 좋은 것보다 나쁜 것이 더 많다는 것을 강조하셨습니다. 아내를 한 명 이상 두는 것은 창조주의 의도가 아니라는 것입니다. 아무리 권력을 소유한 왕이라도 아내에게 큰 영향을 받은 남자이기에 한 아내인 것이 족하다는 뜻일 수도 있습니다. 성경을 보아도 여러 명의 아내들을 거느린 남자들의 삶은 힘들고 피곤했기 때문입니다.

그 당시 세상의 왕들은 수많은 여인들을 취하는 게 흠이라고 생각하지 않았습니다. 도리어 많은 후궁을 얻는 것이 왕이 갖는 특권이라고 생각했습니다. 한국 속담에도 '영웅 호색'이라는 말이 있습니다. 영웅은 여색을 좋아한다 즉, 성공한 남자는 여러 명의 여인을 취해도 괜찮다고 여기는 의미를 담고 있는 말입니다. 이런 사고방식은 도대체 언제 어디서부터 온 것일까요?

라멕의 타협

창세기 4장 19장에 보면 하나님을 거역하고 주의 전을 떠나 살기로 한 가인의 자손 중 하나인 라멕이라는 사람이 나옵니다. "라멕이 두 아내를 취하였으니 하나의 이름은 아다요, 하나의 이름은 씰라며" 구절을 통하여 일부다처제의 기원이 언제부터 였는지 힌트를 얻을 수 있습니다. '아다'라는 이름의 뜻은 "장식한 자"이고 '씰라'는 '딸랑거리는 자"라는 의미입니다. ("창세기 4장 라멕은 무엇을 위해 기록된 말씀인가?" Daum 팁에서 인용) 이름의 뜻을 생각해 보면 라멕의 아내들이 라멕에게 어떤 역할을 했고 어떤 존재였는지 엿볼 수 있습니다. 동등한 위치에서 남편을 돕는 배필의 역할을 했다기보다는 남편의 위치와 야망을 채워 주는 소유물 정도로 취급을 한 듯 보입니다. 미국 사회에서 '트로피 와이프'(Trophy Wife)란 말이 있는데 성공한 사람이 아내를 고를 때 사랑보다는 자신의 성공을 과시하기 위하여 선택된 여인들을 가리킵니다. 남자에게 아내를 주신 창조주의 뜻과 의도와는 점점 멀어지고 있는 것을 알 수 있습니다. 이 세상은 가인의 자손들로 세워진 사회입니다.

여인들의 타협

창세기에 보면 불임으로 번민하던 사라, 레아, 라헬이 자식을 얻기 위해서 남편에게 다른 여인을 품게 하는 안타까운 이야기들이 나옵니다. 그 당시에는 아주 자연스럽게 행해지던 풍습의 하나였습니다. 자식을 얻고 싶은 마음이 너무 간절하여, 자손을 생산해야 하는 여자의 책임을 다하기 위해서 인간적인 방법을 찾고 타협한 것입니다. 이렇게 필요에 따라 생기고 풍습을 좇아 전해진 오염된 사고방식은 시간이 지나면서 남자들의 생각 속에 자리를 잡게 되었고 타협이라는 견고한 나무로 성장하게 된 것이 아닌가 생각해 봅니다.

그러나 하나님의 백성에게는 세상과는 다른 기준이 있다고 말씀하십니다. 그럼에도 불구하고 다윗은 여러 명의 아내가 있었습니다. 정치적 이유에서든 욕심이었든 그는 하나님의 명을 어기고 이미 세상의 생각과 타협을 한 것입니다. 세상의 목소리를 통한 사탄의 거짓말을 용납한 것입니다. '다들 그렇게 사니까 나도 괜찮겠지?' 다윗도 그랬을까요?

'나도 남자니까 여러 여인과 성관계를 갖는 것은 흠이 아니다.'라고 정당화하며 잘못된 통념을 믿은 것일까요? 아니면 옆에서 부추기는 부하들의 말에 슬쩍 눈을 감은 걸까요?

다윗에게는 성경에 이름이 기록된 아내만 8명에 첩도 10명이나 있었습니다. 물론 성경에 이름이 기록되지 않은 여인들이 더 있었을 것입니다. 분명하게 선포하신 하나님의 말씀을 알면서도 다윗은 자신이 원하는 대로 육신의 정욕을 따라간 것입니다. 그의 만족은 하나님과의 관계에 있다는 사실을 믿지 못하고 새로운 여인을 얻는 수고를 하였건만 마지막에는 간음까지 하는 갈급함에 이릅니다. 아내의 수는 늘어났지만 그의 갈증은 해결되지 않았습니다. 둘째, 셋째, 넷째, 다섯째 등등 아내를 더하며 타협한 것같이 유혹에 넘어간 그날도 왕이기에, 남자이기에, 외롭기에 이 정도는 괜찮다고 스스로 정당화했을 것입니다. 한 번이 어렵지 그다음부터는 점점 쉬워지는 것이 죄의 성향입니다. "그 아비에 그 아들이라는 말"같이 다윗의 아들 솔로몬은 아버지보다 더했습니다. 자신의 눈에 드는 여자는 다 취해서 천 명이 넘는 아내가 있었습니다. 이방신을 섬기던 수많은 아내들의 영향은 그로 하여금 우상 숭배를 하도록 유혹하였고 결과적으로 솔로몬으로 하여금 하나님과 멀어지게 만드는 원인이 되었습니다. 여인에게 얻는 순간적 쾌락과 만족때문에 영적 가뭄을 얻게 된 것입니다. 우리를 보호하시기 위하여 주신 하나님의 말씀을 불순종한 결과로 그의 삶은 곤고하고 허전하여 그를 우울증에 빠지게 했습니다. 수많은 물질, 지혜, 명예와 힘을 소유했지만 모든 것이 헛되고 헛되다는 탄식을 고백하는 신세로 전락합니다. 솔로몬같이 아주 성공한 남자가 여자 잘못 만나 안타까운 결말을 맞게 됩니다.

마음의 전쟁

어떻게 다윗은 버젓이 남편이 있는 여인과 동침할 생각을 했을까요? 게다가 그가 범한 밧세바는 자신에게 충성을 바친 이방의 첫 열매 헷 사람 우리야의 아내였는데 말입니다. 그의 마음속에는 정확한 경계선이 없었습니다. 왜 다윗에게 이러한 현상이 나타난 것일까요? 불변하시는 하나님의 기준을 거부한 결과입니다. 죄와 타협했기 때문입니다. 남자는 한 번쯤 바람을 피워도 괜찮고 남자니까 용납된다는 세상의 풍습과 타협을 한 것입니다. 우리 주변을 둘러봐도 세상에서 하나님의 진리를 거부한 사람들이 살아가면서 무엇이 옳고 그른지 분별하지 못하고 혼동을 겪는 모습을 쉽게 찾아볼 수 있습니다. 환경과 시대를 따라 자주 변하는 세상적인 기준을 용납한 대가로 어디까지가 괜찮고 무엇을 하면 안 되는지를 분별할 수 있는 능력을 상실한 것입니다.

처음부터 하나님 말씀에 순종하여 정확한 선을 그어 놓고 경계선을 튼튼히 세우는 훈련을 했다면 유혹의 순간이 왔을 때 자기 마음을 지킬 수 있는 능력을 얻게 됩니다. 그러나 다윗 역시 이미 오래전에 욕망이라는 씨를 심고 색욕의 노예가 된 상태로 그저 힘없이 끌려간 것입니다. 거의 20명이나 되는 아내들이 있었지만 그들에게 만족을 얻지 못하고 금지된 여인에게 마음이 쏠리는 상황에 이르렀습니다. 성적인 중독이나 문제는 시간이 갈수록 상태가 나아지기보다는 점점 더 심각해진다고 합니다. 성적인 중독에 빠진 사람들은 더 강하고, 더 짜릿하고, 더 진하고, 더 흥분되는 경험을 추구하기 때문에 급기야는 성폭행과 살인까지 불사하게 된다는 안타까운 이야기도 들려옵니다.

갈라디아서 6장 7-8절에는 "스스로 속이지 말라. 하나님은 업신여김을 받지 아니하시나니, 사람이 무엇으로 심든지 그대로 거두리라. 자기의 육체를 위하여 심는 자는 육체로부터 썩어진 것을 거두고, 성령을 위하여 심는 자는 성령으로부터 영생을 거두리라."는 말씀이 기록되어 있습니다. 영적인 갈증을 육적인 방법으로 해결하려 한다면 썩어질 것을 추수하고, 성령을 의지하여 하나님의 진리에 순종한다면 풍성한 삶을 얻게 된다는 말씀입니다. 다윗은 성적인 부분에서는 하나님의 말씀보다는 자신의 정욕을 따라 살았기에 자신이 심은 씨의 열매를 먹어야 했습니다.

> "그 해가 돌아와 왕들이 출전할 때가 되매 다윗이 요압과 그에게 있는 그의 부하들과 온 이스라엘 군대를 보내니 그들이 암몬 자손을 멸하고 랍바를 에워쌌고 다윗은 예루살렘에 그대로 있더라. 저녁 때에 다윗이 그의 침상에서

일어나 왕궁 옥상에서 거닐다가 그곳에서 보니 한 여인이 목욕을 하는데 심히 아름다워 보이는지라." (사무엘하 11:1-2)

그 당시 왕들은 추운 겨울에 전쟁을 하지 않고 따뜻한 봄에 출전을 했다고 합니다. 그러나 이 구절을 보면 온 이스라엘 군대가 출전을 했지만 다윗은 출전하지 않았습니다. 다윗은 전쟁터에서 적군을 물리칠 때 가장 빛나던 용사였고 그의 존재감이 확실하게 드러났던 남자였는데 왜 다윗이 출전하지 않고 궁전에 남아 있었는지 성경에는 다른 언급이 없습니다. 당연히 출전해서 군사들과 함께 있어야 할 왕이 무슨 연유에서인지 궁에 남아 있었습니다.

이 구절을 보면 다윗은 저녁 때 잠이 오지 않아 지붕 위 옥상을 거닐다가 한 여인을 보게 됩니다. 다윗은 그때 무슨 생각을 하고 있었을까요? 적군을 물리쳐야 하는 용사가 집에만 있으니 지루함을 느꼈을까요? 그가 마땅히 있어야 할 곳에 있지 않고 육신의 안일을 위하여 궁에 남았지만 마음이 편치 못한 이유 때문일까요? 유혹이 밀려오는 환경이 조성되고 기회가 생기자 다윗은 아무런 저항도 못 하고 힘없이 육신의 정욕에 무너지고 맙니다. 우리는 다윗이 어떻게 이토록 쉽게 넘어졌는지 궁금해합니다. 그러나 그는 이미 오래전에 타협을 하며 경계선이 무너진 상태였기에 죄를 범하기에 적당한 환경이 조성되니 유혹에 빠지는 것은 시간 문제였습니다. 그동안은 전쟁에 나가서 싸우느라 기회가 없었지만 그에게 생긴 이 기회는 그의 마음을 시험했고 다윗은 실패합니다. 심은 대로 거둔 것입니다.

다윗은 왕으로서 하나님의 백성을 지키기 위해 전쟁에 나가 적군을 물리칠 때는 하나님의 능력과 힘을 의지하여 수많은 승리를 얻었지만, 부부관계의 문제는 자신이 스스로 해결해야 한다고 착각을 한 것 같습니다. 남자와 여자의 문제까지도 하나님께 의지해야 해결책이 있다는 것을 왜 몰랐을까요? 사탄의 거짓말과 속임수에 놀아난 것입니다. 한 여인으로 만족할 수 있다는 창조주의 뜻을 믿지 않고 자신의 생각을 의지한 결과입니다. 다윗은 이미 마음의 전쟁에서부터 패한 것입니다.

창세기에 말씀하신 것처럼 남자와 여자를 부부로 정하셨을 때는 한 남자에게는 한 여자가 족하다는 것을 알 수 있습니다. 아내가 필요하고, 애인이 필요하고, 친구가 필요하고, 소울 메이트가 다 필요한 것이 아니라, 한 여인을 맞아 서로에게 필요한 상대로 함께 성장하며 연합을 이루는 것이기에 한 사람만으로도 충분하다는 의도입니다. 남자에게 이미 한 여인을 충족시킬 만한 모든 것을 주셨고 한 여인에게 한 남자의 모든 요구를 충족시킬 만한 능력을 다 주셨습니다. 우리의 참만족은 사람을 통해 오는 것이 아니고 먼저 하나님께로부터 오는 것이고 그다음에 부부관계로 오는 행복은 덤으로 더해지는 것입니다. 그러나 이 진리를 믿지 않는다면 정확하게 선을 긋기가 쉽지 않습니다. 이러한 원리를 순종할 때 얻는 결과를 맛보지 못했다면 어떻게 이것이 가능한지 모르기 때문에 당연히 새로운 만남에 기대를 걸게 되고, 흥분과 짜릿함을 주는 상황을 피하지 않고 더 좋은 것이라 여기며 죄를 범하게 됩니다. 그렇기에 불륜을 막기 위해서는 마음을 지키는 것이 아주 중요합니다.

위기의 문 #9. 아내의 내조를 받지 못하는 남자

외도라는 상황를 막기 위하여 이 부분에 대한 적극적인 아내의 내조를 받지 못하는 남자는 불륜에 취약해지고 환경과 여건만 형성되고 위기의 문이 열린다면, 수렁으로 빠지는 것은 시간 문제일 수 있습니다. 인간 역사를 통하여 보여 준 수많은 남자들의 실패한 통계를 볼 때 이러한 유혹이 남자 혼자서는 강담하기 어렵다는 것을 짐작할 수 있습니다. 바쁘게 사느랴 자신도 인식하지 못하는 결핍을 채우고자 이리저리 기웃거리며 갈증을 해결하기 위하여 남자들은 갈등하며 힘든 싸움을 하고 있습니다. 남편들의 헌신된 마음과 의지력만 가지고는 부족할 수 있습니다. 우리 사회가 너무 악해졌고 위험하기 때문입니다. 남편에게 불륜의 유혹이 올 수 있다는 가능성을 인지하고, 또한 이 부분에서는 연약할 수밖에 없는 여러 가지 형편을 이해하고 내조하는 아내가 옆에서 보호막이 되어 준다면, 불륜이라는 악으로부터 부부관계와 가정을 지킬 수 있는 강력한 힘을 얻게 됩니다. 그렇다면 성적으로 취약한 남편을 돕는 내조의 역할은 무엇을 해야 하는 것일까요?

아내는 능력자이다!

하나님께서 의도하신 돕는 배필은 능력자를 가리킵니다. 돕는다는 것은 그저 가사 도우미의 역할이나 보조를 의미하지 않습니다. 하나님께서 계획하신 아내의 돕는 배필의 사역은 하나님께서 크신 능력으로 당신의 백성을 도우심 같이 아내도 같은 맥락으로 남편을 돕는 능력자로 말씀하십니다. 성경에 보면 능력의 하나님께서 우리를 도우신다는 수많은 구절들이 있는데 당신의 자녀들을 구원하시며 도우시는 강하신 분으로 묘사할 때 사용된 '에제르'(ezer)란 단어와 돕는 배필의 히브리어와 같다고 합니다. 하나님께서 여자를 만드실 때 어떠한 마음과 기대감을 품으셨다는 것을 보여 주시기 위한 의도로서 같은 단어를 사용하셨음을 짐작해 봅니다. 하나님께서 의도하신 돕는 배필에 대한 사명은 남편을 보호하고 그를 위하여 싸우고 적극적으로 움직이는 능력자를 뜻합니다. 능력자의 부르심은 남편이 외도를 할까 노심초사 마음에 불안한 마음을 갖고 수동적으로 사는 모습보다는 적극적으로 보호막을 세우는 능동적인 모습을 말합니다. 이 사명을 주실 때 이미 남편의 외도를 방지할 수 있는 모든 힘과 자원을 아내에게 주셨다는 의미이기도 합니다. 아내는 이 가능성을 계발하고 부부관계에 적용해야 합니다.

그렇다면 과연 무슨 능력을 말씀하시는 것일까요?

영향력의 힘

아내는 남편에게 놀라운 영향력을 끼칠 수 있는 가장 가까운 여자입니다. 아내의 설득력은 남편에게 큰 힘을 발휘합니다. 아마도 아내에게 돕는 배필이란 소명을 주셨기 때문에 이러한 능력이 나타남을 생각해 볼 수 있습니다. 아내의 영향력은 남편의 생각, 사고방식, 장래의 대한 비전, 삶, 신앙, 정체성, 존재감, 자존감, 판단, 건강 등등뿐 아니라 모든 순간 해야 하는 결정에도 큰 힘을 발휘합니다. 아내의 말, 얼굴 표정, 태도, 행동, 사고방식, 믿음, 신앙 등등 수많은 방식과 방법으로 남편의 삶에 영향을 끼칩니다. 선한 영향력을 끼치는 아내는 남편의 강력한 아군이 됩니다.

그러나 악한 영향력을 끼치는 아내는 자신이 의도하지 않았더라도 남편의 적으로 이용당할 수 있습니다. 이러한 사실은 인류의 첫 부부였던 아담과 하와의 관계를 보아도 알 수 있습니다. 아담은 아내의 설득력으로 인하여 먹지 말라 하신 하나님의 말씀을 거역하였고 자신의 후세들을 타락의 길로 이끈 남자로 낙인 찍히게 됩니다. 아담은 그의 아내 말을 듣고 하나님께서 그에게 주시고자 했던 최상의 삶을 살지 못했습니다. 첫 남자는 첫 여자의 영향력 때문에 넘어진 것입니다. 이러한 점을 볼 때 남자는 여자에게 취약할 수 있다는 점을 인류의 시작부터 우리에게 보여 주십니다. 남편에게 끼치는 아내의 설득력과 영향력이 힘을 발휘한다는 것을 안 사탄은 자신의 원하는 방향으로 악이용하였음을 볼 수 있습니다. 지금도 사탄은 아내를 이용하여 남편을 허물고자 하는 계획을 실행합니다. 주제가 긍정적, 부정적, 비판적인 소리이든 상관없이 아내의 말, 태도, 생각들이 비에 젖는 것같이 남편 생각 속에 스며들기 때문입니다. "제발 잔소리하지마!" "시끄러워!"라고 겉으로 거부하고 불평하지만 남편들은 아내들이 생각하는 이상으로 아내 말에 큰 영향을 받습니다.

특히 아내의 타락한 성품과 죄악성이 진리의 말씀으로 변화받지 못했다면 영향력이 잘못 상용될 수 있습니다. 아내의 생각과 마음이 누구에 의하여 영향을 받고 통제받는가에 따라 어떠한 영향력을 끼치는지 결정이 되기 때문입니다. 진리의 말씀으로 변화된 마음을 소유한다면 선한 영향력을 끼치고 남편에게 이득이 되는 돕는 배필의 사역을 하게 됩니다. 그러나 만약 이 세상의 악한 풍조와 불경건한 사회적인 사고방식에 생각이 점령당한다면 독이 되는 영향을 주게 되어 이 사명에 실패할 수 있습니다. 이 세상의 생각은 하나님의 말씀과 어긋나고 남편을 무너트리도록 조작된 사회 풍조가 더 많기 때문입니다. 아내의 마음이 누구와 어디에서 매일 어떠한 영향을 받는가에 따라 남편에게도 같은 영향을 주게 됩니다. 만약 선한 영향력을 끼치고자 한다면, 이 세상을 대표하는 미디어의 영향을 줄이고 세상의 소리를 대적하는 담대함과 영안 또한 요구됩니다. 이 세상은 어둠이 짙게 퍼진 상태이기에 항상 빛의 영역에 거하고 어두운 마음을 피해야 선한 영향력을 주게 됩니다.

세우는 능력

아내는 남편을 세우는 능력의 여자입니다. 아내의 영향력은 남편을 세우기도 하고 또한 무너뜨리는 힘이 있습니다. 하나님께서 의도하시고 부여하신 큰 영향력의 가장 큰 목적은 남편을 세우고 장성하여 하나님의 형상이 회복되도록 돕는 사역입니다. 잠언 14장 1절에 보면 "지혜로운 여인은 자기 집을 세우되 미련한 여인은 자기 손으로 그것을 허느니라." 하시며 집, 즉 남편, 자녀, 가정을 세우는 사역이 아내의 책임이다 하십니다. 인간의 타락으로 온 영적, 정신적, 관계적, 육체적으로 무너진 남자들은 음행과 외도의 유혹에 빠지기 취약해집니다. 결핍이 많기 때문입니다. 선한 영향력은 타락과 죄로 온 후유증으로 생긴 수많은 무너진 것들이 세워지고 회복하도록 돕는 역할을 의미합니다. 아내의 선한 영향력은 남편을 세우는 가장 중요한 재료로 사용됩니다. 허무는 것은 한순간에도 가능하지만 세우는 사역은 시간이 걸립니다. 성령께서 우리를 회복시키시고 세우시는 사역을 하듯이 아내 또한 이 사역을 감당하도록 부르셨습니다. 성령께서 하시는 사역이 바로 아내의 롤 모델의 역할을 보여 주십니다. 남편을 세우는 아내는 자신의 결혼, 부부관계, 가정과 자녀들까지 함께 세우게 되는 놀라운 도미노 효과를 얻게 됩니다.

아브라함의 삶을 보면 남자로서 비겁하고 한심한 일을 두 번이나 합니다. 자신이 느끼는 두려움 때문에 아내에게 거짓말을 시킵니다. 자신의 생존을 위하여 다른 남자에게 아내를 그저 빼앗기는 비겁함 또한 나타냅니다. 그로 인하여 아내 사라는 위험에 빠집니다. 사라가 아비멜렉 왕에게 끌려가므로 하나님의 큰 계획에도 차질이 있을 수 있는 다급한 상황이 된 것입니다.

감사하게도 하나님의 간섭하심으로 사라를 구해 주십니다. 이 과정에서 하나님께서는 당연히 아브라함의 연약함을 나무라며 뼈 있는 충고를 하셔도 그는 할 말이 없는 처지였습니다. 그러나 한마디 야단도 치시지 않는 하나님의 행동은 우리를 놀라게 합니다. 도리어 그를 가리켜 "그는 선지자라."라고 하시며 그의 정체성에 대한 말씀을 하십니다. 약점보다는 그의 신성한 부분을 상기시켜 주십니다. 장래에 아브라함이 믿음의 조상이 되실 것을 이미 아시기에 그곳에 초점을 두십니다. 이 방식은 바로 인간의 뇌를 만드신 창조주께서 사람이 변하는 과정을 시작할 때 그 사람의 생각과 마음 안에 그려져 있는 자신의 대한 비전이 얼마나 중요한 역할을 한다는 사실을 아시기에 비전을 주는 씨를 먼저 심는 이치를 말씀하신 것입니다.

골로새서 3장 1-2절에 이렇게 말씀하십니다.

> "그러므로 너희가 그리스도와 함께 살리심을 받았으면 위의 것을 찾으라. 거기는 그리스도께서 하나님 우편에 앉아 계시니라. 위의 것을 생각하고 땅의 것을 생각하지 말라."

이 구절을 영어 성경 NLT(New Living Translation)에 보면 "위의 것을 찾으라"라는 부분을 "set your sights on the realities of heaven"이라 번역했습니다. 고대로 직역한다면 "하늘 나라의 현실에 당신의 초점을 고정하세요."입니다. 이 땅에 사는 현실에 치우쳐 살지 말고, 이 세상의 기준이 중요하다 여기지 말고, 이생의 삶이 전부일 것이다라고 착각도 하지 말고, 위의 것, 바로 "천국의 현실"에 우리의 생각, 마음과 소망을 두라는 말씀입니다. 진정한 하나님의 왕국의 가치관, 패러다임, 기준, 잣대를 알고, 믿고, 적용할 때만이 진정 남편을 세우는 사역이 가능합니다.

한 여인의 고백

한 여인이 있었습니다. 하루는 그녀의 남편이 기분이 축 처진 상태로 직장에서 돌아온 것입니다. 저녁 식사 후 남편과의 대화를 통하여 남편의 한 친한 동료가 진급을 하였다는 것을 알게 된 후 남편의 마음이 복잡해진 것을 알게 된 것입니다. 결혼 초기 이 아내는 병을 앓고 회복하는 과정에 있었습니다. 그로 인하여 자녀들을 키우고 살림하는데 남편의 도움이 많이 요구되었고 가정을 위하여 남편 스스로 진급을 피하고 있던 상황이었습니다. 일로 너무 바쁘지 않는 아빠와 남편으로 인하여 가정에 선한 효과가 나타남을 본 이 남편은 아내가 회복된 후에도 의도적으로 가정으로부터 멀어지게 하는 무리한 진급의 욕심을 계속하여 버리는 결정을 하였습니다. 그러나 자신의 주위에서 승승장구하며 진급하는 동료들을 보면서 때때로 자신의 선택과 정체성이 흔들리며 갈등을 하였고 번민에 빠지곤 했답니다. 아내는 그때그때 남편을 위로하였지만 시원하게 그의 갈등을 해소할 만한 해결책을 얻지 못했습니다. 그러던 어느 날 창세기 3장을 공부하며 아내는 답을 찾게 되었다고 합니다. 창세기 3장에 보면 아담이 왜 일을 해야 하는 이유를 말씀하십니다.

> "… 너는 네 평생에 수고하여야 그 소산을 **먹으리라.** 땅이 네게 가시덤불과 엉겅퀴를 낼 것이라. 네가 **먹을 것은** 밭의 채소인즉 네가 흙으로 돌아갈 때까지 얼굴에 땀을 흘려야 **먹을 것을 먹으리니**…." (17-19절)

이 구절을 보면 남자들의 수고와 얼굴에 땀을 흘리며 일하는 목적은 그들의 정체성이나 자존감과 연결이 되지 않고 그저 "먹으리라… 먹을 것은, 먹을 것을, 먹으리니…"라는 양식과 연결이 된다는 것을 본 것입니다. 일을 열심히 해야 함은 식구들을 위하여 일용한 양식을 얻기 위함이라는 것이 하나님의 의도라는 의미입니다. 이러한 의미를 모른다면 양식을 얻는 이상을 넘어 일을 자신의 정체성과 연결을 시킨다면 끝없는 욕심을 내게 됩니다. 무리하여 진급하고, 비즈니스를 넓히고, 계약을 맺고, 팽창하다 보면 부부관계, 자녀와의 관계, 하나님과의 관계마저 소홀해질 수 있습니다. 일을 남자들의 정체성과 연결하여 피라미드 꼭대기에 올라야 성공한 남자라 여기는 이 세상 현실에 속한 가치관을 좇게 되면 쉽게 빠질 수 있는 유혹입니다. 이 세상에서 통용되는 왜곡된 관점을 대적할 수 있는 일에 대한 정확한 의도를 깨닫게 된 이 아내는 남편이 다시 갈등을 할 때마다 그에게 하늘 나라의 리얼리티에 대하여 상기를 시켜 주었답니다.

"당신의 일을 자신의 정체성과 연관을 시키지 마세요! 일은 그저 양식을 얻기 위한 수단이지 당신의 존재감을 나타내는 트로피가 아닙니다. 당신은 이미 그리스도 안에서 택하신 족속이요, 왕 같은 제사장이요, 거룩한 나라요, 하나님의 자녀입니다(벧전 2:9). 당신은 이미 그리스도 예수 안에서 주와 함께 하늘에 앉아 있습니다(엡 2:6). 이것이 당신의 영원한 정체성이요 진정한 리얼리티입니다. 절대로 사탄의 압력에 굴하지 말고 기죽지 마세요! 열심히 일해서 음식을 얻어 오세요. 당신은 이미 놀라운 존재감을 소유한 사람입니다."라고 말하며 그의 갈등이 자극을 받을 때면 다시금 진리를 선포하며 남편의 초점이 "위의 것을 생각하고 땅의 것을 생각하지 말라."라는 말씀을 기억나게 한 것입니다.

남편 마음에 비전의 씨를 심는 일은 믿음의 행동입니다. 진리를 통하여 발견된 남편에 대한 확실한 비전과 소망이 없다면, 보이지 않는 것들에 대하여 있다라고 선포를 할 수 없습니다. 육의 눈으로 보이는 이 세상의 현실보다 보이지 않는 하나님의 나라가 더 욱 큰 현실임을 알고, 믿고, 경험하는 영안이 발달되어야 가능합니다. 이 세상의 시스템과 사회는 남편을 무너뜨리고 허무는 사람들, 일, 생각, 환경이 더 많습니다. 그러나 진리의 말씀으로 마음을 새롭게 하여 변화된 마음을 소유한 아내는 하나님의 말씀과 비전을 통하여 남편을 세우는 사역을 하게 됩니다.

부유함

아내는 모든 면에 풍성함을 소유한 여자입니다. 아내가 먼저 영적, 정서적, 육체적으로 부자가 되어야 나누어 줄 수 있는 여유가 생깁니다. 아내의 내면의 삶이 풍성해야 이 모든 사역이 가능합니다. "풍성한 광에서 인심 난다."는 한국 속담같이 먼저 아내의 영과 마음과 몸이 세워지고, 기름지고, 풍성하고, 차고 넘쳐야 돕는 배필의 사역이 가능할 것입니다. 아내가 먼저 치유함을 받아야 상처 많은 남편을 도울 수가 있을 것입니다. 아내가 남편에 대한 확실한 비전을 볼 수 있는 영안을 가져야 그를 도울 수 있습니다. 아내 자신의 필요를 먼저 살피고 스스로를 사랑할 줄 알아야 남편을 사랑할 수 있습니다. 매 순간 성령의 음성을 듣고 주와 사랑의 교제를 통하여 생수가 넘치는 심령을 소유한 아내는 남편에게도 이 생명수가 알게 모르게 흐르는 역사가 일어납니다. 빛은 어둠보다 강하기에 마음과 생각이 빛 안에 거하는 아내는 남편 안에 숨어 있는 어떤 어둠도 없앨 수 있는 여건이 생길 것입니다. 아내가 그리스도 안에서 구원받은 자들에게 영원한 유업으로 주신 자신의 정체성을 정확히 알고, 믿고, 확신을 갖고 산다면 흔들리지 않는 자존감을 소유하게 됩니다. 진리에 근거하여 확고해진 자존감은 아주 매력적인 여자의 태도를 갖게 합니다. 자신의 마음, 정신, 영성이 먼저 풍성해야 다른 사람을 도울 수 있기에 먼저 변화를 받아야 남편을 돕는 사역이 가능해집니다. 이 모든 풍성함은 하나님께 소망을 두고 주께 바라고, 얻고, 누려야 얻게 되는 축복입니다.

지혜로움

아내는 남편에게 필요한 가장 지혜로운 여자입니다. 잠언 14장 1절에 보면 "지혜로운 여인은 자기 집을 세우되 미련한 여인은 자기 손으로 그것을 허느니라." 하시며 이 사역의 성공과 실패의 결과는 아내에게 지혜가 있는가 없는가에 달려 있다 하십니다. 노력 없이 수고 없이 행복한 가정을 만드는 것이 아니고 지혜를 추구하는 아내는 자신의 집을 튼튼히 세울 수 있는 재료들을 얻게 됩니다. 남편을 세우기 위해서는 하나님께서 주시는 지혜를 추구하라 하십니다. 아내가 어리석다면 자신의 손으로 남편을 도리어 허문다고 경고하십니다. 잘난 여자보다는 지혜롭고 내면이 성숙한 여자의 모습을 추구하라는 의미로 생각됩니다. 지혜를 무엇보다 사랑하고, 온 힘을 다하여 찾고, 적절히 적용하고, 빠르게 행하는 아내가 남편을 세우는 능력을 얻게 됩니다. 이 지혜가 바로 남편을 언제 어떻게 무엇으로 세우는지에 대한 가르침과 지식을 얻도록 돕기 때문입니다. 하나님께로 오는 지혜는 남편을 세우는 가장 우수한 주재료의 역할을 합니다.

잠언 24장 3-6절에 보면 튼튼하고 아름다운 집을 세울 때 필요한 재료들이 무엇인가를 보여 주십니다.

"집은 지혜로 말마암아 건축되고, 명철로 말미암아 견고하게 되며, 또 방들은 지식으로 말미암아 각종 귀하고 아름다운 보배로 채우게 되느니라. 지혜 있는 자는 강하고 지식 있는 자는 힘을 더하나니 너는 전략으로 싸우라. 승리는 지략이 많음에 있느니라."

또한 사탄의 역사, 세상의 압력, 육신의 정욕으로부터 부부관계와 가정을 지키기 위한 싸움에서 승리하기 원한다면 지략이 많음에 달려 있다 하십니다. 많은 지혜를 얻을수록 불륜이라는 악과의 전쟁에서 승리할 가능성이 높아진다는 의미입니다.

팀워크

아내는 남편을 돕기 위하여 하나님과 동역하는 여자입니다.

남편을 돕기 위하여 필요한 가장 시급하고 중요한 지혜는 바로 남편을 세우는 이 사역은 절대 혼자 할 수 없고 인간적인 방법으로도 불가능하다는 것을 깨닫는 것입니다. 항상성의 법칙이 어긋나고, 영혼이 메마르고, 영적 결핍과 스트레스, 부부간의 불화, 밖에서 오는 수많은 유혹 등등으로 인하여 빠지는 외도를 막기엔 아내의 혼자 힘으론 너무도 부족합니다. 여러 가지의 복잡한 과정을 거치며 한 남편이 불륜에 빠지는 엄청난 사건을 미리 막는다는 것 자체가 한계가 있는 아내에게는 불가능한 일이 됩니다. 언제 어디서 타협의 씨가 뿌려졌고 마음의 문이 열려 있는지 어떠한 사람과 방식으로 이미 유혹을 받았는지 인간의 지혜로는 파악하기 불가능하기 때문입니다. 어떠한 남자들은 아내를 보호한다는 차원에서 자신들의 갈등을 속으로 품고 스스로 이겨 보려 노력합니다. 어떤 남편들은 자신도 모르는 어떠한 유혹에 빨려 가는 느낌을 견디며 버티고 싸우지만 아내에게 속 터놓고 도움을 청하는 용기가 없어 그만 유혹에 넘어간다면 이 또한 낭패입니다. 아내가 차마 보지 못하고, 깨닫지 못하고, 느끼지 못하는 부분까지도 다 보시는 능력의 하나님과 파트너가 된다면 진정한 팀워크가 형성되어 남편을 보호하는 사역이 가능합니다. 그렇기에 아내에게는 하나님의 도우심이 절대적으로 필요합니다. 전능하시고 지혜로우신 하나님과 팀워크가 형성된다면 주께서 당연히 팀장이 되시고 아내는 주의 음성과 명령에 순종해야 합니다.

하나님께서는 타락으로 상실된 것들을 회복시키시고 남편을 세우시는 사역을 하시기에 아내는 주께서 원하시는 의의 병기로 사용되도록 자신의 혀, 말, 태도, 행동, 감정을 계속적으로 성령께 드리고 헌신해야 합니다. 사탄은 남편을 계속적으로 무너트릴 계획을 갖고 아내를 이용하여 남편을 허무는 악을 행합니다. 영적 분별력이 없다면, 성령에 의하여 통제받지 못한다면, 악의 도구로 아내의 영향력이 이용당하는 안타까운 처지에 빠지게 됩니다. 무엇을, 어떻게, 어떤 시기에 남편을 도와야 하는지 주의 음성을 듣고자 귀를 기울이고 순종하는 아내는 하나님의 의의 도구로 효과적인 사역을 하게 됩니다. 진리를 따라 순종하는 아내와 하나님의 역사는 가장 강력한 팀워크의 사역을 하게 됩니다.

중보자

아내는 남편을 위한 중보기도를 하는 중보자입니다. 남편의 육신이 약함을 인정하는 아내는 그를 위하여 영적 싸움을 하게 됩니다. 아내는 땅에서 내조도 하지만 그것 만으로는 부족함을 알기 때문입니다. 인간의 죄악성과 환경에 따라 변화는 감정과 기분, 그리고 아차 하는 순간 잘못된 선택을 할 수 있는 사람의 생각 또한 통제가 되지 않는 부분이 간혹 일어납니다. 이러한 때에 아내의 기도의 힘이란 그를 수렁에 빠지지 않게 돕는 큰 보호막이 됩니다. 때때로 연약한 육신 때문에 곤란한 상황에 빠져 힘들어하는 자들에게 하나님께서는 승리의 비결을 말씀하십니다. 출애굽기 17장 8-16절에 보면 이스라엘 백성들이 광야에서 아말렉과 싸우는 이야기가 나옵니다.

> "8. 때에 아말렉이 이르러 이스라엘과 르비딤에서 싸우니라 9. 모세가 여호수아에게 이르되 우리를 위하여 사람들을 택하여 나가서 아말렉과 싸우라 내일 내가 하나님의 지팡이를 손에 잡고 산꼭대기에 서리라 10. 여호수아가 모세의 말대로 행하여 아말렉과 싸우고 모세와 아론과 훌은 산꼭대기에 올라가서 11. 모세가 손을 들면 이스라엘이 이기고 손을 내리면 아말렉이 이기더니 12. 모세의 팔이 피곤하매 그들이 돌을 가져다가 모세의 아래에 놓아 그로 그 위에 앉게 하고 아론과 훌이 하나는 이편에서, 하나는 저편에서 모세의 손을 붙들어 올렸더니 그 손이 해가 지도록 내려오지 아니한지라 13. 여호수아가 칼날로 아말렉과 그 백성을 쳐서 파하니라 14. 여호와께서 모세에게 이르시되 이것을 책에 기록하여 기념하게 하고 여호수아의 귀에 외워 들리라 내가 아말렉을 도말하여 천하에서 기억함이 없게 하리라 15. 모세가 단을 쌓고 그 이름을 여호와 닛시라 하고 16. 가로되 여호와께서 맹세하시기를 여호와가 아말렉으로 더불어 대대로 싸우리라 하셨다 하였더라."

아말렉은 에서의 후손입니다. 에서는 육에 속한 사람을 상징하는 인물입니다. 아말렉은 에서의 자손 중에 가장 고약한 육신의 결정체라 해석할 수 있습니다. 주변 민족들과 이스라엘 백성의 갈등과 전쟁의 역사를 살펴보면 특히 아말렉이 파괴적이고 악했기 때문입니다. 출애굽기 17장 8-16절 "아말렉이 와서"로 시작되는 구절을 보면 모세가 여호수아에게 전선에 나가서 아말렉과 싸우라는 명령을 내립니다. 모세는 전쟁에 나가지 않고 산 꼭대기에 올라가 손을 들고 하나님께 기도를 합니다. 그러자 모세가 손을 들고 기도하면 이스라엘이 이기고 손을 내리면 아말렉이 이기는 상황이 벌어집니다. 모세의 피곤한 팔을 돕기 위해 기도의 동역자 아론과 훌이 모세의 양팔을 붙들어 전쟁이 끝날 때까지 손이 내려오지 못하도록 돕습니다. 이 전쟁을 보면 전선에 나가 직접 싸운 여호수아와 뒤에서 기도의 사역을 한 모세의 팀 워크를 보여 주십니다. 그러나 승리의 비결은 모세의 기도에 따라 승패가 나타남을 보여 주십니다. 하나님께서는 이 싸움에 대한 승리의 비결을 책에 기록하여 직접 전쟁에 나가 싸웠던 여호수아의 귀에 외워 들리게 하라고 명하십니다. 책에 기록하고, 기념하게 하고, 귀에 외워, 들리게 하라고 명하신 말씀은 바로 "내가, 하나님께서, 아말렉을 없이 하여 천하에서 기억도 못하게 하리라." 말씀하시며 오늘도 우리가 기도할 때 하나님께서 직접 싸워 주시겠다고 선포하십니다. 신명기 25장 17-18절을 보면 아말렉에 대한 또 다른 자세한 내용이 있습니다.

> "너희는 애굽에서 나오는 길에 아말렉이 네게 행한 일을 기억하라. 곧 그들이 너를 길에서 만나 네가 피곤할 때에 네 뒤에서 떨어진 약한 자들을 쳤고 하나님을 두려워하지 아니하였느니라."

아말렉이 하나님의 백성들이 지치고 피곤해서 힘들 때, 영적으로 정신적으로 육체적으로 기운이 다 떨어지고, 처지는 환경에 처했을 때 야비하게 공격했음을 기억하라고 하십니다. 기억하라고 말씀하신 이유는 항상 염두에 두고 조심하면서 그들을 상대하라는 교훈을 주시기 위함이었습니다. 현대를 살아가는 남편도 아말렉의 영을 소유한 악령들의 공격을 받습니다. 사탄은 남편이 영적, 정신적, 육적으로 가장 연약한 시기에 기회를 포착하고 악한 영들을 통해 남편을 공격할 수 있습니다. 남편 혼자서 미혹하는 사탄의 유혹과 악한 영들의 공격을 이겨 내기 위해 싸울 때 힘에 부족할 수 있습니다. 그러나 아내가 만약 여호수아를 중보했던 모세와 같이 하나님께서 우리에게 주신 예수 그 이름의 권세로 은혜의 보좌 앞에 나아가 남편을 위하여 중보의 기도를 드린다면 남편이 승리를 얻을 수 있도록 하나님께서 직접 아말렉과 싸우시고 승리를 얻도록 도우신다는 약속입니다. 이 약속을 의지하여 꾸준히 기도로 남편을 돕는 중보자의 사역이야말로 아내에게 맡기신 가장 중요하고 진정한 내조의 역할이 될 것입니다.

마태복음 6장 13절의 말씀처럼 남편이 죄악에 빠지지 말고 시험에 들지 않게 해 달라고 아뢰는 기도는 중요합니다. 꾸준히 남편을 위한 기도의 예금을 풍성히 저금한 아내는 불안한 마음을 갖고 살기보다는 마음의 평안을 누릴 수 있습니다. 아내의 간절한 기도를 응답하시는 능력의 주께서 뒤를 봐주시기 때문입니다. 그렇기에 우리는 하나님께 남편이 불륜과 음행이란 죄악에 빠지기 않도록 지켜 달라는 구체적인 기도를 꾸준히 해야 합니다. 무엇보다 부부관계와 가정을 지키고자 싸우는 진정한 전쟁터는 바로 영적인 세계에 속해 있다는 진리를 안다면 남편을 위하여 꾸준히 기도하는 사역이 무엇보다 우선순위가 될 것입니다. 남편을 위한 기도는 가장 강력하고 효과적인 내조의 역할이 될 것입니다. 아담과 그의 자손들의 진정한 필요는 영적인 것에 근본을 두기에 남편의 삶에 하나님의 간섭하심을 간청하는 아내의 기도는 남편에게 가장 중요하고 절실한 부분이라 볼 수 있습니다. 아담과 그의 후손들의 온전한 회복은 구원과 풍성한 생명의 삶으로 채우시는 성령의 역사가 절대적으로 필요하기에 남편 삶 속에 성령의 역사를 초청하는 기도는 놀라운 응답이 있을 것입니다.

전문가

아내는 한 남자에 대한 전문가이자 그를 관리하는 여자입니다. 특히 남편은 외도 관리자가 필요합니다. 항상 외도의 가능성이 있다 보고 관리해야 합니다. 남자들의 취약한 부분이기에 방심하면 안 됩니다. 신실한 남자 찾기가 어렵다는 잠언 20장 6절의 말씀을 명심해야 합니다. 혹은 눈으로, 마음으로, 몸으로, 다 한눈을 팔 수 있기 때문입니다. 한눈파는 것은 여자들에게도 해당되니 남자들보다 더 경건하다 우쭐할 이유는 전혀 없습니다. 오직 예수님만이 신실하신 우리의 신랑이 되십니다.

아내들은 혹은 내조, 어느 때는 관리, 아니면 가끔은 의부증 증상을 보이는 사이를 오가면서 남편과 가정을 지키려는 노력은 합니다. 무엇을 어떻게 해야 하는 가에 대한 지식이 없다면 두려움과 어두움에 휩싸여 의심과 불안감에 시달릴 수 있습니다. 사탄이 자주 사용하는 강력한 무기는 인간의 무지이기 때문입니다. 그렇기에 남편에 대한 영적, 혼적, 육에 속하여 계속적으로 업데이트된 정보를 소유하고 그에 대한 전문 지식을 얻기 위해 공부하고 배워야 합니다. 이 세상 안에는 남자에 대한 잘못된 정보들이 많습니다. 거짓된 것들과 왜곡된 정보를 거절하고 올바른 지식과 지혜를 용납하는 분별력이 요구됩니다. 남편을 돕고 관리하고자 하는 방법을 찾기 원한다면, 알기 원한다면 먼저 남자에 대한 전문가가 되어야 합니다. 남자에 대한 지식을 얻으면 남편을 이해하는 것이 쉬워질 것입니다. 남자의 성은 여자와 어떻게 다르고 또한 남성의 성적 언어가 어떻게 전달되는지 정확히 알아야 합니다. 또한 남편의 사랑의 언어와 온도는 무엇인지 파악해야 합니다. 타고난 성품과 성격의 장점과 단점은 무엇인지 또한 정확히 알아야 합니다. 무엇이 그의 약점이고 어떠한 것들에 예민한 반응을 보이는지 관심을 보이고 살핀다면 그를 돕는 데 큰 도움이 됩니다. 그에게 있는 악습관들은 무엇이고 어떠한 나쁜 중독이 있는지 또한 파악해야 합니다. 어떠한 중독으로부터 자유함이 필요한 남편을 돕는 아내의 사역은 중요한 역할을 할 수 있기 때문입니다. 어떠할 때 그가 세워지고 어떠할 때 그가 무너지는지를 분별하는 영안이 발달되어야 합니다. 남자를 이해하도록 돕는 지식과 지혜는 성경 말씀뿐 아니라 세상 안에서도 쉽게 얻을 수 있는 여건이 우리에게 주어졌습니다. 정보가 만연한 시대에 살며 이제 무지함은 우리의 선택이 되었다라고 한 신경학 박사는 말합니다. 그러나 남편의 전문가로서 얻은 정보와 지식을 이용하여 그를 정죄하고 판단하며 무시한다면 사탄의 도구로 사용될 것입니다. 이 부분은 항상 경계해야 하는 부분이기도 합니다.

남편의 정력제

아내는 남편의 진정한 정력제가 되는 여자입니다. 성경에서는 남편의 성적인 욕구를 물로 표현하시고 아내의 성적 능력을 샘물로 비유하여 말씀하십니다. 아내는 끝없이 뿜어져 나오는 샘물 같이 남편에게 필요한 성적 선물을 소유한 여자라는 의미입니다.

성적으로 소극적인 아내는 남편의 식욕 때문에 이 사역이 힘들 수 있습니다. 소극적인 태도를 갖게 하는 근본적인 원인을 해결한다면 변화를 기대해 볼 수 있습니다. 성적으로 미성숙한 아내는 자신만의 여성적 매력을 터득하고 외면과 내면의 필요한 요소들 또한 발달시키는 능력을 키운다면 충분히 남편의 훌륭한 성적 파트너의 사역을 감당할 수 있습니다. 성적으로 게으른 마음으로 고민된다면 성관계를 통하여 풍성히 얻게 되는 옥시토신을 관계에 잘 이용하는 지혜 또한 필요합니다. 옥시토신이 넘칠 때 부부가 서로를 사랑하고 허물을 덮는 것이 쉬워지기에 자주 생산하도록 성관계에 대한 부지런한 마음과 적극적인 태도를 보여야 합니다. 부부간의 성관계는 무조건 남자가 먼저 시도해야 한다는 관념이나 또는 여자가 먼저 남자에게 다가가는 것을 여자의 자존심을 허무는 것이라는 왜곡된 생각과 연결시킨다면 다시 생각해야 합니다. 하나님께서 남편의 정력을 위하여 예비하신 것이 바로 아내의 육체, 언어, 태도, 마음이기 때문입니다. 부부간의 친밀감을 유지하기 위하여 성적으로 적극적이고 능동적으로 대응하는 아내는 남편의 정력제 역할을 하게 됩니다. 남편에게 가장 크게 다가오는 성적 매력은 아내가 남편과의 성적 관계를 매우 즐기며 참여한다는 태도를 보일 때 흥분하게 된다 말합니다. 아내가 성관계를 좋아하고 열정을 보일 때 남편은 자신감이 넘치게 되고 다른 여자에게서 이 부분에 대한 남자의 정체성을 확인받을 필요가 없게 됩니다.

대부분의 남자들은 계속적으로 강한 성욕을 보이지는 않는다고 합니다. 어떤 시기에 따라 성욕이 변하기도 하고 나이에 따라 자연적인 현상으로 점차적으로 줄어든다는 것입니다. 결혼 초기 새신랑은 눈으로 쉽게 자극을 받고 호르몬의 왕성함으로 성적 관심을 많이 보이지만 눈의 자극도 한 풀 꺾이고 나이가 들고 호르몬의 움직임이 적어지며 성적 욕구가 점점 약해질 수 있습니다. 나이가 들며 떨어진 정욕으로 인하여 혹 남자들의 마음에 불안감이 몰려올 수 있습니다. 스스로 뿜어져 나오던 성욕이 점점 없어지니 아내에게 말도 못 하고 속으로 끙끙거리며 혼자서 무엇인가를 확인하고 싶은 갈등 때문에 외도에 빠지는 남자들도 있다 합니다. '남성'의 힘이 약해진다는 것은 나이가 들며 자연적인 현상임을 모르거나 인정하기 싫은 마음일 수도 있습니다. 남자의 정체성이 '남성'의 힘과 연결된다고 오해를 한다면 더욱 큰 갈등의 요소가 됩니다. 이러한 변화를 받아들이고 조절해야 하는 시기가 온다면 이에 대한 지혜를 소유한 아내의 역할은 중요합니다. 그전 남편 스스로 세우던 '남성'을 이제는 아내의 도움을 받아야 한다는 점을 서로가 이해한다면 이 관문을 무사히 넘길 수가 있습니다. 아내가 남편의 정력을 매번 새롭게 일으키는 살아 있는 정력제가 됨을 인식시켜 주어야 합니다.

한 여인의 고백

사십 대 중반 한 남편의 삶에 여러 가지 어렵고 힘든 사건들이 있었습니다. 직장에서는 구조조정 때문에 정신적 스트레스를 많이 받고 있는 시기였고 일의 양 또한 많아 몸이 많이 피곤하였습니다. 그리고 같은 시기에 사랑하는 아버지의 사망으로 관계적 상실감에 빠지는 어려운 상황이었습니다. 그 이후부터 자신의 '남성'이 예전과 달리 힘이 빠졌다며 아내에게 자주 투덜거리기 시작했습니다. 아내는 곧 인터넷의 여러 정보들을 통하여 이러한 현상이 여러 가지 상황을 참작할 때 아주 자연스러운 현상이라는 지식을 얻게 됩니다. 그리고 남편이 투덜거릴 때마다 이 정보를 공유하며 그의 마음을 안심시키려고 한 것입니다. 그럼에도 불구하고 이 남편은 계속적으로 불안한지 불평하였습니다. 이 남편은 여자는 남자가 아니기에 남자들의 이러한 갈등을 이해하지 못한다는 주장을 하였고 아내의 위로의 말이 큰 효과가 없는 듯 보이자 이 아내는 이 문제를 하나님께 기도하며 지혜를 구한 것입니다. 그리고 이 문제에 대한 해결책을 찾게 됩니다. 이 아내는 곧 이 해결책을 실행에 옮깁니다. 한 일주일 동한 섹시한 잠옷을 입고 이른 아침에 남편이 일어나는 시간 때와 밤 시간 자기 전에 남편의 남성 발기운동을 시켜 주며 아주 잘 살아 있다는 확인을 시켜 준 것입니다. 그리고 남편에게 한 성 전문가의 말을 상기시켜 주며 남자가 나이가 들면 도움이 필요할 수도 있는 점과 그의 아내가 그의 정력제가 됨을 그의 생각에 강하게 인식시키는 노력을 한 것입니다. 이러한 아내의 작은 도움을 받았을 때 아주 멀쩡히 잘 살아 있는 자신의 남성을 확인한 남편은 안심을 하였고 불평을 멈추게 됩니다. 아내가 자신의 정력제가 되니 나이가 들어도 더 이상 이 문제로 갈등을 하지 않아도 된다는 믿음이 생긴 것입니다. 이 사건으로 인하여 이 부부는 50대를 지나며 올 수 있는 문제를 해결하는 지혜를 터득한 것입니다. 이 아내에게 아주 실질적이고 지혜로우신 해결책을 깨닫게 하신 하나님께서 무안한 감사를 드리게 됩니다.

나이가 들며, 혹은 어려운 시기에 남편에게 이러한 상황이 올 수 있습니다. 그러나 이러한 시기에 젊었을 때보다 힘이 빠진 '남성' 때문에 아내가 혹 빈정거리거나 비웃는 태도를 보인다면 지혜롭지 못한 일이 됩니다. 도리어 이제는 아내가 나서서 남편을 돕는 노력을 보여야 합니다. 그전에 봉사정신이 강한 남편이었다면 이제는 아내에게 봉사를 받는 부분도 중요합니다. 나이가 들고, 스트레스가 많고, 정력이 줄어들 때 아내의 적극적인 모습은 불안한 남편의 마음을 안심시키며 이러한 갈등으로 올 수 있는 외도의 문이 열리는 것을 방지할 수 있다 생각합니다.

특히 영적, 정서적으로 결핍이 많은 남편일수록 더 깊은 곳을 만져 주고 마음을 자극해 주어야 성욕이 새롭게 피어난다는 지혜를 얻게 됩니다. 사랑스러움과 진정한 존경을 표하는 아내의 공손한 말, 태도와 모습은 남편의 진정한 정력제의 역할을 할 수 있습니다. 마음을 자극하는 이 정력제는 어떠 한 음식보다, 약보다 더욱 효과적이고 부작용이 없이 매번 사용이 가능합니다. 그러나 특히 일이 잘 풀리지 않아 우울증이 있고 자격지심이 많은 남편에게 공격적이거나 아내의 말이 드세게 나온다면 남편의 정력을 더욱 감소시키는 역효과를 나타낼 것입니다. 아내에게 받은 상처 때문에 남편이 다가가지 못하는 상황을 만들 수도 있습니다. 이러한 상황으로 고민한다면 남편이 다가오지 못하도록 방해하는 장애물이 무엇인지 대화를 통하여 발견하고 함께 밀어내는 지혜가 요구됩니다. 남편은 남편대로 창조주께서 인간에게 부여하신 마음의 능력을 이해함이 필요합니다. 눈과 호르몬의 영향이 부족하여도 남편 자신의 마음이 가장 중요한 성적 자극제가 됨을 깨닫고 아내에 대한 원망과 미움이 쌓이지 않도록 마음을 지킴이 중요합니다. 아내를 빠르게 용서하는 습관을 키운 남편의 마음은 나이와 상관없이 아내를 향한 욕구를 끝없이 스스로 생산하는 능력을 얻게 됩니다. 사람의 생각과 마음이 인간의 욕구를 자극하는 데 중요한 역할을 한다는 것을 신경과학을 통하여 확인할 수 있습니다. 그러니 밖에서 찾지 말고 내면의 것을 발달시키는 능력을 키워야 합니다. 젊을 때 시각적인 면을 통하여 얻는 성적 자극에 초점을 두었다면 마음의 자극을 통하여 흥분을 생산하는 장성한 남자의 모습을 소유해야 합니다.

재빠른 선수

아내는 남편보다 먼저 선수 치는 능력을 소유한 여자입니다. 자존심이 강하고 이기적인 남자와 여자가 사랑에 빠져 결혼을 했지만 누군가가 먼저 희생하지 않는다면 절대적으로 부부관계와 가정을 살릴 수 없습니다. 서로의 자존심을 내세울 때 교만한 마음이 생기고 틈새가 생긴다면 적군에게 약점을 보여 공격을 받을 수 있습니다. 그러나 수많은 남편들은 남자의 자존심을 목숨과 같이 귀하게 여겨 부부관계와 가정을 살리기 위해 먼저 죽기를 꺼려 할 수 있습니다. 이러한 시기에 먼저 자존심과 이기심을 내려놓는 능력을 발휘하는 지혜로운 아내는 부부간의 갈등이 계속되는 사이에 생겨난 틈을 통하여 기회를 엿보고 있던 사탄의 공격을 견제하여 빨리 움직이는 민첩함을 보이며 틈새를 막고 가정을 지키게 됩니다. 사탄을 이기는 길은 아주 빨리 하나님의 말씀을 순종하는 마음입니다. 요한복음 12장 24절에 보면 "내가 진실로 진실로 너희에게 이르노니 한 알의 밀이 땅에 떨어져 죽지 아니하면 한 알 그대로 있고 죽으면 많은 열매를 맺느니라."라고 하시며 경건하고 행복한 부부관계를 얻고자 한다면 자존심과 자신의 권리를 죽여야 많은 열매를 기대할 수 있다 말씀하십니다. 먼저 죽어야 산다 하셨기에 먼저 자아를 죽이고, 화해를 청하고, 사랑, 용서, 존경심과 연민을 보이는 아내는 능력자로서 거듭나 하나님의 성품을 닮아 가는 진정한 돕는 배필로서의 장성함을 보입니다. 하나님의 나라에서는 섬기는 자는 큰 자라 하셨기에 먼저 선수 쳐 섬기는 것입니다. "먼저 주라, 그리하면 더하여 주신다."고 하셨으니 먼저 남편에 대한 사랑을 오감을 사용하여 충분히 표현하고 행동으로 확인시켜 준다면 그는 배가 부르게 될 것이고 언젠가는 더하여 사랑을 받는 시기가 올 것입니다. 이렇게 순종한다면 언젠가는 심은 대로 풍성히 추수하는 날이 꼭 올 것입니다. 이것은 하나님께서 우리에게 선한 이득이 되기에 세우시고 순종하라 명하신 영적 법칙이기 때문입니다. 먼저 선수 칠 때 당장은 지는 기분이 들고 손해 보는 장사가 아닌가 생각이 들 수도 있지만 하나님께서 보고 계시며 다 기억하신다는 믿음 때문에, 주를 순종하는 마음으로 실망하지 않고 꾸준히 먼저 선수 치는 사역을 한다면 때가 되어 모든 것이 축복으로 변하고 청산되는 시기가 올 것입니다. 이러한 순종의 마음은 이 땅의 삶에서뿐 아니라 천국에서도 보상을 주신다 약속하셨습니다. 하나님께 대한 사랑 때문에, 주를 향한 충성 때문에 사랑하기 어렵고, 힘든 배우자를 먼저 사랑하고, 주고, 섬긴다면 하나님께서는 꼭 보상을 주실 것입니다.

겸손함

아내는 자신의 남편에 대하여 절대로 자만하지 않는 여자입니다. 그가 과거에 아무 사고 없이 잘해 왔다고 자만하여 무작정 믿는다면 큰코다칠 수 있습니다. 과거의 승리는 현재의 승리를 보장하거나 저절로 지켜지는 것이 아니기에 안정된 시기가 온 것 같아 혹 부부관계를 소홀이 하고 성관계 중요성을 무시하지 말아야 합니다. 어제 사랑하고 행복한 부부관계를 경험했다고 내일도 당연히 그럴 것이다 기대하고 착각한다면 위험한 생각입니다. 오늘도 내일도 또 친밀한 관계를 위한 새로운 씨를 심고 노력을 해야 승리가 계속적으로 유지가 됩니다. 물을 매일 주어야 행복의 나무가 자라듯 남편과 부부관계도 항상, 시시때때로 신경을 쓰며 지켜야 합니다. 사탄은 항상 기회를 엿보고 있음을 기억하고 경계를 늦추지 말아야 합니다.

우리는 남편을 믿어야 하나 아니면 믿지 말아야 하는 고민합니다. 과연 무엇이 지혜로운 태도일까 궁금합니다. 과연 하나님께서는 어떠한 태도를 취하라 우리에게 교훈하실까요? 요한복음 2장 23-25절에 보면 이와 같은 말씀이 있습니다.

> "유월절에 예수께서 예루살렘에 계시니 많은 사람이 그의 행하시는 표적을 보고 그의 이름을 믿었으나, 예수는 그의 몸을 **그들에게 의탁하지** 아니하였으니 이는 친히 모든 **사람을 아심이요**, 또 사람에게 대하여 누구의 증언도 받으실 필요가 없었으니 이는 그가 친히 **사람의 속에 있는 것을 아셨음이니라**."

예수님께서는 인간을 극진히 사랑하시기에 그들의 구원자로 이 땅에 내려오셨지만 인간의 마음속에 숨어 있는 악과 어둠에 속한 생각들을 아셨기에 그들을 신뢰하지 않으셨습니다. 또한 죽기까지 충성을 맹세하던 제자들에게 예수님께서는 이렇게 말씀하셨습니다. "시험에 들지 않게 깨어 기도하라. 마음에는 원이로되 육신이 약하도다"(마태복음 26:41-46) 그들의 의도와 원하는 마음과 달리 육신이 약하여 넘어지고, 속고, 죄악에 빠질 수 있는 가능성이 있기에 기도하며 하나님의 도우심을 청하는 간구를 하라 하셨습니다. 마음과 의지가 간절해도 육신의 정욕을 이길 수 있다는 자신감이나 생각을 신뢰를 하지 말라는 경고이기도 합니다.

부부간의 언약을 지키고 신실하게 가정을 지키기 원하는 남편의 의도와 마음은 믿어도 됩니다. 그러나 죄에 쉽게 빠질 수 있는 그의 연약한 육신을 절대로 믿지 않는 것이 현명하다는 교훈을 우리에게 주십니다. 그의 육신은 그의 헌신, 지능, 정신, 양심, 도덕성과 달리 따로 행동할 가능성이 충분히 있기 때문이다. 이러한 인간의 돌변하는 행동이 나타나기에 미리 방지하는 것 또한 중요합니다. 아내가 미처 깨닫지 못하고, 생각지 못하는 남편의 마음속 깊은 곳에서 어떠한 악이 자라고 있음을 보지 못하기에 기대하지 않던 때에 열매가 나타날 수 있습니다. 자신감 넘쳐 준비성 없이 지나치던 어떠한 곳에서 어떤 무엇과 사람으로부터 강한 유혹을 받아 베드로가 예수님을 배반하는 반전 같은 행동이 나올 수 있기 때문입니다. 그렇기에 항상 깨어서 남편을 위하여 기도하라 명하십니다. 남편에게 항상 잔소리하는 것이 아니고, 의심하는 것이 아니고, 그의 핸드폰을 보는 것이 아니고, 기도로 그의 육신의 연약함을 도우는 아내가 되라 명하십니다. 남편을 사랑하고 신실한 남편으로 살기 원한다는 그의 마음은 믿지만, 그의 연약한 육신을 믿지 말아야 하기에 그의 필요를 채우는 일에 힘써야 합니다.

정신적 피난처

아내는 남편의 정신적 피난처가 되는 여자입니다. 아내야말로 남편의 가장 안전하고 편한 안식처가 되어야 합니다. 가정 사역을 하시는 제임스 답슨 박사님은 몇 년 전에 남자들이 가장 중요하게 여기는 것이 무엇인지를 조사하였는데 놀라운 결과가 나왔다고 합니다. 그들이 가장 원하는 것은 집에서의 평온이었습니다. 이 박사님은 남편들이 겪는 직장에서의 경쟁은 매우 치열하고, 상사의 비위 또한 맞추어야 하고, 직장에서 살아남아야 한다는 부담감에 때문에 얻게 되는 스트레스가 너무 심해서 집은 남자가 후퇴할 수 있는 안식처가 되어야 한다 아내들에게 충고합니다. 남편이 필요로 하고, 매일 돌아오고 싶어 하는 안식처를 만들기 위해 노력하는 아내는 현명한 여자라고까지 말합니다. 가정이, 집이, 아내가 남편의 쉴 곳이 되어야 하는 중요성을 의미합니다.

한 남편의 고백입니다. 아내와 가장 가깝게 느껴질 때가 언제냐고 한 아내가 자신의 남편에게 물었습니다. 아내와 함께 기도할 때인지 아니면 은밀한 교제를 나눌 때인지 묻자 남편은 이도 저도 아니고 아내 무릎에 누워서 아내의 위로를 받을 때 가장 친근감을 느낀다고 대답했습니다. 이 아내는 일 때문에 정신적으로 지치고 몸도 피곤한 상태로 돌아오는 남편을 보면 마음이 찡할 때가 있습니다. 그런 날이면 남편을 기도방으로 인도하고 그의 머리를 아내 무릎에 눕히고 쉬게 합니다. 그리고 두 손으로 남편의 얼굴을 만져 주면서 온 얼굴에 뽀뽀를 해 줍니다. 한 손으로 그의 가슴을 쓸어주며 남편을 위해 기도드립니다. 기도하는 소리를 들으며 잠이 들었던 남편은 그 순간이 가장 아내와 가까운 친근감을 느꼈다고 합니다. 이 남편은 왜 그렇게 느꼈을까요? 이 아내가 그 날 남편에게 가장 필요했던 쉼과 위로를 주는 돕는 배필의 역할에 충실했기 때문이라고 생각합니다. 그때는 남편에게 처한 상황이 어떤지 정확히 몰랐기 때문에 섣부른 충고도 하지 않았고 그저 위로하려는 노력만 보여 주었습니다. 이 남편은 자기를 위해 하나님께 도움을 청하며 기도하는 모습이 고마웠다고 했습니다. 그의 고백을 듣고 난 후 이 아내는 남편이 지치고 힘들 때 아내의 위로가 간절히 필요하다는 것을 알게 되었습니다. 필요한 위로를 받는 순간 이 남편은 아내를 의지하여 쉴 곳을 찾게 되는 것입니다.

살다 보면 삶에 몰아치는 폭풍과 비바람을 피할 수 없는 특별한 상황이 올 수 있습니다. 이러한 시기에 잠시 도피하여 위로를 받을 수 있는 곳, 부담 없이 갈 수 있는 안식처가 필요한 순간이 만약 남편에게 온다면, 절대로 이 사역을 다른 여인에게 빼앗기지 말아야 합니다. 아내의 역할이고 권리이기 때문에 아내야말로 따뜻하고 안전한 피난처라는 인식이 평상시에 형성되도록 투자를 한다면 어떠한 상황이 와도 다른 사람을 찾기 전에 아내에게 달려오는 마음이 생길 것입니다.

진정한 남편의 여자

아내는 남편의 진정한 여자입니다. 누구의 엄마가 아니고, 누구의 며느리도 아니며, 그저 가족도 아니고 남편에게 항상 여자로 인식되도록 장성해야 합니다. 여성상에 대한 이미지가 바뀌고 사회적인 요구가 변했다 해도 남편에게는 항상 진정한 여자의 모습을 보이고 매력을 유지하도록 가꾸고 노력해야 합니다. 동양인, 서양인이 추구하는 여성상의 기준이 뒤죽박죽 섞여 있는 사회에 사는 우리는 진정한 여자의 참모습이 무엇인지에 대한 혼동을 겪을 수 있습니다. 먼저 정확한 이상형의 기준이 무엇인지를 안다면 여자의 모습을 유지하는 데 도움이 될 것입니다. 그렇기 위해서는 창조주께서 창조하시고 의도하신 이상적인 여자의 모습이 무엇인지를 정확히 알아야 합니다. 먼저 기준이 무엇인지를 보고 내 자신과 비교한다면 나에게 부족한 점이 무엇이고 어떤 부분의 변화를 받아야 하는지를 알 수가 있습니다. 감사하게도 창조주 하나님께서 의도하신 이상적인 여자의 참모습이 무엇인지를 성경을 통하여 말씀해 주셨습니다.

부드러움

하나님께서 의도하신 진정한 여자의 매력은 부드러움입니다. 창세기 2장 23절에 보면 "아담이 이르되 이는 내 뼈 중의 뼈요 살 중의 살이라 이것을 남자에게서 취하였음즉 여자라 부르리라 하니라."고 쓰여 있는데 여기에 나오는 '남자(man)'는 히브리어로 '이시(ish)', '여자(woman)'는 '잇샤(ishshah)'라는 단어가 사용되었다고 합니다. '남자: ish'는 '힘(strength)'이라는 단어에서, '여자: ishshah'는 '부드럽다(soft)'는 뜻을 가진 원어로부터 나왔다고 많은 주석가들은 말합니다.[93] 여자는 남자와 달리 '부드럽고, 연하고, 보들보들하고, 말랑말랑하고, 온화하고, 싹싹한 모습'이 진정한 여인의 특징이라는 것을 힌트로 가르쳐 주십니다. 이브를 여자라고 부른 것은 바로 아담이었습니다. 타락 전에 아담이 본 이브의 가장 두드러진 고유의 모습은 '부드러운 여인'이었다는 말입니다. 그러나 하나님께서 의도하신 모습은 점점 없어지고 도리어 사탄은 세상 속에 왜곡된 여성상을 심어주며 딱딱하고(hard), 무례하고(rude), 시끄럽고(loud), 성내고(angry), 센(strong) 여인들이 늘어나도록 권장합니다. 이로 인해 남자들이 도리어 의기소침하고 약한 모습으로 바뀌는 것을 볼 때 너무도 안타깝습니다. 하나님의 걸작품인 여인에게 주어진 최고의 장점이자 특징인 부드러움이 우리 안에 회복되도록 도우시는 성령의 역사를 사모하게 됩니다. 그러나 말을 조용히 여성스럽고 하고, 애교가 많다고 꼭 부드럽다 생각을 한다면 이 또한 오해일 수 있습니다. 겉으로는 아주 여성스럽고 애교가 많은

---

93 'True woman 101'에서 인용 by Mary a. Caspian, Nancy Leigh Demos.

것처럼 보이지만 내면이 부드럽지 않을 수도 있기 때문입니다. 그렇기에 부드러움에 대한 진정한 의미가 무엇인지 베드로전서 3장을 통하여 우리에게 보여 주십니다.

평안함

첫 번째로 진정한 여자의 부드러운 매력은 내면으로부터 뿜어져 나오는 편안함입니다. 베드로전서 3장 3-4절에 보면 "너희의 단장은 머리를 꾸미고 금을 차고 아름다운 옷을 입는 외모로 하지 말고, 오직 마음에 숨은 사람을 온유하고(gentle) 안정한 심령(quiet spirit)의 썩지 아니할 것으로 하라 이는 하나님 앞에 값진 것이니라." 하시며 진정한 부드러움이 무엇인가 말씀하십니다. 또한 아내가 소유한 내면의 매력은 겉으로 나타나는 미모보다 더 중요한 부분이라 강조하십니다. 겉으로만 부드러운 것이 아니고 속으로부터 뿜어지는 내면의 온유함은 쉽게 매력의 가치가 떨어지는 외모와는 달리 비교할 수 없는 값어치가 있다는 의미입니다. 외모는 메이크 오버를 통하여 하루아침에 변화를 얻는 것이 가능하지만 온유하고 안정된 심령을 소유하기 위해서는 성화의 과정을 통하여 경건한 생각과 절대적인 진리의 말씀을 통하여 마음을 새롭게 변화시키고 영적 훈련을 통하여 믿음으로 사는 법을 터득해야 가능하기 때문입니다. 성경이 말하는 값진 여인은 하나님께 대한 철저한 신뢰와 믿음으로 두려움, 불안감, 절망감, 걱정, 근심을 조성하는 악령들과의 싸움에서 승리를 얻은 자들입니다. 그리스도 안에서 우리에게 허락하신 유업의 땅, 즉 영혼의 안식을 투쟁을 통하여 얻었기에 그 열매인 온유함과 안정된 심령을 누리는 축복을 얻게 된 것입니다. 아주 값진 유업입니다.

베드로전서 3장 5절에 "하나님께 소망을 두었던 거룩한 부녀들도"라는 구절을 보면, 하나님께 소망을 두어야 초자연적인 안식을 누릴 수 있다 말씀하십니다. 오직 하나님께 소망을 둔 아내만이 이런 모습으로 회복할 수 있는 능력을 얻게 된다는 의미입니다. 우리는 성령의 열매인 사랑, 희락, 화평과 오래 참음과 자비와 양선과 충성과 온유와 절제가 우리 안에서 흘러나오도록 기도해야 합니다. 만약 아내가 이 말씀을 읽으며 그저 착한 마음으로 조용히 살고 남편의 마음을 시끄럽게 하지 말라는 말씀 정도로 해석하고 여긴다면 이 또한 좀 부족한 해석일 수 있습니다. 하나님이 보시기에 왜 아내가 품어내는 온유하고 안정한 심령이 남편에게 중요한 사역이 될까 생각해 보면 깊은 뜻이 있음을 알 수 있기 때문입니다.

바이브레션의 법칙

여인들은 불안하고 두렵고 불만족스러울 때 짜증을 내고, 투정 부리고, 바가지를 긁는다고 합니다. 내면에 갈등을 일으키는 것들을 남편을 통해 해결하려는 무의식적인 방법일 수도 있습니다. 그렇다면 바가지를 긁는 아내를 남편들은 왜 그렇게 싫어할까요? 과학적인 이유가 있기 때문이라 생각해 볼 수 있습니다. 과학적인 측면에서 주장하는 바이브레이션의 법칙(The law of vibration)에 의하면 바가지를 자주 긁는 방법은 부부관계에 아주 위험한 방법이 될 수 있습니다. 물리학자들의 말에 의하면 살아 있든, 무생물이든, 모든 것이 에너지로 구성되어 있고 모든 것이 진동을 하며 에너지가 활발하게 바이브레이션(진동)을 통하여 전달된다고 합니다. 이 지구 안에 사는 모든 사람들 또한 이 법칙 안에서 알게 모르게 영향을 받는다는 것입니다. 이러한 이유로 어떤 사람들을 평가할 때 "바이브(바이브레이션의 약자)가 좋다, 나쁘다"는 표현을 합니다. 이런 말을 하는 이유는 과학적인 증거가 있기 때문입니다. 에너지를 뿜어내는 바이브레이션를 적어 놓은 차트에 보면 사람이 느끼는 여러 가지 감정을 통하여 전달되는 에너지를 숫자로 계산하여 보여 줍니다.

수치심(Shame)	20
죄책감(Guilt)	30
냉담(Apathy)	50
비통(Grief)	75
두려움(Fear)	100
염원(Desire)	125
분노(Anger)	150
자부심(Pride)	175
용기(Courage)	200
중립(Neutrality)	250
흔쾌히/자진하여(Willingness)	310
용납(Acceptance)	350
이성/사고력(Reason)	400
사랑(Love)	500
기쁨(Joy)	540
평강(Peace)	600
깨달음(Enlightenment)	700+

이 차트에 보면 부정적인 감정일수록 에너지가 낮은 바이브레이션이 전달되고 긍정적인 감정일수록 높은 에너지가 나타남을 볼 수 있습니다. 사람들이 뿜어내는 바이브(바이브레이션의 약자)는 인간의 오감을 통하여 전달되는데 우리가 표현하는 말, 태도, 행동, 감정, 냄새, 눈길, 손길 등등 모든 것이 에너지를 발출합니다. 그렇기에 사랑에 빠져 있을 때 우리는 기쁨이 충만해지고 몸이 날아갈 것 같은 기분이 들고 피곤함이 없어집니다. 500-540의 높은 숫자의 에너지를 공급받기 때문입니다. 그러는 반면, 이러한 에너지 효과로 인하여 비판이나 부정적인 한마디의 말 때문에 기분이 상할 수 있고, 실망스러운 소식을 들었을 때 힘이 한순간 쭉 빠지는 것을 경험하기도 합니다. 기분이 업

되기도 하고 다운되기도 하는 것은 사람의 감정이 내뿜는 에너지와 실질적인 상관이 있다는 것입니다. 우울증에 시달린다면 당연히 낮은 바이브레이션을 경험하며 기운이 없어지는 이치가 됩니다.

그렇기에 불평을 하고, 감정적으로 격한 아내, 부정적인 말을 자주 하는 아내는 남편에게 아주 낮은 에너지를 전달을 하며 그의 기를 뺏는 역할을 할 수 있습니다. 남편을 정죄하고 수치심과 죄책감을 자주 자극하는 아내는 남편의 에너지를 최악으로 끌어내리는 역할까지도 할 수 있습니다. 이러한 이유로 자신을 피곤하게 하는 아내를 슬슬 피하게 될 수밖에 없는 상황에 이를 수도 있습니다. 집에 들어오기를 꺼리는 남편, 매일같이 늦게까지 친구들과 술을 마시고 들어오는 남편, 혹 각방을 쓰게 되고 졸혼까지를 생각하는 이유 중에 이러한 원인이 있을지 않을까도 생각해 봅니다. 찡그린 아내(혹은 남편)의 얼굴만 보아도 남편의 에너지가 쭉 빠져나가기 때문입니다. 항상성의 법칙에 따라 정서적인 균형이 깨질 수 있으니 살기 위해서라도 거리감을 두고자 하는 것이 아닐까 짐작도 해 봅니다.

놀라운 것은 인간에게는 우리가 사용하는 오감뿐 아니라 사람의 영으로부터 전달되는 영적 바이브(에너지)가 있습니다. 이 영적 바이브는 하나님의 임재하심과 성령의 능력이 사람의 영을 통하여 뿜어질 때 나타나는 현상입니다. 성경에서는 이것을 하나님의 생명 또는 생수가 흐른다 표현합니다. 하나님의 생명이 흐를 때 가장 현저하게 나타나는 것은 하나님의 초자연적인 평강이 인간의 마음과 생각을 보호하시고 점령하십니다. 이 평강은 인간의 영혼에 큰 힘을 발휘하는 사역을 합니다. 과학적으로 계산을 하여도 평강과 깨달음은 인간에게 최고의 에너지(600, 700+)를 준다고 합니다. 영혼의 안식을 누릴 때 얻는 평온함은 인간에게 아주 중요한 역할을 한다 볼 수 있습니다. 그렇기에 안식할 때 사람의 질병이 낫기도 합니다. 예수님께서는 안식일 날에 병든 사람들을 자주 치유하시는 역사를 하셨습니다. 영어로 질병을 “disease”라고 합니다. 이 “disease”는 “dis(안)-ease(편함)”가 합친 말로 생각해 볼 수 있다고 누군가는 표현합니다. 안 편할 때 병이 생긴다는 의미입니다. 부부관계가 안 편할 때 문제가 생기듯이 말입니다.

미국에서는 유명하고 아름다운 여배우들이 결혼을 하지만 얼마 가지 못하고 남편의 외도로 인해 이혼을 하는 경우가 많습니다. 왜 이런 일이 생기는 것일까요? 아내의 외적인 아름다움만 가지고는 남편을 돕는 배필의 사역을 할 수 없기 때문이 아닐까 생각해 봅니다. 여인의 아름다움은 남자의 관심을 끌지만 남편의 관심을 계속해서 유지하는 힘은 온유하고 안정된 심령을 소유한 아내에게 있다는 의미로 해석해 볼 수 있습니다. 마음의 안식을 누리기에 항상 평온함을 유지하는 아내는 최고의 바이브레이션 에너지를 뿜어내니 남편에게는 함께 있는 것이 편하고 안정감을 주게 됩니다. 그러니 자꾸 가까이하고 싶어집니다. 자신의 불안감을 잠재우는 능력을 소유한 아내는 아주 매력적으로 여겨질 것입니다. 어려서는 예쁜 여자를 선호했는데, 나이가 들면서 자신을 편하게 해주는 여인에게 관심이 간다는 남자들의 고백을 들을 때가 있습니다. 같이 있을 때 높은 숫자의 에너지를 제공받기 때문이 아닌가 생각해 봅니다. 남편에게 높은 숫자의 에너지를 주는 아내가 되기 원한다면 먼저 우리의 내면을 변화시켜 주시기를 간구하는 겸손의 기도는 부부관계를 세우는 사역이 될 것입니다.

순종함

두 번째로 진정한 여자의 부드러운 매력은 남편에게 순종하는 마음입니다. 지금 여성상위 시대에 사는 여자들에게는 이 순종이라는 말에 아주 큰 거부감을 느끼게 합니다. 이러한 생각을 갖는 이유 중에 하나는 지난 과거 남편에게 복종하라는 교훈을 왜곡하고 오해하여 잘못된 행실을 범한 많은 남편들이 있었기 때문이 아닌가 짐작해 봅니다. 어떤 한 신부는 결혼식에서 주례자가 남편에게 "순종하겠습니까?"라고 묻는 말에 대답하기를 거부하는 웃지 못할 일이 생긴 이야기가 있습니다. 이 신부는 아내로서 남편을 사랑하고, 존경하고, 돌보고, 등등은 다 해도 남편에게 복종하는 것은 부담스럽다는 자신의 생각을 표현한 것입니다. 결혼식에서 서약한 이 언약을 시행할 수 있을지 자신이 없다는 솔직한 모습이었습니다. 어떤 아내는 남편이 먼저 아내를 사랑해야 한다 주장합니다. 남편이 아내를 먼저 사랑한다면, 남편에게 복종하는 것이 훨씬 쉬워지기 때문이라 생각합니다. 그러나 신약성경에서 부부관계 원칙에 대한 세 군데의 말씀을 보면, 남편이 아내를 사랑하라는 권면보다 앞서 아내의 순종에 대한 교훈이 먼저 나옵니다. 이러한 순서를 두신 것은 우연이 아니라고 생각합니다. 도리어 부부관계에서 아내에게 먼저 남편을 순종하는 것이 우선순위이라는 말씀을 강조하시기 위함이 아닐까 생각해 보아야 합니다. 이러한 교훈을 주신 것은 아마도 아내가 먼저 남편의 리더십을 존중할 때 결혼 관계가 가장 최상의 기능을 하기 때문이 아닐까 여겨집니다.

> "**아내들이여, 자기 남편에게 복종하기를** 주께 하듯 하라. 이는 남편이 아내의 머리됨이 그리스도께서 교회의 머리됨과 같음이니 그가 바로 몸의 구주시니라. 그러므로 교회가 그리스도에게 하듯이 아내들도 범사에 자기 남편에게 복종할지니라. **남편들아, 아내 사랑하기를** 그리스도께서 교회를 사랑하시고 그 교회를 위하여 자신을 주심 같이 하라." (에베소서 5:22-25)

> "**아내들아, 남편에게 복종하라** 이는 주 안에서 마땅하니라 **남편들아, 아내를 사랑하며** 괴롭게 하지 말라." (골로새서 3:18-19)

> "**아내들아, 이와 같이 자기 남편에게 순종하라.** 이는 혹 말씀을 순종하지 않는 자라도 말로 말미암지 않고 그 아내의 행실로 말미암아 구원을 받게 하려 함이니 너희의 두려워하며 정결한 행실을 봄이라… **남편들아, 이와 같이 지식을 따라 너희 아내와 동거하고** 그를 더 연약한 그릇이요 또 생명의 은혜를 함께 이어받을 자로 알아 귀히 여기라 이는 너희 기도가 막히지 아니하게 하려 함이라." (베드로전서 3:1-2, 7)

베드로전서 3장 1-6절에 보면 왜 순종함이 중요한가에 대한 설명을 주십니다.

첫째로, 베드로전서 3장 1-2절에 "아내들아, 이와 같이 자기 남편에게 순종하라. 이는 혹 말씀을 순종하지 않는 자라도 말로 말미암지 않고 **그 아내의 행실로 말미암아 구원을 받게 하려 함이니**"라고 하시며 아내의 순종은 믿지 않는 남편을 구원에 이르도록 돕는 하나님의 귀한 도구로 사용될 수 있다 하십니다. 경건한 삶을 사는 아내가 하나님을 경외하기에 남편을 겸손히 순종하는 마음이 전달된다면 놀라운 효력을 발휘한다는 것입니다. 수백 번 말로 전도하는 것보다 남편에 대한 존중 때문에 보이는 순종의 마음이 그의 마음을 움직이는 강한 힘을 나타낸다는 의미일 것입니다. 아내의 순종을 통하여 예수님을 구세주로 영접하지 않고 불순종한 삶을 사는 남편에게도 구원을 받을 수 있는 기회가 열리고 혹 믿는 남편이지만 하나님께 자신의 삶을 드리지 않고 자기 멋대로 사는 남편 또한 변화받는 놀라운 일들이 일어날 수 있다는 약속의 말씀입니다. 아내의 삶에 나타나는 경건한 태도, 행실이 남편 안에 있는 어둠을 밀어내는 강한 빛의 역할을 할 수 있다는 진리를 우리에게 말씀하십니다.

두 번째로, 베드로전서 3장 5절에 보면 "하나님께 소망을 두었던 거룩한 부녀들도 이와 같이 자기 **남편에게 순종함으로 자기를 단장하였나니**"라고 하시며 순종하는 마음은 여자가 자신을 아름답게 단장할 때 중요한 요소가 된다 하십니다. 몇십 년을 같이 살아야 하는 장기적인 부부관계를 생각해 볼 때, 내면의 성품을 아름답게 꾸미는 것이 더 귀한 매력 포인트가 된다는 의미로 생각해 봅니다. 이 내면의 아름다운 빛을 발하는 아내의 매력은 나이가 들수록 점점 강해질 수 있다는 큰 장점이 있습니다. 이 부분에 더욱 확실한 투자를 하는 것이 지혜로운 일이 될 것이라 생각됩니다. 순종의 미는 남편의 마음을 쟁취하는 창조주 하나님께서 보장하시는 여자의 아름다움이기에 절대로 무시하지 말아야 합니다. "교회가 그리스도에게 하듯 아내들도 범사에 자기 남편에게 복종할지니라."(에베소서 5:22-24)라고 하시며 사랑과 신뢰하는 마음으로 남편을 순종함으로 그에 대한 존경심을 나타내는 아내의 모습은 남편에게 치명적인 매력을 뿜어낸다는 의미로 해석할 수 있습니다. 아내의 순종이 여인의 미를 단장하는 귀한 보석으로 여기는 시대가 다시 회복되어야 합니다.

세 번째로, 베드로전서 3장 5절 앞부분을 보면 "**하나님께 소망을 두었던 거룩한 부녀들도** 이와 같이 자기 남편에게 순종함으로 자기를 단장하였나니"라고 하시며 하나님께 소망을 둔 여자만이 이러한 내면의 아름다움을 가꿀 수 있는 능력이 생긴다 말씀하십니다. 힘이 없는 남편에게 소망을 두고 사는 아내는 내면의 힘을 키우는 것 자체가 불가능한 일이 될 수 있습니다. 의지하는 남편에게 결함이 많고 매번 실망만 안겨 준다면 아내의 마음은 상처와 절망감으로 헤어나오지 못하게 됩니다. 오직 능력과 신실하신 하나님을 바라고, 의지하고, 신뢰한다면 아내는 굳건한 믿음이 장성하게 되어 어떠한 환경과 조건에서도 남편을 순종할 수 있는 믿음의 행위가 나타내는 위력을 발휘합니다. 아브라함의 아내 사라가 했던 것같이 말입니다. 창세기에 나오는 이야기를 보면, 아브라함의 요구로 사라는 자신이 아브라함의 동생이라는 반쪽 거짓말을 하기로 순종합니다. 그 결과 그녀는 두 번이나 왕들에게 끌려가 후궁으로 지목을 받습니다. 인간적으로 생각할 때 그녀가 이러한 남편의 요구에 응한 것은 아마도 자신의 미 때문에 남편의 목숨이 위협을 받는 환경에 살고 있다는 현실과 그로 인하여 생긴 남편의 두려운 마음을 보았기에 그를 긍휼히 여기는 마음으로 수긍한 것이 아닐까 생각해 볼 수 있습니다. 그러나 성경 말씀을 통하여 그녀의 깊은 마음의 동기가 무엇이었을까에 대한 힌트를 보여 주십니다. 사라는 하나님께 소망을 둔 여인이었기에 자신에게 처한 이 어려운 환경을 극복할 수 있는 믿음의 용기를 나타내며 남편의 요구에 순종한 것이다 해석해 볼 수 있습니다. 이러한 결단은 바로 전지전능하신 하나님께서 자신을 보호하시고 남편에게 향하신 놀라운 약속들을 지키실 것이라는 신뢰와 믿음이 있었기에 가능했다 여겨집니다. 그리고 사라의 믿음의 보상은 놀라운 현실로 나타납니다. 남편을 순종하는 과정에서 스스로 어찌 할 수 없는 위험한 상황에 빠진 사라를 하나님께서 직접 간섭하사 그녀를 구원하시는 놀라운 역사를 나타내셨기 때문입니다. 하나님께 대한 믿음 때문에 남편에게 순종한 아내에게 놀라운 축복을 보여 주신 것입니다. 하나님께서는 사라의 순종을 통하여 아내 자신뿐 아니라 남편 아브라함의 믿음의 성장을 돕는 도구로 사용하신 것을 짐작해 볼 수 있습니다. 이 사라의 순종은 아브라함의 자손인 이삭을 통한 하나님의 크신 목적 달성, 부부관계를 보호하심뿐 아니라 아브라함 자신의 목숨을 지키고자 인간적인 방법을 고안하며 머리를 쓰던 그에게 하나님은 진정으로 신뢰할 만한 분이심을 경험하는 기회가 되었을 것입니다. 이 아내의 순종은 일석 삼조의 효과를 나타낸 것입니다.

네 번째로, 베드로전서 3장 6절에 보면, "**사라가 아브라함을 주라 칭하여 순종한 것같이** 너희는 선을 행하고 아무 두려운 일에도 놀라지 아니하면 그의 딸이 된 것이니라."라고 말씀하시며 하나님께 소망을 두고 경건한 삶을 살았던 믿음의 여인들의 모습을 롤모델로 삼으라 교훈하십니다. 이 세상에는 페미니스트의 운동으로 생긴 여러 모형의 여성 롤 모델이 판을 칩니다. 현 사회는 잘난 여자, 강한 여자, 능력의 여자, 영향력이 있는 여자 등등 많은 롤 모델을 보면서 그들을 멋있다 칭찬합니다. 그러나 하나님의 나라에 속한 믿음의 자녀들에게는 무엇보다 먼저 하나님이 세워 주신 이상형의 모습과 기준을 우선순위 하여 보고 배워야 한다는 점을 우리에게 말씀하십니다. 믿음, 의로움, 순결, 경건, 순종, 덕, 영안, 지혜로움 등등을 소유한 여인은 영적인 세계를 움직이며 초자연적인 역사를 일으키는 능력을 나타내기에 하나님이 보시는 관점으로 볼 때 이야말로 진정한 능력을 소유한 여인이라 여기십니다. 보이지 않는 영역에 영향력을 끼치는 능력을 소유하는 것은 아무나 할 수 있는 일이 아니기 때문입니다.

그러나, 남편을 순종할 때 몇 가지 중요한 점을 기억해야 합니다. 남편에게 순종하라는 말씀을 무조건 받아들일 수 없는 상황도 있기 때문입니다. 만약 남편이 아내에게 불법을 행하라는 강요를 할 때 그의 요구를 순종하라는 의미는 절대적으로 아니라 여겨야 합니다. 계속적으로 육체적, 정신적인 폭행을 당할 때도 남편에게 헌신하라는 의미 또한 더더욱 아니라 여깁니다. 심각한 가정폭력과 학대를 당하면서까지 몇십 년을 참고 살라는 뜻으로 해석한다면 하나님의 말씀을 오해하는 것이다 개인적으로 생각합니다. 성경에는 어떠한 말씀들을 해석할 때 어려움 점이 있는 경우가 있습니다. 아내는 남편을 순종해야 한다는 말씀이 이러한 경우입니다. 특별한 경우 우리는 전체적인 성경 말씀을 통하여 이러한 말씀의 의미와 뜻을 해석하고 이해해야 합니다. 성경에서는 네 이웃을 네 자신과 같이 사랑하라 하시며 우리의 이웃을 사랑하기 위해서는 먼저 자신을 사랑하며 귀히 여기는 것이 우선이 되어야 한다 하십니다. 만약 아내가 가정폭력을 당하는 비정상적인 상황이 생긴다면 아내의 자신을 먼저 보호하는 지혜가 요구됩니다. 남편을 존경하라는 교훈은 정상적인 부부관계에 적용되는 말씀이지 가정 폭력과 같은 비정상적이고 특별한 상황에서까지 남편에게 자신을 내어주며 복종하라는 뜻이 절대로 아닐 것입니다.

존 파이퍼 목사님은 아내가 남편을 순종할 때 알아야 할 몇 가지에 대한 충고를 하십니다.

1. 아내의 복종은 남편이 말하는 모든 것에 동의하는 것을 의미하지 않습니다. 특히 믿지 않는 남편과 결혼했을 경우 아내에게 가장 중요한 하나님에 대한 남편의 견해에 동의하지 않으면서 남편에게 복종하라 말씀하십니다. 따라서 복종은 남편이 생각하는 모든 것에 동의한다는 의미가 아닙니다.

2. 복종은 아내 스스로의 생각과 의지를 버린다는 의미가 아닙니다. 남편을 복종한다고 해서 아내가 스스로 내린 그리스도에게 대한 선택과 헌신에서 물러나라는 의미는 더더욱 아닙니다.

3. 복종은 남편을 변화시키려는 모든 노력을 피하는 것을 의미하지 않습니다. 도리어 아내의 복종은 남편을 변화시키는 도구이며 진정한 승리를 얻기 위한 전략이라 여겨야 합니다.

4. 복종은 그리스도의 뜻보다 남편의 뜻을 우선순위함을 의미하지 않습니다. 도리어 아내의 복종은 그리스도께 먼저 절대적 충성을 하였기에 남편에게 복종할 수 있는 이유와 마음이 생기는 것입니다.

5. 복종은 남편을 의존하여 아내의 개인적, 영적인 힘을 얻는다는 의미가 아닙니다. 도리어 남편의 영적 리더십이 부족할 때에도 하나님께 소망을 두고 힘과 풍성함을 공급받아서 남편을 돕기 위하여 아내 내면의 힘, 품성, 깊이를 계발해야 합니다.

6. 복종은 두려움과 강요로 인하여 행하는 것이 아닙니다. 아내는 이미 그리스도 안에서 자유한 사람이고 하나님께 둔 소망으로 두려움을 밀어냈기에 스스로가 결정하여 남편에게 복종하는 행위는 사랑의 표현이 됩니다. 그리스도인이 예수님께 사랑하는 마음으로 순종하는 것같이 말입니다.[94]

아름다움

하나님께서 의도하신 또 하나의 진정한 여자의 매력은 아름다움입니다.

한 토크쇼에서 한국 남자들의 속마음을 드러내는 통계를 나왔습니다. 여자를 볼 때 절대로 포기할 수 없는 부분은 무엇일까를 조사했는데 '여자의 미모'라는 결과가 나왔습니다. 아름다운 여자를 선호한다는 말입니다. 남자가 아름다운 여자를 선호하게 된 이유는 대체 어디서 온 걸까요? 왜 남자들은 아름다운 여자를 보면 눈이 돌아가고 어쩔 줄 몰라 할까요? 창조주의 실수인가요? 아니면 죄성 때문에 나타나는 후유증일까요? 남자가 아름다운 여자를 선호하는 이유 역시 창조주가 의도하신 바라 생각합니다. 한 가지 문제는 창조주께서 추구하도록 의도하신 여인의 아름다움에 대한 미의 기준이 현재 우리가 생각하는 미의 기준과 다르다는 점입니다. 그렇다면 창조주께서 의도하신 미의 기준은 어떤 것일까요? 진정으로 남자들이 추구해야 할 아름다운 여인은 어떤 모습일까요?

---

94 "The Beautiful Faith of Fearless Submission" Resource from desiringGod by John Piper.
https://www.desiringgod.org/messages/the-beautiful-faith-of-fearless-submission--APRIL 15, 2007
Scripture: 1 Peter 3:1-7, Topics: Manhood & Womanhood, Wives & Mothers.

우리가 사는 시대는 많은 것이 변했지만, 과거에는 여인의 미를 논할 때 내면적인 것에 큰 비중을 두었던 시기도 있었습니다. 아마도 TV와 인터넷 같은 대중매체의 영향과 화장기술의 발달과 일반화된 성형수술로 예쁜 여성을 상품화하고 시각적인 면이 부각되면서 여성의 외모에 더 많은 관심을 두고 있는 상황입니다. 물론 여성의 외모는 절대로 무시해서는 안 될 중요한 부분이라고 생각합니다. 여인들은 자신에게 주어진 여건에 따라 부지런히 아름다움을 가꾸는 지혜가 필요합니다. 사무엘상 16장 7절에 보면 "사람은 외모를 보거니와 나 여호와는 중심을 보느니라." 하셨습니다. 피조물인 사람은 마음을 보시는 하나님과는 달리 외모를 본다는 말씀으로, 눈에 보이는 외모를 먼저 볼 수밖에 없는 사람의 한계를 인정하게 됩니다. 미국 속담에 "Beauty is in the eyes of beholder"라는 말이 있는데 "제 눈에 안경"이라는 한국 속담과 같은 의미입니다. 아름다움의 기준은 보는 사람의 판단과 결정에 따라 다르다는 뜻으로 해석할 수 있습니다. 모든 남자는 자신이 결혼한 아내가 자신 눈에 분명 아름답게 보였기에 사랑에 빠집니다. 그렇다면 진정한 여인의 미는 과연 무엇일까요? 아내의 어떤 면이 남자들에게 매력으로 보이는지 하나님께서는 성경 말씀을 통하여 나라와 풍습 상관없이 모든 여인에게 말씀하십니다.

구약성경을 보면 에스더라는 여인이 나옵니다. 에스더는 왕비로 간택될 만큼 외모가 아름다운 여인이었습니다. 유대인의 역사책[95]을 보면 에스더는 후보로 뽑힌 다른 400명의 아름다운 여인들과 경쟁을 해야 했다고 합니다. 어떻게 그녀는 이렇게 높은 경쟁률을 뚫고 왕의 사랑과 관심을 얻었을까요? 그녀가 선택된 비결은 무엇일까요? 분명 위험에 처한 이스라엘 백성을 구하고자 하시는 하나님의 크신 섭리와 목적 가운데 에스더에게 놀라운 은혜를 베푸셨음을 볼 수 있습니다. 그렇다고 왕에게 무조건 그녀를 선택하라 강요하시지 않았다 믿습니다. 에스더에게는 왕의 눈에 띄도록하는 다른 여인들에게 없었던 무엇이 더 있었기 때문에 그녀를 선택하였다 생각합니다. 에스더서 2장 12절에 보면 에스더가 왕과 하룻밤을 보내기 위해 열두 달 동안 받아야 하는 신부 수업

95 The ancient Jewish historian Josephus--From Website "Enduring word on Esther 2".

에 대한 이야기가 나옵니다. 여섯 달은 몰약기름(oil of Myrrh)을 쓰고 여섯 달은 향품(perfumes)과 화장(cosmetics)을 사용하여 준비하는 과정입니다. 몰약기름은 영적인 면을, 향품은 혼적인 면을, 화장품은 겉으로 나타나는 육체의 아름다움을 가꾸기 위한 것입니다. 에스더는 자신의 영혼육을 아름답게 가꾸는 방법과 비결을 배우며 결혼을 준비했습니다. 영혼육의 밸런스가 잘 맞는 여자의 모습은 아주 매력적이라 왕의 마음을 뺏게 됩니다.

너무 외면적인 미를 가꾸는 것에 초점을 둔다면 내면을 소홀히 할 수 있습니다. 겉모양은 아주 예쁜데 입만 열면 확 깨는 말이 튀어나온다면 미의 효과가 떨어질 수 있습니다.

영적인 면을 집중하여 추구하다 보면 혹 겉모습을 무시할 수 있습니다. 밤새 기도하고 교회 가서 봉사한다며 부시시한 머리로 남편을 대한다면 이 또한 가장 지혜로운 행동은 아닐 것입니다. 부드럽고, 온유하고 안정된 심령, 순종하는 마음과 부지런히 아름다운 외적인 모습 또한 가꾸며 영혼과 육의 조화를 잘 유지하는 아내의 모습은 남편이 볼 때 최고의 매력으로 다가올 것입니다. 한 부분의 밸런스가 어긋났다면 먼저 아내 자신의 상태를 정확히 파악하고 알아야 변화가 시작됩니다. 하나님께서 세워 주신 기준을 이해한다면 부족한 점을 채울 수 있습니다. 이상적인 모습이 무엇인지를 먼저 정확히 보아야 성장해 나갈 수 있습니다. 한 부분에 치우치지 말고, 한 부분을 무시하지 않으며, 모든 면이 잘 어우러지게 가꿔지고, 단련시키고, 성장시키는 아내의 미는 아주 이상적인 여성상을 소유한 모습이다 여겨집니다.

감사와 확신감

아내는 자신이 결정하여 선택한 남편에 대한 확신을 갖고 살아야 합니다. 부부관계에 갈등이 생길 때마다 혹 남편과 결혼한 것을 후회하거나 잘못된 선택을 했다는 생각과 말을 하기를 거부해야 합니다. 특히 남편에게 이러한 메시지를 전달하지 말아야 합니다. 이미 부부가 된 이상 뒤돌아보는 어리석음을 버리고 앞을 바라보며 관계를 성장하는 데 마음과 에너지를 사용해야 합니다. 지인들이나, 친구들과의 대화를 통하여 후회하는 마음을 부추기는 악령들의 역사를 물리쳐야 합니다. 한 여자로서 수많은 남자들 중에 자신의 남편을 선택한 결정에 대한 책임을 지고 그를 온전히 용납하고 사랑하는 아내가 되어야 합니다. 결혼한 당신은 더 이상 선택권이 없고 이미 결혼한 남자와 평생 함께할 오직 한 남편이 됩니다. 그렇기에 남편을 귀히 여기며 그로 인하여 감사해야 합니다. 이러한 마음은 하나님의 크신 뜻과 섭리 가운데 자신의 삶을 주장하시고 인도하신다는 믿음이 없다면 갖기 어렵습니다. 아내에게 주신 남편이라는 유업의 땅을 귀히여기며 감사할 때 확신감을 소유하게 됩니다. 이런저런 남자와 결혼했으면 어땠을까 하는 상상이나 판타지에 빠지지 않게 마음을 지켜야 합니다. 당신의 부부관계를 무너뜨리고자 하는 사악한 사탄의 계략에 빠져 남편에 대한 불만을 뿜어내는 말과 행동을 통하여 남편의 마음을 상하지 말아야 합니다. 이미 결혼한 남편보다 아내 자신은 더욱 좋은 조건과 스펙이 있는 남편이 더 어울린다는 착각과 교만한 마음을 물리쳐야 합니다. 사탄은 감사하지 않고 불평불만을 갖고 후회만 하는 아내를 통하여 남편을 무너뜨릴 계획을 갖고 있기 때문입니다. 악한 마음으로부터 아내의 마음을 지키고 또 지켜야 합니다. 도리어 의도적으로 감사하는 말과 태도를 표현하는 습관을 키운다면 마음을 지키는 데 도움이 될 것입니다. "내가 왜 이 남자와 결혼했지?"라는 답이 없는 질문을 하며 스스로를 괴롭히기보다는 이제 앞으로 어떻게 변화받고 창의적으로 아름다운 부부관계를 만들 수 있는지에 대한 다른 질문과 답을 추구해야 합니다. 이미 땅을 산 후에 후회하기보다는 하나님의 형상을 닮은 우리 안의 창으력을 발휘하여 자신에게 주어진 땅이 축복스러운 땅으로 변화기 소원하는 마음을 갖고 무엇을 심고 추수할 것에 대한 비전을 갖고 부지런히 땅을 일구는 지혜로운 여인이 되어야 합니다. 마태복음 7장 7절에 주신 약속의 말씀을 의지하여 부부관계를 통하여 선한 열매들을 추수할 방법을 하나님께 구하고, 찾고, 두드리는 꾸준함과 간절함이 있어야 합니다.

생명력 있는 혀

아내는 생명을 주는 혀를 소유해야 합니다.

잠언 18장 21절에 보면, "죽고 사는 것이 혀의 권세에 달렸나니 혀를 쓰기 좋아하는 자는 혀의 열매를 먹으리라."라는 말씀을 통하여 아내의 혀는 남편을 살리기도 하지만 죽일 수도 있는 권세가 있다 하십니다. 아내와 남편이 서로에게 하는 말을 통하여 부부관계가 살기도 하고 죽기도 할 수 있다는 것입니다. 아내의 말로 인하여 마음에 상처가 난 남편은 외도에 취약한 상태에 처할 수 있습니다. 그러나 지혜로운 아내의 말은 남편의 멘토의 역할을 할 수 있습니다. 이사야 50장 4절에 혀에 대한 놀라운 약속의 말씀이 있습니다.

> "주 여호와께서 학자들의 혀를 내게 주사 나로 곤고한 자를 말로 어떻게 도와줄 줄을 알게 하시고 아침마다 깨우치시되 나의 귀를 깨우치시사 학자들 같이 알아듣게 하시도다."

이 구절을 부부관계에 적용한다면, 남편이 어떠한 곤고한 시기에 처했을 때 그에게 도움이 되는 학자의 말을 함으로써 그에게 힘을 줄 수 있도록 하나님께서 우리를 도우신다는 약속입니다. 우리가 매일 성령의 음성에 집중하여 귀를 기울인다면 남편의 갈등과 본질적인 문제 해결책을 아내에게 깨우쳐 주사 전문적 카운슬러 이상의 지혜를 얻게 하시고 남편의 곤고함까지도 해결해 주는 돕는 배필의 역할이 가능하다는 놀라운 진리의 말씀입니다. 아내에게 주신 사명을 충분히 잘 감당할 수 있도록 필요한 모든 것을 다 제공해 주신다는 의미입니다.

분별력 있는 생각

아내는 부부관계를 지키기 위하여 분별력이 있는 생각을 소유해야 합니다. 이미 결혼한 사람들에게 불륜을 주선하는 웹 사이트 에실리 메디슨(Ashley Madison)의 새로운 설문 조사 데이터에 따르면, 특정 직업을 가진 사람들이 불륜에 빠질 가능성이 더 높다고 합니다. 그들은 1,074명의 회원들에게 그들의 직업에 대한 설문 조사를 작성하도록 요청했습니다. 이 조사 결과 불륜에 가장 많이 빠지는 직업 중 사업가가 3위를 차지하였고 IT 일에 종사하는 남자들이 2위, 기술직 직업을 가진 남자들이 1위를 했습니다. "사업가는 바람 피는 남성과 여성 모두에게 세 번째로 가장 인기 있는 직업이었습니다. 그 이유 중 하나는 사업가들이 자신의 원하는 방식과 자신들이 추구하는 조건에 맞추어 비즈니스를 수행하는 방식과 마찬가지로 자신의 성을 주장하는 태도가 있기 때문"이라고 설문 조사는 제안했습니다(미국에서 한 설문 조사). 기술직에 종사하는 사람들은 종종 일하는 시간이 불규칙한 경우가 많고 잦은 출장이 요구되기에 불륜을 범할 기회가 많고 잘 걸리지 않는다는 점 때문에 쉽게 유혹이 빠질 수 있다는 것입니다. 남편이 어떠한 특정 직업 때문에 유혹을 받을 수 있는 기회가 많다면 특별한 관리가 더욱 요구될 것입니다. 아내의 분별력을 통하여 특별히 신경 쓰는 지혜가 요구됩니다.

경각심 있는 마음

아내는 부부관계를 보호하기 위하여 경각심을 소유해야 합니다. 경각심이 있는 아내는 남편에게 다른 여인이 가까이할 수 있는 관계를 허락하지 않는 지혜를 보입니다. 아내의 친구 또는 지인들과 바람 난 남편들이 너무 많기 때문입니다. 나는 질투 없는 여자라 착각하거나, 남편을 믿는다는 어리석은 생각을 하지 말아야 합니다. 인간의 심리는 환경과 시기에 따라 변할 수 있기 때문입니다. 한 심리학 박사가 시민을 조사한 결과 미국인 삼분의 일이 자신의 배우자를 학교나 직장에서 만났다고 답했습니다. 물리적으로 가깝게 지내는 사람과 익숙해지면서 호감이 더욱 강해질 수 있고 결혼까지 하게 된다고 합니다. 이러한 단순 노출 효과 때문에 결혼 후에도 자신과 자주 접하고 자주 만나는 이성과 바람 날 수 있는 가능성이 커진다는 것입니다. 만약 남편이 아내에게 귀중한 존재로 여겨진다면 친구들을 만날 때 귀중한 보물은 집에 두고 가는 것이 혹 원치 않는 상황을 피하는 지혜로운 방법이 될 수도 있습니다.

성경에 보면 히스기야 왕의 실수에 대한 말씀이 있습니다. 그는 바벨론 왕이 보낸 사신에게 자신의 보물고, 군기고, 왕궁의 모든 것을 다 열어 보여 주는 실수를 합니다(왕하 20:12-21). 그로 인하여 바벨론의 질투와 욕심을 자극하였고 후에 공격을 받게 되어 히스기야의 모든 보물을 빼앗기게 됩니다. 히스기야의 어리석은 마음 때문에 원치 않는 결과를 초래한 것입니다.

이와 같이 부부관계를 보호하고자 한다면 다른 이성과의 모든 관계를 경계해야 합니다. 새로운 이성에 대한 환상을 갖는 인간의 어리석은 마음이 존재한다는 현실을 직시해야 합니다. 또한 모든 사람들의 마음이 다 선하다는 착각도 위험할 수 있습니다. 아내의 친구 중에 남편을 이상형으로 생각을 하며 질투하고 남편을 빼앗을 궁리를 하며 기회를 엿보는 상황이 생길 수도 있기 때문입니다. 아니면 그 반대로 아내의 친구 중에 남편의 이상형이 있을 수도 있기에 어느 정도의 거리감을 두는 것이 지혜로운 일이라 생각됩니다. 불륜을 막고자 하는 지혜를 추구할 때 과거 우리 조상들의 교훈인 남녀칠세부동석이라는 의미를 다시금 생각해 보아야 합니다.

유튜버 '책읽는 사자 유알엘' 씨는 남편의 바람을 막기 위한다면 이것을 조심하라며 다음과 같이 아내들에게 경고합니다. 그의 주장은 아주 동감되고 지혜로운 면이 있다 생각됩니다.

〈남자들이 평소 '알고 지내던 여자'와 바람을 피우는 이유 그리고 해결책〉이란 제목의 방송을 보면 '단순 노출 효과'(Mere Exposure Effect)에 대한 설명을 자세히 해 줍니다. 그의 주장을 몇 가지 들어 보면 인간은 자주 노출되는 것에 영향을 받는다는 것입니다. 처음에 관심을 보이지 않았어도, 이상형이 아니라도, 자주 접할수록 호감이 생길 수 있기 때문입니다. 평소에 관심이 없던 여자와도 바람이 나는 이유는 반복적인 감정 교류를 통하여 친밀도가 깊어진다면 상대 여자의 외모와 크게 관련이 없이 좋은 감정이 생길 수 있다는 것입니다. 또한 관계가 어떠한 추억들을 공유하게 되며, 서로에 대한 안쓰러움과 동정심까지 생긴다면 특별한 의미부여가 되어 불륜의 불길이 시작될 수 있다 경고합니다. 특히 어려운 일이 생겼을 때 다른 이성에 대한 연민의 마음이 생긴다면 아주 위험할 수 있다는 것입니다. 남편이 아내 친구들과 거리감 없이 잘 지내는 쿨한 관계를 원한다는 마음으로 경계를 낮춘다면, 뒤통수 맞고 가슴 치고 후회하는 날이 올 수도 있으니 항상 경각심을 갖고 조심하는 지혜가 요구됩니다.

마지막 장

저자의 이야기

결혼 전날 밤

늦은 결혼식 전날밤 잠이 오지 않았습니다. 행복한 결혼에 대한 기대감과 흥분이 내 마음을 벅차게 했지만 동시에 두려움이 마음속에 스며들기 시작했습니다. 수년 동안 나를 노예로 만든 두려움이라는 이 괴물이 또다시 추악한 머리를 들고 나를 괴롭혔습니다. 나는 이 괴물이 나타날 때마다 무력해지고 힘없이 그에게 억눌려 불신이라는 올무에 걸려 헤어나지 못하곤 했습니다. 두려움이 생각을 점령해 오며 내 마음은 불신의 산불이 번지듯 타기 시작했고 결혼에 대한 기대감과 흥분의 마음은 점점 작아지고 있었습니다. 하지만, 그날 밤만은 온 힘을 다해 물리치고 싶었습니다. 나에게는 그 괴물과 싸울 수 있는 한 무기가 있었습니다. 나에게 개인적으로 주신 하나님의 약속의 말씀이었습니다. "하나님을 믿는 자는 결코 부끄러움을 당치 아니하리라."는 로마서 10장 11절의 하나님의 말씀은 나에게 소망과 믿음을 주신 강한 무기였고 힘의 근원이었습니다. 감사하게도 이 한 구절은 나에게 결혼이라는 관계를 추구하도록 돕는 큰 용기와 믿음을 준 말씀이었습니다.

결혼 날짜를 잡기 몇 달 전까지 나는 마음의 심한 갈등을 겪었습니다. 나의 이상형이었던 남편을 만난 후 결혼을 통한 사랑의 관계를 경험하고 싶은 열망이 간절했지만 결혼에 대한 실패의 두려움과 남자에 대한 불신 때문에 망설이고 있었습니다. 결혼은 너무 위험한 일이고 너무 큰 모험이라고 생각했습니다. 내 주변에는 결혼으로 인해 깨지고 상처받은 영혼들이 많았고 이혼은 너무 많은 부상자들을 생산했기 때문입니다. 그뿐 아니라, 평생 한 여자만을 바라보며 신실한 결혼 생활을 유지하기에는 남자들이 너무 연약함을 지극히 잘 알고 있었기에 더욱더 불안했습니다. 인간의 타락이 가져온 후유증으로 인하여 외도에 취약해진 이 위험한 남자와 평생 언약을 맺는 것이 위험한 선택이라는 생각 때문이었습니다.

그러나 하나님께서는 나에게 행복하고 성공적인 결혼은 약속의 가나안 땅을 소유하는 과정과 같다는 말씀을 하셨습니다. 이스라엘 백성이 가나안으로 향하는 여정과 그 땅을 쟁취하기 위해 어떻게 거인들을 물리쳤으며 승리를 얻게 되었는지 말씀으로 가르쳐 주시며 나에게 주시고자 하는 결혼 또한 가나안 땅과 같이 축복의 땅이라는 꿈과 비전을 갖게 하셨습니다. 젖과 꿀이 흐르는 풍성하고 기름진 결혼 생활을 소유함이 가능하지만 결혼을 통하여 나타날 수 있는 많은 장애물들과 싸워 이겨 내야 한다는 의미 또한 포함이 됩니다. 그리고 불신으로 인하여 가나안 땅을 얻지 못하고 그저 40년간 광야에서 헤매다가 허무하게 죽어간 자들을 본받지 말고 여호수아와 갈렙 같은 믿음을 가지고 그 땅을 차지해야 한다는 소망도 품게 하셨습니다. 갈렙은 가나안 땅 중에서 가장 거인이 많은 땅을 소유한 믿음의 사람이었습니다. 민수기 14장 24절에 보면 "갈렙은 그 마음이 그들과 달라서 나를 온전히 따랐은 즉"에서 '마음이 달라서'를 영어 성경에 보면 "a different spirit"이라 번역하였는데 '다른 영'이란 의미입니다. 갈렙은 믿음의 영을 소유한 자입니다. 이 말씀을 통하여 나에게 갈렙 같은 믿음을 주사 실패하는 결혼이 아닌 승리하고 열매 맺는 결혼 생활을 할 수 있게 해 달라고 기도했습니다. 결혼에 대한 수많은 부정적인 통계들은 하나님 말씀에 힘입어 용기를 내어 들어가고자 하는 결혼이라는 약속의 땅이 얼마나 위험한 곳인지 너무도 정확하게 이유들을 말해 주었고 그럴 때마다 나는 하나님이 나에게 주신 약속의 말씀을 의지하여 부정적인 생각들을 뿌리치고 또 뿌리쳤습니다.

그러나, 결혼식 전날 드디어 약속의 땅 경계선 앞에 서서 기대감과 주저함을 동시에 느끼며 갈등하고 있었습니다. 신명기 1장 21절에 보면 하나님께서 가데스 바네아 이른 이스라엘 백성들에게 "너희 하나님 여호와께서 이 땅을 너희 앞에 두셨은즉 너희 조상의 하나님께서 너희에게 이르신 대로 올라가서 차지하라 두려워 말라 주저하지 말라." 고 말씀하십니다. 가데스 바네야는 바로 가나안 땅의 입구였습니다. 그러나 그들은 하나님의 약속보다 더, 하나님의 능력보다 더, 그들 눈앞에 보이는 거인들이 현실적으로 더 크게 다가왔고 도저히 들어갈 만한 용기가 나지 않았던 것입니다. 불신의 불은 빠른 속도로 퍼지기 시작했고 그 결과, 믿지 못한 세대는 광야에서 방황하며 살게 됩니다. 그리고 그들은 하나님께서 의도하시고 주시고자 했던 그 놀라운 축복의 땅에 들어가지 못하고 너무도 많은 것들을 상실한 채 죽게 됩니다. 하나님께서 계획하시고 예비하신 더욱 풍성한 삶, 열매 맺는 삶, 승리하는 삶, 그 결과가 가져다주는 진정으로 행복한 삶을 맛보지도 못하고 광야에서 실패한 삶을 살았습니다. 정확한 목적과 정착지도 모른 채 빙글빙글 도는 쳇바퀴처럼 그저 생존을 위한 삶을 영위한 이 믿음 없는 사람들의 안타까운 이야기는 나에게 교훈이 되어 그들과는 다른 선택과 삶을 살기 원해 결혼을 하기로 마음을 다짐하였습니다. 그럼에도 불구하고 쉬지 않고 홍수처럼 밀려오는 이 불안감은 나로 하여금 결혼 전날 밤에 잠 못 이루게 하였답니다. 행복한 결혼이라는 젖과 꿀이 흐르는 약속의 땅으로 들어가기 위하여 바로 몇 시간 후면 만인 앞에 남편과의 언약을 선포하겠지만 현실에 실패한 결혼들을 너무도 많이 보았고 알고 있었기에 불안했습니다. 그 땅을 차지하기 위해서는 그곳에 사는 거인들을 물리쳐야 하는데 과연 내가 승리할 수 있을지 또 의심이 들었습니다. 결혼을 하기로 결단을 내리기까지 수많은 부정적인 생각들과 불신의 마음을 이겨 냈었고 하나님께서는 계속 말씀을 통하여 믿음을 주셨는데도 말입니다.

꼭 돌아올 수 없는 강을 건너야 하는 마음이 들었고 한 번 결정하면 쉽게 되돌릴 수 없는 게 결혼이 아닌가 하는 생각도 들었습니다. 평생을 언약과 약속 안에 나를 스스로 묶어 두고 한 사람과 서약하는 이 중요한 연합이 나에게는 큰 압력으로 다가왔습니다. 실수하면 안 된다는 부담감과 후회할지 모른다는 두려움이 나를 점점 겁쟁이로 만들었고 한순간 도망가고 싶다는 충동까지도 생겼습니다. 결혼하기를 원했지만 스스로 감당하기에는 너무 큰 모험이라고 생각이 나를 흔들며 순간 마음이 조급해졌습니다.

그리고 그 순간 무엇보다 하나님의 음성을 듣기를 간절히 소원했습니다. 계속되는 갈등에서 나를 구원하실 분은 오직 주님뿐임을 알고 있었기에 애달픈 마음으로 기도하기 시작했습니다. "주여, 나에게 축복의 말씀을 해 주세요. 내일이면 결혼을 하는데, 나와 함께하시겠다는 증표로 결혼에 대한 축복의 말씀을 해 주세요." 어린아이 같은 마음으로, 하나님께 매달리며 기도를 드렸습니다. 결혼에 대한 더 확실한 확신이 필요했습니다. "너의 결혼 생활은 안전할 것이고, 네가 두려워하는 일은 없을 것이다."라고 누군가가 확실하게 보장하는 말이 듣고 싶었습니다. 그러나 이 세상 어느 누구도 안전한 결혼 생활을 보장해 줄 수 없다는 생각이 들었기에 더욱 하나님만 의지하게 되었습니다. 결혼이란 한 부부 공동체의 생명이 끝나는 순간까지 답이 나오지 않는 어려운 숙제라는 생각이 들었고, 성공과 실패는 끝까지 가봐야만 알 수 있다는 생각에 더욱 막막했습니다. 이러한 육신의 생각은 더더욱 나로 하여금 결혼을 디자인하시고 세우신 전능하신 하나님께 구하면 무엇인가 얻을 수 있다는 희망을 갖게 했습니다. 우주만물을 주장하시며 우리 삶 속의 크고 작은 모든 일들을 간섭하시고 도와주신다고 약속하신 나의 하나님 아버지를 믿었기에 담대하게 믿음의 기도를 드렸습니다.

"내가 자는 동안 꿈 속에 나타나셔서 결혼에 대한 축복의 말씀을 해 주세요. 그것을 응답으로 생각하고 의지하여 결혼이라는 약속의 땅을 소유하러 정진하겠습니다." 그날 밤 간절한 기도 후에 곧 잠이 들었습니다. 나를 향하신 하나님의 사랑과 간섭하심을 철석같이 믿었고 내 애달픈 소원을 절대로 무시하지 않으시리라… 오직 하나님만이 나의 도움이시라… 믿고 또 믿었습니다. 그동안 결혼을 할까 말까 여러 번 갈등하며 하나님을 찾을 때마다 약속의 말씀을 주셨고 내 심령을 놀라운 평강으로 채워 주시고 부정적인 생각과 두려움을 물리쳐 주셨을 뿐 아니라 결혼이라는 약속의 땅에 믿음을 갖고 들어설 수 있는 용기를 내도록 물심양면으로 나를 도우셨으니 장래에도 도우실 것이다 확신이 들었기 때문입니다. "저를 믿는 자는(의지하고, 따르고, 온몸과 마음과 생각을 하나님의 생각에 맞추어 행하는 자는) 부끄러움을 당하지 아니하리라."라는 주님의 말씀은 어둡고 캄캄한 나의 생각과 마음에 한 줄기 빛처럼 소망을 주었지만 결혼을 몇 시간 앞둔 나에게는 뭔가 부족하게 느껴졌고 더욱 확실하고 강한 빛이 필요했습니다.

꿈보다 더 좋은 말씀

결혼 당일 아침 일찍 눈을 뜨고 시계를 보니 새벽 6시쯤이었습니다. 그동안 결혼 준비로 많이 피곤했던 터라 깊은 잠이 들었습니다. 그런데, 기억을 더듬어 보니 아무런 꿈도 생각나질 않았습니다. 다시 생각하고 또 생각해도 꿈을 꾼 기억이 전혀 없었고 순간 철렁하며 실망과 동시에 불안감이 쓰나미처럼 마음을 덮기 시작했습니다. 앞이 깜깜했고 불안했습니다. "오, 주여! 어떻게 나의 애달픈 마음을 외면하실 수 있어요?"라고 호소했습니다. 그 순간 지금이라도 하나님께서는 축복의 말씀을 하실 수 있다는 생각이 스쳤습니다. 급히 침대 옆에 놓아 두었던 성경을 움켜 들고 침대에 앉아 다시 기도하기 시작했습니다. "주여, 지금이라도 한 마디 말씀해 주세요. 간절히 주의 음성을 듣기 원하나이다. 주 외에는 나를 도우실 이가 없고 주의 도움이 필요합니다." 나의 마음을 고한 후에 잠잠히 눈을 감고 기다렸습니다. 얼마의 시간이 지났는지 모릅니다. 그리고 마음속에 말씀 한 구절이 쓰여지고 있었습니다. 열왕기상 3장 5-10절! 하나님의 음성을 간절히 듣기 원했지만 어떤 방법으로 답하실지는 몰랐기에 마음속에 떠오른 이 구절이 내 간절함에 스스로 만들어 낸 구절이 아닌가 하는 생각이 먼저 들었답니다. 곧 머리를 흔들며 이 구절을 지워 보려고 했습니다. 그럼에도 불구하고 이 구절은 더욱 선명하게 나타났습니다.

감사하게도 이 구절은 생각에서 떠오른 것이 아니고 마음에 새겨진 것이라 머리를 흔들어도 지울 수가 없었습니다. 이것이 하나님의 응답일 수도 있다는 기대감에 성경을 펴고 열왕기상 3장을 찾아 5절부터 읽기 시작하자 마음이 찡해지며 눈물이 흘러내렸습니다. "기브온에서 밤에 여호와께서 솔로몬의 꿈에 나타나시느라."라고 쓰여진 첫 구절은 분명히 나의 기도에 응답해 주심을 알 수 있었습니다. 내 꿈속이 아닌 솔로몬의 꿈속에 나타나신 이야기를 통하여 나의 간절한 기도에 응답을 하고 계셨습니다. 절대로 간절함을 무시하시거나 무관심 하신 것이 아니었다는 생각을 하자 잠시 가졌던 하나님의 대한 오해가 사르르 녹아 버렸습니다. 도리어 하나님의 방법은 항상 나의 생각과 기대를 넘어서기에 감사할 뿐입니다. 지금 생각해 보니 꿈은 시간이 지나면 희미해지고 의미가 약해질 수 있는 약점이 있지만 그보다 더 확실한 방법인 하나님의 말씀을 통하여 나의 기억 속에 영원히 간직하도록 배려하신 주님의 지혜였다는 것을 알게 되었습니다. 뿐만 아니라 하나님께서는 네가 오늘 이 글을 쓸 수 있도록 준비하시기 위해 역사하셨습니다. 이 말씀을 주시려고 내 마음에 수많은 갈등을 겪도록 허락하셨고 답을 주시기 위하여 질문을 갖도록 하셨다는 것을 깨닫게 되었습니다.

솔로몬의 기도

그날 아침 나에게 주신 말씀을 읽기 시작했습니다.

> "기브온에서 밤에 여호와께서 솔로몬의 꿈에 나타나시니라. 하나님이 이르시되 내가 네게 무엇을 줄까 너는 구하라. 솔로몬이 이르되 주의 종 내 아버지 다윗이 성실과 공의와 정직한 마음으로 주와 함께 주의 앞에서 행하므로 주께서 그에게 큰 은혜를 베푸셨고 주께서 또 그를 위하여 이 큰 은혜를 항상 주사 오늘날과 같이 그의 자리에 앉을 아들을 그에게 주셨나이다. 나의 하나님 여호와여, 주께서 종의 아버지 다윗을 대신하여 왕이 되게 하셨사오나 종은 작은 아이라 출입할 줄을 알지 못하고 주의 택하신 백성 가운데 있나이다. 저희는 큰 백성이라 수효가 많아서 셀 수도 없고 기록할 수도 없사오니 누가 주의 이 많은 백성을 재판할 수 있사오리이까? 듣는 마음을 종에게 주사 주의 백성을 재판하여 선악을 분별하게 하옵소서. 솔로몬이 이것을 구하매 그 말씀이 주의 마음에 든지라." (열왕기상 3:5-10)

어린 나이에 왕이 된 솔로몬은 자신의 부족함에 더해 왕으로서 자질이 있는가를 스스로 의심스러워했던 것 같습니다. 자기에게 주어진 책임과 임무가 어린 나이에 감당하기에는 벅차고 어려운 일임을 잘 알고 있었습니다. 그뿐 아니라, 그의 아버지였던 다윗 왕은 하나님을 지극히 사랑하고 섬겼기에 주의 은혜를 받고 살았지만 많은 실수를 통하여 좋지 않은 결과들을 거두는 것을 보고 자란 터라 솔로몬의 마음에는 자신의 부족함이 더더욱 크게 인식되었을 것입니다. 게다가 그가 통치해야 하는 민족은 다름 아닌 하나님의 특별한 선택을 받아 특별한 목적을 향하여 세워지고 있는 하나님의 거룩한 백성이었습니다. 그래서 그는 하나님께 천 번의(4절) 헌신의 제사를 드렸고 하나님께서 "내가 네게 무엇을 줄꼬 너는 구하라." 하시자마자 지혜를 구하는 준비된 요청을 한 것입니다. 솔로몬은 지혜로운 마음을 간절히 원했기에 기회가 오자마자 자신에게 가장 절실한 것을 구했습니다.

"종은 작은 아이라 출입할 줄을 알지 못하고… 누가 주의 이 많은 백성을 재판할 수 있사오리이까? **지혜로운 마음을 주사** 주의 백성을 재판하여 선악을 분별하게 하옵소서." 겸손과 지혜가 넘치는 요구였습니다. 그리고 그의 요구는 하나님의 마음을 흡족케 하였고 하나님은 그가 원하는 것을 허락하셨습니다. 12절에 보면 "내가 네 말대로 하여 네게 지혜롭고 총명한 마음을 주노니 너의 전에도 너와 같은 자가 없었거니와 네 뒤에도 너와 같은 자가 일어남이 없으리라." 이어서 13절에 "내가 또 네가 구하지 아니한 부귀와 영광도 네게 주노니 네 평생에 왕들 중에 너와 같은 자가 없을 것이라." 하시며 그가 차마 구하지 못한 것까지도 주시겠다고 약속하셨습니다. 솔로몬에게 주신 말씀은 아주 놀랍고 풍성하신 하나님의 은혜입니다.

약속의 땅

그날 아침 내 마음도 솔로몬과 같았습니다. 그당시 나는 어떻게 무엇으로 행복한 결혼을 경험할 수 있는가에 대하여 무지했기 때문입니다. 솔로몬의 이야기를 읽으며 나에게 하시는 말씀이 무엇인지 알게 해 달라고 기도하는 중에 나 또한 지혜를 구해야 한다는 마음이 생겼습니다. "주여, 나에게 솔로몬에게 주셨던 지혜를 주셔서 결혼 생활을 성공적이고 실패 없이 무사히 통과하게 도와주세요." 성공적인 결혼은 하늘로부터 오는 지혜가 필요하다는 말씀이 깨달아졌습니다. 그날 아침 하나님의 지혜를 얻는다면 약속의 땅을 소유할 수 있다는 믿음과 소망이 생기며 기대와 기쁨으로 결혼에 임해도 된다는 믿음이 생겼습니다. 그리고 그날 결혼식장으로 가는 나의 발걸음은 가벼웠고 사거리에 서서 어느 쪽으로 가야 할지 몰라 갈팡질팡하던 마음은 파란 신호등이 켜진 믿음의 길, 곧 하나님이 주시는 지혜의 길로 한 발 한 발 앞으로 향했습니다. 그날, 바로 결혼식 날 새벽, 침대 위에 앉아서 얻은 하나님의 응답이 어떤 의미이고 결혼 생활에 필요한 지혜가 무엇이며 어떻게 얻어야 하는가에 대한 자세한 설명과 실질적인 이해는 부족했지만, 하나님께서 기도에 응답을 주셨다는 그 자체 하나만으로도 충분히 안심이 되었고 기쁜 마음으로 결혼식에 임했습니다. 하나님 아버지께서 그동안 도우셨던 것같이 계속해서 도우실 것이며 사랑과 관심을 갖고 계시다는 뜻으로 해석을 하였습니다. 그날 불안감이라는 어둠의 속한 마음을 물리칠 수 있는 강력한 빛을 보여 주셨고 하나님의 약속을 의지하여 믿음으로 결혼이라는 약속의 땅을 소유하기 위해 용감하게 전진했습니다. 그리고 "지혜"라는 성공의 열쇠를 찾아 나섰습니다. 나에게 구하라 하신 하나님의 지혜는 바로 성공적인 결혼을 창조하고, 세우고, 지키는 데 필요한 모든 재료들을 얻는 것을 의미했습니다.

왜 꼭 지혜가 필요한가?

하늘로부터 오는 지혜는 하나님께서 우리에게 주시는 문제 해결책입니다. 첫 부부 아담과 하와의 불순종으로 인해 죄와 사망이 들어왔고 타락한 결과 온 세상은 엉망진창 뒤죽박죽이 되어 버렸습니다. 결혼 또한 예외가 아닙니다. 어쩌면 부부관계가 가장 힘든 관계가 되었을지도 모릅니다. 부부관계는 타락하고 변화받지 못한 사람들의 연합이기 때문에 문제가 많고 실패와 이혼이 당연한 현실이라 생각될 수 있습니다. 죄인이기에 죄악성이 나타나고, 타락으로 완전함을 상실했기에 연약한 부분들이 드러날 수밖에 없고, 죄를 행하고 죄의 열매들을 수확하니 당연히 문제투성인 관계가 될 수밖에 없습니다. 또한 하나님의 원칙을 경외하고 순종하는 자보다는 점점 더 거역하는 사람들은 늘어나며 하나님의 법과 원칙과 규례가 무엇인지조차 모르는 무지함 때문에 수많은 결혼은 실패를 경험하고 있습니다. 이러한 사회 안에서 부부관계가 영향을 받고 있다면 계속적인 갈등을 피할 수 없게 됩니다. 현재 우리 사회에 나타나는 결혼에 대한 생각과 관점은 창조주의 의도와는 너무도 차이가 나는 동떨어지고 왜곡된 모습으로 병을 앓고 있는 실정입니다. 그래서 모든 것이 순조롭지 못하고 비뚤어져서 삶이 힘들고 관계들이 어려워진 상태로 변했습니다. 특히 결과적으로 결혼과 부부관계에 수많은 문제들이 나타나게 되고 어려운 상황에 빠지게 됩니다.

이렇게 타락과 불순종의 결과로 나타나는 수만 가지의 문제들을 해결할 수 있는 비법은 하나님께 구해야 합니다. 성경에서 말하는 지혜가 바로 문제를 해결하는 답이기 때문입니다. 하나님은 모든 문제의 진정한 해결사이십니다. 이미 타락하여 하나님의 원칙과 법칙을 무시하고 하나님의 뜻을 거역하는 인간들에게 일어나는 어떤 문제와 난관에도 하나님은 해결책을 주시는 분입니다.

> "나는 여호와요, 모든 육체의 하나님이라. 내게 할 수 없는 일이 있겠느냐?"
> (예레미야 32:27)

여호와 하나님께는 불가능이 없고 능치 못함이 없다고 하십니다. 사탄은 항상 우리의 연약함을 이용해서 문제를 일으키지만, 하나님께서는 놀라운 해결책을 가지고 문제를 넘어 우리의 실패와 실수까지도 우리에게 이익이 되도록 역사하시는 분입니다. 모든 일이 협력하여 선을 이루는 지혜의 하나님은 우리에게 문제가 없다면 결코 경험할 수 없는 놀라운 창조주의 성품이기도 합니다. 그렇기에 잠언 4장 6절, "지혜를 버리지 말라 그가 너를 보호하리라 그를 사랑하라 그가 너를 지키리라."는 구절을 통하여 왜 지혜를 얻는 것이 중요한지 말씀하십니다. 지혜를 버리지 말라 하심은 지혜의 중요성과 능력을 하찮은 것으로 취급하지 말라는 경고의 의미가 아닌가 생각합니다. 결혼관계를 지키는 힘은 사랑도 아니요 뜨거운 성적 관계도 아니고 지혜를 귀히 여기고 사랑하는 자에게 주어진다는 놀라운 비밀을 말씀하십니다.

지혜를 찾아서

나에게 구하라고 하신 지혜는 정확히 무엇인지는 잠언 24장 3-4절을 통하여 보여 주셨습니다.

> "집은 지혜로 말미암아 건축되고 명철로 말미암아 견고하게 되며 또 방들은 지식으로 말미암아 각종 귀하고 아름다운 보배로 채우게 되느니라."

이 말씀에 보면 아름답고 튼튼한 가정을 창조하는데 필요한 재료가 정확히 무엇인지 말씀하십니다. 하나님의 지혜는 행복한 결혼을 창조하는 이들에게는 절실한 도구이며, 방법이고, 지름길이 된다는 것을 의미하셨습니다. 흔히 사람들은 성공적인 결혼을 누리기 위해서 사랑, 열정, 헌신 또는 돈이 가장 중요하다고 믿는 것과는 달리 창조주께서는 지혜, 명철, 그리고 지식이 성공적인 결혼을 창조하는 데 꼭 필요한 조건이라고 말씀하십니다. 사랑하기 때문에 결혼하지만 안타깝게도 사랑만 가지고는 성공을 경험할 수 없는 것이 현실입니다. 헌신하지만 이혼으로 끝나는 수많은 부부들의 이야기가 바로 그 증거입니다. 결혼의 성공과 실패는 부부간의 사랑과 열정보다는 지혜를 알고 삶에 어떻게 적용하느냐에 따라 결정이 난다는 말씀입니다. 성공적인 결혼은 그냥 생기는 것이 아니고 부부가 마음을 합하여 의도적으로 어떠한 관계를 원하는지에 대한 비전을 세우고 창조해 내야 한다는 의미입니다. 그렇기에 잠언 4장 7-8절을 통하여 지혜를 추구함의 중요성을 보여 주십니다.

> "지혜가 제일이니 지혜를 얻으라. 네가 얻은 모든 것을 가지고 명철을 얻을 지니라. 그를 높이라, 그리하면 그가 너를 높이 들리라. 만일 그를 품으면 그가 너를 영화롭게 하리라. 그가 아름다운 관을 네 머리에 두겠고 영화로운 면류관을 네게 주리라 하셨느니라."

하늘로부터 오는 지혜야말로 집보다, 좋은 직장보다, 돈보다 결혼한 부부가 가장 먼저 추구해야 한다는 의미입니다. 이 세상의 무엇보다 더 지혜가 제일이기에 우리의 가진 모든 것을 이용해서라도 명철을 얻는 데 힘쓰라고 말씀하십니다. 그리고 지혜를 얻기 위해 가진 모든 것, 즉 시간과 물질 등을 이용하여 지혜를 얻으라고 하십니다. 좋은 가구나 자동차보다 명철을 얻는 데 투자한다면 성공적인 결혼을 얻을 수 있다는 말씀입니다. 그러나 결혼하는 부부들 가운데 결혼에 필요한 지혜를 얻을 수 있는 성경 말씀과 책들을 혼수로 가져가는 남편과 아내들이 얼마나 있을까 하는 생각이 듭니다. 결혼 예물과 가구에는 많은 돈을 투자하면서 지혜와 명철, 결혼 생활에 필요한 지식을 얻기 위해서는 대체 얼마나 투자를 할까 궁금합니다. 안타깝게도 연애 중에 느끼는 뜨거운 사랑의 감정만 있다면 모든 문제가 해결될 거라는 착각 속에 우리는 지혜와 명철 그리고 지식의 중요성을 소홀히 하는 과오를 범할 수 있습니다. 혹 어떤 이들은 잠언에 이러한 말씀이 있는지 짐작도 못 한 채 결혼을 한다는 현실입니다. 과연 잠언에 말씀하신 지혜, 명철과 지식은 무엇일까 아는 것은 아주 중요합니다.

1. 지혜는 하나님의 원칙

지혜의 사전적인 의미는 "사물의 이치를 빨리 깨닫고 사물을 정확하게 처리하는 정신적 능력"이라고 정의하고 있습니다. 성경에서는 세상적 지혜와 하나님께로부터 오는 지혜로 구분하여 말씀하십니다. 그렇다면 하나님께서 말씀하시는 지혜란 무엇일까요? 신명기 4장 5-6절에 보면 이렇게 말씀하십니다.

> "내가 나의 하나님 여호와의 명령하신 대로 규례와 법도를 너희에게 가르쳤나니 이는 너희가 들어가서 기업으로 차지할 땅에서 그대로 행하게 하려 함인 즉 너희는 지켜 행하라 이것이 여러 민족 앞에서 **너희의 지혜요 너희의 지식이라**. 그들이 이 모든 규례를 듣고 이르기를 이 큰 나라 사람은 과연 지혜와 지식이 있는 백성이로다 하리라."

이 구절을 통하여 하나님의 말씀과 법과 규례가 바로 우리의 지혜라고 선포하십니다. 성경에서 말씀하는 지혜란 창조주 하나님이 세우신 모든 원칙(principles)을 의미합니다. 창조주 하나님께서는 이 세상을 창조하실 때 영적, 혼적, 정신적, 육체적 그리고 관계적인 원리들을 세우셨습니다. 이것을 원칙 또는 법칙이라 할 수 있습니다. 자연에도 법칙이 있습니다. 중력의 법칙은 아무도 무시할 수 없는 법입니다. 이 법칙에 어긋나면 우주의 질서는 금방 무너져내려 우리는 큰 화를 입게 된다는 것을 배워서 알고 있습니다. 사람의 몸을 이루는 육체에도 원칙이 있고 그 원칙 아래 움직이고 살아갑니다. 우리가 원하든 원치 않든 순종하든 거역하든 이러한 원칙들은 우리 삶에 적용됩니다. 건강한 음식을 에너지로 사용하고 물과 산소를 공급받아야 몸이 움직일 수 있고 잠을 통하여 무너진 면역력이 회복되도록 우리의 육체를 만드셨으니 이것을 순종하면 건강한 몸을 유지할 수 있고 거역한다면 병에 걸려 죽음을 앞당기게 됩니다. 이러한 영적, 육체적, 정신적 그리고 관계적인 원칙들이 지혜의 근본이요 지혜의 본질입니다. 수많은 결혼이 실패로 끝나는 이유는 그들의 사랑이 부족해서도 아니요, 헌신에 문제가 있는 것도 아니요, 부부관계에 필요한 원칙을 세우신 하나님의 지혜에 대한 무지함과 또 지혜를 소유했어도 순종할 수 있는 능력이 없기에 그저 무력하게 손을 들게 되는 것입니다. 요한일서 3장 4절에 보면 "죄를 짓는 자마다 불법을 행하나니 죄는 불법이니라."고 죄를 정의합니다. 하나님이 세우신 법과 원칙을 벗어난 것을 '죄를 범했다' 또는 '불법을 행했다'고 합니다. 세상의 법을 무시하고 어기면 감옥으로 가듯이 우리의 삶 또한 하나님의 원칙과 법을 어긴 결과로 인해 우리의 삶과 결혼 그리고 가정이 실패를 경험하게 되고 결국 죽음에 이르는 과정을 겪게 됩니다. 우리가 만약 하나님의 법칙과 원칙들을 알고 순종한다면 피조물인 우리는 하나님의 의도하신 뜻대로 축복 가운데 성공적인 삶을 살 수 있습니다. 마태복음 7장을 통하여 말씀하신 뜻을 결혼관계에 적용해 보면 확실한 의미를 알수 있습니다.

> "그러므로 누구든지 **이 말을 듣고 행하는** 자는 반석 위에 지은 지혜로운 사람 같으리니 비가 내리고 창수가 나고 바람이 불어 그 집에 부딪히되 무너지지 하니하나니 이는 주초를 반석 위에 놓은 연고요, 나의 **이 말을 듣고 행치 아니하는** 자는 그 집을 모래 위에 지은 어리석은 사람 같으리니 비가 내리고 창수가 나고 바람이 불어 그 집에 부딪히매 무너져 그 무너짐이 심하니라." (24-27절)

하나님의 말씀, 원칙, 지혜에 귀를 기울이며, 순종하여 부부관계에 적용할 때 건강하고, 성공적이며, 어떠한 역경이 와도 이겨 낼 힘을 얻게 된다 하십니다.

명철-이해력의 힘

명철이란 이해력을 말합니다. 영어로 "understanding"입니다. 수많은 지식을 소유했지만 이해력이 부족하다면 지식의 가치를 이용할 수 있는 능력이 떨어지기 때문에 이해력은 중요합니다. 베드로전서 3장 7절에 보면 "남편들아, 이와 같이 지식을 따라 너희 아내와 동거하고 그를 더 연약한 그릇이요, 또 생명의 은혜를 함께 이어받을 자로 알아 귀히 여기라. 이는 너희 기도가 막히지 아니하게 하려 함이라."는 말씀이 있습니다. 영어 성경에 보면 "지식을 따라"를 "in an understanding way"라고 번역합니다(NASB 버전).

부부관계에서 남편들은 아내의 대한 지식과 명철, 즉 이해가 필요합니다. 다시 말하면, 남편은 아내에 대한 이해력을 가지고 대해야 한다는 교훈입니다. 아내는 남편과 다르게 창조되었고 민감함과 예민함을 소유한 존재이기에 이해의 능력을 통해 아내와 순조롭고 연합된 관계를 유지할 수 있다는 것입니다. 그래야 기도의 삶, 즉 영적 능력을 방해하고 관계적인 문제를 일으킬 수 있는 요소들을 방지할 수 있다는 지혜의 말씀입니다. 서로를 끔찍이 사랑하면서도 자꾸 싸우게 되는 이유는 무엇일까요? 부부관계에 일어나는 수많은 갈등의 대부분이 이해가 부족하여 일어나는 것이 아닐까 생각합니다. 서로를 이해할 수 있는 능력을 키워 간다면 건강하고 경건한 가정을 세울 수 있는 힘을 얻게 된다는 교훈을 말씀하십니다.

지식-정보력의 힘

지식은 우리가 노력해서 얻어야 하는 정보력을 의미합니다. 지혜와 명철은 하나님께 의지하고 얻는 데 비해 지식은 우리가 수고하여 얻는 정보입니다. 정보력을 얻으려면 많은 시간과 노력이 투자되어야 합니다. 하나님의 말씀을 근본으로 한 결혼 관계에 필요한 정보를 얼마나 많이 소유했고 적용하는지가 중요한 역할을 한다는 말씀이기도 합니다. 여기서 말하는 지식은 하나님의 말씀 즉 진리를 바탕으로 된 정보를 가리킵니다. 지식이라고 다 같은 가치가 있는 것은 아니기 때문에 영적 분별력이 있어야 합니다. 모은 지식은 보물처럼 가정에 있는 여러 개의 방들 즉 남편과 아내의 관계의 방, 부모와 자녀의 관계의 방, 부부와 부모님들 과의 관계의 방, 성적인 관계를 주관하는 방, 영적인 부분을 관여하는 방, 경제적인 부분의 방과 그 외의 결혼에 필요한 수많은 방들을 아름답게 채워 준다고 하십니다.

나에게 다가온 실제 상황

어느 늦은 밤이었습니다. 남편과 나는 피곤했지만 잠을 잘 수가 없었습니다. 작은 오해는 눈덩이처럼 불어나 너무 커져 버렸고 원인이 무엇이었는지도 모른 채 다투고 있었답니다. 결혼한 지 불과 3주밖에 안 되었고 첫 말다툼으로 기억합니다. 나는 모든 면에 예민한 성격이고 남편은 나와 많이 달랐습니다. 나는 남편의 말에 상처를 받았는데 남편은 내가 왜 상처를 받았는지 전혀 이해를 못 하고 있었습니다. 지금 돌이켜 생각해 보면, 그때의 상황은 남자와 여자의 차이 때문에 생긴 일이었습니다. 남자와 여자가 다르게 창조되었다는 것을 분별하지 못했습니다. 남자에 대한 무지함은 나로 하여금 상처를 받게 했고 서운한 마음이 들게 했습니다. 그리고 더 답답한 사실은 남편이 아내의 마음을 읽을 수 있는 독심술의 능력이 없다는 점입니다. 남편은 내 마음의 상처와 서운함을 전혀 깨닫지도 이해하지도 못했습니다. 자기가 한 말이 얼마나 기분을 상하게 했는지 짐작조차 못했습니다.

시간이 너무 지연되자 남편은 문제를 빨리 해결하려는 마음에 웃으면서 미안하다고 했지만 진심이 느껴지지 않았습니다. 나는 더욱 약이 올라 드디어 베개를 들고 침실을 나와 서재로 들어갔습니다. 남편은 우리가 한 약속을 깨고 따로 자는 것은 안 된다며 항의했지만 그냥 무시해 버렸답니다. 괘씸했기 때문이지요. 아내의 마음을 이해 못 하는 남편이 한심해 보이기도 하고 벌을 주고 싶은 마음도 있었습니다. 그때는 서로를 향한 사랑의 언어가 다르다는 지식이 없었기에 상처를 주고받은 것입니다. 남편에게 이해받고 싶은 간절한 마음과 사태의 심각성을 알게 해 줄 필요가 있다는 생각이 들었습니다. 남편을 백날 그렇게 혼자 있게 하고 생각할 시간을 준다 해도 스스로 깨닫지 못한다는 걸 그때는 몰랐습니다. 차근차근 설명하며 이해할 수 있도록 돕는 지혜가 필요하다는 걸 나중에나 알게 되었습니다.

무슨 일이 있어도 절대로 각방을 쓰지 않고 평생 한 침대에서 잘 것을 맹세했음에도 그날은 약속을 어길 뻔했습니다. 서재로 들어가서 조용히 누워 귀를 기울였습니다. 남편이 나를 데리러 오리라 기대했고 그의 발소리를 들으려고 했습니다. 10분이 지나고 20분이 지났는데도 남편은 오지 않았고 내 마음은 조급해지기 시작했습니다. 바로 하나님께 기도를 드렸습니다. "하나님, 남편이 여기에 와서 나를 침실로 데리고 가게 해 주세요." 아주 이기적이고 철없는 어린아이 같은 기도를 했습니다. 그때 바로 하나님의 음성이 들렸습니다. "그는 오지 않는다. 침실로 돌아가거라." 하고 내 마음속에 말씀하셨습니다. 나는 곧 "싫어요."라고 답했습니다. 그리고 계속해서 불순종의 마음으로 버티고 있었지만, 성령님의 음성이 계속 권면하셨기에 마음이 너무도 불편했습니다. 그래서 주님께 "자존심이 있지, 어떻게 그냥 돌아가요?"라고 변명을 했답니다. 그러자 주의 음성은 강하고 정확하게 응답하셨습니다. "그런 자존심은 결혼 생활에 도움이 안 되니 버려라." 꼭 침을 한 대 맞은 것 같은 기분이 들었습니다. 할 수 없이 순종하는 마음으로 베개를 들고 다시 침실로 향했습니다. 더 이상 버틸 수가 없었기 때문입니다. 계속 고집을 부렸다간 내 스스로 성령께서 제공해 주시는 생명의 흐름을 막는다는 것을 인식했기 때문입니다. 성령의 권고하심이 강하게 나의 심령에 압력을 가하셨고 순종하지 않고는 견딜 수가 없었습니다. 매일 아침마다 성령의 인도하심을 소원하는 기도를 드렸었고 하나님은 내 기도에 응답해 주신 것입니다. 우리 결혼의 주가 되어 주시고 승리를 얻게 해 달라는 기도가 효과를 나타내고 있었습니다. 이러한 상황에서 문제 해결은 성령의 인도하심에 따라 순종하는 마음이 중요함을 깨닫게 하셨습니다.

나의 자존심을 꺾고 침실로 가까이 가자 남편의 코 고는 소리가 들렸고 순간 웃음이 나왔습니다. 깊은 잠에 빠져 있는 남편을 마음 졸이며 기다렸던 내 모습이 한심하기도 했고 이런 상황에서도 피곤에 못 이겨 코를 골며 자는 남편이 안쓰러워 보였습니다. 새로운 직장에 입사한 지 얼마 안 되어 아마도 긴장을 해서 피곤하겠지 하고 이해는 했지만 나의 이기심은 거기에서 멈출 수가 없었답니다. 그래서 들고 있던 베개를 침대에 던지고 이불도 필요 이상으로 움직였습니다. 자는 남편을 깨우지 않게 살짝 누울 수도 있었지만 당시 나는 철없는 아내였기에 일부러 철버덕 무게를 실어 침대에 주저앉았습니다. 잠에 빠진 남편을 깨우는 것이 나의 목적이었기 때문입니다. 그때 나의 작은 난동에 깨어난 남편의 첫마디에 웃음이 터졌습니다. "십 분 정도 벌을 준 다음에 당신을 데리러 가려고 했는데 깜박 잠이 들었네."라고 말하며 자신이 미안하다고 했습니다. 남편이 잘못한 게 무엇인지 이해했는지 묻자 솔직히 잘 모른다고 했습니다. 그러면서도 가정의 평화를 위해, 또 먼저 숙이고 돌아온 나를 기특히 여겨 자신도 모르는 잘못을 인정하는 것이었습니다. 그리고 그날 밤 우리 부부는 서로 화해하고 잠을 청하였습니다.

나는 그날 그 사건을 통하여 결혼 초기부터 중요한 원칙을 깨달았습니다. 하나님께서 구하라 하신 지혜가 무엇이고, 어떻게 얻고, 어떻게 적용하는지에 대한 실질적인 경험을 한 것입니다. 그날 밤 갈등 상황에서 나는 하나님의 도우심을 청했고 하나님의 음성을 들었습니다. 하나님의 음성은 그 당시 처한 갈등을 극복하고 부부관계를 보호하며 결혼을 세우는 최선의 길을 보여 주셨습니다. 그리고 그의 음성을 순종할 때 문제가 해결된다는 체험을 작게 나마 하게 하셨습니다. 그날 일어난 갈등에 대한 해결책은 바로 무슨 일이든 서로가 화합하여 화해하고 쓸데없는 자존심을 버리고 겸손하게 서로의 마음을 이해하도록 소통하고 노력하는 것이 지혜의 길이요, 하나님이 세우신 관계적 원칙이라는 것을 알게 되었습니다. 또한 에베소서 4장 26절에 이런 말씀이 있습니다. "분을 내어도 죄를 짓지 말며 해가 지도록 분을 품지 말고 마귀로 틈을 타지 못하게 하라." 이 말씀을 부부관계에 적용한다면 서로에게 품는 원망과 나쁜 감정을 그날그날 해결하고 다음 날까지 끌고 가지 말아야 한다는 경고이십니다. 그렇지 않으면 사탄이 틈을 비집고 들어와 역사하여 문제가 더욱 커지는 상황이 되기 때문입니다. 부부간의 갈등은 그저 감정 싸움과 자존심의 줄다리기로 끝나는 것이 아니고 영적 전쟁으로 연결되어 우리의 결혼을 무너뜨리고자 역사하는 적군의 공격을 받을 수 있는 빌미를 준다는 영적 원리를 깨닫기 원하셨습니다. 우리는 영적인 존재이기에 육에서 시작된 분쟁이 영적으로 번져 서로 악영향을 끼칠 수 있다는 의미입니다. 하나님께서 추구하라 하신 지혜는 바로 순간순간 삶에 일어나는 크고 작은 문제들을 해결하는 하나님의 비법이요 해결책을 의미했습니다. 그러므로 부부간의 갈등은 성령의 지혜를 구하여 순종하고 적용하여 속히 해결하는 것이 최선이라는 말씀입니다.

지능과 지혜의 다른 점

지능이 높다고 해서 당연히 지혜로운 것이 아니고 지능이 낮다고 미련한 것 또한 아닙니다. 나이가 많다고 지혜로워지는 것 또한 더더욱 아닙니다. 어린 나이에도 지혜로운 자가 있는가 하면 지혜롭지 못한 노인들도 있습니다. 성경에서는 지혜를 지능과 연결 짓지 않고 지혜의 영으로 인함이라 말씀하십니다. 지혜는 하나님께서 주시는 영적 은사요 분별할 수 있는 영적 능력이라는 말씀이기도 합니다. 그러므로 똑똑하고 학문적 지식이 많아도 지혜롭지 않은 사람들을 볼 수 있습니다. 반면에 학벌은 짧고 교육을 많이 받지 못했어도 지혜로운 사람들이 있는데 그 차이점은 지혜의 영을 소유한 사람인가 아닌가에 달려 있다는 것입니다. 하나님의 지혜는 똑똑한 생각이 아니고 영에 속한 생각이기에 우리에게 지혜의 영을 구하라 하십니다. 야고보서 1장 5절에 지혜가 부족한 자는 하나님께 구하면 주신다고 약속하십니다. 에베소서 1장 17절에 보면 "지혜와 계시의 영을 너희에게 주사"라고 사도 바울이 기도합니다. 하나님이 우리에게 구하라 하신 지혜의 영은 바로 인격체이십니다.

2. 인격체이신 지혜

인격체이신 이 지혜의 영은 성령을 가리키며 지혜의 삶이란 성령을 철저히 의지하는 삶을 가리킵니다. 그날 밤 지혜의 길을 보여 주시는데도 강팍하고 고집불통인 내 자아는 그 길을 가로막고 있었지만 성령의 역사하심이 나를 도우셔서 자존심을 내려놓고 지혜의 길로 가도록 인도해 주셨습니다. 지혜의 근본과 원칙은 바로 하나님의 말씀으로부터 시작되고, 매 순간 일어나는 수많은 사건들을 해결하는 데 필요한 지혜는 성령의 계시로부터 오며 그 지혜를 행하는 힘, 또한 성령의 능력으로부터 온다는 깨달음은 놀라운 계시였고 우리 결혼 생활의 성공의 비결이요 무기가 되었습니다. 지혜로운 여인은 그때그때 상황에 따라 하나님께서 인도하시는 길로 따라가는 헌신의 마음을 단련시킨 여인이라는 것을 알게 되었습니다. 또한 문제를 접하는 순간마다 하나님의 원칙을 구하여 깨닫고 성령의 음성을 듣고자 하는 열린 귀와 민감함을 소유한 여인이었습니다. 그리고 나아가서 깨달은 원칙을 무시하거나 게으름 피우지 않고 부지런히 적용하여 순종하는 여인이었습니다. 그날 이후 계속하여 결혼 생활 속에 크고 작은 일들을 비롯해 간단하고 혹은 심각한 수많은 사건들이 일어났지만, 그때마다 나에게 계시해 주시는 하나님께로부터 오는 지혜와 그 음성에 순종할 때에는 승리의 기쁨이 주어졌고 불순종할 때에는 실패를 경험하게 되었습니다.

최고의 대변인

나는 법대를 나오지 않았기 때문에 법에 대해서는 잘 모릅니다. 법적인 문제가 생긴다면 당연히 법을 많이 공부하고 잘 아는 전문 변호사를 찾아가는 것이 현명한 일입니다. 이와 같이 우리는 하나님의 원리와 법을 알고 이해하기 위해서는 도움이 필요합니다. 성령을 칭할 때 우리는 "보혜사 성령"이라고 부릅니다. 이 보혜사라는 단어는 원어로 "paraclete"입니다. 이 호칭은 한 사람이 여러 역할을 담당하는 일을 할 때 쓰이는 단어라고 합니다. 대변자 또는 변호사를 말합니다. 법을 모르는 사람을 돕는 역할을 하는 대변인입니다. 보혜사 성령은 슬프고 아픈 자를 위로하는 위로자를 가리키며 힘없고 실망한 자를 권면하여 일어나게 하는가 하면 중요한 결정을 할 때 믿을 수 있는 조언자이고 우리에게 어떤 문제가 있어도 해결책을 주시는 최고의 해결사입니다. 우리들의 결혼생활을 성공적으로 이끄는 데 가장 중요한 역할을 하시는 분도 바로 성령이십니다.

그러므로 예수님은 성령이 오시면 우리를 모든 진리 가운데로 인도하신다는 약속을 하셨습니다. 성령은 우리를 도우시는 대변자이시고 변호자의 역할을 하시며 하나님의 원칙이 무엇인지 설명해 주시고 어떻게 우리 삶에 적용하는지도 가르쳐 주시는 진리의 영이십니다. 이렇게 성령의 계시로 오는 지혜를 얻기 위해서 나는 하나님과 가까이 동행해야 한다는 것을 알게 되었습니다. 또한 하나님의 음성을 듣기 위해 하나님의 말씀을 묵상했고 그분의 음성에 귀를 기울였습니다. 성공적인 결혼 생활을 하기 위해서는 하나님의 말씀을 읽고 묵상하며 하나님 말씀에 나타난 결혼과 관계적인 원칙이 무엇인지 먼저 배우고 깨달아야 한다는 것을 알게 되었습니다. 그리고 성령의 음성에 민감해야 했습니다. 많은 원칙들이 어떤 상황에 합당하게 적용되고 어떻게 순종해야 하는지 순간순간 성령의 계시를 구하고 또 깨달은 원칙과 지혜 그리고 음성에 순종할 수 있는 능력을 행하기 위해서는 성령님을 의지해야 했습니다.

3. 지혜의 영이신 성령의 능력

결혼의 성공 비결은 무엇일까요? 행복한 부부관계를 얻고자 하는 마음은 모든 이들의 소원입니다. 그러나 행복을 얻기 위해서는 결혼은 먼저 전쟁터임을 인식해야 합니다. 우리가 기대하는 사랑이 넘치고 따뜻한 부부관계는 저절로 오는 것이 아니고 싸워서 쟁취해야 합니다. 행복한 부부관계를 얻지 못하도록 방해하는 변화받지 못한 마음, 연약한 육신, 사회적인 풍조와 우리의 패배를 원하는 사탄의 공격이 있기 때문입니다. 결혼은 또한 아픈 영혼들의 모임이기에 재활병원이 되어야 합니다. 상처받고 마음의 기능이 고장 난 사람들이 함께하는 곳이기에 먼저 건강한 영혼을 회복시키는 것이 시급합니다. 결혼은 또한 농장을 일궈 내기 위해 소유한 땅과도 같습니다. 결혼식이 끝나는 순간부터 자신들이 소원하고 맛보기를 원하는 과일나무들을 심어 농부의 마음으로 가꾸고 물을 주고 수확의 시기까지 인내로 기다리는 농부의 마음가짐을 가져야 합니다. 심지 않고 거두려는 어리석은 마음과 게으름을 밀어내고 부지런히 서로에게 사랑, 존경, 배려, 희생, 친절 등등 원하는 만큼, 소원하는 만큼, 기대하는 만큼 씨를 심고 물을 주고 벌레를 잡고, 인내로 수확의 시기가 올 때까지 기다려야 합니다.

이러한 이유로 부부에게는 치유를 도울 수 있는 카운슬러가 필요하고, 사탄의 공격으로부터 승리를 얻도록 도울 수 있는 전략가 또한 절실하며, 장래에 행복한 부부생활을 얻기 위하여 훈련을 시켜 줄 수 있는 맞춤형 코치도 필요합니다. 이 모든 일을 도우실 수 있는 분이 계십니다. 바로 지혜의 영이신 성령께서는 이 모든 것이 가능하십니다. 이사야 9장 6절에 보면 예수님의 대한 묘사가 나옵니다. "그 이름은 기묘자라, 모사라, 전능하신 하나님이라, 영존하시는 아버지라, 평강의 왕이라 할 것임이라." 여기서 '묘사'는 영어 성경에 'counselor(카운슬러)'로 번역됩니다. 진정으로 그리스도의 영이신 성령께서는 부부들의 문제 해결사이십니다. 365일 24시간 언제 어디서나, 어떠한 상황에서도 우리를 도우실 수 있으십니다. 우리 안에 함께하시기 때문입니다. 예레미야 33장 3절에 약속하십니다. "너는 내게 부르짖으라 내가 네게 응답하겠고 네가 알지 못하는 크고 비밀한 일을 네게 보이리라." 이 구절을 통하여 우리가 성령의 도우심을 청할 때 우리 스스로가 알지 못하는 부부간의 마음속 깊은 갈등과 번민을 깨닫고 해결할 수 있는 길을 보여 주시겠다 약속하십니다. 신명기 29장 29절에 "오묘한 일은 우리 하나님께 속하였거니와."라는 말씀이 있는데 "'오묘한 일'은 히브리어로 '나쓰타로트'로서 그 뜻은 '인간의 지식으로 알 수 없는 것들'이다."라고 한영성경 주석에 적혀 있습니다. 부부로 살다 보면 수많은 오묘한 일들을 접하게 됩니다. 이유도 모르고 답도 없고 어디에서 도움을 청해야 하는지 몰라 답답할 때가 많습니다. 이러한 순간순간 하나님께 부르짖는다면 응답하시고 도우시겠다 약속하십니다. 우리가 성공적인 결혼을 쟁취하기를 간절히 원하시기 때문입니다. 성령께서는 남편과 아내가 경험한 과거의 모든 상처와 아픔을 다 알고 계십니다. 전능하신 하나님이시기 때문입니다. 우리의 연약함과 부족함 때문에 윽박지르거나 야단치지 않으십니다. 겸손과 자비가 풍성하신 인격을 소유하셨기 때문입니다. 계속적인 도움을 요청하기에 미안한 생각이 들고 혹 부담을 너무 많이 드리나 하고 염려하지 않아도 됩니다. 놀라운 인내심과 한없는 능력을 소유하신 분이십니다. 그분의 카운셀링을 신뢰할 수 있습니다. 우리를 죽기까지 사랑하신 분이시기 때문입니다. 이러한 분을 우리 부부관계에 초청해 드린다면, 남편과 아내의 삶을 성령님께 드린다면, 남편은 가장으로서, 아내는 돕는 배필로서의 사역을 감당할 수 있도록 도우실 것입니다.

성령 충만함

하나님께서는 "술 취하지 말라. 이는 방탕한 것이니 오직 성령으로 충만함을 받으라."(에베소서 5:18)라고 명하십니다. 이 말씀을 우리 삶에 적용할 때 지적하신 술이란 알코올을 넘어서 우리 뇌에 흡수되어 우리의 생각과 마음에 영향을 끼치는 모든 것, 습관, 행동을 포함한다 여깁니다. 절제 없이 보는 드라마나 소셜미디어에 뇌가 취하여 우리의 생각이 혼미해질 수 있고 악에 속한 영향으로 어두운 마음에 취할 수 있습니다. 성령 충만하다는 의미는 성령의 선하시고 지혜로운 영향력이 우리의 모든 것을 주장하실 때 나타납니다. 고린도전서 2장 4-5절에 보면, 혹 믿지 않는 남편이나 육에 속하여 불순종하는 남편을 전도해야 할 시기가 온다면 아내가 성령의 충만함을 받음으로 흐르는 성령의 사역이 얼마나 중요한가 말씀하십니다.

> "내 말과 내 전도함이 설득력 있는 지혜의 말로 하지 아니하고 다만 성령의 나타나심과 능력으로 하여 너희 믿음이 사람의 지혜에 있지 아니하고 다만 하나님의 능력에 있게 하려 하였노라."

그렇기에 성령의 충만함을 받기 위해서는 먼저 누가복음 11장 13절 약속의 말씀에 따라 하나님께 구하라 하십니다.

> "너희가 악할지라도 좋은 것을 자식에게 줄 줄 알거든 하물며 너희 하늘 아버지께서 구하는 자에게 성령을 주시지 않겠느냐 하시니라."

성령 충만함은 또한 그분과 친밀한 교제를 나눔을 통하여 주의 영과 하나가 되는 삶을 의미합니다.

> "주 예수 그리스도의 은혜와, 하나님의 사랑과 성령의 교통하심이 너희 무리

와 함께 있을지어다." (고린도후서 13:14, 개역한글)

성령 충만한 삶을 살 때만이 내조의 사역을 강담할 수 있는 지혜, 능력과 기쁨을 얻게 됩니다. 남편을 외도로부터 보호하고, 가정을 세우고, 자녀들을 지키는 사역은 성령의 도우심이 없다면 불가능한 사명이기 때문입니다.

창조주께서 세우신 결혼은 아름답고 신성한 관계입니다. 그러나 결혼을 하고 싶어도 불행한 결혼 생활과 외도로 인한 이혼에 대한 두려움때문에 선뜻 결정하지 못했지만 하나님의 도우심으로 행복한 결혼이라는 약속의 땅을 유업으로 얻고 난 후에야 깨닫게 되었습니다. 성공적인 결혼은 믿음으로 쟁취하는 땅이요, 지혜로 지켜야 하며, 절대 놓쳐서는 안 되는 축복의 유업인 것을 말입니다. 그뿐 아니라 우리가 행복한 부부관계를 누리는 것을 하나님께서 간절히 원하신다는 것도 알게 되었습니다. 결혼에 대한 꿈과 비전을 주시고 지금까지 약속의 땅을 소유하도록 도우신 하나님께 영광을 돌립니다. 순간순간 기도에 응답해 주시고 갈등과 번민을 해결해 주신 지혜의 성령님의 역사에도 감사합니다. 부부관계에 절대적으로 필요한 새 언약을 주시기 위하여 십자가에서 고난을 받으신 예수님을 찬양합니다. 앞으로 취해야 할 땅이 아직도 많은데 계속적으로 도우시고 역사하실 것이라 믿고 기대하며 첫 열매들을 책에 담아 드립니다. 하나님께서 이 책을 복주시고 번성케 하사 오병이어의 기적과 같은 사역을 통하여 결혼들이 살아나는 역사가 있기를 간절히 기도합니다. 지혜의 영이신 성령의 역사가 이 책을 읽는 모든 이에게 충만하게 임하시기를 기도합니다.

저자 올림

부르심의 시간

남편을 돕는 사역을 순종하기 원하는 아내들에게 하시는 말씀

불륜을 막는 방법은 예방이 최선입니다.

성적인 불륜은 다른 죄와는 달리 파괴적이고 부부관계뿐 아니라 가정을 함께 허물 수 있는 심각한 결과를 가져옵니다. 그렇기 때문에 부부관계를 보호하기 위해서는 로마서의 말씀처럼 성적 유혹에 강한 아내가 남편이 유혹을 받고 넘어지지 않도록 남편을 돕고 보호해야 한다고 권면하십니다.

로마서 15장 1절에 "믿음이 강한 우리는 마땅히 믿음이 약한 자의 약점을 담당하고 자기를 기쁘게 하지 아니할 것이라. 우리 각 사람이 이웃을 기쁘게 하되 선을 이루고 덕을 세우도록 할지니라."는 말씀이 있습니다. 그리스도인으로서 강한 자는 연약한 자를 도와 선을 이루고 덕을 세우라는 말씀입니다. 이웃의 약점을 보강하는 데 소홀히 하지 말라고 하십니다. 남편은 아내에게 가장 가까운 이웃입니다. 여자들에 비해 남자는 성적 유혹에 약합니다. 성적 유혹에 약한 남편을 보호하는 최고의 방어책은 바로 아내의 내조의 사역입니다. 이것은 아내의 권리이자 능력이고 책임입니다. 아내는 남편의 필요를 채우고 지지하는 가장 든든한 지원병이기도 합니다. 전능하신 하나님께서 아내에게 불륜을 예방할 수 있는 지혜와 힘과 능력을 주셨다고 믿습니다. 이러한 하나님의 의도를 깨닫고 사명을 실행하기 위하여 진리에 속한 지혜를 간절히 사모하고 성령이 충만한 삶을 사는 아내는 외도와 음행으로부터 남편을 지키는 가장 효과적이고 강력한 보호막의 역할을 충분히 감당할 수 있습니다. 창조주 하나님께서 아내에게 이러한 특별한 사명을 감당하기에 필요한 모든 능력을 우리에게 부어 주시기 원하시기 때문입니다. 아내가 이러한 사명을 감당하고자 한다면 건강하고 친밀한 부부관계로 성장하도록 지혜를 주실 것입니다.

하나님께서는 남편을 아내의 머리로 세우셨습니다. 아내의 영적 지도자인 남편이 바로 서야 부부관계가 튼튼해지고 부부관계가 튼튼하면 경건한 자녀들을 성장시킬 수 있는 건강한 가정이 세워집니다. 사탄은 가정을 파괴하기 위해 모든 방법을 사용하여 공격을 가하고 있습니다. 사탄은 남자의 약점을 이용하여 아내와 자녀들을 넘어뜨리려는 계략을 세웁니다. 사탄의 공격과 수법은 날로 과감해지고 그가 사용하는 무기 또한 강력합니다. 성적인 유혹에 대한 연약함을 이용하여 남편을 무너뜨리고 가정을 파괴하려는 사탄의 어마어마한 음모가 여기저기에 숨어 있습니다. 불륜이라는 올무에 걸려 방황하는 남편과 그로 인해 고통을 겪는 아내들의 신음소리가 사방 곳곳에서 들려옵니다. 이렇게 문란한 시대에 사는 남편들을 위하여 믿음의 여인들이 일어나 남편을 무너뜨리려는 사단의 음모와 맞서서 싸워야 합니다. 많은 경우 우리는 진정으로 싸워야 할 적군이 누구인지 눈치채지 못하고 잘못된 전쟁을 합니다. 남편을 원수같이 여기며 남편을 원망의 대상으로 보고 사랑하고 지지해야 할 남편을 공격하고 실족하게 합니다. 우리의 적은 남편이 아닙니다. 오히려 남편을 보호하고 세워서 남편이 하나님의 용사가 되어 주님의 귀한 도구로 쓰임 받도록 돕는 배필의 역할을 잘 감당해야 합니다.

불륜을 막는 지원병이 되어 남편, 자녀, 가정을 지키고자 한다면 삶의 우선순위를 정확히 해야 합니다. 이러한 사명에 순종하기 위해서는 아내의 헌신과 희생의 마음이 요구됩니다. 이러한 마음은 영생에 대한 소망과 천국에 대한 확고한 확신이 없다면 돕는 배필의 사역에 자신의 삶을 투자한다는 것이 어려울 수 있습니다. 남편을 돕기 위하여 아내 자신의 필요와 야망을 접어야 하는 때도 있고, 꿈과 비전을 미루어야 하는 시기가 올 수도 있습니다. 이렇게 희생적인 사명을 순종하기 위해서는 아내의 소망을 어디에 두고 사는가에 따라 이 사명을 순종하는 데 결정적인 영향을 끼칠 것입이다. 영생에 소망을 둔 아내는 누구에게 어떠한 상급을 기대할 것인지 생각해 볼 것입니다. 이 땅에 소망을 둔 아내는 무엇에게 어떠한 상급을 기대할 것인지 생각해 볼 것입니다. 계산기를 두드리고 먼 날을 염두에 두고 생각해야 무엇이 우선순위인가에 대한 확실한 답이 나옵니다. 진정 중요하고 가장 지혜로운 삶의 투자는 무엇인가 볼 수 있는 영안이 트일 것입니다. 진정으로 중요하고 보호해야 하는 것이 무엇인지를 파악하지 않는다면 당장 얻을 수 있는 이득에 연연하여 장래에 잃어서는 안 되는 것들을 상실할 수 있습니다. 사람들은 자신에게 가장 중요한 것을 지키기 위하여 일하고 싸웁니다. 이미 결혼한 당신에게 가장 중요하고 소중한 것은 무엇인가요? 선택을 해야 합니다. 다 가질 수는 없습니다. 가장 소중한 한 가지를 얻기 위하여 많은 것을 버려야 한다면 용기를 내야 합니다. 무엇을 얻고 무엇을 버리겠습니까? 어떠한 것을 택하든 선택의 결과는 당장 보이지 않지만, 추수 때가 되면 분명히 열매가 나타납니다. 이 원칙은 누구도 피할 수 없는 우주의 법칙입니다. 지혜로운 선택은 지혜로운 여자만이 할 수 있습니다. 지혜로운 선택은 돕는 배필이라는 사명을 아내에게 주신 창조주 하나님의 뜻과 의도를 깨닫고 기꺼이 순종하는 마음이 요구됩니다. 당신은 무엇을 선택하시겠습니까? 가정의 안녕을 택하시겠습니까? 아니면 개인의 야망을 추구하시겠습니까?

하나님께서는 아내가 돕는 배필의 사명을 깨닫고 주님께 헌신하고 결단하는 여인들을 찾으십니다. 자기의 꿈과 야망을 내려놓고, 자존심도 내려놓고, 세상이 주는 이익이나 성공보다 주님이 맺어 주신 남편을 더 귀하게 여기며 성령의 음성에 귀를 기울이는 진정한 내조의 여인을 말입니다. 주님의 부르심에 순종하는 아내에게 하나님의 지혜와 능력을 부어 주시고 능히 사단의 계략을 물리치고 승리할 수 있도록 도와주실 것입니다. 당신은 오늘부터 주님의 이 부르심에 순종하시겠습니까?

아내의 헌신의 기도

하나님 아버지, 저에게 주신 사명에 순종하여 기도합니다. 남편을 돕는 배필로 부르심을 인하여 감사합니다. 아내로서 필요한 지혜와 성령 충만함을 주사 우리 가정과 남편을 세우는 여인이 되도록 성령의 힘과 능력을 부어 주시기 원합니다. 더 이상은 사탄의 도구로 이용당하는 어리석은 여인이 되지 않도록 영적인 분별력을 갖게 하시고 사탄의 계략과 공격을 인식할 수 있는 영적으로 민감한 능력을 더하여 주세요. 이 세상의 어떤 소리보다 더 성령의 음성이 정확하고 강하게 내 심령에 들리도록 말씀하여 주시고 그 말씀에 순종하여 남편을 사랑으로 섬길 수 있는 부드러운 마음을 허락해 주세요. 예수님의 이름으로 기도합니다. 아멘.

위험한 남자들

ⓒ 고미성, 2023

초판 1쇄 발행 2023년 8월 24일

지은이 고미성
펴낸이 이기봉
편집 좋은땅 편집팀
펴낸곳 도서출판 좋은땅
주소 서울특별시 마포구 양화로12길 26 지월드빌딩 (서교동 395-7)
전화 02)374-8616~7
팩스 02)374-8614
이메일 gworldbook@naver.com
홈페이지 www.g-world.co.kr

ISBN 979-11-388-2217-6 (03230)

- 가격은 뒤표지에 있습니다.
- 이 책은 저작권법에 의하여 보호를 받는 저작물이므로 무단 전재와 복제를 금합니다.
- 파본은 구입하신 서점에서 교환해 드립니다.